VANGELI
E
ATTI DEGLI APOSTOLI

**La parola e la catechesi
di Cristo
agli uomini d'oggi**

Titolo originale dell'opera
LE NOUVEAU TESTAMENT
ou la parole et la catéchèse du Christ aux hommes d'aujourd'hui

Testo biblico di
LA SACRA BIBBIA della CEI
Edizione 1971

Note e commento di
PIERRE DE BEAUMONT

Traduzione di
ENZO DE MARCHI

Redazione di
GIUSEPPE ALBIERO

Prima edizione: marzo 1997
Ristampe: maggio 1997
giugno 1999
luglio 2001

Imprimatur
✠ Benito Cocchi, vic. gen.
Bologna, 29 aprile 1975

ISBN 88-10-80649-2

Stampa: Grafiche Dehoniane, Bologna 2004

I VANGELI

Il termine «vangelo» o «evangelo» dal greco eu-anghelion *significa «lieto annunzio», «buona novella». L'espressione come tale si trova solo nel Nuovo Testamento, anche perché designa una realtà non ancora conosciuta nell'Antico Testamento.*
La novità del Vangelo, e quindi del NT, non è dovuta tanto a qualcuno dei suoi contenuti come pensano certuni (Dio come padre, Dio amore, il perdono, l'universalismo della salvezza ecc.), e neppure a una particolare accentuazione di certuni aspetti (come quando si dice che l'AT insiste sulla santità di Dio e il NT sull'amore). La sua vera novità sta essenzialmente nel compimento*: ciò che nell'AT era solo promesso, nel NT si compie: ciò che caratterizza il NT non sta nel fatto che su Dio il Vangelo ci fa conoscere cose che l'AT ancora ignorava, ma piuttosto nel fatto che Dio, in Gesù di Nazaret, compie definitivamente le sue promesse (C. Senft).*
Il Vangelo è quindi l'annuncio della salvezza proclamato da Gesù di Nazaret o anche l'annuncio di salvezza che è Cristo stesso.
Tale annuncio assume sfumature e anche formulazioni diverse, come: a) Gesù di Nazaret è Messia e Signore, cioè colui nel quale si compiono le promesse che Dio aveva fatto al suo popolo per mezzo dei profeti: non c'è altro nome dato agli uomini per la salvezza; b) il regno di Dio è vicino: occorre quindi abbandonare le vecchie sicurezze, convertirsi e credere al Vangelo; chi crederà sarà salvo, chi non crederà sarà condannato; c) Dio ha tanto amato il mondo, da mandare il suo Figlio unigenito, affinché chiunque crede in lui non muoia, ma abbia la vita eterna.
Da questo significato tipicamente teologico, il termine «vangelo» è poi passato a indicare gli scritti o libri che contengono il messaggio di Gesù di Nazaret, e gli atti e i miracoli che egli ha compiuto.
La chiesa cristiana ha sempre riconosciuti come canonici solo quattro Vangeli, cioè il Vangelo «secondo» Matteo, «secondo» Marco, «secondo» Luca e «secondo» Giovanni. Molto chiara anche la coscienza che questi quattro antichi scritti cristiani formassero tra loro un'intima unità spirituale, per cui si parla di un

un'intima unità spirituale, per cui si parla di un «unico» Vangelo ma «quadriforme». Tale somiglianza è particolarmente accentuata fra i primi tre Vangeli sia per la forma letteraria che per i contenuti: avendo molte sezioni in comune si ritiene che dipendano da un fondo comune; sono denominati Vangeli sinottici.
I Vangeli sono la fonte principale, se non unica, per la nostra conoscenza della vita e dell'opera di Gesù. Difficilmente quindi se ne può sopravvalutare l'importanza. Ma per comprenderne meglio il linguaggio, è necessario dire qualcosa anche del loro genere letterario.
I Vangeli, primariamente, furono composti non per uno scopo storico, ma piuttosto per un intento e in un contesto catechetico e didattico, per esprimere e insieme alimentare la fede delle primitive comunità cristiane. Non sono quindi biografie, neppure nel senso antico del termine. Nati per il servizio della predicazione missionaria cristiana, come schema e aiuto per la predicazione orale, si sono via via fissati in formule scritte che solo successivamente i diversi redattori hanno raccolto e coordinato (cf. Lc 1,1). Perciò, anche se l'autenticità tradizionale dei Vangeli può essere difesa, tuttavia (ad eccezione di Giovanni) possiamo vedervi anche il risultato di un processo collettivo il cui soggetto prevalente era la stessa comunità cristiana.
Naturalmente i Vangeli intendono esporre avvenimenti reali. E tuttavia questa forte accentuazione catechetica e di fede li distingue da ogni altro tipo di scritti storici o biografici. Essi, ad esempio, non offrono nessuno schizzo della persona o della figura di Gesù. Non si dimostrano quasi mai preoccupati dell'ordine cronologico degli avvenimenti. Anche i dati topografici sono piuttosto rari e in molte maniere schematici. Non avrebbe senso, perciò, la preoccupazione di un concordismo verbale che era estraneo alla sensibilità degli stessi autori ispirati.
I Vangeli canonici sono il resoconto scritto del lieto annunzio della salvezza in Cristo, proclamato con fede in seno a una comunità di credenti, e ora proposto o come libro della fede per i credenti o come «summa» di valori morali per la crescita umana e spirituale di tutti.

ABBREVIAZIONI BIBLICHE

Ab	Abacuc
Abd	Abdia
Ag	Aggeo
Am	Amos
Ap	Apocalisse
At	Atti
Bar	Baruc
Ct	Cantico
Col	Colossesi
1Cor	1 Corinzi
2Cor	2 Corinzi
1Cr	1 Cronache
2Cr	2 Cronache
Dn	Daniele
Dt	Deuteronomio
Eb	Ebrei
Ef	Efesini
Esd	Esdra
Es	Esodo
Est	Ester
Ez	Ezechiele
Fm	Filemone
Fil	Filippesi
Gal	Galati
Gn	Genesi
Ger	Geremia
Gc	Giacomo
Gb	Giobbe
Gl	Gioele
Gio	Giona
Gv	Giovanni
1Gv	1 Giovanni
2Gv	2 Giovanni
3Gv	3 Giovanni
Gs	Giosuè
Gd	Giuda
Gdc	Giudici
Gdt	Giuditta
Is	Isaia
Lam	Lamentazioni
Lv	Levitico
Lc	Luca
1Mac	1 Maccabei
2Mac	2 Maccabei
Ml	Malachia
Mc	Marco
Mt	Matteo
Mi	Michea
Na	Nam
Ne	Neemia
Nm	Numeri
Os	Osea
1Pt	1 Pietro
2Pt	2 Pietro
Pro	Proverbi
Qo	Qoèlet
1Re	1 Re
2Re	2 Re
Rm	Romani
Rt	Rut
Sal	Salmi
1Sam	1 Samuele
2Sam	2 Samuele
Sap	Sapienza
Sir	Siracide
Sof	Sofonia
1Ts	1 Tessalonicesi
2Ts	2 Tessalonicesi
1Tm	1 Timoteo
2Tm	2 Timoteo
Tt	Tito
Tb	Tobia
Zc	Zaccaria

VANGELO
SECONDO MATTEO

AVVERTENZA

Nel Vangelo secondo Matteo, Gesù è presentato come il capo di un nuovo regno, come il principio di una vita nuova che egli reca agli uomini, trasformando il loro cuore. Come nuovo Mosè, egli presenta esigenze nuove al nuovo popolo di Dio. Messia preparato e atteso, figlio di Abramo e di Davide viene a realizzare una speranza. Re glorioso, rimane ora con gli uomini tutti i giorni, sino alla fine dei tempi, quando verrà per giudicarli sull'amore.
L'evangelista afferma tutto ciò in un susseguirsi di episodi intercalati da discorsi. I fatti narrati sembrano avere soprattutto una funzione liturgica. Poiché prima di essere scritti sono stati raccontati tante volte, hanno perso l'originalità del racconto vivo e sono collocati quasi fuori del tempo. Non dobbiamo mai dimenticare, infatti, che il Vangelo che stiamo leggendo ha la struttura di una catechesi che ha avuto come punto di partenza la passione di Gesù e la certezza della sua risurrezione. Sarebbe raccomandabile, per penetrarne in profondità il senso, iniziare la lettura da questo duplice avvenimento, per poi cercare di comprendere, alla sua luce, il racconto della vita pubblica, dell'infanzia, della nascita.
I discorsi e le parabole di Gesù formano la maggior parte dei primi due terzi dell'opera. Sono espressi in frasi ritmate e cadenzate, incisive e attraenti, legate spesso tra loro da procedimenti mnemonici. Quando ci si voglia impregnare delle parole del Signore, è proprio il Vangelo di Matteo che bisogna aprire per primo, tenendo però sempre presente che non si tratta di un libro di storia del tipo di quelli che si scrivono al giorno d'oggi. È, invece, un libro scritto come alla rovescia. Poiché è una testimonianza di fede destinata alle comunità primitive, esso deve sempre essere letto a due distinti livelli di interpretazione: quello della catechesi e quello della realtà storica sulla persona di Gesù.
La tradizione attribuisce questo Vangelo a Matteo; la sua chiamata viene riferita al capitolo 9. La composizione si ritiene risalga agli anni 80-90.

I. IL VANGELO DELL'INFANZIA

La prima parte del Vangelo di Matteo, scritta per ultima come introduzione a tutto il libro, contiene una riflessione sulla divinità di Cristo. Intende dare gli ultimi tocchi per dimostrare che Gesù compie le Scritture: la legge e le parole dei profeti. Ogni brano comincia con un episodio e si conclude con una citazione profetica. Si constata così come l'infanzia di Gesù riproduca il destino del popolo di Dio: la nascita per intervento di Dio, il modo e il luogo in cui essa avviene, il viaggio e il soggiorno di Gesù in Egitto e il suo ritorno dall'esilio ricordano il soggiorno degli stessi israeliti nel paese del faraone e il loro difficile viaggio verso la terra promessa.

Dal momento che i fatti riferiti non avevano fatto parte della predicazione apostolica primitiva, si pensa oggi che l'evangelista non disponesse, per questo periodo della vita di Gesù, che di ricordi conservatisi in ambienti periferici. Perciò i testi non intendono presentare una storia dell'infanzia di Gesù nel senso stretto della parola, ma esporre, a scopo catechetico e religioso, soprattutto quegli episodi dell'infanzia di Gesù che in prospettiva di fede, meglio potevano illustrare la sua missione e la sua figura di Messia.

La genealogia di Gesù, con la lista di alcuni nomi noti, vuole far vedere come egli discenda veramente da Abramo, il padre del popolo ebraico, e da Davide considerato il re-modello, secondo la predicazione di Isaia 11,1. Invece tutte le donne ivi ricordate figurano in una situazione irregolare per un devoto israelita, oppure nella posizione di straniere. Gesù si inserisce, così, nella grande famiglia umana con tutte le sue debolezze; la sua origine fa già presentire che egli viene per l'insieme degli uomini e non per il solo popolo giudaico. Notiamo infine che le cifre presentate, 3 serie di 14, ovvero 6 volte 7, il numero della pienezza, hanno probabilmente un significato simbolico: è tutta la storia dell'umanità che sale verso Gerusalemme.

1 [1]Genealogia di Gesù Cristo figlio di Davide, figlio di
Abramo. [2]Abramo generò Isacco, Isacco generò Giacobbe,
Giacobbe generò Giuda e i suoi fratelli, [3]Giuda generò Fares e

Zara da Tamar, Fares generò Esròm, Esròm generò Aram,
4Aram generò Aminadàb, Aminadàb generò Naassòn, Naas-
sòn generò Salmòn, 5Salmòn generò Booz da Racab, Booz ge-
nerò Obed da Rut, Obed generò Iesse, 6Iesse generò il re Davi-
de.
Davide generò Salomone da quella che era stata la moglie di
Urìa, 7Salomone generò Roboamo, Roboamo generò Abìa,
Abìa generò Asàf, 8Asàf generò Giòsafat, Giòsafat generò Io-
ram, Ioram generò Ozia, 9Ozia generò Ioatam, Ioatam generò
Acaz, Acaz generò Ezechia, 10Ezechia generò Manasse, Ma-
nasse generò Amos, Amos generò Giosia, 11Giosia generò Ie-
conia e i suoi fratelli, al tempo della deportazione in Babilonia.
12Dopo la deportazione in Babilonia, Ieconia generò Salatiel,
Salatiel generò Zorobabèle, 13Zorobabèle generò Abiùd,
Abiùd generò Elìacim, Elìacim generò Azor, 14Azor generò
Sadoc, Sadoc generò Achim, Achim generò Eliùd, 15Eliùd ge-
nerò Eleàzar, Eleàzar generò Mattan, Mattan generò Giacob-
be, 16Giacobbe generò Giuseppe, lo sposo di Maria, dalla qua-
le è nato Gesù chiamato Cristo.
17La somma di tutte le generazioni, da Abramo a Davide, è così di quattordici; da Davide fino alla deportazione in Babilonia è ancora di quattordici; dalla deportazione in Babilonia a Cristo è, infine, di quattordici.

Gesù, «Dio salva», figlio di una vergine, discendente di Davide.
Questo racconto sull'origine di Gesù è una narrazione molto elaborata, piena di riferimenti biblici. Se i discepoli non hanno compreso, mentr'egli era vivo, che Gesù è figlio di Dio, la chiesa primitiva ne è invece pienamente cosciente. Meditando sulle condizioni della sua nascita e sulla profezia di Isaia, che preannuncia una vergine che partorisce un figlio chiamato Emmanuele, la chiesa pensa che Giuseppe non può essere padre, nel senso abituale del termine, e che la vera origine di Gesù deve essere Dio stesso. – Una tradizione giudaico-cristiana indica come Giuseppe abbia risolto il problema di coscienza posto dal dovere di denunciare Maria. L'apparizione infine di un angelo in sogno è nella Bibbia una maniera frequente di esprimere una illuminazione di fede (Dt 22,20s; Is 7,14).

18Ecco come avvenne la nascita di Gesù Cristo: sua madre Maria, essendo promessa sposa di Giuseppe, prima che andassero

a vivere insieme si trovò incinta per opera dello Spirito Santo.
19Giuseppe suo sposo, che era giusto e non voleva ripudiarla,
decise di licenziarla in segreto. 20Mentre però stava pensando a
queste cose, ecco che gli apparve in sogno un angelo del Signo-
re e gli disse: «Giuseppe, figlio di Davide, non temere di pren-
dere con te Maria, tua sposa, perché quel che è generato in lei
viene dallo Spirito Santo. 21Essa partorirà un figlio e tu lo chia-
merai Gesù: egli infatti salverà il suo popolo dai suoi peccati».
22Tutto questo avvenne perché si adempisse ciò che era stato
detto dal Signore per mezzo del profeta:

> 23*Ecco, la vergine concepirà e partorirà un figlio*
> *che sarà chiamato Emmanuele,*

che significa *Dio con noi*. 24Destatosi dal sonno, Giuseppe fece
come gli aveva ordinato l'angelo del Signore e prese con sé la
sua sposa, 25la quale, senza che egli la conoscesse, partorì un fi-
glio, che egli chiamò Gesù.

La nascita di Gesù e la visita dei magi. *Dei sacerdoti persiani, forse astrologi, riconoscono la regalità di Gesù sin dalla sua nascita: persino gli astri proclamano, infatti, la sua venuta. I giudei, al contrario, pur conoscendo le Scritture, non ne hanno nemmeno il presentimento; il re Erode vuole addirittura distruggere tale regalità. La nascita di Gesù viene a compiere la profezia di Michea sulla città di Davide (5,1) mentre la venuta dei magi adempie quella del libro dei Numeri (24,17), di Isaia (49,23; 60,5-6) e del salmo 72,10-15 sull'omaggio delle nazioni al Dio di Israele (Lc 2,1-7). – Alla fine del suo Vangelo, Matteo mostrerà come, dopo la risurrezione, i discepoli vengano inviati a tutte le nazioni. Il movimento verso Israele si cambia allora in un movimento verso le nazioni.*

2 1Gesù nacque a Betlemme di Giudea, al tempo del re Ero-
de. Alcuni Magi giunsero da oriente a Gerusalemme e doman-
davano: 2«Dov'è il re dei Giudei che è nato? Abbiamo visto
sorgere la sua stella, e siamo venuti per adorarlo». 3All'udire
queste parole, il re Erode restò turbato e con lui tutta Gerusa-
lemme. 4Riuniti tutti i sommi sacerdoti e gli scribi del popolo,
s'informava da loro sul luogo in cui doveva nascere il Messia.

5Gli risposero: «A Betlemme di Giudea, perché così è scritto
per mezzo del profeta:

> 6*E tu, Betlemme*, terra di Giuda,
> *non sei* davvero *il più piccolo capoluogo di Giuda:*
> *da te uscirà infatti un capo*
> *che pascerà il mio popolo, Israele*».

7Allora Erode, chiamati segretamente i Magi, si fece dire con
esattezza da loro il tempo in cui era apparsa la stella 8e li inviò a
Betlemme esortandoli: «Andate e informatevi accuratamente
del bambino e, quando l'avrete trovato, fatemelo sapere, per-
ché anch'io venga ad adorarlo».
9Udite le parole del re, essi partirono. Ed ecco la stella, che
avevano visto nel suo sorgere, li precedeva, finché giunse e si
fermò sopra il luogo dove si trovava il bambino. 10Al vedere la
stella, essi provarono una grandissima gioia. 11Entrati nella ca-
sa, videro il bambino con Maria sua madre, e prostratisi lo ado-
rarono. Poi aprirono i loro scrigni e gli offrirono in dono oro,
incenso e mirra. 12Avvertiti poi in sogno di non tornare da Ero-
de, per un'altra strada fecero ritorno al loro paese.

La discesa di Gesù in Egitto e il suo ritorno. *Sono un compimento della profezia di Osea 11,1 e una chiara allusione al soggiorno degli israeliti in Egitto. Lungo l'intero Vangelo di Matteo, Mosè sarà il punto di riferimento essenziale che permette di comprendere la missione di Gesù, «nuovo Mosè» (Gn 46,2-4; 27,43-45; 19,15; Es 2,15; 1Re 11,40; Os 11,1).*

13Essi erano appena partiti, quando un angelo del Signore ap-
parve in sogno a Giuseppe e gli disse: «Alzati, prendi con te il
bambino e sua madre e fuggi in Egitto, e resta là finché non ti
avvertirò, perché Erode sta cercando il bambino per uccider-
lo».
14Giuseppe, destatosi, prese con sé il bambino e sua madre nel-
la notte e fuggì in Egitto, 15dove rimase fino alla morte di Ero-
de, perché si adempisse ciò che era stato detto dal Signore per
mezzo del profeta:

> *Dall'Egitto ho chiamato il mio figlio.*

La strage dei bambini di Betlemme. *Allusione alla strage dei bambini ebrei in Egitto. Rachele piange i suoi figli, secondo il testo citato di Geremia (31,15); Rama era stato il luogo di raduno dei deportati a Babilonia (Ger 40,1). Il ritratto storico di Erode che qui tiene il posto del faraone per la sua crudeltà, potrebbe autorizzare una simile tradizione; anche se, tutto sommato, una strage di bambini a Betlemme non poteva riguardare che pochi neonati.*

16 Erode, accortosi che i Magi si erano presi gioco di lui, s'infu-
riò e mandò ad uccidere tutti i bambini di Betlemme e del suo
territorio dai due anni in giù, corrispondenti al tempo su cui era
stato informato dai Magi. 17 Allora si adempì quel che era stato
detto per mezzo del profeta Geremia:

18 *Un grido è stato udito in Rama,*
un pianto e un lamento grande;
Rachele piange i suoi figli
e non vuole essere consolata, perché non sono più.

Gesù si stabilisce a Nazaret. *Dopo il soggiorno forzato in Egitto, morto il re Erode, Giuseppe deve ritornare in Israele; ma è in Galilea, regione aperta ai pagani (Mt 4,15), che Gesù deve crescere. Anche il titolo dispregiativo «nazareno», datogli da alcuni, viene messo in relazione con certi passi della Scrittura – a meno che non sia da leggere «nazireo», cioè «consacrato» – (Nazaret è un villaggio povero e disprezzato, non è mai nominato nell'Antico Testamento). Da notare infine che Archelào è successo al padre Erode nell'anno 4 a.C. e che regnerà fino all'anno 6 d.C.*

19 Morto Erode, un angelo del Signore apparve in sogno a
Giuseppe in Egitto 20 e gli disse: «Alzati, prendi con te il bam-
bino e sua madre e va' nel paese d'Israele; perché sono morti
coloro che insidiavano la vita del bambino». 21 Egli, alzatosi,
prese con sé il bambino e sua madre, ed entrò nel paese d'I-
sraele. 22 Avendo però saputo che era re della Giudea Arche-
lào al posto di suo padre Erode, ebbe paura di andarvi. Av-
vertito poi in sogno, si ritirò nelle regioni della Galilea 23 e, ap-
pena giunto, andò ad abitare in una città chiamata Nàzaret,

perché si adempisse ciò che era stato detto dai profeti: «Sarà chiamato Nazareno».

II. IL REGNO DEI CIELI

Giovanni, in ebraico Yohanan, «Dio ha fatto grazia», annuncia la venuta del Regno («regno» nel senso di signoria, regalità) e prepara gli uomini a riceverlo mediante un battesimo. Anche Gesù si fa battezzare da Giovanni; in quell'occasione viene designato come il messia. Nello scontro con Satana, spirito-del-male, egli definisce il senso della sua missione.

La predicazione di Giovanni Battista. *Egli compie una profezia di Isaia (40,3) e proclama che è ormai giunto il regno dei cieli, cioè il regno di colui che ha creato il mondo: Dio, di cui si evitava allora di pronunciare il nome. Questa affermazione verrà ripresa spesso da Gesù, accompagnata o meno dall'ardente ingiunzione di cambiar vita o di ritornare al Dio unico dell'alleanza (è il problema di ogni uomo; cf. 2Re 1,7; Zc 13,4; Mc 1,1-8; Lc 3,1-6; Gv 1,19-23).*

3 1In quei giorni comparve Giovanni il Battista a predicare
nel deserto della Giudea, 2dicendo: «Convertitevi, perché il re-
gno dei cieli è vicino!».
3Egli è colui che fu annunziato dal profeta Isaia quando disse:

> *Voce di uno che grida nel deserto:*
> *Preparate la via del Signore,*
> *raddrizzate i suoi sentieri!*

4Giovanni portava un vestito di peli di cammello e una cintura
di pelle attorno ai fianchi; il suo cibo erano locuste e miele sel-
vatico. 5Allora accorrevano a lui da Gerusalemme, da tutta la
Giudea e dalla zona adiacente il Giordano; 6e, confessando i
loro peccati, si facevano battezzare da lui nel fiume Giordano.

Il giudizio è prossimo. *Giovanni Battista annuncia il giudizio di Dio, descrivendolo con immagini della Bibbia, e la venuta im-*

minente di colui che battezzerà gli uomini non con un battesimo d'acqua come il suo, ma con un battesimo nello Spirito Santo e nel fuoco; cioè nell'amore che, accolto con fede, rinnova e purifica come il fuoco. Il fatto di essere membro del popolo eletto non costituisce più quindi un certificato di appartenenza al vero popolo di Dio (Is 30,27-33; Ger 15,7; Lc 3,7-18; Gv 1,16-28).

7Vedendo però molti farisei e sadducei venire al suo battesimo,
disse loro: «Razza di vipere! Chi vi ha suggerito di sottrarvi al-
l'ira imminente? 8Fate dunque frutti degni di conversione, 9e
non crediate di poter dire fra voi: Abbiamo Abramo per padre.
Vi dico che Dio può far sorgere figli di Abramo da queste pie-
tre. 10Già la scure è posta alla radice degli alberi: ogni albero
che non produce frutti buoni viene tagliato e gettato nel fuoco.
11Io vi battezzo con acqua per la conversione; ma colui che vie-
ne dopo di me è più potente di me e io non son degno neanche
di portargli i sandali; egli vi battezzerà in Spirito Santo e fuoco.
12Egli ha in mano il ventilabro, pulirà la sua aia e raccoglierà il
suo grano nel granaio, ma brucerà la pula con un fuoco inestin-
guibile».

Il battesimo. *La missione di Gesù prende le mosse da quella di Giovanni Battista (Mt 11,7-15). Mentre, però, questa pone termine al tempo della Legge e dei profeti, quella di Gesù inaugura un periodo nuovo e segna l'avvento del regno di Dio. Dopo essere stato battezzato da Giovanni umiliandosi come un peccatore per salvare gli uomini, Gesù riceve il dono dello Spirito; Dio lo designa come suo «Figlio prediletto». L'immagine dei cieli aperti corrisponde al grido di Isaia 63,19 e il segno della colomba indica l'inaugurazione d'una nuova creazione, dove cielo e terra saranno riconciliati (Gn 1,2; Sal 2,7; Is 42,1; Mc 1,9-11; Lc 3,21-22).*

13In quel tempo Gesù dalla Galilea andò al Giordano da Gio-
vanni per farsi battezzare da lui. 14Giovanni però voleva impe-
dirglielo, dicendo: «Io ho bisogno di essere battezzato da te e
tu vieni da me?». 15Ma Gesù gli disse: «Lascia fare per ora, poi-
ché conviene che così adempiamo ogni giustizia». Allora Gio-
vanni acconsentì. 16Appena battezzato, Gesù uscì dall'acqua:
ed ecco, si aprirono i cieli ed egli vide lo Spirito di Dio scendere

come una colomba e venire su di lui.
17 Ed ecco una voce dal cielo che disse: «Questi è il *Figlio mio prediletto, nel quale mi sono compiaciuto*».

Vincere la tentazione, destino e compito d'ogni uomo. *Lo spirito del male è una creatura spirituale che combatte il disegno di Dio (cf. nota a Mc 1,21). Il deserto è convenzionalmente il luogo del ritiro, in cui l'uomo si pone di fronte alle scelte essenziali della vita. Così prima di iniziare la sua missione Gesù va nel deserto. Ma l'evangelista presenta solo una sintesi del conflitto; da un'attenta lettura si capisce che le stesse scelte si ripresenteranno poi nel corso della vita di Cristo (c. 12).*
Le tre tentazioni conducono Gesù a rifiutare il potere temporale, il facile ricorso al miracolo (che priverebbe l'atto di fede della libertà che gli è propria) e soprattutto la seduzione dell'idolatria. Dove l'antico Israele soccombeva, colui che simboleggia il nuovo Israele resiste e vince. Le citazioni sono tolte da Dt 8,3; Sal 91,11-12; Dt 6,6 e 6,13. Gesù digiuna (come Mosè sul Sinai – Es 34,28 – ed Elia sull'Oreb – 1Re 19,8) per quaranta giorni, vale a dire per un lungo periodo (Nm 14,34; Mc 1,12-13; Lc 4,1-13).

4
1 Allora Gesù fu condotto dallo Spirito nel deserto per esser tentato dal diavolo.
2 E dopo aver digiunato quaranta giorni
e quaranta notti, ebbe fame.
3 Il tentatore allora gli si accostò e
gli disse: «Se sei Figlio di Dio, di' che questi sassi diventino pane».
4 Ma egli rispose: «Sta scritto:

Non di solo pane vivrà l'uomo,
ma di ogni parola che esce dalla bocca di Dio».

5 Allora il diavolo lo condusse con sé nella città santa, lo depose
sul pinnacolo del tempio
6 e gli disse: «Se sei Figlio di Dio, gettati giù, poiché sta scritto:

Ai suoi angeli darà ordini a tuo riguardo,
ed essi ti sorreggeranno con le loro mani,
perché non abbia a urtare contro un sasso il tuo piede».

7 Gesù gli rispose: «Sta scritto anche:

Non tentare il Signore Dio tuo».

8Di nuovo il diavolo lo condusse con sé sopra un monte altissi-
mo e gli mostrò tutti i regni del mondo con la loro gloria e gli
disse: 9«Tutte queste cose io ti darò, se, prostrandoti, mi adore-
rai». 10Ma Gesù gli rispose: «Vattene, satana! Sta scritto:

Adora il Signore Dio tuo
e a lui solo rendi culto».

11Allora il diavolo lo lasciò ed ecco angeli gli si accostarono e lo
servivano.

III. LA PROCLAMAZIONE DELLA VENUTA DEL REGNO

Gesù annuncia la venuta del Regno e ne proclama lo statuto col discorso della montagna (probabilmente nell'anno 28).

Il regno di Dio è giunto. *La venuta di Gesù a Cafàrnao (Capharnaum o Capernaum), città della Galilea ai confini delle regioni di Zàbulon e di Nèftali, realizza la profezia di Isaia (8,23–9,1) sulla liberazione materiale e spirituale di questi territori, frequentati da numerosi stranieri. Per la prima volta, Gesù annuncia anche la necessità di cambiare in vista del regno di Dio: esso è già presente e sarà il regno dell'amore (Mc 1,14-15; Lc 4,14s).*

12Avendo intanto saputo che Giovanni era stato arrestato, Ge-
sù si ritirò nella Galilea 13e, lasciata Nàzaret, venne ad abitare a
Cafàrnao, presso il mare, nel territorio di Zàbulon e di Nèftali,
14perché si adempisse ciò che era stato detto per mezzo del pro-
feta Isaia:

15*Il paese di Zàbulon e il paese di Nèftali,*
sulla via del mare, al di là del Giordano,
Galilea delle genti;
16*il popolo immerso nelle tenebre*
ha visto una grande luce;
su quelli che dimoravano in terra e ombra di morte
una luce si è levata.

17Da allora Gesù cominciò a predicare e a dire: «Convertitevi,
perché il regno dei cieli è vicino».

Chiamata dei primi quattro discepoli. *Essi abbandonano tutto per seguire Gesù; la sua chiamata ha una forza tale che nulla più li trattiene. Questa narrazione e quelle parallele sono probabilmente ispirate a un modello biblico (1Re 19,18-20), e avevano lo scopo di spiegare alle primitive comunità cristiane cosa volesse dire seguire Gesù. Certamente Gesù conosceva già gli uomini ai quali si rivolgeva, e se ha fatto ricorso a loro è perché li sapeva disponibili. Ma se tale narrazione viene qui inserita senza preparazione alcuna, è per indicare che la sua opera deve continuare nella missione dei discepoli (Mc 1,16-20; Lc 5,1-11).*

[18]Mentre camminava lungo il mare di Galilea vide due fratelli,
Simone, chiamato Pietro, e Andrea suo fratello, che gettavano
la rete in mare, poiché erano pescatori.
[19]E disse loro: «Seguitemi, vi farò pescatori di uomini». [20]Ed
essi subito, lasciate le reti, lo seguirono. [21]Andando oltre, vide
altri due fratelli, Giacomo di Zebedèo e Giovanni suo fratello,
che nella barca insieme con Zebedèo, loro padre, riassettavano
le reti; e li chiamò. [22]Ed essi subito, lasciata la barca e il padre,
lo seguirono.

Gesù insegna e opera guarigioni. *Matteo presenta Gesù come un vero profeta nello spirito dell'Antico Testamento: un inviato da Dio che ha la missione di parlare in nome di Dio e di rimettere a posto ciò che è in disordine. Il potere di guarire significa che il regno di Dio si manifesta fin da ora (Mc 1,39 e 3,7-8; Lc 4,44 e 6,17-18).*

[23]Gesù andava attorno per tutta la Galilea, insegnando nelle lo-
ro sinagoghe e predicando la buona novella del regno e curan-
do ogni sorta di malattie e di infermità nel popolo. [24]La sua fa-
ma si sparse per tutta la Siria e così condussero a lui tutti i ma-
lati, tormentati da varie malattie e dolori, indemoniati, epiletti-
ci e paralitici; ed egli li guariva. [25]E grandi folle cominciarono a
seguirlo dalla Galilea, dalla Decàpoli, da Gerusalemme, dalla
Giudea e da oltre il Giordano.

IL DISCORSO DI GESÙ SULLA MONTAGNA OVVERO LA «MAGNA CHARTA» DEL REGNO DI DIO

Gesù sale sulla montagna, come Mosè sul monte Nebo, per annunciare alle folle la buona novella. Il fatto ci ricorda Mosè che,

nel deserto del Sinai, promulga l'alleanza di JHWH con il suo popolo (Dt 5,22; 29,1).
Così Gesù inizia il suo messaggio con una proclamazione di felicità, una beatitudine: «Beati i poveri in spirito», coloro che, poveri, privi d'appoggio umano, con le mani vuote come gli israeliti dell'esilio, senza beni, senza patria, addirittura senza Dio sul suolo impuro di Babilonia, sono diventati accettazione e accoglienza e disponibilità totale, dal momento che possiedono quel tesoro essenziale che è il regno dell'amore.
Il discorso della montagna è una di quelle sintesi di dottrina cristiana di cui si parlava nella nota introduttiva. Le principali citazioni dell'AT sono qui rappresentate da Sal 37,11; Is 61,2; Sir 24,21; Sal 24,3-4; Mc 3,13; Lc 6,20-26.

5 1Vedendo le folle, Gesù salì sulla montagna e, messosi a
sedere, gli si avvicinarono i suoi discepoli. 2Prendendo allora la
parola, li ammaestrava dicendo:

3«Beati i poveri in spirito,
perché di essi è il regno dei cieli.
4Beati gli afflitti,
perché saranno consolati.
5Beati i miti,
perché erediteranno la terra.
6Beati quelli che hanno fame e sete della giustizia,
perché saranno saziati.
7Beati i misericordiosi,
perché troveranno misericordia.
8Beati i puri di cuore,
perché vedranno Dio.
9Beati gli operatori di pace,
perché saranno chiamati figli di Dio.
10Beati i perseguitati per causa della giustizia,
perché di essi è il regno dei cieli.

11Beati voi quando vi insulteranno, vi perseguiteranno e, mentendo, diranno ogni sorta di male contro di voi per causa mia.
12Rallegratevi ed esultate, perché grande è la vostra ricom-

pensa nei cieli. Così infatti hanno perseguitato i profeti prima di voi.

Il compito dei discepoli nel mondo. *Mediante un radicale e prodigioso capovolgimento dei valori, le beatitudini o definizioni di felicità ci introducono in un mondo completamente diverso da quello dei dieci comandamenti. Si tratta di un messaggio esigente, di insoddisfazione, di felicità e di amore. Hanno vero successo nella vita coloro che si sforzano di viverla. Gli altri, malgrado le apparenze, sono destinati al fallimento. Notare ancora che il sale è un altro simbolo dell'alleanza. (Nm 18,19; Mc 9,50 e 4,21; Lc 14,34-35; 8,16 e 33).*

13 Voi siete il sale della terra; ma se il sale perdesse il sapore,
con che cosa lo si potrà render salato? A null'altro serve che ad
essere gettato via e calpestato dagli uomini.
14 Voi siete la luce del mondo; non può restare nascosta una cit-
tà collocata sopra un monte, 15 né si accende una lucerna per
metterla sotto il moggio, ma sopra il lucerniere perché faccia
luce a tutti quelli che sono nella casa. 16 Così risplenda la vostra
luce davanti agli uomini, perché vedano le vostre opere buone
e rendano gloria al vostro Padre che è nei cieli.

La nuova Legge confrontata con l'antica. *Gesù contrappone ancora la Legge nuova all'antica. In tal modo egli mostra di volere il superamento della Legge. Inoltre, prendendo questa posizione, egli sottolinea la sua autorità divina.*

17 Non pensate che io sia venuto ad abolire la Legge o i Profeti;
non son venuto per abolire, ma per dare compimento. 18 In ve-
rità vi dico: finché non siano passati il cielo e la terra, non pas-
serà neppure un iota o un segno dalla legge, senza che tutto sia
compiuto. 19 Chi dunque trasgredirà uno solo di questi precetti,
anche minimi, e insegnerà agli uomini a fare altrettanto, sarà
considerato minimo nel regno dei cieli. Chi invece li osserverà
e li insegnerà agli uomini, sarà considerato grande nel regno
dei cieli.

Ciò che gli ebrei cercavano era la giustizia*: quello che rende giusti, cioè la santità, il comportamento corretto, la sottomissione* *alle leggi, la riuscita morale in tutte le circostanze della vita. Conseguivano tale giustizia con l'osservanza fedele delle leggi di Mosè. I discepoli si muovono nella stessa linea di ricerca, ma la giustizia del Regno, la sua «costituzione» è più esigente che non quella della legge antica.*

20 Poiché io vi dico: se la vostra giustizia non supererà quella degli scribi e dei farisei, non entrerete nel regno dei cieli.

La Carta costituzionale del Regno. *La nuova giustizia non esige solo di evitare la collera, ma di mettersi d'accordo col proprio fratello. L'atto dev'essere l'espressione sincera d'una disposizione interiore: l'ora della decisione è venuta (Es 20,11; Mc 11,25; Lc 17,27-59).*

21 Avete inteso che fu detto agli antichi: *Non uccidere*; chi avrà
ucciso sarà sottoposto a giudizio. 22 Ma io vi dico: chiunque si
adira con il proprio fratello, sarà sottoposto a giudizio. Chi poi
dice al fratello: stupido, sarà sottoposto al sinedrio; e chi gli dice: pazzo, sarà sottoposto al fuoco della Geenna.
23 Se dunque presenti la tua offerta sull'altare e lì ti ricordi che
tuo fratello ha qualche cosa contro di te, 24 lascia lì il tuo dono
davanti all'altare e va' prima a riconciliarti con il tuo fratello e
poi torna ad offrire il tuo dono.
25 Mettiti presto d'accordo con il tuo avversario mentre sei per
via con lui, perché l'avversario non ti consegni al giudice e il
giudice alla guardia e tu venga gettato in prigione. 26 In verità ti
dico: non uscirai di là finché tu non abbia pagato fino all'ultimo
spicciolo!

L'adulterio. *La nuova giustizia non esige solo di evitare l'adulterio ma che si rinunci anche al desiderio cattivo (Es 20,14; Mt 18,8-9; Mc 9,43 e 47-48).*

27 Avete inteso che fu detto: *Non commettere adulterio*; 28 ma io
vi dico: chiunque guarda una donna per desiderarla, ha già commesso adulterio con lei nel suo cuore.
29 Se il tuo occhio destro ti è occasione di scandalo, cavalo e get-
talo via da te: conviene che perisca uno dei tuoi membri, piut-
tosto che tutto il tuo corpo venga gettato nella Geenna. 30 E se
la tua mano destra ti è occasione di scandalo, tagliala e gettala

via da te: conviene che perisca uno dei tuoi membri, piuttosto che tutto il tuo corpo vada a finire nella Geenna.

Il divorzio. *Per respingere la propria moglie la Legge antica esigeva un semplice atto di ripudio. Nella nuova Legge l'uomo non potrà respingerla per nessun motivo (Dt 24,1; Ml 2,14-16; Mt 19,7-9; Mc 10,4-5 e 10-12; Lc 16,18).*

31 Fu pure detto: *Chi ripudia la propria moglie, le dia l'atto di ripudio*;
32 ma io vi dico: chiunque ripudia sua moglie, eccetto il caso di concubinato, la espone all'adulterio e chiunque sposa una ripudiata, commette adulterio.

Riguardo ai giuramenti. *La Legge antica (Es 20,7; Lv 19,12; Nm 30,3; Dt 23,22; Is 66,1; Sal 48,3) condannava lo spergiuro; la Legge nuova esige una sincerità totale.*

33 Avete anche inteso che fu detto agli antichi: *Non spergiurare,*
ma adempi con il Signore i tuoi giuramenti; 34 ma io vi dico: non
giurate affatto: né per *il cielo*, perché è *il trono di Dio*; 35 né per
la terra, perché è *lo sgabello per i suoi piedi*; né per *Gerusalemme*, perché è *la città del gran re*. 36 Non giurare neppure per la
tua testa, perché non hai il potere di rendere bianco o nero un
solo capello. 37 Sia invece il vostro parlare sì, sì; no, no; il di più
viene dal maligno.

Sulla vendetta. *La Legge antica proibiva una vendetta superiore all'offesa (Es 21,24; Lv 24,20; Dt 19,21; Es 22,25); la Legge nuova esige una generosità senza limiti (Lc 6,29-30).*

38 Avete inteso che fu detto: *Occhio per occhio e dente per dente*;
39 ma io vi dico di non opporvi al malvagio; anzi, se uno ti
percuote la guancia destra, tu porgigli anche l'altra; 40 e a chi ti
vuol chiamare in giudizio per toglierti la tunica, tu lascia anche
il mantello. 41 E se uno ti costringerà a fare un miglio, tu fanne
con lui due. 42 Da' a chi ti domanda e a chi desidera da te un
prestito non volgere le spalle.

L'amore dei nemici. *Il comandamento essenziale della Legge antica era l'amore del vicino; la Legge nuova esige l'amore di* *tutti gli uomini, vicini o lontani, amici o nemici. Nessun limite viene fissato per il discepolo. La sua bontà deve spingersi al di là di ogni giustizia umana. «La misura dell'amore è di amare senza misura». Al tempo di Gesù, gli esseni, nonostante la loro fama di virtù, pretendevano che i loro fedeli «odiassero tutti i figli delle tenebre, ciascuno secondo la sua colpevolezza»* (Manuale di disciplina *ritrovato a Qumrân; Lv 19,18; Lc 6,27-36).*

[43]Avete inteso che fu detto: *Amerai il tuo prossimo* e odierai il
tuo nemico; [44]ma io vi dico: amate i vostri nemici e pregate per i
vostri persecutori, [45]perché siate figli del Padre vostro celeste,
che fa sorgere il suo sole sopra i malvagi e sopra i buoni, e fa pio-
vere sopra i giusti e sopra gli ingiusti. [46]Infatti se amate quelli
che vi amano, quale merito ne avete? Non fanno così anche i
pubblicani? [47]E se date il saluto soltanto ai vostri fratelli, che co-
sa fate di straordinario? Non fanno così anche i pagani? [48]Siate
voi dunque perfetti come è perfetto il Padre vostro celeste.

LE OPERE DI GIUSTIZIA

Le tre grandi opere di giustizia (quelle che rendono giusti agli occhi del Signore) sono il dono, la preghiera, il digiuno. Nell'esercizio di queste opere bisogna cercare Dio solo e non la lode pubblica degli uomini (Am 4,4; Sal 139,2-3).

Il donare a quelli che hanno bisogno.

6 [1]Guardatevi dal praticare le vostre buone opere davanti
agli uomini per essere da loro ammirati, altrimenti non avrete
ricompensa presso il Padre vostro che è nei cieli. [2]Quando dun-
que fai l'elemosina, non suonare la tromba davanti a te, come
fanno gli ipocriti nelle sinagoghe e nelle strade per essere lodati
dagli uomini. In verità vi dico: hanno già ricevuto la loro ricom-
pensa. [3]Quando invece tu fai l'elemosina, non sappia la tua si-
nistra ciò che fa la tua destra, [4]perché la tua elemosina resti se-
greta; e il Padre tuo, che vede nel segreto, ti ricompenserà.
[5]Quando pregate, non siate simili agli ipocriti che amano pre-
gare stando ritti nelle sinagoghe e negli angoli delle piazze, per
essere visti dagli uomini. In verità vi dico: hanno già ricevuto la

loro ricompensa. [6]Tu invece, quando preghi, entra nella tua ca-
mera e, chiusa la porta, prega il Padre tuo nel segreto; e il Pa-
dre tuo, che vede nel segreto, ti ricompenserà.

La preghiera consigliata da Gesù *indica un capovolgimento completo del vecchio atteggiamento. Essa comincia col dare a Dio un nome privilegiato che significa una relazione profonda con lui, fonte di ogni amore (cf. nota introduttiva). Chi non perdona si pone fuori della famiglia di Dio (2Re 4,23; Sir 7,14; Ez 36,23; Lc 11,2-4).*

[7]Pregando poi, non sprecate parole come i pagani, i quali cre-
dono di venire ascoltati a forza di parole. [8]Non siate dunque
come loro, perché il Padre vostro sa di quali cose avete bisogno
ancor prima che gliele chiediate. [9]Voi dunque pregate così:

Padre nostro che sei nei cieli,
sia santificato il tuo nome;
[10]venga il tuo regno;
sia fatta la tua volontà,
come in cielo così in terra.
[11]Dacci oggi il nostro pane quotidiano,
[12]e rimetti a noi i nostri debiti
come noi li rimettiamo ai nostri debitori,
[13]e non ci indurre in tentazione,
ma liberaci dal male.

[14]Se voi infatti perdonerete agli uomini le loro colpe, il Padre
vostro celeste perdonerà anche a voi; [15]ma se voi non perdone-
rete agli uomini, neppure il Padre vostro perdonerà le vostre
colpe.

Il digiuno facoltativo. *(Is 58,5).*

[16]E quando digiunate, non assumete aria malinconica come gli
ipocriti, che si sfigurano la faccia per far vedere agli uomini che
digiunano. In verità vi dico: hanno già ricevuto la loro ricom-
pensa.
[17]Tu invece, quando digiuni, profumati la testa e lavati il volto,
[18]perché la gente non veda che tu digiuni, ma solo tuo Padre
che è nel segreto; e il Padre tuo, che vede nel segreto, ti ricom-
penserà.

LA RICERCA ESSENZIALE DEL DISCEPOLO

Il vero tesoro. *(Gb 22,23-26; Lc 12,33-34).*

19 Non accumulatevi tesori sulla terra, dove tignola e ruggine
consumano e dove ladri scassinano e rubano; 20 accumulatevi
invece tesori nel cielo, dove né tignola né ruggine consumano,
e dove ladri non scassinano e non rubano. 21 Perché là dov'è il
tuo tesoro, sarà anche il tuo cuore.

Fissare lo sguardo sull'essenziale. *(Is 5,20; Lc 11,34-35).*

22 La lucerna del corpo è l'occhio; se dunque il tuo occhio è
chiaro, tutto il tuo corpo sarà nella luce; 23 ma se il tuo occhio è
malato, tutto il tuo corpo sarà tenebroso. Se dunque la luce che
è in te è tenebra, quanto grande sarà la tenebra!

Il vero maestro. *(5,3-4; 19,21-26; Lc 16,13).*

24 Nessuno può servire a due padroni: o odierà l'uno e amerà
l'altro, o preferirà l'uno e disprezzerà l'altro: non potete servi-
re a Dio e a mammona.

La delicata tenerezza del Padre. *Non lasciarsi dominare dalle preoccupazioni; fare la volontà del Padre secondo l'insegnamento di Gesù (1Re 10,1-29; Lc 12,22-31).*

25 Perciò vi dico: per la vostra vita non affannatevi di quello che
mangerete o berrete, e neanche per il vostro corpo, di quello
che indosserete; la vita forse non vale più del cibo e il corpo più
del vestito? 26 Guardate gli uccelli del cielo: non seminano, né
mietono, né ammassano nei granai; eppure il Padre vostro ce-
leste li nutre. Non contate voi forse più di loro? 27 E chi di voi,
per quanto si dia da fare, può aggiungere un'ora sola alla sua
vita? 28 E perché vi affannate per il vestito? Osservate come cre-
scono i gigli del campo: non lavorano e non filano. 29 Eppure io
vi dico che neanche Salomone, con tutta la sua gloria, vestiva
come uno di loro. 30 Ora se Dio veste così l'erba del campo, che
oggi c'è e domani verrà gettata nel forno, non farà assai più per
voi, gente di poca fede? 31 Non affannatevi dunque dicendo:
Che cosa mangeremo? Che cosa berremo? Che cosa indossere-

mo? 32Di tutte queste cose si preoccupano i pagani; il Padre vo-
stro celeste infatti sa che ne avete bisogno. 33Cercate prima il
regno di Dio e la sua giustizia, e tutte queste cose vi saranno
date in aggiunta. 34Non affannatevi dunque per il domani, per-
ché il domani avrà già le sue inquietudini. A ciascun giorno ba-
sta la sua pena.

ALCUNE NORME

Non giudicare. *(Lc 6,37-38 e 41-42).*

7 1Non giudicate, per non essere giudicati; 2perché col giudi-
zio con cui giudicate sarete giudicati, e con la misura con la
quale misurate sarete misurati. 3Perché osservi la pagliuzza nel-
l'occhio del tuo fratello, mentre non ti accorgi della trave che
hai nel tuo occhio? 4O come potrai dire al tuo fratello: permetti
che tolga la pagliuzza dal tuo occhio, mentre nell'occhio tuo c'è
la trave? 5Ipocrita, togli prima la trave dal tuo occhio e poi ci
vedrai bene per togliere la pagliuzza dall'occhio del tuo fratel-
lo.

Non buttare ciò che è sacro *alle bestie, a della gente cioè incapace di ricevere Dio come si deve.*

6Non date le cose sante ai cani e non gettate le vostre perle da-
vanti ai porci, perché non le calpestino con le loro zampe e poi
si voltino per sbranarvi.

Perseverare nella preghiera. *La libera azione di Dio (Dt 4,29; 2Cr 15,2; Is 66,6; Ger 29,23; Am 5,4; Lc 11,9-13; 18,1-8; Gv 14,13; Gc 1,5s).*

7Chiedete e vi sarà dato; cercate e troverete; bussate e vi sarà
aperto; 8perché chiunque chiede riceve, e chi cerca trova e a chi
bussa sarà aperto. 9Chi tra di voi al figlio che gli chiede un pane
darà una pietra? 10O se gli chiede un pesce, darà una serpe?
11Se voi dunque che siete cattivi sapete dare cose buone ai vo-
stri figli, quanto più il Padre vostro che è nei cieli darà cose
buone a quelli che gliele domandano!

La regola d'oro che riassumeva già la Legge e i Profeti *per certi dottori ebrei, come Hillel. Tale regola era tuttavia limitata ai figli del popolo ebreo (Lv 19,17-18; Rm 13,8-10; Lc 6,31).*

12 Tutto quanto volete che gli uomini facciano a voi, anche voi
fatelo a loro: questa infatti è la Legge ed i Profeti.

La porta stretta *(Dt 30,15; Lc 13,23-24).*

13 Entrate per la porta stretta, perché larga è la porta e spaziosa
la via che conduce alla perdizione, e molti sono quelli che en-
trano per essa; 14 quanto stretta invece è la porta e angusta la
via che conduce alla vita, e quanto pochi sono quelli che la tro-
vano!

I veri profeti: il loro dire e il loro fare. *(Lc 6,43-44; Ap 13,11; 16,13; 19,20; 20,10).*

15 Guardatevi dai falsi profeti che vengono a voi in veste di pe-
core, ma dentro son lupi rapaci. 16 Dai loro frutti li riconoscere-
te. Si raccoglie forse uva dalle spine, o fichi dai rovi? 17 Così
ogni albero buono produce frutti buoni e ogni albero cattivo
produce frutti cattivi; 18 un albero buono non può produrre frut-
ti cattivi, né un albero cattivo produrre frutti buoni. 19 Ogni al-
bero che non produce frutti buoni viene tagliato e gettato nel
fuoco. 20 Dai loro frutti dunque li potrete riconoscere.

I veri discepoli. *Gesù non si limita a criticare il comportamento formalistico e disumano dei farisei; critica anche i suoi discepoli. Ciò che conta non sono le parole, e nemmeno le azioni straordinarie come i miracoli, ma la fedeltà al suo insegnamento, la vita interiore. La sua legge non è formulata in articoli giuridici; tende invece a ridestare le coscienze (Sal 6,9; Is 2,11; 10,3; 29,13; 49,8; Lc 6,46-49; 13,26-27).*

21 Non chiunque mi dice: Signore, Signore, entrerà nel regno
dei cieli, ma colui che fa la volontà del Padre mio che è nei cie-
li. 22 Molti mi diranno in quel giorno: Signore, Signore, non ab-
biamo noi profetato nel tuo nome e cacciato demòni nel tuo
nome e compiuto molti miracoli nel tuo nome? 23 Io però di-
chiarerò loro: Non vi ho mai conosciuti; allontanatevi da me,
voi operatori di iniquità.

24Perciò chiunque ascolta queste mie parole e le mette in pratica, è simile a un uomo saggio che ha costruito la sua casa sulla roccia. 25Cadde la pioggia, straripàrono i fiumi, soffiarono i venti e si abbatterono su quella casa, ed essa non cadde, perché era fondata sopra la roccia. 26Chiunque ascolta queste mie parole e non le mette in pratica, è simile a un uomo stolto che ha costruito la sua casa sulla sabbia. 27Cadde la pioggia, straripàrono i fiumi, soffiarono i venti e si abbatterono su quella casa, ed essa cadde, e la sua rovina fu grande».

Lo stupore della folla. *(Mc 1,22; Lc 7,2; 4,32).*

28Quando Gesù ebbe finito questi discorsi, le folle restarono stupite del suo insegnamento: 29egli infatti insegnava loro come uno che ha autorità e non come i loro scribi.

IV. LA PREDICAZIONE DEL REGNO

Per la mentalità scientifica del mondo d'oggi i miracoli sono diventati degli ostacoli alla fede anziché motivi di fede. Si dimenticano il tempo e i motivi della scelta degli evangelisti. Ogni malattia, ogni disordine di natura fisica o morale veniva considerato nel mondo biblico come conseguenza di un peccato. C'era la guarigione quando cessava la colpa. Gli apostoli, alla luce della risurrezione, meditando sui fatti rimasti inspiegati dell'attività di Gesù, si convinsero che, in quanto salvatore da ogni male, egli aveva potere sulle malattie incidendo sulle loro cause.
Le narrazioni di guarigioni hanno lo scopo di dimostrare che Gesù cambia la vita di coloro che credono in lui. Al giorno d'oggi, se Cristo venisse di nuovo messo in croce, per spiegare la sua figura di salvatore si partirebbe ugualmente da fenomeni ancora inspiegabili per la scienza, o meglio ancora da episodi della vita corrente, rivestiti, però, di un messaggio, di una capacità di segno (cf. nota introduttiva al Vangelo di Giovanni). Secondo s. Tommaso non c'è bisogno che un segno sia sempre soprannaturale; anche un segno del tutto naturale può diventare un segno della fede, un miracolo nel senso evangelico del termine.

Guarigione di un caso di lebbra. *Questa malattia non costituiva solo il castigo di una colpa, ma era anche un'impurità rituale che escludeva dalla partecipazione al culto e alla preghiera. La lebbra era dunque il segno del peccato, il castigo divino per eccellenza (Lv 13,45-46; 14,2-32; Sal 122,10; Mc 1,40-45; Lc 5,12-16).*

8

[1]Quando Gesù fu sceso dal monte, molta folla lo seguiva.
[2]Ed ecco venire un lebbroso e prostrarsi a lui dicendo: «Signo-
re, se vuoi, tu puoi sanarmi». [3]E Gesù stese la mano e lo toccò
dicendo: «Lo voglio, sii sanato». E subito la sua lebbra scom-
parve. [4]Poi Gesù gli disse: «Guardati dal dirlo a qualcuno, ma
va' a mostrarti al sacerdote e presenta l'offerta prescritta da
Mosè, e ciò serva come testimonianza per loro».

La guarigione del servo di un centurione, ufficiale con 100 uomini ai suoi ordini. *L'intera narrazione è centrata sulla fede di quest'ufficiale romano. Era uno straniero, non faceva parte del popolo di Dio, proveniva anzi da un popolo odiato. Eppure questo uomo, escluso dalle promesse, è animato da tale fiducia che il Figlio di Dio lo esaudisce (Is 55,11; Sal 35,16; 122,10; Lc 7,1-10; Gv 4,46-53).*

[5]Entrato in Cafàrnao, gli venne incontro un centurione che lo
scongiurava: [6]«Signore, il mio servo giace in casa paralizzato e
soffre terribilmente». [7]Gesù gli rispose: «Io verrò e lo curerò».
[8]Ma il centurione riprese: «Signore, io non son degno che tu
entri sotto il mio tetto, di' soltanto una parola e il mio servo sa-
rà guarito. [9]Perché anch'io, che sono un subalterno, ho soldati
sotto di me e dico a uno: Va', ed egli va; e a un altro: Vieni, ed
egli viene, e al mio servo: Fa' questo, ed egli lo fa».
[10]All'udire ciò, Gesù ne fu ammirato e disse a quelli che lo se-
guivano: «In verità vi dico, presso nessuno in Israele ho trovato
una fede così grande. [11]Ora vi dico che molti verranno dall'o-
riente e dall'occidente e siederanno a mensa con Abramo, Isac-
co e Giacobbe nel regno dei cieli, [12]mentre i figli del regno sa-
ranno cacciati fuori nelle tenebre, ove sarà pianto e stridore di
denti». [13]E Gesù disse al centurione: «Va', e sia fatto secondo
la tua fede». In quell'istante il servo guarì.

La suocera di Simon Pietro. *Colpita da una febbre che allora non sembrava naturale, viene alzata, messa in piedi come se risuscitasse (Lv 26,16; Dt 28,22; Mc 1,29-31; Lc 4,38-39; Gv 4,52; At 28,8).*

14Entrato Gesù nella casa di Pietro, vide la suocera di lui che
giaceva a letto con la febbre. 15Le toccò la mano e la febbre
scomparve; poi essa si alzò e si mise a servirlo.

Guarigione di indemoniati. *Gli uomini che, colpiti da malattia mentale, presentavano un comportamento inspiegabile per quel tempo, erano, più degli altri, ritenuti posseduti dallo spirito-del-male (cf. nota a Mc 1,21). Gli evangelisti dimostrano che guarendoli, riportandoli alla normalità, Gesù sconfigge il regno del male e instaura il regno dell'amore. Per presentare tali fenomeni si fa ricorso ai procedimenti letterari e allo stile comuni alla letteratura del tempo (Is 53,4; Mc 1,32-34; Lc 4,38-41).*

16Venuta la sera, gli portarono molti indemoniati ed egli scac-
ciò gli spiriti con la sua parola e guarì tutti i malati, 17perché si
adempisse ciò che era stato detto per mezzo del profeta Isaia:

> *Egli ha preso le nostre infermità*
> *e si è addossato le nostre malattie.*

Seguire Gesù senza voltarsi indietro. *Questo episodio permette a Gesù di dare una lezione. Egli non offre una sicurezza comoda, borghese. Bisogna saperlo bene prima di impegnarsi e di salire con lui sulla barca per passare all'altra riva, nella regione dei pagani, ove affronterà l'ostilità dello spirito-del-male. L'espressione «figlio dell'uomo», ripresa da Ez 2,1-3, da Dn 7,13 e dal* Libro di Enoch, *sta a indicare il giudice dell'ultimo giorno. Nella maggior parte dei casi, però, quando Cristo non vuole presentarsi per nome, viene più semplicemente usata al posto di «io» (Sal 84,4; Lc 9,57-60).*

18Vedendo Gesù una gran folla intorno a sé, ordinò di passare
all'altra riva. 19Allora uno scriba si avvicinò e gli disse: «Mae-
stro, io ti seguirò dovunque andrai». 20Gli rispose Gesù: «Le
volpi hanno le loro tane e gli uccelli del cielo i loro nidi, ma il
Figlio dell'uomo non ha dove posare il capo».

21 E un altro dei discepoli gli disse: «Signore, permettimi di an-
dar prima a seppellire mio padre». 22 Ma Gesù gli rispose: «Se-
guimi e lascia i morti seppellire i loro morti».

La tempesta sedata. *Quando Gesù e i discepoli, dirigendosi verso l'altra riva, si trovano al largo, gli elementi si scatenano, quasi che le forze del male si siano date convegno. Come era successo una volta, sul Sinai, al momento delle apparizioni divine (Es 19,18; 1Re 19,11). La barca rappresenta la comunità dei discepoli scossa da vari contrasti: solo la fede in Gesù permette di superarli (Mc 4,35-41; Lc 8,22-25).*

23 Essendo poi salito su una barca, i suoi discepoli lo seguirono.
24 Ed ecco scatenarsi nel mare una tempesta così violenta che la
barca era ricoperta dalle onde; ed egli dormiva. 25 Allora, acco-
statisi a lui, lo svegliarono dicendo: «Salvaci, Signore, siamo
perduti!». 26 Ed egli disse loro: «Perché avete paura, uomini di
poca fede?» Quindi levatosi, sgridò i venti e il mare e si fece
una grande bonaccia. 27 I presenti furono presi da stupore e di-
cevano: «Chi è mai costui al quale i venti e il mare obbedisco-
no?».

Gli indemoniati di Gadara. *Non vi sono limiti geografici al potere di liberazione di Gesù. La distruzione dei porci (che i giudei non avevano il diritto di allevare) è una catechesi popolare che mira a rendere sensibile l'inevitabile disfatta del male. È ancora lontana, però, la sua sconfitta definitiva: gli abitanti di Gadara, infatti, spaventati dall'esigenza di generosità posta da Gesù, preferiscono restarsene nella loro condizione malsana e lo pregano di lasciare il loro territorio (Mc 5,1-20; Lc 8,26-39).*

28 Giunto all'altra riva, nel paese dei Gadarèni, due indemonia-
ti, uscendo dai sepolcri, gli vennero incontro; erano tanto furio-
si che nessuno poteva più passare per quella strada. 29 Comin-
ciarono a gridare: «Che cosa abbiamo noi in comune con te, Fi-
glio di Dio? Sei venuto qui prima del tempo a tormentarci?».
30 A qualche distanza da loro c'era una numerosa mandria di
porci a pascolare; 31 e i demòni presero a scongiurarlo dicendo:
«Se ci scacci, mandaci in quella mandria». 32 Egli disse loro:

«Andate!». Ed essi, usciti dai corpi degli uomini, entrarono in
quelli dei porci: ed ecco tutta la mandria si precipitò dal dirupo
nel mare e perì nei flutti. 33 I mandriani allora fuggirono ed en-
trati in città raccontarono ogni cosa e il fatto degli indemoniati.
34 Tutta la città allora uscì incontro a Gesù e, vistolo, lo prega-
rono che si allontanasse dal loro territorio.

Guarigione e perdono di un paralitico. *Questo testo illustra non solo il potere di guarigione che una medicazione può avere in certi casi – dal momento che Dio ha messo in certi elementi chimici, in sintonia con l'ordine ch'egli ha stabilito nel mondo, la facoltà di agire su di una data malattia – ma anche quello di perdonare il peccato che, secondo il linguaggio della Bibbia, ne era la causa (Mc 2,1-12; Lc 5,17-26).*

9 1 Salito su una barca, Gesù passò all'altra riva e giunse nel-
la sua città. 2 Ed ecco, gli portarono un paralitico steso su un
letto. Gesù, vista la loro fede, disse al paralitico: «Coraggio, fi-
gliolo, ti sono rimessi i tuoi peccati». 3 Allora alcuni scribi co-
minciarono a pensare: «Costui bestemmia». 4 Ma Gesù, cono-
scendo i loro pensieri, disse: «Perché mai pensate cose malva-
gie nel vostro cuore? 5 Che cosa dunque è più facile, dire: Ti so-
no rimessi i peccati, o dire: Alzati e cammina? 6 Ora, perché
sappiate che il Figlio dell'uomo ha il potere in terra di rimettere
i peccati: alzati, disse allora al paralitico, prendi il tuo letto e
va' a casa tua». 7 Ed egli si alzò e andò a casa sua. 8 A quella vi-
sta, la folla fu presa da timore e rese gloria a Dio che aveva da-
to un tale potere agli uomini.

La chiamata di Matteo. *I pubblicani, esattori di imposte per conto dei romani, erano uomini disprezzati per il loro mestiere e per i loro rapporti coi conquistatori. Erano così oggetto di una duplice discriminazione. E aver a che fare con loro era un grave affronto a un'usanza che aveva praticamente forza di legge. Rifiutando deliberatamente tale modo di pensare e di agire, Gesù manifesta che ciò che veramente conta ai suoi occhi è la persona umana (Mc 2,13-14; Lc 5,27-28).*

[9]Andando via di là, Gesù vide un uomo, seduto al banco delle
imposte, chiamato Matteo, e gli disse: «Seguimi». Ed egli si al-
zò e lo seguì.

A pranzo con persone senza reputazione: un vero scandalo. *Gesù non diventa impuro per il fatto di mettersi a tavola con dei pubblicani. Al contrario, sono tali uomini che diventano puri a contatto con lui (Os 6,6; Mc 2,13-17; Am 5,21; Lc 5,29-32).*

[10]Mentre Gesù sedeva a mensa in casa, sopraggiunsero molti
pubblicani e peccatori e si misero a tavola con lui e con i disce-
poli. [11]Vedendo ciò, i farisei dicevano ai suoi discepoli: «Per-
ché il vostro maestro mangia insieme ai pubblicani e ai peccato-
ri?». [12]Gesù li udì e disse: «Non sono i sani che hanno bisogno
del medico, ma i malati. [13]Andate dunque e imparate che cosa
significhi: *Misericordia io voglio e non sacrificio*. Infatti non so-
no venuto a chiamare i giusti, ma i peccatori».

Discussione sul digiuno *e primo accenno alla morte di Gesù. Nell'Antico Testamento, a partire da Osea, Dio viene presentato come lo sposo di Israele. L'incontro con questo sposo amato, presente nel Cristo, esige un rinnovamento totale. La buona novella non può venire adattata al giudaismo (Mc 2,18-22; Lc 5,33-39).*

[14]Allora gli si accostarono i discepoli di Giovanni e gli dissero:
«Perché, mentre noi e i farisei digiuniamo, i tuoi discepoli non
digiunano?». [15]E Gesù disse loro: «Possono forse gli invitati a
nozze essere in lutto mentre lo sposo è con loro? Verranno pe-
rò i giorni quando lo sposo sarà loro tolto e allora digiuneran-
no.
[16]Nessuno mette un pezzo di stoffa grezza su un vestito vec-
chio, perché il rattoppo squarcia il vestito e si fa uno strappo
peggiore. [17]Né si mette vino nuovo in otri vecchi, altrimenti si
rompono gli otri e il vino si versa e gli otri van perduti. Ma si
versa vino nuovo in otri nuovi, e così l'uno e gli altri si conser-
vano».

Guarigione e risurrezione. *Vi sono dei momenti in cui l'uomo si trova cieco, muto, come morto. La coscienza della presenza dello Spirito di Gesù può, allora, provocare una nuova nascita. A* *chi vuole vedere, ascoltare, vivere, egli offre di rinascere, di trasformarsi, di superare la disperazione. Da notare che il pio giudeo portava vestiti con frange contenenti un filo viola, simbolo del cielo e richiamo dei comandamenti di Dio. Per ciò che concerne la salvezza, la si può definire come un entrare in relazione con Dio (Mc 5,21-43; Lc 8,40-56; 11,14-15).*

18Mentre diceva loro queste cose, giunse uno dei capi che gli si
prostrò innanzi e gli disse: «Mia figlia è morta proprio ora; ma
vieni, imponi la tua mano sopra di lei ed essa vivrà». 19Alzatosi,
Gesù lo seguiva con i suoi discepoli.
20Ed ecco una donna, che soffriva d'emorragia da dodici anni,
gli si accostò alle spalle e toccò il lembo del suo mantello.
21Pensava infatti: «Se riuscirò anche solo a toccare il suo man-
tello, sarò guarita». 22Gesù, voltatosi, la vide e disse: «Corag-
gio, figliola, la tua fede ti ha guarita». E in quell'istante la don-
na guarì.
23Arrivato poi Gesù nella casa del capo e veduti i flautisti e la
gente in agitazione, disse: 24«Ritiratevi, perché la fanciulla non
è morta, ma dorme». Quelli si misero a deriderlo. 25Ma dopo
che fu cacciata via la gente egli entrò, le prese la mano e la fan-
ciulla si alzò. 26E se ne sparse la fama in tutta quella regione.
27Mentre Gesù si allontanava di là, due ciechi lo seguivano ur-
lando: «Figlio di Davide, abbi pietà di noi». 28Entrato in casa, i
ciechi gli si accostarono, e Gesù disse loro: «Credete voi che io
possa fare questo?». Gli risposero: «Sì, o Signore!». 29Allora
toccò loro gli occhi e disse: «Sia fatto a voi secondo la vostra fe-
de». 30E si aprirono loro gli occhi. Quindi Gesù li ammonì di-
cendo: «Badate che nessuno lo sappia!». 31Ma essi, appena
usciti, ne sparsero la fama in tutta quella regione.
32Usciti costoro, gli presentarono un muto indemoniato. 33Scac-
ciato il demonio, quel muto cominciò a parlare e la folla presa
da stupore diceva: «Non si è mai vista una cosa simile in Israe-
le!». 34Ma i farisei dicevano: «Egli scaccia i demòni per opera
del principe dei demòni».

Immensità del campo che si apre ai portatori della buona novella *per suscitare il nuovo popolo di Dio che Gesù è venuto a radunare mediante la fede nella sua parola (Is 34,23; Zc 13,7; Mc 6,34; Lc 10,2).*

35 Gesù andava attorno per tutte le città e i villaggi, insegnando
nelle loro sinagoghe, predicando il vangelo del regno e curando
ogni malattia e infermità. 36 Vedendo le folle ne sentì compas-
sione, perché erano stanche e sfinite, come pecore senza pasto-
re. 37 Allora disse ai suoi discepoli: «La messe è molta, ma gli
operai sono pochi! 38 Pregate dunque il padrone della messe che
mandi operai nella sua messe!».

ISTRUZIONI AI MESSAGGERI DEL REGNO

Saranno in un primo momento dodici, come dodici erano le tribù di Israele. L'uomo che prende coscienza di ciò che Gesù rappresenta, che sperimenta d'un tratto come la sua vita sia trasformata, è irresistibilmente portato a voler comunicare la sua meravigliosa scoperta: eccolo diventato missionario, per rendere partecipi gli altri della sua novità. La missione trova la sua piena realizzazione solo nella disponibilità più completa, nel dono di ogni istante.

I nomi dei primi apostoli, o inviati, e la natura della loro missione.
In un primo tempo essi devono rivolgersi soltanto al popolo eletto di Israele, escludendo anche i samaritani (At 1,8; Mc 3,16-19; 6,7-11; Lc 6,14-16; 9,2-5; 10,3-12).

10 1 Chiamati a sé i dodici discepoli, diede loro il potere di
scacciare gli spiriti immondi e di guarire ogni sorta di malattie e
d'infermità.
2 I nomi dei dodici apostoli sono: primo, Simone, chiamato Pie-
tro, e Andrea, suo fratello; Giacomo di Zebedèo e Giovanni
suo fratello, 3 Filippo e Bartolomeo, Tommaso e Matteo il pub-
blicano, Giacomo di Alfeo e Taddeo, 4 Simone il Cananeo e
Giuda l'Iscariota, che poi lo tradì.
5 Questi dodici Gesù li inviò dopo averli così istruiti:
«Non andate fra i pagani e non entrate nelle città dei Samarita-
ni; 6 rivolgetevi piuttosto alle pecore perdute della casa d'Israe-
le. 7 E strada facendo, predicate che il regno dei cieli è vicino.
8 Guarite gli infermi, risuscitate i morti, sanate i lebbrosi, cac-

ciate i demòni. Gratuitamente avete ricevuto, gratuitamente
date. [9]Non procuratevi oro, né argento, né moneta di rame nel-
le vostre cinture, [10]né bisaccia da viaggio, né due tuniche, né
sandali, né bastone, perché l'operaio ha diritto al suo nutri-
mento.
[11]In qualunque città o villaggio entriate, fatevi indicare se vi sia
qualche persona degna, e lì rimanete fino alla vostra partenza.
[12]Entrando nella casa, rivolgetele il saluto. [13]Se quella casa ne
sarà degna, la vostra pace scenda sopra di essa; ma se non ne
sarà degna, la vostra pace ritorni a voi. [14]Se qualcuno poi non
vi accoglierà e non darà ascolto alle vostre parole, uscite da
quella casa o da quella città e scuotete la polvere dai vostri pie-
di. [15]In verità vi dico, nel giorno del giudizio il paese di Sòdoma
e Gomorra avrà una sorte più sopportabile di quella città.

Coloro che annunziano l'amore sono sempre vittime dell'amore.
«L'amore non è amato» (Francesco d'Assisi). Se non vi sono più persecuzioni non è già per mancanza di persecutori, ma per mancanza di gente appassionata (Mc 13,9-13; Lc 12,12-19).

[16]Ecco: io vi mando come pecore in mezzo ai lupi; siate dunque
prudenti come i serpenti e semplici come le colombe. [17]Guar-
datevi dagli uomini, perché vi consegneranno ai loro tribunali e
vi flagelleranno nelle loro sinagoghe; [18]e sarete condotti davan-
ti ai governatori e ai re per causa mia, per dare testimonianza a
loro e ai pagani. [19]E quando vi consegneranno nelle loro mani,
non preoccupatevi di come o di che cosa dovrete dire, perché vi
sarà suggerito in quel momento ciò che dovrete dire: [20]non sie-
te infatti voi a parlare, ma è lo Spirito del Padre vostro che par-
la in voi.
[21]Il fratello darà a morte il fratello e il padre il figlio, e i figli in-
sorgeranno contro i genitori e li faranno morire. [22]E sarete
odiati da tutti a causa del mio nome; ma chi persevererà sino
alla fine sarà salvato. [23]Quando vi perseguiteranno in una città,
fuggite in un'altra; in verità vi dico: non avrete finito di percor-
rere le città di Israele, prima che venga il Figlio dell'uomo.
[24]Un discepolo non è da più del maestro, né un servo da più del
suo padrone; [25]è sufficiente per il discepolo essere come il suo
maestro e per il servo come il suo padrone. Se hanno chiamato
Beelzebùl il padrone di casa, quanto più i suoi familiari!

L'ora del Regno è giunta: è il tempo di proclamarlo. *L'uomo è pre-
zioso agli occhi di Dio che lo protegge (Lc 12,2-7; 8,17; Mc 4,22).*

[26]Non li temete dunque, poiché non v'è nulla di nascosto che
non debba essere svelato, e di segreto che non debba essere
manifestato. [27]Quello che vi dico nelle tenebre ditelo nella lu-
ce, e quello che ascoltate all'orecchio predicatelo sui tetti. [28]E
non abbiate paura di quelli che uccidono il corpo, ma non han-
no potere di uccidere l'anima; temete piuttosto colui che ha il
potere di far perire e l'anima e il corpo nella Geenna. [29]Due
passeri non si vendono forse per un soldo? Eppure neanche
uno di essi cadrà a terra senza che il Padre vostro lo voglia.
[30]Quanto a voi, perfino i capelli del vostro capo sono tutti conta-
ti; [31]non abbiate dunque timore: voi valete più di molti passeri!

Dichiararsi coraggiosamente di fronte agli uomini. *(Lc 12,8-9;
9,26; Mc 8,38).*

[32]Chi dunque mi riconoscerà davanti agli uomini, anch'io lo ri-
conoscerò davanti al Padre mio che è nei cieli; [33]chi invece mi
rinnegherà davanti agli uomini, anch'io lo rinnegherò davanti
al Padre mio che è nei cieli.

Gesù non è venuto a portare la tranquillità, *poiché coloro che
rispondono al suo appello possono venire respinti dal loro am-
biente (Mi 7,6; Lc 12,51-53).*

[34]Non crediate che io sia venuto a portare pace sulla terra; non
sono venuto a portare pace, ma una spada. [35]Sono venuto in-
fatti a separare

> il figlio *dal padre, la figlia dalla madre,*
> *la nuora dalla suocera:*
> [36]*e i nemici dell'uomo saranno quelli della sua casa.*

Per seguire Gesù *bisogna essere disposti a rischiare la vita (Dt
33,9; Mc 8,34-35; Lc 14,26-27; 9,23-24).*

[37]Chi ama il padre o la madre più di me non è degno di me; chi
ama il figlio o la figlia più di me non è degno di me; [38]chi non

prende la sua croce e non mi segue, non è degno di me. [39]Chi avrà trovato la sua vita, la perderà: e chi avrà perduto la sua vita per causa mia, la troverà.

La realizzazione personale sulla misura dell'accoglienza. *Gesù si identifica col più piccolo tra i discepoli (Mc 9,37-41; Lc 9,48; 10,16; Gv 12,44-45; 13,20).*

[40]Chi accoglie voi accoglie me, e chi accoglie me accoglie colui che mi ha mandato. [41]Chi accoglie un profeta come profeta, avrà la ricompensa del profeta, e chi accoglie un giusto come giusto, avrà la ricompensa del giusto. [42]E chi avrà dato anche solo un bicchiere di acqua fresca a uno di questi piccoli, perché è mio discepolo, in verità io vi dico: non perderà la sua ricompensa».

V. LA RIVELAZIONE DEL REGNO

Il regno di Dio è presente, ma non tutti ne colgono la presenza. Misteriosamente nascosto, esso agisce nel mondo trasformandolo come fa un seme sottoterra o il lievito nella pasta.

I segni della venuta del Regno *elencati da Isaia (26,19; 29,18; 35,5; 61,1), esposti ora a Giovanni che si stupisce di vedere un Gesù così differente dal tipo di messia generalmente atteso. Qui Gesù si identifica col Regno (Ml 3,1; Lc 7,18-35).*

11 [1]Quando Gesù ebbe terminato di dare queste istruzioni ai suoi dodici discepoli, partì di là per insegnare e predicare nelle loro città.

[2]Giovanni intanto, che era in carcere, avendo sentito parlare delle opere del Cristo, mandò a dirgli per mezzo dei suoi discepoli: [3]«Sei tu colui che deve venire o dobbiamo attenderne un altro?». [4]Gesù rispose: «Andate e riferite a Giovanni ciò che voi udite e vedete: [5]*I ciechi ricuperano la vista*, gli storpi camminano, i lebbrosi sono guariti, i sordi riacquistano l'udito, i morti risuscitano, *ai poveri è predicata la buona novella*, [6]e bea-

to colui che non si scandalizza di me». 7Mentre questi se ne an-
davano, Gesù si mise a parlare di Giovanni alle folle: «Che co-
sa siete andati a vedere nel deserto? Una canna sbattuta dal
vento? 8Che cosa dunque siete andati a vedere? Un uomo av-
volto in morbide vesti? Coloro che portano morbide vesti stan-
no nei palazzi dei re! 9E allora, che cosa siete andati a vedere?
Un profeta? Sì, vi dico, anche più di un profeta. 10Egli è colui,
del quale sta scritto:

Ecco, io mando davanti a te il mio messaggero
che preparerà la tua via davanti a te.

11In verità vi dico: tra i nati di donna non è sorto uno più gran-
de di Giovanni il Battista; tuttavia il più piccolo nel regno dei
cieli è più grande di lui.

Il Regno, *annunciato dai profeti e da Giovanni Battista, è giunto. Bisogna prendere coscienza della sua venuta, impadronirsene. Non è forse Giovanni l'ultimo dei profeti? (Ml 3,23).*

12Dai giorni di Giovanni il Battista fino ad ora, il regno dei cieli
soffre violenza e i violenti se ne impadroniscono. 13La Legge e
tutti i Profeti infatti hanno profetato fino a Giovanni. 14E se lo
volete accettare, egli è quell'Elia che deve venire. 15Chi ha
orecchi intenda.

Sappiate discernere e prendere sul serio i segni della venuta del Regno *invece di comportarvi come dei bambini sciocchi e incoscienti, o come degli adulti malevoli (Lc 7,31-35).*

16Ma a chi paragonerò io questa generazione? Essa è simile a
quei fanciulli seduti sulle piazze che si rivolgono agli altri com-
pagni e dicono:

17Vi abbiamo suonato il flauto e non avete ballato,
abbiamo cantato un lamento e non avete pianto.

18È venuto Giovanni, che non mangia e non beve, e hanno det-
to: Ha un demonio. 19È venuto il Figlio dell'uomo, che mangia
e beve, e dicono: Ecco un mangione e un beone, amico dei
pubblicani e dei peccatori. Ma alla sapienza è stata resa giusti-
zia dalle sue opere».

Rimprovero *contro le città che non hanno saputo riconoscere i segni del Regno (Gio 3,5-6; Is 14,13-15; Lc 10,12-15).*

20Allora si mise a rimproverare le città nelle quali aveva com-
piuto il maggior numero di miracoli, perché non si erano con-
vertite: 21«Guai a te, Corazin! Guai a te, Betsàida. Perché, se a
Tiro e a Sidone fossero stati compiuti i miracoli che sono stati
fatti in mezzo a voi, già da tempo avrebbero fatto penitenza,
ravvolte nel cilicio e nella cenere. 22Ebbene io ve lo dico: Tiro e
Sidone nel giorno del giudizio avranno una sorte meno dura
della vostra. 23E tu, Cafàrnao,

> *sarai* forse *innalzata fino al cielo?*
> *Fino agli inferi precipiterai!*

Perché, se in Sòdoma fossero avvenuti i miracoli compiuti in
te, oggi ancora essa esisterebbe! 24Ebbene io vi dico: Nel gior-
no del giudizio avrà una sorte meno dura della tua!».

Coloro che riconoscono i segni del Regno. *Gesù rivela la sua relazione con il Padre e ridesta a nuova vita quelli che hanno perso la speranza o il coraggio di vivere (Ger 31,31; Pro 3,17; Dn 7,3–19,29 e 7,10-27; Lc 10,21-22).*

25In quel tempo Gesù disse: «Ti benedico, o Padre, Signore del
cielo e della terra, perché hai tenuto nascoste queste cose ai sa-
pienti e agli intelligenti e le hai rivelate ai piccoli. 26Sì, o Padre,
perché così è piaciuto a te. 27Tutto mi è stato dato dal Padre
mio; nessuno conosce il Figlio se non il Padre, e nessuno cono-
sce il Padre se non il Figlio e colui al quale il Figlio lo voglia ri-
velare.
28Venite a me, voi tutti, che siete affaticati e oppressi, e io vi ri-
storerò. 29Prendete il mio giogo sopra di voi e imparate da me,
che sono mite e umile di cuore, *e troverete ristoro* per le vostre
anime. 30Il mio giogo infatti è dolce e il mio carico leggero».

La libertà dei figli di Dio. *(Es 34,21; 1Sam 21,2-7; Lv 24,6-9; Os 6,6; Mc 2,23-28; Lc 6,1-15).*

12 1In quel tempo Gesù passò tra le messi in giorno di saba-
to, e i suoi discepoli ebbero fame e cominciarono a cogliere spi-

ghe e le mangiavano. [2]Ciò vedendo, i farisei gli dissero: «Ecco,
i tuoi discepoli stanno facendo quello che non è lecito fare in
giorno di sabato». [3]Ed egli rispose: «Non avete letto quello che
fece Davide quando ebbe fame insieme ai suoi compagni? [4]Co-
me entrò nella casa di Dio e mangiarono i pani dell'offerta, che
non era lecito mangiare né a lui né ai suoi compagni, ma solo ai
sacerdoti? [5]O non avete letto nella Legge che nei giorni di sa-
bato i sacerdoti nel tempio infrangono il sabato e tuttavia sono
senza colpa? [6]Ora io vi dico che qui c'è qualcosa più grande del
tempio. [7]Se aveste compreso che cosa significa: *Misericordia io
voglio e non sacrificio*, non avreste condannato individui senza
colpa. [8]Perché il Figlio dell'uomo è signore del sabato».

Guarigione in giorno di sabato. *(Mc 3,1-6; Lc 6,6-11).*

[9]Allontanatosi di là, andò nella loro sinagoga. [10]Ed ecco, c'era
un uomo che aveva una mano inaridita, ed essi chiesero a Ge-
sù: «È permesso curare di sabato?». Dicevano ciò per accusar-
lo. [11]Ed egli disse loro: «Chi tra voi, avendo una pecora, se
questa gli cade di sabato in una fossa, non l'afferra e la tira fuo-
ri? [12]Ora, quanto è più prezioso un uomo di una pecora! Perciò
è permesso fare del bene anche di sabato». [13]E rivolto all'uo-
mo, gli disse: «Stendi la mano». Egli la stese, e quella ritornò
sana come l'altra. [14]I farisei però, usciti, tennero consiglio con-
tro di lui per toglierlo di mezzo.

Lo spirito di Gesù è di dolcezza e di mansuetudine. *Egli è colui che serve, fino a dare la propria vita per riunire insieme coloro che sono dispersi e metterli in relazione con Dio (Is 42,1-4).*

[15]Ma Gesù, saputolo, si allontanò di là. Molti lo seguirono ed
egli guarì tutti, [16]ordinando loro di non divulgarlo, [17]perché si
adempisse ciò che era stato detto dal profeta Isaia:

> [18]*Ecco il mio servo che io ho scelto;*
> *il mio prediletto, nel quale mi sono compiaciuto.*
> *Porrò il mio spirito sopra di lui*
> *e annunzierà la giustizia alle genti.*
> [19]*Non contenderà, né griderà,*
> *né si udrà sulle piazze la sua voce.*

[20]La canna infranta non spezzerà,
non spegnerà il lucignolo fumigante,
finché abbia fatto trionfare la giustizia;
[21]nel suo nome spereranno le genti.

Il potere di Gesù sulle forze oscure *che rovinano anime e corpi, e la trasfornazione di coloro che ne erano vittime sono altrettanti segni della presenza del Regno (Mc 3,22-36; Lc 11,14-21).*

[22]In quel tempo gli fu portato un indemoniato, cieco e muto, ed
egli lo guarì, sicché il muto parlava e vedeva. [23]E tutta la folla
era sbalordita e diceva: «Non è forse costui il figlio di Davi-
de?». [24]Ma i farisei, udendo questo, presero a dire: «Costui
scaccia i demòni in nome di Beelzebùl, principe dei demòni».
[25]Ma egli, conosciuto il loro pensiero, disse loro: «Ogni regno
discorde cade in rovina e nessuna città o famiglia discorde può
reggersi. [26]Ora, se satana scaccia satana, egli è discorde con se
stesso; come potrà dunque reggersi il suo regno? [27]E se io scac-
cio i demòni in nome di Beelzebùl, i vostri figli in nome di chi li
scacciano? Per questo loro stessi saranno i vostri giudici. [28]Ma
se io scaccio i demòni per virtù dello Spirito di Dio, è certo
giunto fra voi il regno di Dio.

Gesù riduce all'impotenza lo spirito-del-male. *Davanti a Gesù, mandato da Dio in un momento decisivo della storia, non si può ricorrere a dei pretesti (Mc 3,27; Lc 11,21-23).*

[29]Come potrebbe uno penetrare nella casa dell'uomo forte e ra-
pirgli le sue cose, se prima non lo lega? Allora soltanto gli po-
trà saccheggiare la casa. [30]Chi non è con me è contro di me, e
chi non raccoglie con me, disperde.

Il peccato contro lo Spirito *è quello di chiudere gli occhi dinanzi alla luce (Mc 3,28-29; Lc 12,10).*

[31]Perciò io vi dico: Qualunque peccato e bestemmia sarà per-
donata agli uomini, ma la bestemmia contro lo Spirito non sarà
perdonata. [32]A chiunque parlerà male del Figlio dell'uomo sarà
perdonato; ma la bestemmia contro lo Spirito, non gli sarà per-
donata né in questo secolo, né in quello futuro.

I veri discepoli del Regno *sono quelli che trasformano il proprio cuore diventando coerenti sia nelle parole sia nei fatti (Mt 7,16-17; Lc 6,43-45).*

[33]Se prendete un albero buono, anche il suo frutto sarà buono;
se prendete un albero cattivo, anche il suo frutto sarà cattivo:
dal frutto infatti si conosce l'albero. [34]Razza di vipere, come
potete dire cose buone, voi che siete cattivi? Poiché la bocca
parla dalla pienezza del cuore. [35]L'uomo buono dal suo buon
tesoro trae cose buone, mentre l'uomo cattivo dal suo cattivo
tesoro trae cose cattive. [36]Ma io vi dico che di ogni parola in-
fondata gli uomini renderanno conto nel giorno del giudizio;
[37]poiché in base alle tue parole sarai giustificato e in base alle
tue parole sarai condannato».

I segni della venuta del Regno *non sono ancora qualcosa di folgorante: la risposta di Gesù contiene un riferimento alla storia ebraica. Gli abitanti di Ninive non hanno avuto bisogno di miracoli per credere alla parola di Giona che li invitava a cambiare il loro cuore. La parola di Gesù ha in sé la garanzia di verità. L'avventura di Giona è una figura della risurrezione di Gesù (Gio 1,17; 1Re 10,1-10; Mc 8,11-12; 1Cor 1,22; Lc 11,29-32).*

[38]Allora alcuni scribi e farisei lo interrogarono: «Maestro, vor-
remmo che tu ci facessi vedere un segno». Ed egli rispose:
[39]«Una generazione perversa e adultera pretende un segno! Ma
nessun segno le sarà dato, se non il segno di Giona profeta.
[40]Come infatti *Giona rimase tre giorni e tre notti nel ventre del
pesce*, così il Figlio dell'uomo resterà tre giorni e tre notti nel
cuore della terra. [41]Quelli di Nìnive si alzeranno a giudicare
questa generazione e la condanneranno, perché essi si conver-
tirono alla predicazione di Giona. Ecco, ora qui c'è più di Gio-
na! [42]La regina del sud si leverà a giudicare questa generazione
e la condannerà, perché essa venne dall'estremità della terra
per ascoltare la sapienza di Salomone; ecco, ora qui c'è più di
Salomone!

Lo spirito-del-male minaccia di tornare all'assalto con più forza *contro le persone che Gesù ha messo per qualche istante a contatto con Dio (8,29; Mc 5,9; Lc 11,24-26).*

43 Quando lo spirito immondo esce da un uomo, se ne va per
luoghi aridi cercando sollievo, ma non ne trova. 44 Allora dice:
Ritornerò alla mia abitazione, da cui sono uscito. E tornato, la
trova vuota, spazzata e adorna. 45 Allora va, si prende sette altri
spiriti peggiori ed entra a prendervi dimora; e la nuova condi-
zione di quell'uomo diventa peggiore della prima. Così avverrà
anche a questa generazione perversa».

I veri parenti di Gesù *sono quelli che accolgono le esigenze del nuovo Regno. La Parola crea vincoli nuovi tra coloro che l'ascoltano (Mc 3,31-35; Lc 8,19-21).*

46 Mentre egli parlava ancora alla folla, sua madre e i suoi fra-
telli, stando fuori in disparte, cercavano di parlargli. 47 Qualcu-
no gli disse: «Ecco di fuori tua madre e i tuoi fratelli che voglio-
no parlarti». 48 Ed egli, rispondendo a chi lo informava, disse:
«Chi è mia madre e chi sono i miei fratelli?». 49 Poi stendendo la
mano verso i suoi discepoli, disse: «Ecco mia madre ed ecco i
miei fratelli; 50 perché chiunque fa la volontà del Padre mio che
è nei cieli, questi è per me fratello, sorella e madre».

LE SETTE GRANDI PARABOLE DI GESÙ

Sono costruite su di uno stesso schema generale, per facilitarne l'apprendimento mnemonico.

La resa della semente varia *a seconda della natura del terreno che la riceve. Cerchiamo dunque di essere un buon terreno (Mc 4,1-9; Lc 8,4-8).*

13 1 Quel giorno Gesù uscì di casa e si sedette in riva al ma-
re. 2 Si cominciò a raccogliere attorno a lui tanta folla che do-
vette salire su una barca e là porsi a sedere, mentre tutta la fol-
la rimaneva sulla spiaggia.
3 Egli parlò loro di molte cose in parabole. E disse: «Ecco, il se-
minatore uscì a seminare. 4 E mentre seminava una parte del se-
me cadde sulla strada e vennero gli uccelli e la divorarono.
5 Un'altra parte cadde in luogo sassoso, dove non c'era molta

terra; subito germogliò, perché il terreno non era profondo.
6Ma, spuntato il sole, restò bruciata e non avendo radici si sec-
cò. 7Un'altra parte cadde sulle spine e le spine crebbero e la
soffocarono. 8Un'altra parte cadde sulla terra buona e diede
frutto, dove il cento, dove il sessanta, dove il trenta. 9Chi ha
orecchi intenda».

Le parabole di Gesù sembrano oscure. *Il loro segreto viene svelato ai discepoli, mentre esse rimangono enigmatiche per coloro che «pur vedendo non vedono, e pur udendo non odono». In altre parole, per essere comprese richiedono un animo aperto e disponibile (Is 6,9-10; Mc 4,10-12; Lc 8,9-10; 1Cor 1,26-31).*

10Gli si avvicinarono allora i discepoli e gli dissero: «Perché
parli loro in parabole?».
11Egli rispose: «Perché a voi è dato di conoscere i misteri del re-
gno dei cieli, ma a loro non è dato. 12Così a chi ha sarà dato e
sarà nell'abbondanza; e a chi non ha sarà tolto anche quello
che ha. 13Per questo parlo loro in parabole: perché pur veden-
do non vedono, e pur udendo non odono e non comprendono.
14E così si adempie per loro la profezia di Isaia che dice:

Voi udrete, ma non comprenderete,
guarderete, ma non vedrete.
15*Perché il cuore di questo popolo*
si è indurito, son diventati duri di orecchi,
e hanno chiuso gli occhi,
per non vedere con gli occhi,
non sentire con gli orecchi
e non intendere con il cuore e convertirsi,
e io li risani.

16Ma beati i vostri occhi perché vedono e i vostri orecchi perché
sentono. 17In verità vi dico: molti profeti e giusti hanno deside-
rato vedere ciò che voi vedete, e non lo videro, e ascoltare ciò
che voi ascoltate, e non l'udirono!

Spiegazione della parabola del seminatore. *La parola di Gesù porta frutto o meno a seconda delle disposizioni interiori di coloro che l'ascoltano (Mc 4,13-20; Lc 8,11-15).*

[18]Voi dunque intendete la parabola del seminatore: [19]tutte le
volte che uno ascolta la parola del regno e non la comprende,
viene il maligno e ruba ciò che è stato seminato nel suo cuore:
questo è il seme seminato lungo la strada. [20]Quello che è stato
seminato nel terreno sassoso è l'uomo che ascolta la parola e
subito l'accoglie con gioia, [21]ma non ha radice in sé ed è inco-
stante, sicché appena giunge una tribolazione o persecuzione a
causa della parola, egli ne resta scandalizzato. [22]Quello semina-
to tra le spine è colui che ascolta la parola, ma la preoccupazio-
ne del mondo e l'inganno della ricchezza soffocano la parola ed
essa non dà frutto. [23]Quello seminato nella terra buona è colui
che ascolta la parola e la comprende; questi dà frutto e produce
ora il cento, ora il sessanta, ora il trenta».

La parabola della zizzania. *In questo mondo il seme della parola di Dio è inevitabilmente mescolato alla zizzania: prima del giudizio finale che segnerà la vittoria di Dio, non si può separare il grano dall'erba cattiva.*

[24]Un'altra parabola espose loro così: «Il regno dei cieli si può
paragonare a un uomo che ha seminato del buon seme nel suo
campo. [25]Ma mentre tutti dormivano venne il suo nemico, se-
minò zizzania in mezzo al grano e se ne andò. [26]Quando poi la
messe fiorì e fece frutto, ecco apparve anche la zizzania. [27]Allo-
ra i servi andarono dal padrone di casa e gli dissero: Padrone,
non hai seminato del buon seme nel tuo campo? Da dove viene
dunque la zizzania? [28]Ed egli rispose loro: Un nemico ha fatto
questo. E i servi gli dissero: Vuoi dunque che andiamo a racco-
glierla? [29]No, rispose, perché non succeda che, cogliendo la ziz-
zania, con essa sradichiate anche il grano. [30]Lasciate che l'una e
l'altro crescano insieme fino alla mietitura e al momento della
mietitura dirò ai mietitori: Cogliete prima la zizzania e legatela
in fastelli per bruciarla; il grano invece riponetelo nel mio gra-
naio».

Dalla piccolezza alla crescita rigogliosa. *Il Regno è presente anche quando passa inosservato come il granellino di senape o come il lievito nascosto nella pasta (Mc 4,30-32; Lc 13,18-21).*

[31]Un'altra parabola espose loro: «Il regno dei cieli si può para-
gonare a un granellino di senapa, che un uomo prende e semi-

na nel suo campo. 32Esso è il più piccolo di tutti i semi ma, una
volta cresciuto, è più grande degli altri legumi e diventa un al-
bero, tanto che vengono gli uccelli del cielo e si annidano fra i
suoi rami».
33Un'altra parabola disse loro: «Il regno dei cieli si può parago-
nare al lievito, che una donna ha preso e impastato con tre mi-
sure di farina perché tutta si fermenti».

Esprimendosi in parabole, *Gesù adempie le profezie (Sal 78,2; Mc 4,33-34).*

34Tutte queste cose Gesù disse alla folla in parabole e non par-
lava ad essa se non in parabole, 35perché si adempisse ciò che
era stato detto dal profeta:

> *Aprirò la mia bocca in parabole,*
> *proclamerò cose nascoste*
> fin dalla fondazione del mondo.

Una spiegazione allegorica della parabola della zizzania. *Coloro che in questo mondo appartengono al regno di Dio non possono distinguersi dagli altri. Dio solo è in grado di giudicare (Sof 1,3; Dn 12,3).*

36Poi Gesù lasciò la folla ed entrò in casa; i suoi discepoli gli si
accostarono per dirgli: «Spiegaci la parabola della zizzania nel
campo». 37Ed egli rispose: «Colui che semina il buon seme è il
Figlio dell'uomo. 38Il campo è il mondo. Il seme buono sono i
figli del regno; la zizzania sono i figli del maligno, 39e il nemico
che l'ha seminata è il diavolo. La mietitura rappresenta la fine
del mondo, e i mietitori sono gli angeli. 40Come dunque si rac-
coglie la zizzania e si brucia nel fuoco, così avverrà alla fine del
mondo. 41Il Figlio dell'uomo manderà i suoi angeli, i quali rac-
coglieranno dal suo regno tutti gli scandali e tutti gli operatori
di iniquità 42e li getteranno nella fornace ardente dove sarà
pianto e stridore di denti. 43Allora i giusti splenderanno come il
sole nel regno del Padre loro. Chi ha orecchi, intenda!

Chi scopre o incontra il Regno deve prendere senza indugio una decisione. *(19,21; Pro 4,7).*

44Il regno dei cieli è simile a un tesoro nascosto in un campo; un

uomo lo trova e lo nasconde di nuovo, poi va, pieno di gioia, e
vende tutti i suoi averi e compra quel campo.
[45]Il regno dei cieli è simile a un mercante che va in cerca di per-
le preziose; [46]trovata una perla di grande valore, va, vende tutti
i suoi averi e la compra.

Nell'attuale stato di cose i buoni non possono essere separati dai cattivi.

[47]Il regno dei cieli è simile anche a una rete gettata nel mare,
che raccoglie ogni genere di pesci. [48]Quando è piena, i pescatori
la tirano a riva e poi, sedutisi, raccolgono i pesci buoni nei cane-
stri e buttano via i cattivi. [49]Così sarà alla fine del mondo. Ver-
ranno gli angeli e separeranno i cattivi dai buoni [50]e li getteran-
no nella fornace ardente, dove sarà pianto e stridore di denti.

Il tesoro inesauribile delle parabole del Regno. *Alla ricchezza dell'antica si aggiunge quella della nuova alleanza.*

[51]Avete capito tutte queste cose?». Gli risposero: «Sì». [52]Ed
egli disse loro: «Per questo ogni scriba divenuto discepolo del
regno dei cieli è simile a un padrone di casa che estrae dal suo
tesoro cose nuove e cose antiche».

VI. L'INSTAURAZIONE DEL REGNO

Gesù è il Cristo (il Messia), ma quanto diverso da quello che gli ebrei aspettavano! Egli è il servo che deve passare attraverso la sofferenza prima di entrare nella gloria. Per entrare nel suo regno bisogna essere come bambini.

Gesù a Nazaret. *Gli abitanti di Nazaret negano fiducia a Gesù perché pensano di conoscerlo fin troppo bene. In tal modo il suo potere non può manifestarsi (Mc 6,1-6; Lc 4,16-24).*

[53]Terminate queste parabole, Gesù partì di là [54]e venuto nella
sua patria insegnava nella loro sinagoga e la gente rimaneva
stupita e diceva: «Da dove mai viene a costui questa sapienza e

questi miracoli? [55]Non è egli forse il figlio del carpentiere? Sua
madre non si chiama Maria e i suoi fratelli Giacomo, Giusep-
pe, Simone e Giuda? [56]E le sue sorelle non sono tutte fra noi?
Da dove gli vengono dunque tutte queste cose?». [57]E si scanda-
lizzavano per causa sua. Ma Gesù disse loro: «Un profeta non è
disprezzato se non nella sua patria e in casa sua». [58]E non fece
molti miracoli a causa della loro incredulità.

Erode-Antipa, *figlio di Erode il grande, pretende di saperla lunga su Gesù (Mc 6,14-16; Lc 9,7-19).*

14 [1]In quel tempo il tetrarca Erode ebbe notizia della fama
di Gesù. [2]Egli disse ai suoi cortigiani: «Costui è Giovanni il
Battista risuscitato dai morti; per ciò la potenza dei miracoli
opera in lui».

Esecuzione di Giovanni Battista *su ordine di Erode-Antipa.*

[3]Erode aveva arrestato Giovanni e lo aveva fatto incatenare e
gettare in prigione per causa di Erodìade, moglie di Filippo suo
fratello. [4]Giovanni infatti gli diceva: «Non ti è lecito tenerla!».
[5]Benché Erode volesse farlo morire, temeva il popolo perché
lo considerava un profeta.
[6]Venuto il compleanno di Erode, la figlia di Erodìade danzò in
pubblico e piacque tanto a Erode [7]che egli le promise con giu-
ramento di darle tutto quello che avesse domandato. [8]Ed essa,
istigata dalla madre, disse: «Dammi qui, su un vassoio, la testa
di Giovanni il Battista». [9]Il re ne fu contristato, ma a causa del
giuramento e dei commensali ordinò che le fosse data [10]e man-
dò a decapitare Giovanni nel carcere. [11]La sua testa venne por-
tata su un vassoio e fu data alla fanciulla, ed ella la portò a sua
madre. [12]I suoi discepoli andarono a prendere il cadavere, lo
seppellirono e andarono a informarne Gesù.

La moltiplicazione dei pani. *Gesù non sfugge la folla che lo segue fin nella solitudine. La struttura del racconto colloca l'episodio della moltiplicazione dei pani in una chiara prospettiva di catechesi. I discepoli possono presentare a Gesù solo cinque pa-*

ni e due pesci di cui dispongono, ma lui è capace di sfamare una folla immensa. Le assemblee eucaristiche dei primi cristiani vi hanno visto la prefigurazione di ciò che sperimentavano, anche se per uno storico è impossibile precisare i contorni di ciò che essi ricordavano. Di fatto le formule impiegate per descrivere i gesti di Gesù richiamano in modo evidente quelli che descrivono l'istituzione dell'eucaristia durante l'ultima cena. Gesù imbandisce la tavola del regno di Dio per le folle senza limitazione o esclusione di sorta (cf. il dono della manna nel c. 10 dell'Esodo e il miracolo di Eliseo in 2Re 4,42-44; Mc 6,31-34; Lc 9,10-17; Gv 6,1-15; senza dimenticare il numero dei canestri contenenti gli avanzi).

[13]Udito ciò, Gesù partì di là su una barca e si ritirò in disparte
in un luogo deserto. Ma la folla, saputolo, lo seguì a piedi dalle
città. [14]Egli, sceso dalla barca, vide una grande folla e sentì
compassione per loro e guarì i loro malati. [15]Sul far della sera,
gli si accostarono i discepoli e gli dissero: «Il luogo è deserto ed
è ormai tardi; congeda la folla perché vada nei villaggi a com-
prarsi da mangiare». [16]Ma Gesù rispose: «Non occorre che va-
dano; date loro voi stessi da mangiare». [17]Gli risposero: «Non
abbiamo che cinque pani e due pesci!». [18]Ed egli disse: «Porta-
temeli qua». [19]E dopo aver ordinato alla folla di sedersi sull'er-
ba, prese i cinque pani e i due pesci e, alzati gli occhi al cielo,
pronunziò la benedizione, spezzò i pani e li diede ai discepoli e
i discepoli li distribuirono alla folla. [20]Tutti mangiarono e furo-
no saziati; e portarono via dodici ceste piene di pezzi avanzati.
[21]Quelli che avevano mangiato erano circa cinquemila uomini,
senza contare le donne e i bambini.

Gesù cammina sulle acque. *Nel suo Vangelo Matteo ci parla sempre di Gesù come figlio di Dio, ma gli apostoli non hanno compreso pienamente la sua natura se non dopo la risurrezione: è in seguito ad essa che hanno ricercato nella sua vita i segni della sua divinità. Questa intenzione è alla base del nostro testo, scritto in modo evidente a partire da quelli sulla risurrezione e ad essi direttamente ispirato. Il versetto 26 presenta la stessa domanda di Luca 24,36 e Gesù rassicura (27-29) come già in Luca 24,38-39. Al «coraggio, sono io, non abbiate paura» corrisponde il «perché* *siete turbati, perché sorgono dubbi nel vostro cuore?... Sono proprio io» (Gb 9,8; Mc 6,45-52; Gv 6,15 e 6,16-21).*

[22]Subito dopo ordinò ai discepoli di salire sulla barca e di prece-
derlo sull'altra sponda, mentre egli avrebbe congedato la folla.
[23]Congedata la folla, salì sul monte, solo, a pregare. Venuta la
sera, egli se ne stava ancora solo lassù.
[24]La barca intanto distava già qualche miglio da terra ed era
agitata dalle onde, a causa del vento contrario. [25]Verso la fine
della notte egli venne verso di loro camminando sul mare. [26]I
discepoli, a vederlo camminare sul mare, furono turbati e dis-
sero: «È un fantasma» e si misero a gridare dalla paura. [27]Ma
subito Gesù parlò loro: «Coraggio, sono io, non abbiate pau-
ra». [28]Pietro gli disse: «Signore, se sei tu, comanda che io venga
da te sulle acque». [29]Ed egli disse: «Vieni!». Pietro, scendendo
dalla barca, si mise a camminare sulle acque e andò verso Ge-
sù. [30]Ma per la violenza del vento, s'impaurì e, cominciando ad
affondare, gridò: «Signore, salvami!». [31]E subito Gesù stese la
mano, lo afferrò e gli disse: «Uomo di poca fede, perché hai
dubitato?». [32]Appena saliti sulla barca, il vento cessò. [33]Quelli
che erano sulla barca gli si prostrarono davanti, esclamando:
«Tu sei veramente il Figlio di Dio!».

Gesù a Genèsaret. *(Mc 6,53-56).*

[34]Compiuta la traversata, approdarono a Genèsaret. [35]E la gen-
te del luogo, riconosciuto Gesù, diffuse la notizia in tutta la re-
gione; gli portarono tutti i malati, [36]e lo pregavano di poter toc-
care almeno l'orlo del suo mantello. E quanti lo toccavano gua-
rivano.

Il vero servizio di Dio. *Gesù non si lascia prendere nella rete delle tradizioni dei farisei, anche se, tramandate nelle scuole rabbiniche, esse godono a quel tempo dello stesso rispetto tributato alla Legge. L'unica vera purezza è quella del cuore (Es 20,12; Dt 5,16; Es 21,17; Lv 20,9; Ez 20,28; quindi Is 29,13; Mc 7,1-13).*

15 [1]In quel tempo vennero a Gesù da Gerusalemme alcuni farisei e alcuni scribi e gli dissero: [2]«Perché i tuoi discepoli trasgrediscono la tradizione degli antichi? Poiché non si lavano le mani quando prendono cibo!». [3]Ed egli rispose loro: «Perché voi trasgredite il comandamento di Dio in nome della vostra tradizione? [4]Dio ha detto:

Onora il padre e la madre

e inoltre:

Chi maledice il padre e la madre sia messo a morte.

[5]Invece voi asserite: Chiunque dice al padre o alla madre: Ciò con cui ti dovrei aiutare è offerto a Dio, [6]non è più tenuto a onorare suo padre o sua madre. Così avete annullato la parola di Dio in nome della vostra tradizione. [7]Ipocriti! Bene ha profetato di voi Isaia, dicendo:

[8]*Questo popolo mi onora con le labbra*
ma il suo cuore è lontano da me.
[9]*Invano essi mi rendono culto,*
insegnando dottrine che sono precetti di uomini».

Ciò che rende impuro. *L'immagine di Dio «coltivatore» è frequente nell'Antico Testamento (Mc 7,14-23 e nota).*

[10]Poi riunita la folla disse: «Ascoltate e intendete! [11]Non quello che entra nella bocca rende impuro l'uomo, ma quello che esce dalla bocca rende impuro l'uomo!».

[12]Allora i discepoli gli si accostarono per dirgli: «Sai che i farisei si sono scandalizzati nel sentire queste parole?». [13]Ed egli rispose: «Ogni pianta che non è stata piantata dal mio Padre celeste sarà sradicata. [14]Lasciateli! Sono ciechi e guide di ciechi. E quando un cieco guida un altro cieco, tutti e due cadranno in un fosso!». [15]Pietro allora gli disse: «Spiegaci questa parabola». [16]Ed egli rispose: «Anche voi siete ancora senza intelletto? [17]Non capite che tutto ciò che entra nella bocca, passa nel ventre e va a finire nella fogna? [18]Invece ciò che esce dalla bocca proviene dal cuore. Questo rende immondo l'uomo. [19]Dal cuore, infatti, provengono i propositi malvagi, gli omicidi, gli adultèri, le prostituzioni, i furti, le false testimonianze, le be-

stemmie. [20]Queste sono le cose che rendono immondo l'uomo, ma il mangiare senza lavarsi le mani non rende immondo l'uomo».

Una straniera crede in Gesù: sua figlia viene guarita. *Il regno di Dio non è destinato unicamente ai figli di Israele, anche se Gesù deve in un primo tempo preoccuparsi degli ebrei, a motivo dell'alleanza e delle promesse antiche (Mc 7,24-30).*

[21]Partito di là, Gesù si diresse verso le parti di Tiro e Sidone.
[22]Ed ecco una donna Cananèa, che veniva da quelle regioni, si
mise a gridare: «Pietà di me, Signore, figlio di Davide. Mia fi-
glia è crudelmente tormentata da un demonio». [23]Ma egli non
le rivolse neppure una parola.
Allora i discepoli gli si accostarono implorando: «Esaudiscila,
vedi come ci grida dietro». [24]Ma egli rispose: «Non sono stato
inviato che alle pecore perdute della casa di Israele». [25]Ma
quella venne e si prostrò dinanzi a lui dicendo: «Signore, aiuta-
mi!». [26]Ed egli rispose: «Non è bene prendere il pane dei figli
per gettarlo ai cagnolini». [27]«È vero, Signore, disse la donna,
ma anche i cagnolini si cibano delle briciole che cadono dalla
tavola dei loro padroni». [28]Allora Gesù le replicò: «Donna,
davvero grande è la tua fede! Ti sia fatto come desideri». E da
quell'istante sua figlia fu guarita.

Altre guarigioni. Seconda moltiplicazione dei pani. *Questa è, con tutta probabilità, un doppione di quella narrata in 14,13-21 (Mc 7,31 e 8,1-10).*

[29]Allontanatosi di là, Gesù giunse presso il mare di Galilea e,
salito sul monte, si fermò là. [30]Attorno a lui si radunò molta
folla recando con sé zoppi, storpi, ciechi, sordi e molti altri ma-
lati; li deposero ai suoi piedi, ed egli li guarì. [31]E la folla era
piena di stupore nel vedere i muti che parlavano, gli storpi rad-
drizzati, gli zoppi che camminavano e i ciechi che vedevano. E
glorificava il Dio di Israele.
[32]Allora Gesù chiamò a sé i discepoli e disse: «Sento compas-
sione di questa folla: ormai da tre giorni mi vengono dietro e
non hanno da mangiare. Non voglio rimandarli digiuni, perché
non svengano lungo la strada». [33]E i discepoli gli dissero: «Do-

ve potremo noi trovare in un deserto tanti pani da sfamare una
folla così grande?». 34Ma Gesù domandò: «Quanti pani ave-
te?». Risposero: «Sette, e pochi pesciolini». 35Dopo aver ordi-
nato alla folla di sedersi per terra, 36Gesù prese i sette pani e i
pesci, rese grazie, li spezzò, li dava ai discepoli, e i discepoli li
distribuivano alla folla. 37Tutti mangiarono e furono saziati.
Dei pezzi avanzati portarono via sette sporte piene. 38Quelli
che avevano mangiato erano quattromila uomini, senza conta-
re le donne e i bambini. 39Congedata la folla, Gesù salì sulla
barca e andò nella regione di Magadàn.

Gesù si rifiuta di compiere quei prodigi *che gli vengono richiesti per metterlo alla prova e per poter accampare pretesti per non credere. La sua semplice parola dovrebbe bastare, così com'è bastata quella di Giona a scuotere gli abitanti di Ninive (12,38-39; Mc 8,11-13; Is 12,16-29 e 34-56; Lc 12,16-29 e 54-56).*

16 1I farisei e i sadducei si avvicinarono per metterlo alla
prova e gli chiesero che mostrasse loro un segno dal cielo. 2Ma
egli rispose: «Quando si fa sera, voi dite: Bel tempo, perché il
cielo rosseggia; 3e al mattino: Oggi burrasca, perché il cielo è
rosso cupo. Sapete dunque interpretare l'aspetto del cielo e
non sapete distinguere i segni dei tempi? 4Una generazione
perversa e adultera cerca un segno, ma nessun segno le sarà da-
to se non il segno di Giona». E lasciatili, se ne andò.

Il lievito, *considerato allora come un fattore di impurità, rappresenta qui l'insegnamento dei farisei e dei sadducei, dietro al quale ci si poteva comodamente trincerare per non accogliere la parola di Gesù (Gv 6,25; Mc 8,14-21; Lc 12,1-6; 1Cor 5,6).*

5Nel passare però all'altra riva, i discepoli avevano dimenticato
di prendere il pane. 6Gesù disse loro: «Fate bene attenzione e
guardatevi dal lievito dei farisei e dei sadducei». 7Ma essi parla-
vano tra loro e dicevano: «Non abbiamo preso il pane!». 8Ac-
cortosene, Gesù chiese: «Perché, uomini di poca fede, andate
dicendo che non avete il pane? 9Non capite ancora e non ricor-
date i cinque pani per i cinquemila e quante ceste avete portato

via? [10]E neppure i sette pani per i quattromila e quante sporte
avete raccolto? [11]Come mai non capite ancora che non alludevo
vo al pane quando vi ho detto: Guardatevi dal lievito dei farisei
e dei sadducei?». [12]Allora essi compresero che egli non aveva
detto che si guardassero dal lievito del pane, ma dalla dottrina
dei farisei e dei sadducei.

La fede di Pietro e l'instaurazione del regno dei cieli. *Ai tempi di Gesù i giudei credevano che lo spirito di profezia, spentosi circa due secoli prima con Malachia, dovesse ricomparire, forse col ritorno di Elia. Gesù chiede ai discepoli di prender posizione nei suoi confronti. A nome di tutti loro, Pietro risponde che egli è il Cristo, il Figlio del Dio vivente annunziato dai profeti. Dio gli ha affidato la missione di mettere gli uomini in relazione con lui. In quanto garante di questa fede, Pietro viene costituito da Gesù come fondamento del popolo che egli è venuto a riunire e che i nemici di Dio non potranno distruggere. «Le porte degli inferi» sono il soggiorno dei morti. (Is 22,22; Ap 3,7; 21,42; Mc 8,27-30; Lc 9,18-21).*

[13]Essendo giunto Gesù nella regione di Cesarèa di Filippo,
chiese ai suoi discepoli: «La gente chi dice che sia il Figlio dell'uomo?».
[14]Risposero: «Alcuni Giovanni il Battista, altri Elia,
altri Geremia o qualcuno dei profeti». [15]Disse loro: «Voi chi
dite che io sia?». [16]Rispose Simon Pietro: «Tu sei il Cristo, il
Figlio del Dio vivente». [17]E Gesù: «Beato te, Simone figlio di
Giona, perché né la carne né il sangue te l'hanno rivelato, ma
il Padre mio che sta nei cieli. [18]E io ti dico: Tu sei Pietro e su
questa pietra edificherò la mia chiesa e le porte degli inferi
non prevarranno contro di essa. [19]A te darò le chiavi del regno
dei cieli, e tutto ciò che legherai sulla terra sarà legato nei cieli,
e tutto ciò che scioglierai sulla terra sarà sciolto nei cieli».
[20]Allora ordinò ai discepoli di non dire ad alcuno che egli era il
Cristo.

Primo annunzio della passione. *Alle idee che i discepoli si fanno della sua missione, Gesù contrappone il modo con cui egli compirà tale missione: attraverso la sofferenza e la morte. Pietro protesta (Mc 8,31-33; Lc 9,22).*

21Da allora Gesù cominciò a dire apertamente ai suoi discepoli
che doveva andare a Gerusalemme e soffrire molto da parte
degli anziani, dei sommi sacerdoti e degli scribi, e venire ucciso
e risuscitare il terzo giorno. 22Ma Pietro lo trasse in disparte e
cominciò a protestare dicendo: «Dio te ne scampi, Signore;
questo non ti accadrà mai». 23Ma egli, voltandosi, disse a Pie-
tro: «Lungi da me, satana! Tu mi sei di scandalo, perché non
pensi secondo Dio, ma secondo gli uomini!».

Spezzare le catene dell'egoismo per guadagnare la vera vita. *(Mc 8,34; Lc 9,23-28).*

24Allora Gesù disse ai suoi discepoli: «Se qualcuno vuol venire
dietro a me rinneghi se stesso, prenda la sua croce e mi segua.
25Perché chi vorrà salvare la propria vita, la perderà; ma chi
perderà la propria vita per causa mia, la troverà. 26Qual van-
taggio infatti avrà l'uomo se guadagnerà il mondo intero, e poi
perderà la propria anima? O che cosa l'uomo potrà dare in
cambio della propria anima?

Rivelazione del Regno. *La morte di Gesù, compimento definitivo dell'amore, deve precedere quella dei discepoli. Il dono del suo Spirito, e quindi l'avvento del Regno, sono imminenti (Sal 62,13; 10,17-23; Mc 9,1; Lc 9,27).*

27Poiché il Figlio dell'uomo verrà nella gloria del Padre suo,
con i suoi angeli, e renderà a ciascuno secondo le sue azioni.
28In verità vi dico: vi sono alcuni tra i presenti che non mor-
ranno finché non vedranno il Figlio dell'uomo venire nel suo
regno».

Trasfigurazione. *Questa narrazione, piena di allusioni all'Antico Testamento, è stata composta dopo la risurrezione che aveva rivelato come, già da prima della sua morte e malgrado l'ignoranza degli uomini, Gesù era il figlio di Dio. Sulla montagna, che è il luogo tradizionale dell'incontro con Dio, Gesù appare nella gloria del risorto. La nube luminosa richiama il Sinai (Es 13,22; 16,9; 24,10; 34,28).*
Dopo aver ricevuto da Mosè e da Elia la cauzione dell'antica alleanza, Gesù precisa che Elia, in conformità con la profezia di

Malachia (3,23-24), ha fatto la sua parte di precursore annunciato nella persona di Giovanni Battista. Sottolinea quindi di nuovo che il successo della sua missione è legato alla sofferenza (Es 34,4-28; 1Re 19,8-18; Ml 3,23-24; Sir 48,10; Mc 9,2-13; Lc 9,28-43).

17 [1]Sei giorni dopo, Gesù prese con sé Pietro, Giacomo e
Giovanni suo fratello e li condusse in disparte, su un alto mon-
te. [2]E fu trasfigurato davanti a loro; il suo volto brillò come il
sole e le sue vesti divennero candide come la luce. [3]Ed ecco ap-
parvero loro Mosè ed Elia, che conversavano con lui. [4]Pietro
prese allora la parola e disse a Gesù: «Signore, è bello per noi
restare qui; se vuoi, farò qui tre tende, una per te, una per Mo-
sè e una per Elia». [5]Egli stava ancora parlando quando una nu-
vola luminosa li avvolse con la sua ombra. Ed ecco una voce
che diceva: «Questi è il Figlio mio prediletto, nel quale mi sono
compiaciuto. Ascoltatelo». [6]All'udire ciò, i discepoli caddero
con la faccia a terra e furono presi da grande timore. [7]Ma Gesù
si avvicinò e, toccatili, disse: «Alzatevi e non temete». [8]Solle-
vando gli occhi non videro più nessuno, se non Gesù solo.
[9]E mentre discendevano dal monte, Gesù ordinò loro: «Non
parlate a nessuno di questa visione, finché il Figlio dell'uomo
non sia risorto dai morti».
[10]Allora i discepoli gli domandarono: «Perché dunque gli scribi
dicono che prima deve venire Elia?». [11]Ed egli rispose: «Sì,
verrà Elia e ristabilirà ogni cosa. [12]Ma io vi dico: Elia è già ve-
nuto e non l'hanno riconosciuto; anzi, l'hanno trattato come
hanno voluto. Così anche il Figlio dell'uomo dovrà soffrire per
opera loro». [13]Allora i discepoli compresero che egli parlava di
Giovanni il Battista.

Il ragazzo epilettico *(lunatico: vittima della luna) e la potenza della fede (Mc 9,14-29; Lc 9,37-43).*

[14]Appena ritornati presso la folla, si avvicinò a Gesù un uomo
[15]che, gettatosi in ginocchio, gli disse: «Signore, abbi pietà di
mio figlio. Egli è epilettico e soffre molto; cade spesso nel fuo-
co e spesso anche nell'acqua; [16]l'ho già portato dai tuoi disce-

poli, ma non hanno potuto guarirlo». [17]E Gesù rispose: «O generazione incredula e perversa! Fino a quando starò con voi? Fino a quando dovrò sopportarvi? Portatemelo qui». [18]E Gesù gli parlò minacciosamente, e il demonio uscì da lui e da quel momento il ragazzo fu guarito.
[19]Allora i discepoli, accostatisi a Gesù in disparte, gli chiesero: «Perché noi non abbiamo potuto scacciarlo?». [20]Ed egli rispose: «Per la vostra poca fede. In verità vi dico: se avrete fede pari a un granellino di senapa, potrete dire a questo monte: spostati da qui a là, ed esso si sposterà, e niente vi sarà impossibile. [[21]Questa razza di demòni non si scaccia se non con la preghiera e il digiuno]».

Secondo annunzio della passione. *(Mc 9,30-32; Lc 9,43-45).*

[22]Mentre si trovavano insieme in Galilea, Gesù disse loro: «Il Figlio dell'uomo sta per esser consegnato nelle mani degli uomini [23]e lo uccideranno, ma il terzo giorno risorgerà». Ed essi furono molto rattristati.

La tassa per il tempio *(di-dramma = due dramme) era un contributo annuale che corrispondeva al salario di due giornate lavorative. Gesù, in quanto figlio di Dio, non è tenuto a pagare questa imposta; ma consiglia ai discepoli di farlo, per evitare lo scandalo. L'immagine del pesce forse proviene da una leggenda popolare che non ci è pervenuta.*

[24]Venuti a Cafàrnao, si avvicinarono a Pietro gli esattori della tassa per il tempio e gli dissero: «Il vostro maestro non paga la tassa per il tempio?». [25]Rispose: «Sì». Mentre entrava in casa, Gesù lo prevenne dicendo: «Che cosa ti pare, Simone? I re di questa terra da chi riscuotono le tasse e i tributi? Dai propri figli o dagli altri?». [26]Rispose: «Dagli estranei». E Gesù: «Quindi i figli sono esenti. [27]Ma perché non si scandalizzino, va' al mare, getta l'amo e il primo pesce che viene prendilo, aprigli la bocca e vi troverai una moneta d'argento. Prendila e consegnala a loro per me e per te».

DISCORSO SULL'ENTRATA NEL REGNO

I veri chiamati nel Regno *sono coloro che fanno lo sforzo di conversione richiesto per stabilire con Dio un rapporto personale (Mc 9,33-36; Lc 9,46-47).*

18 [1]In quel momento i discepoli si avvicinarono a Gesù dicendo: «Chi dunque è il più grande nel regno dei cieli?». [2]Allora Gesù chiamò a sé un bambino, lo pose in mezzo a loro e disse: [3]«In verità vi dico: se non vi convertirete e non diventerete come i bambini, non entrerete nel regno dei cieli. [4]Perciò chiunque diventerà piccolo come questo bambino, sarà il più grande nel regno dei cieli.

Gesù si identifica con gli uomini. *Provocare la caduta del più piccolo dei discepoli è quindi commettere una colpa grave. Bisogna essere pronti a sacrificare ogni cosa per entrare nel Regno. La Geenna di cui si parla, è una valle di Gerusalemme contaminata da sacrifici di bambini e divenuta in seguito il simbolo di un luogo maledetto, riservato al castigo (10,40; Mc 9,37-47; Lc 9,48 e 17,1-2).*

[5]E chi accoglie anche uno solo di questi bambini in nome mio, accoglie me.
[6]Chi invece scandalizza anche uno solo di questi piccoli che credono in me, sarebbe meglio per lui che gli fosse appesa al collo una macina girata da asino, e fosse gettato negli abissi del mare. [7]Guai al mondo per gli scandali! È inevitabile che avvengano scandali, ma guai all'uomo per colpa del quale avviene lo scandalo!
[8]Se la tua mano o il tuo piede ti è occasione di scandalo, taglialo e gettalo via da te; è meglio per te entrare nella vita monco o zoppo, che avere due mani o due piedi ed essere gettato nel fuoco eterno. [9]E se il tuo occhio ti è occasione di scandalo, cavalo e gettalo via da te; è meglio per te entrare nella vita con un occhio solo, che avere due occhi ed essere gettato nella Geenna del fuoco.
[10]Guardatevi dal disprezzare uno solo di questi piccoli, perché vi dico che i loro angeli nel cielo vedono sempre la faccia del

Padre mio che è nei cieli. [[11]È venuto infatti il Figuo dell'uomo
a salvare ciò che era perduto].

L'amorevole sollecitudine di Dio per il più piccolo dei poveri. *(Ez 34,1.4.6; Lc 15,3-7).*

[12]Che ve ne pare? Se un uomo ha cento pecore e ne smarrisce
una, non lascerà forse le novantanove sui monti, per andare in
cerca di quella perduta? [13]Se gli riesce di trovarla, in verità vi
dico, si rallegrerà per quella più che per le novantanove che
non si erano smarrite. [14]Così il Padre vostro celeste non vuole
che si perda neanche uno solo di questi piccoli.

Fa' tutto il possibile per tenere il fratello nella comunità. *(Lv 19,17; Dt 19,15; Lc 17,3).*

[15]Se il tuo fratello commette una colpa, va' e ammoniscilo fra te
e lui solo; se ti ascolterà, avrai guadagnato il tuo fratello; [16]se
non ti ascolterà, prendi con te una o due persone, perché *ogni
cosa sia risolta sulla parola di due o tre testimoni*. [17]Se poi non
ascolterà neppure costoro, dillo all'assemblea; e se non ascolte-
rà neanche l'assemblea, sia per te come un pagano e un pubbli-
cano. [18]In verità vi dico: tutto quello che legherete sopra la ter-
ra sarà legato anche in cielo e tutto quello che scioglierete so-
pra la terra sarà sciolto anche in cielo.

Il Signore è presente in seno alla comunità. *(Gv 15,7 e 16).*

[19]In verità vi dico ancora: se due di voi sopra la terra si accorde-
ranno per domandare qualunque cosa, il Padre mio che è nei
cieli ve la concederà. [20]Perché dove sono due o tre riuniti nel
mio nome, io sono in mezzo a loro».

Il perdono tra fratelli *non deve aver limiti, al contrario di quanto stabilivano le norme di Lamech (Gn 4,23-24; Lv 19,18; Mt 16,12; Lc 17,4).*

[21]Allora Pietro gli si avvicinò e gli disse: «Signore, quante volte
dovrò perdonare al mio fratello, se pecca contro di me? Fino a
sette volte?». [22]E Gesù gli rispose: «Non ti dico fino a sette, ma
fino a settanta volte sette.

La parabola del debitore spietato: *non respingere mai un fratello, ma condonargli i debiti come Dio fa con noi.*

[23]A proposito, il regno dei cieli è simile a un re che volle fare i conti con i suoi servi. [24]Incominciati i conti, gli fu presentato uno che gli era debitore di diecimila talenti. [25]Non avendo però costui il denaro da restituire, il padrone ordinò che fosse venduto lui con la moglie, con i figli e con quanto possedeva, e saldasse così il debito. [26]Allora quel servo, gettatosi a terra, lo supplicava: Signore, abbi pazienza con me e ti restituirò ogni cosa. [27]Impietositosi del servo, il padrone lo lasciò andare e gli condonò il debito. [28]Appena uscito, quel servo trovò un altro servo come lui che gli doveva cento denari e, afferratolo, lo soffocava e diceva: Paga quel che devi! [29]Il suo compagno, gettatosi a terra, lo supplicava dicendo: Abbi pazienza con me e ti rifonderò il debito. [30]Ma egli non volle esaudirlo, andò e lo fece gettare in carcere, fino a che non avesse pagato il debito. [31]Visto quel che accadeva, gli altri servi furono addolorati e andarono a riferire al loro padrone tutto l'accaduto. [32]Allora il padrone fece chiamare quell'uomo e gli disse: Servo malvagio, io ti ho condonato tutto il debito perché mi hai pregato. [33]Non dovevi forse anche tu aver pietà del tuo compagno, così come io ho avuto pietà di te? [34]E, sdegnato, il padrone lo diede in mano agli aguzzini, finché non gli avesse restituito tutto il dovuto. [35]Così anche il mio Padre celeste farà a ciascuno di voi, se non perdonerete di cuore al vostro fratello».

VII. LA VENUTA DEL FIGLIO DELL'UOMO LA ROVINA DEL TEMPIO E LA FINE DEI TEMPI

Il mondo antico scomparirà per lasciare interamente posto al Regno che si instaurerà in modo definitivo. Bisogna distaccarsi da tutto e tenersi pronti.

Non separare ciò che Dio ha congiunto. *L'uomo e la donna sono due in una carne sola. È a partire da Gesù che la donna diventa uguale all'uomo. Gesù non pone alcuna restrizione né alla sua libertà né alla sua eguaglianza. Una simile presa di posizione era per quel tempo incredibilmente rivoluzionaria; lo stesso apostolo Paolo non l'ha seguita interamente (Gn 1,27; 2,4; Dt 24,1; Mc 10,1-2; Lc 11,54; 16,18; 1Cor 7,10-11).*

19 1Terminati questi discorsi, Gesù partì dalla Galilea e an-
dò nel territorio della Giudea, al di là del Giordano. 2E lo seguì
molta folla e colà egli guarì i malati.
3Allora gli si avvicinarono alcuni farisei per metterlo alla prova
e gli chiesero: «È lecito ad un uomo ripudiare la propria moglie
per qualsiasi motivo?». 4Ed egli rispose: «Non avete letto che il
Creatore da principio *li creò maschio e femmina* e disse: 5Per
questo l'uomo *lascerà suo padre e sua madre e si unirà a sua mo-
glie e i due saranno una carne sola*? 6Così che non sono più due,
ma una carne sola. Quello dunque che Dio ha congiunto, l'uo-
mo non lo separi». 7Gli obiettarono: «Perché allora Mosè ha or-
dinato *di darle l'atto di ripudio e mandarla via*?». 8Rispose loro
Gesù: «Per la durezza del vostro cuore Mosè vi ha permesso di
ripudiare le vostre mogli, ma da principio non fu così. 9Perciò io
vi dico: Chiunque ripudia la propria moglie, se non in caso di
concubinato, e ne sposa un'altra commette adulterio».

Essere disposti e pronti ad ogni sorta di distacco.

10Gli dissero i discepoli: «Se questa è la condizione dell'uomo
rispetto alla donna, non conviene sposarsi». 11Egli rispose loro:
«Non tutti possono capirlo, ma solo coloro ai quali è stato con-
cesso. 12Vi sono infatti eunuchi che sono nati così dal ventre
della madre; ve ne sono alcuni che sono stati resi eunuchi dagli
uomini, e vi sono altri che si sono fatti eunuchi per il regno dei
cieli. Chi può capire, capisca».

Gesù e i bambini. *(18,3-4; Mc 10,13-16; Lc 18,15-17).*

13Allora gli furono portati dei bambini perché imponesse loro
le mani e pregasse; ma i discepoli li sgridavano. 14Gesù però
disse loro: «Lasciate che i bambini vengano a me, perché di
questi è il regno dei cieli». 15E dopo avere imposto loro le ma-
ni, se ne partì.

Non è sufficiente osservare la Legge: la ricchezza può essere di ostacolo alla chiamata di Gesù. *Nessuno può ritenersi a posto in coscienza per il semplice fatto di aver osservato delle regole, pensando quasi di vedersi assegnato il massimo punteggio (Es 20,12-16; Dt 5,16-17; Lv 19,18; Mc 10,17-31 insieme alla nota a 10,23; Lc 18,18-30; 10,25-28; 4,20-22).*

16 Ed ecco un tale gli si avvicinò e gli disse: «Maestro, che cosa
devo fare di buono per ottenere la vita eterna?». 17 Egli rispose:
«Perché mi interroghi su ciò che è buono? Uno solo è buono.
Se vuoi entrare nella vita, osserva i comandamenti». 18 Ed egli
chiese: «Quali?». Gesù rispose: «*Non uccidere, non commette-
re adulterio, non rubare, non testimoniare il falso,* 19 *onora il pa-
dre e la madre, ama il prossimo tuo come te stesso*». 20 Il giovane
gli disse: «Ho sempre osservato tutte queste cose; che mi man-
ca ancora?». 21 Gli disse Gesù: «Se vuoi essere perfetto, va',
vendi quello che possiedi, dallo ai poveri e avrai un tesoro nel
cielo; poi vieni e seguimi». 22 Udito questo, il giovane se ne an-
dò triste; poiché aveva molte ricchezze.
23 Gesù allora disse ai suoi discepoli: «In verità vi dico: difficil-
mente un ricco entrerà nel regno dei cieli. 24 Ve lo ripeto: è più
facile che un cammello passi per la cruna di un ago, che un ric-
co entri nel regno dei cieli». 25 A queste parole i discepoli rima-
sero costernati e chiesero: «Chi si potrà dunque salvare?». 26 E
Gesù, fissando su di loro lo sguardo, disse: «Questo è impossi-
bile agli uomini, ma a Dio tutto è possibile».
27 Allora Pietro prendendo la parola disse: «Ecco, noi abbiamo
lasciato tutto e ti abbiamo seguito; che cosa dunque ne otterre-
mo?». 28 E Gesù disse loro: «In verità vi dico: voi che mi avete
seguito, nella nuova creazione, quando il Figlio dell'uomo sarà
seduto sul trono della sua gloria, siederete anche voi su dodici
troni a giudicare le dodici tribù di Israele. 29 Chiunque avrà la-
sciato case, o fratelli, o sorelle, o padre, o madre, o figli, o
campi per il mio nome, riceverà cento volte tanto e avrà in ere-
dità la vita eterna.
30 Molti dei primi saranno ultimi e gli ultimi i primi».

Parabola degli operai mandati nella vigna. *Pensieri e comportamento di Dio sono diversi dai nostri: la sua bontà non deve costituire un pretesto alla gelosia tra coloro che egli chiama a lavorare nel Regno.*

20 1 «Il regno dei cieli è simile a un padrone di casa che uscì
all'alba per prendere a giornata lavoratori per la sua vigna.
2 Accordatosi con loro per un denaro al giorno, li mandò nella
sua vigna. 3 Uscito poi verso le nove del mattino, ne vide altri

che stavano sulla piazza disoccupati [4]e disse loro: Andate an-
che voi nella mia vigna; quello che è giusto ve lo darò. Ed essi
andarono. [5]Uscì di nuovo verso mezzogiorno e verso le tre e fe-
ce altrettanto. [6]Uscito ancora verso le cinque, ne vide altri che
se ne stavano là e disse loro: Perché ve ne state qui tutto il gior-
no oziosi? [7]Gli risposero: Perché nessuno ci ha presi a giornata.
Ed egli disse loro: Andate anche voi nella mia vigna.
[8]Quando fu sera, il padrone della vigna disse al suo fattore:
Chiama gli operai e da' loro la paga, incominciando dagli ultimi
fino ai primi. [9]Venuti quelli delle cinque del pomeriggio, rice-
vettero ciascuno un denaro. [10]Quando arrivarono i primi, pen-
savano che avrebbero ricevuto di più. Ma anch'essi ricevettero
un denaro per ciascuno. [11]Nel ritirarlo però, mormoravano
contro il padrone dicendo: [12]Questi ultimi hanno lavorato un'o-
ra soltanto e li hai trattati come noi, che abbiamo sopportato il
peso della giornata e il caldo. [13]Ma il padrone, rispondendo a
uno di loro, disse: Amico, io non ti faccio torto. Non hai forse
convenuto con me per un denaro? [14]Prendi il tuo e vattene; ma
io voglio dare anche a quest'ultimo quanto a te. [15]Non posso fa-
re delle mie cose quello che voglio? Oppure tu sei invidioso
perché io sono buono? [16]Così gli ultimi saranno primi, e i primi
ultimi».

Terzo annunzio della passione. *(16,21; 17,12; 17,22-23; Mc 10,32-34 e nota; Lc 18,31-34).*

[17]Mentre saliva a Gerusalemme, Gesù prese in disparte i dodici
e lungo la via disse loro: [18]«Ecco, noi stiamo salendo a Gerusa-
lemme e il Figlio dell'uomo sarà consegnato ai sommi sacerdoti
e agli scribi, che lo condanneranno a morte [19]e lo consegneran-
no ai pagani perché sia schernito e flagellato e crocifisso; ma il
terzo giorno risusciterà».

I diritti dei figli di Zebedeo. La prova e la gloria. *(Is 51,17; Mc 10,35-40).*

[20]Allora gli si avvicinò la madre dei figli di Zebedèo con i suoi
figli, e si prostrò per chiedergli qualcosa. [21]Egli le disse: «Che
cosa vuoi?». Gli rispose: «Di' che questi miei figli siedano uno
alla tua destra e uno alla tua sinistra nel tuo regno». [22]Rispose

Gesù: «Voi non sapete quello che chiedete. Potete bere il cali-
ce che io sto per bere?». Gli dicono: «Lo possiamo». [23]Ed egli
soggiunse: «Il mio calice lo berrete; però non sta a me concede-
re che vi sediate alla mia destra o alla mia sinistra, ma è per co-
loro per i quali è stato preparato dal Padre mio».

Il potere politico non potrebbe mai fare da modello. *Chi vuol essere grande nel Regno deve mettersi al servizio degli altri, sull'esempio del figlio dell'uomo che si fa spontaneamente servo di tutti (Is 53; Mc 10,41-45; Lc 22,25-27).*

[24]Gli altri dieci, udito questo, si sdegnarono con i due fratelli;
[25]ma Gesù, chiamatili a sé, disse: «I capi delle nazioni, voi lo
sapete, dominano su di esse e i grandi esercitano su di esse il
potere. [26]Non così dovrà essere tra voi; ma colui che vorrà di-
ventare grande tra voi, si farà vostro servo, [27]e colui che vorrà
essere il primo tra voi, si farà vostro schiavo; [28]appunto come il
Figlio dell'uomo, che non è venuto per essere servito, ma per
servire e dare la sua vita in riscatto per molti».

Due ciechi *chiedono di vedere, dopo che Gesù ha svelato la cecità dei discepoli (Mc 10,46-52; Lc 18,35-43).*

[29]Mentre uscivano da Gèrico, una gran folla seguiva Gesù. [30]Ed
ecco che due ciechi, seduti lungo la strada, sentendo che passa-
va, si misero a gridare: «Signore, abbi pietà di noi, figlio di Da-
vide!». [31]La folla li sgridava perché tacessero; ma essi gridava-
no ancora più forte: «Signore, figlio di Davide, abbi pietà di
noi!». [32]Gesù, fermatosi, li chiamò e disse: «Che volete che io
vi faccia?». [33]Gli risposero: «Signore, che i nostri occhi si apra-
no!». [34]Gesù si commosse, toccò loro gli occhi e subito ricupe-
rarono la vista e lo seguirono.

Gesù entra in Gerusalemme. *In conformità con la profezia di Zaccaria (9,9 e Gn 49,11), Gesù entra nella città su una bestia da soma – la cavalcatura di Giuda, figlio di Giacobbe – che non era ancora stata cavalcata ed era, quindi, idonea a un uso sacro. Gesù viene acclamato come l'inviato di Dio, il messia (2Re 9,13; Sal 118,25-26; Mc 11,1-21; Lc 19,28-48; Gv 12,12-16).*

21 [1]Quando furono vicini a Gerusalemme e giunsero pres-

so Bètfage, verso il monte degli Ulivi, Gesù mandò due dei
suoi discepoli [2]dicendo loro: «Andate nel villaggio che vi sta di
fronte: subito troverete un'asina legata e con essa un puledro.
Scioglieteli e conduceteli a me. [3]Se qualcuno poi vi dirà qual-
che cosa, risponderete: Il Signore ne ha bisogno, ma li riman-
derà subito». [4]Ora questo avvenne perché si adempisse ciò che
era stato annunziato dal profeta:

> [5]*Dite alla figlia di Sion:*
> *Ecco, il tuo re viene a te*
> *mite, seduto su un'asina,*
> *con un puledro figlio di bestia da soma.*

[6]I discepoli andarono e fecero quello che aveva ordinato loro
Gesù: [7]condussero l'asina e il puledro, misero su di essi i man-
telli ed egli vi si pose a sedere. [8]La folla numerosissima stese i
suoi mantelli sulla strada, mentre altri tagliavano rami dagli al-
beri e li stendevano sulla via. [9]La folla che andava innanzi e
quella che veniva dietro, gridava:

> *Osanna* al figlio di Davide!
> *Benedetto colui che viene nel nome del Signore!*
> *Osanna* nel più alto dei cieli!

[10]Entrato Gesù in Gerusalemme, tutta la città fu in agitazione e
la gente si chiedeva: «Chi è costui?». [11]E la folla rispondeva:
«Questi è il profeta Gesù, da Nàzaret di Galilea».

I mercanti cacciati dal tempio. *Gesù prende possesso della casa del Padre suo e vuole restituirla alla sua funzione. Guarisce ciechi e storpi, i malati cioè che erano stati esclusi dal sacerdozio (2Sam 5,8). Va quindi a passare la notte fuori città, com'era uso dei pellegrini (Is 56,7; Ger 7,11; Sal 8,3; Mc 11,17; Lc 19,45-46; Gv 2,14-16).*

[12]Gesù entrò poi nel tempio e scacciò tutti quelli che vi trovò a
comprare e a vendere; rovesciò i tavoli dei cambiavalute e le
sedie dei venditori di colombe [13]e disse loro: «La Scrittura dice:

> *La mia casa sarà chiamata casa di preghiera*
> ma voi ne fate *una spelonca di ladri*».

14Gli si avvicinarono ciechi e storpi nel tempio ed egli li guarì.
15Ma i sommi sacerdoti e gli scribi, vedendo le meraviglie che
faceva e i fanciulli che acclamavano nel tempio: «Osanna al fi-
glio di Davide», si sdegnarono 16e gli dissero: «Non senti quello
che dicono?». Gesù rispose loro: «Sì, non avete mai letto:

Dalla bocca dei bambini e dei lattanti
ti sei procurata una lode?».

17E, lasciatili, uscì fuori dalla città, verso Betània, e là trascorse
la notte.

Il fico sterile e seccato. *Insegnamento sulla potenza della fede (Ger 18,1: il fico simbolo di Israele; Mc 11,12-14 e nota; 20,24; Lc 13,6-9).*

18La mattina dopo, mentre rientrava in città, ebbe fame. 19Ve-
dendo un fico sulla strada, gli si avvicinò, ma non vi trovò altro
che foglie, e gli disse: «Non nasca mai più frutto da te». E subi-
to quel fico si seccò. 20Vedendo ciò i discepoli rimasero stupiti e
dissero: «Come mai il fico si è seccato immediatamente?».
21Rispose Gesù: «In verità vi dico: Se avrete fede e non dubite-
rete, non solo potrete fare ciò che è accaduto a questo fico, ma
anche se direte a questo monte: Lévati di lì e gèttati nel mare,
ciò avverrà. 22E tutto quello che chiederete con fede nella pre-
ghiera, lo otterrete».

Obiezioni dei giudei. *In virtù di quale autorità Gesù può annunciare la fine del mondo antico e l'avvento di un mondo nuovo? Sacerdoti e capi del popolo non gli riconoscono tale autorità (Mc 11,27-33; Lc 20,1-8).*

23Entrato nel tempio, mentre insegnava gli si avvicinarono i
sommi sacerdoti e gli anziani del popolo e gli dissero: «Con
quale autorità fai questo? Chi ti ha dato questa autorità?».
24Gesù rispose: «Vi farò anch'io una domanda e se voi mi ri-
spondete, vi dirò anche con quale autorità faccio questo. 25Il
battesimo di Giovanni da dove veniva? Dal cielo o dagli uomi-
ni?». Ed essi riflettevano tra sé dicendo: «Se diciamo: "dal Cie-
lo", ci risponderà: "perché dunque non gli avete creduto?";
26se diciamo "dagli uomini", abbiamo timore della folla, per-

ché tutti considerano Giovanni un profeta». [27]Rispondendo
perciò a Gesù, dissero: «Non lo sappiamo». Allora anch'egli
disse loro: «Neanch'io vi dico con quale autorità faccio queste
cose».

Parabola dei due figli.

[28]«Che ve ne pare? Un uomo aveva due figli; rivoltosi al primo
disse: Figlio, va' oggi a lavorare nella vigna. [29]Ed egli rispose:
Sì, signore; ma non andò. [30]Rivoltosi al secondo, gli disse lo
stesso. Ed egli rispose: Non ne ho voglia; ma poi, pentitosi, ci
andò. [31]Chi dei due ha compiuto la volontà del padre?». Dico-
no: «L'ultimo». E Gesù disse loro: «In verità vi dico: I pubbli-
cani e le prostitute vi passano avanti nel regno di Dio. [32]È ve-
nuto a voi Giovanni nella via della giustizia e non gli avete cre-
duto; i pubblicani e le prostitute invece gli hanno creduto. Voi,
al contrario, pur avendo visto queste cose, non vi siete nemme-
no pentiti per credergli.

Parabola dei vignaioli omicidi. *Tutto in questa parabola ha un suo significato. Il proprietario è Dio; la vigna è il regno di Dio (Is 5,1-7). I servi sono i profeti. Il figlio è Gesù. I vignaioli rappresentano il popolo di Israele. L'altro popolo è costituito da coloro che, giudei e pagani, faranno fruttificare la parola di Dio (Is 5,1-7; Lv 24,14-16; Sal 118,22-23; Is 28,16; Mc 12,1-12; Lc 20,9-19; Gv 3,16-17).*

[33]Ascoltate un'altra parabola: C'era un padrone che *piantò una
vigna e la circondò con una siepe, vi scavò un frantoio, vi co-
struì una torre*, poi l'affidò a dei vignaioli e se ne andò. [34]Quan-
do fu il tempo dei frutti, mandò i suoi servi da quei vignaioli a
ritirare il raccolto. [35]Ma quei vignaioli presero i servi e uno lo
bastonarono, l'altro lo uccisero, l'altro lo lapidarono. [36]Di nuo-
vo mandò altri servi più numerosi dei primi, ma quelli si com-
portarono nello stesso modo. [37]Da ultimo mandò loro il pro-
prio figlio dicendo: Avranno rispetto di mio figlio! [38]Ma quei
vignaioli, visto il figlio, dissero tra sé: Costui è l'erede; venite,
uccidiamolo, e avremo noi l'eredità. [39]E, presolo, lo cacciarono
fuori della vigna e l'uccisero. [40]Quando dunque verrà il padro-
ne della vigna che farà a quei vignaioli?». [41]Gli rispondono:
«Farà morire miseramente quei malvagi e darà la vigna ad altri

vignaioli che gli consegneranno i frutti a suo tempo». [42]E Gesù
disse loro: «Non avete mai letto nelle Scritture:

La pietra che i costruttori hanno scartata
è diventata testata d'angolo;
dal Signore è stato fatto questo
ed è mirabile agli occhi nostri?

[43]Perciò io vi dico: vi sarà tolto il regno di Dio e sarà dato a un
popolo che lo farà fruttificare. [44]Chi cadrà sopra questa pietra
sarà sfracellato; e qualora essa cada su qualcuno, lo stritolerà».
[45]Udite queste parabole, i sommi sacerdoti e i farisei capirono
che parlava di loro e cercavano di catturarlo; ma avevano pau-
ra della folla che lo considerava un profeta.

Parabola del banchetto nuziale. *Il re è Dio. Il banchetto nuziale rappresenta la felicità di Dio e del suo popolo. I messaggeri sono i profeti e gli apostoli; coloro che si trovano nei crocicchi delle strade, i peccatori e i pagani. La città è probabilmente Gerusalemme, che venne distrutta nell'anno 70. I crocicchi sono formati dalle strade che la collegano col mondo intero (Lc 14,16-24; Mc 8,11).*

22 [1]Gesù riprese a parlar loro in parabole e disse: [2]«Il re-
gno dei cieli è simile a un re che fece un banchetto di nozze per
suo figlio. [3]Egli mandò i suoi servi a chiamare gli invitati alle
nozze, ma questi non vollero venire. [4]Di nuovo mandò altri
servi a dire: Ecco ho preparato il mio pranzo; i miei buoi e i
miei animali ingrassati sono già macellati e tutto è pronto; veni-
te alle nozze. [5]Ma costoro non se ne curarono e andarono chi al
proprio campo, chi ai propri affari; [6]altri poi presero i suoi ser-
vi, li insultarono e li uccisero.
[7]Allora il re si indignò e, mandate le sue truppe, uccise quegli
assassini e diede alle fiamme la loro città. [8]Poi disse ai suoi ser-
vi: Il banchetto nuziale è pronto, ma gli invitati non ne erano
degni; [9]andate ora ai crocicchi delle strade e tutti quelli che tro-
verete, chiamateli alle nozze. [10]Usciti nelle strade, quei servi
raccolsero quanti ne trovarono, buoni e cattivi, e la sala si
riempì di commensali.

Parabola dell'abito nuziale. *Non basta essere invitati, per partecipare al festino. Il rifiuto di portare l'abito richiesto manifesta che l'invitato non ha saputo realizzare il cambiamento di vita necessario per entrare in comunione con Dio. Dal punto di vista letterario il testo 22,1-14 è un tipico esempio di raggruppamento di più parabole in una sola.*

11Il re entrò per vedere i commensali e, scorto un tale che non
indossava l'abito nuziale, 12gli disse: Amico, come hai potuto
entrare qui senz'abito nuziale? Ed egli ammutolì. 13Allora il re
ordinò ai servi: Legatelo mani e piedi e gettatelo fuori nelle te-
nebre; là sarà pianto e stridore di denti. 14Perché molti sono
chiamati, ma pochi eletti».

CONTROVERSIE

Il denaro con l'iscrizione di Cesare, *imperatore di Roma. Gesù non si lascia mettere in trappola da una domanda che mira a comprometterlo sul piano politico, in un tempo in cui si odiavano le forze occupanti e in cui gli zeloti si rifiutavano di pagare l'imposta. Gli avversari hanno in mano delle monete di Cesare, gliele rendano, dunque; ma rendano anche a Dio ciò che è di Dio (Mc 12,13-17 e nota; Lc 20,20-26).*

15Allora i farisei, ritiratisi, tennero consiglio per vedere di co-
glierlo in fallo nei suoi discorsi. 16Mandarono dunque a lui i
propri discepoli, con gli erodiani, a dirgli: «Maestro, sappiamo
che sei veritiero e insegni la via di Dio secondo verità e non hai
soggezione di nessuno perché non guardi in faccia ad alcuno.
17Dicci dunque il tuo parere: È lecito o no pagare il tributo a
Cesare?». 18Ma Gesù, conoscendo la loro malizia, rispose:
«Ipocriti, perché mi tentate? 19Mostratemi la moneta del tribu-
to». Ed essi gli presentarono un denaro. 20Egli domandò loro:
«Di chi è questa immagine e l'iscrizione?». 21Gli risposero: «Di
Cesare». Allora disse loro: «Rendete dunque a Cesare quello
che è di Cesare e a Dio quello che è di Dio». 22A queste parole
rimasero sorpresi e, lasciatolo, se ne andarono.

Condizione degli uomini nel Regno. *Non bisogna immaginarsi la vita degli uomini nell'aldilà sul modello della vita terrena (Dt 25,5-10; Es 3,6; Mc 12,18-27; Lc 20,27-38).*

[23]In quello stesso giorno vennero a lui dei sadducei, i quali affer-
mano che non c'è risurrezione, e lo interrogarono: [24]«Maestro,
Mosè ha detto: *Se qualcuno muore senza figli, il fratello ne spo-
serà la vedova e così susciterà una discendenza al suo fratello.*
[25]Ora, c'erano tra noi sette fratelli; il primo appena sposato mo-
rì e, non avendo discendenza, lasciò la moglie a suo fratello.
[26]Così anche il secondo, e il terzo, fino al settimo. [27]Alla fine,
dopo tutti, morì anche la donna. [28]Alla risurrezione, di quale
dei sette essa sarà moglie? Poiché tutti l'hanno avuta». [29]E Gesù
rispose loro: «Voi vi ingannate, non conoscendo né le Scritture
né la potenza di Dio. [30]Alla risurrezione infatti non si prende né
moglie né marito, ma si è come angeli nel cielo. [31]Quanto poi al-
la risurrezione dei morti, non avete letto quello che vi è stato
detto da Dio: [32]*Io sono il Dio di Abramo e il Dio di Isacco e il
Dio di Giacobbe?* Ora, non è Dio dei morti, ma dei vivi».
[33]Udendo ciò, la folla era sbalordita per la sua dottrina.

Dopo queste controversie, l'affermazione del grande comandamento *che mai viene meno (Dt 6,5.10.12; Lv 19,18; Mc 12,28-34; Lc 10,25-28; Gv 13,34-35).*

[34]Allora i farisei, udito che egli aveva chiuso la bocca ai saddu-
cei, si riunirono insieme [35]e uno di loro, un dottore della legge,
lo interrogò per metterlo alla prova: [36]«Maestro, qual è il più
grande comandamento della legge?». [37]Gli rispose: «*Amerai il
Signore Dio tuo con tutto il cuore, con tutta la tua anima* e con
tutta la tua mente. [38]Questo è il più grande e il primo dei co-
mandamenti. [39]E il secondo è simile al primo: *Amerai il prossi-
mo tuo come te stesso*. [40]Da questi due comandamenti dipendo-
no tutta la Legge e i Profeti».

Cristo e Davide. *Cristo, instaurando il Regno, non è semplicemente discendente di Davide nella sua natura umana. È anche suo Signore, poiché Dio gli ha destinato una regalità di altro ordine (Sal 110,1; Mc 12,35-37; Lc 20,40-44).*

[41]Trovandosi i farisei riuniti insieme, Gesù chiese loro: [42]«Che
ne pensate del Messia? Di chi è figlio?». Gli risposero: «Di Da-
vide». [43]Ed egli a loro: «Come mai allora Davide, sotto ispira-
zione, lo chiama Signore, dicendo:

> [44]*Ha detto il Signore al mio Signore:*
> *Siedi alla mia destra,*
> *finché io non abbia posto i tuoi nemici sotto i tuoi piedi?*

[45]Se dunque Davide lo chiama Signore, come può essere suo fi-
glio?». [46]Nessuno era in grado di rispondergli nulla; e nessuno,
da quel giorno in poi, osò interrogarlo.

INVETTIVE

Risalgono forse alla data di composizione del Vangelo e vengono messe in bocca a Gesù contro i farisei che cercano di distruggere la chiesa primitiva.

Ammonimento a coloro che insegnano cercando degli onori.
(Dt 17,10; Am 4,5; Mc 12,38-40; Lc 11,46; 20,46; 14,11; 18,14).

23 [1]Allora Gesù si rivolse alla folla e ai suoi discepoli dicen-
do: [2]«Sulla cattedra di Mosè si sono seduti gli scribi e i farisei.
[3]Quanto vi dicono, fatelo e osservatelo, ma non fate secondo le
loro opere, perché dicono e non fanno. [4]Legano infatti pesanti
fardelli e li impongono sulle spalle della gente, ma loro non vo-
gliono muoverli neppure con un dito. [5]Tutte le loro opere le
fanno per essere ammirati dagli uomini: allargano i loro filattè-
ri e allungano le frange; [6]amano posti d'onore nei conviti, i pri-
mi seggi nelle sinagoghe [7]e i saluti nelle piazze, come anche
sentirsi chiamare "rabbì" dalla gente. [8]Ma voi non fatevi chia-
mare "rabbì", perché uno solo è il vostro maestro e voi siete
tutti fratelli. [9]E non chiamate nessuno "padre" sulla terra, per-
ché uno solo è il Padre vostro, quello del cielo. [10]E non fatevi
chiamare "maestri", perché uno solo è il vostro Maestro, il Cri-

sto. 11Il più grande tra voi sia vostro servo; 12chi invece si innal-
zerà sarà abbassato e chi si abbasserà sarà innalzato.

Maledizioni contro i dottori della Legge *e contro i farisei che hanno moltiplicato regole e osservanze a scapito delle esigenze essenziali di Dio. La violenza di tali invettive indica le tensioni che son venute accentuandosi tra chiesa e giudaismo ufficiale. Notare che i sepolcri venivano imbiancati affinché la gente non li avesse a toccare di notte e ne venisse così contaminata. Ricordare ancora che grandi costruzioni sepolcrali a carattere espiatorio (mausolei) venivano innalzate alla memoria dei grandi perseguitati (Dt 14,22; Lv 27,30; Is 5,8-25; Lc 11,39.48-52).*

13Guai a voi, scribi e farisei ipocriti, che chiudete il regno dei
cieli davanti agli uomini; perché così voi non vi entrate, e non
lasciate entrare nemmeno quelli che vogliono entrarci. [14].
15Guai a voi, scribi e farisei ipocriti, che percorrete il mare e la
terra per fare un solo proselito e, ottenutolo, lo rendete figlio
della Geenna il doppio di voi.
16Guai a voi, guide cieche, che dite: Se si giura per il tempio
non vale, ma se si giura per l'oro del tempio si è obbligati.
17Stolti e ciechi: che cosa è più grande, l'oro o il tempio che
rende sacro l'oro? 18E dite ancora: Se si giura per l'altare non
vale, ma se si giura per l'offerta che vi sta sopra, si resta obbli-
gati. 19Ciechi! Che cosa è più grande, l'offerta o l'altare che
rende sacra l'offerta? 20Ebbene, chi giura per l'altare, giura per
l'altare e per quanto vi sta sopra; 21e chi giura per il tempio,
giura per il tempio e per Colui che l'abita. 22E chi giura per il
cielo, giura per il trono di Dio e per Colui che vi è assiso.
23Guai a voi, scribi e farisei ipocriti, che pagate la decima della
menta, dell'anèto e del cumìno, e trasgredite le prescrizioni più
gravi della legge: la giustizia, la misericordia e la fedeltà. Que-
ste cose bisognava praticare, senza omettere quelle. 24Guide
cieche, che filtrate il moscerino e ingoiate il cammello!
25Guai a voi, scribi e farisei ipocriti, che pulite l'esterno del bic-
chiere e del piatto mentre all'interno sono pieni di rapina e
d'intemperanza. 26Fariseo cieco, pulisci prima l'interno del bic-
chiere, perché anche l'esterno diventi netto!
27Guai a voi, scribi e farisei ipocriti, che rassomigliate a sepolcri
imbiancati: essi all'esterno son belli a vedersi, ma dentro sono

pieni di ossa di morti e di ogni putridume. [28]Così anche voi ap-
parite giusti all'esterno davanti agli uomini, ma dentro siete
pieni d'ipocrisia e d'iniquità.
[29]Guai a voi, scribi e farisei ipocriti, che innalzate i sepolcri ai
profeti e adornate le tombe dei giusti, [30]e dite: Se fossimo vis-
suti al tempo dei nostri padri, non ci saremmo associati a loro
per versare il sangue dei profeti; [31]e così testimoniate, contro
voi stessi, di essere figli degli uccisori dei profeti. [32]Ebbene,
colmate la misura dei vostri padri!

Le persecuzioni contro i discepoli di Cristo *sono il sigillo e il culmine di quelle subite dai profeti e dagli uomini di Dio. La Bibbia ne parla a partire dalla Genesi (allusione ad Abele; Gn 4,8-10) fino al libro delle Cronache (allusione a Zaccaria: 2Cr 24,20-22). La catastrofe annunziata da Gesù è la rovina di Gerusalemme; attraverso essa egli vede soprattutto la crisi spirituale da cui dipenderà l'avvenire del popolo di Dio.*

[33]Serpenti, razza di vipere, come potrete scampare dalla con-
danna della Geenna? [34]Perciò ecco, io vi mando profeti, sa-
pienti e scribi; di questi alcuni ne ucciderete e crocifiggerete,
altri ne flagellerete nelle vostre sinagoghe e li perseguiterete di
città in città; [35]perché ricada su di voi tutto il sangue innocente
versato sopra la terra, dal sangue del giusto Abele fino al san-
gue di Zaccaria, figlio di Barachìa, che avete ucciso tra il san-
tuario e l'altare. [36]In verità vi dico: tutte queste cose ricadranno
su questa generazione.

Rimprovero a Gerusalemme. *(Ger 7,14; 12,7; 26,4-6, ecc.; Sal 118,26; Lc 13,34-35).*

[37]Gerusalemme, Gerusalemme, che uccidi i profeti e lapidi
quelli che ti sono inviati, quante volte ho voluto raccogliere i
tuoi figli, come una gallina raccoglie i pulcini sotto le ali, e voi
non avete voluto! [38]Ecco: *la vostra casa vi sarà lasciata deserta!*
[39]Vi dico infatti che non mi vedrete più finché non direte: *Bene-
detto colui che viene nel nome del Signore!*».

DISCORSO SULLA ROVINA DI GERUSALEMME E SULLA FINE DEI TEMPI

Molti dei termini usati in questo capitolo sono suggeriti dalla letteratura apocalittica sviluppatasi soprattutto dal II sec. a.C. al II d.C. Questo genere letterario cercava di descrivere il futuro imminente per mezzo di immagini di violenza e di distruzione. Il discorso di Gesù, in Matteo, afferma l'impossibilità di ogni calcolo riguardante il tempo della catastrofe finale e mette in guardia i credenti dalle possibili illusioni.

I segni della venuta del Signore. *Il tempio di Gerusalemme, di cui Erode aveva intrapreso la ricostruzione, stava per essere ultimato (Mc 13,1-4; Lc 21,5-7).*

24 1Mentre Gesù, uscito dal tempio, se ne andava, gli si av-
vicinarono i suoi discepoli per fargli osservare le costruzioni del
tempio. 2Gesù disse loro: «Vedete tutte queste cose? In verità
vi dico, non resterà qui pietra su pietra che non venga dirocca-
ta».
3Sedutosi poi sul monte degli Ulivi, i suoi discepoli gli si av-
vicinarono e, in disparte, gli dissero: «Dicci quando accadran-
no queste cose, e quale sarà il segno della tua venuta e della fi-
ne del mondo».

Le prime prove *sono paragonabili ai dolori del parto e vengono descritte con le immagini apocalittiche abituali. Gli attacchi contro i falsi profeti, così frequenti verso la fine del I sec., possono fornire la data di composizione di questo testo (Is 8,21; 13,8; 19,2; Ger 21,9; 34,17; Ez 5,12; Am 4,6-11; 8,8; Dn 2,28; Os 13,13; 2Cr 15,6; Mc 13,5-13; Lc 21,8-19).*

4Gesù rispose: «Guardate che nessuno vi inganni; 5molti ver-
ranno nel mio nome, dicendo: Io sono il Cristo, e trarranno
molti in inganno. 6Sentirete poi parlare di guerre e di rumori di
guerre. Guardate di non allarmarvi; è necessario che tutto que-
sto avvenga, ma non è ancora la fine. 7Si solleverà popolo con-
tro popolo e regno contro regno; vi saranno carestie e terremo-
ti in vari luoghi; 8ma tutto questo è solo l'inizio dei dolori. 9Al-
lora vi consegneranno ai supplizi e vi uccideranno, e sarete
odiati da tutti i popoli a causa del mio nome. 10Molti ne reste-
ranno scandalizzati, ed essi si tradiranno e odieranno a vicen-

da. 11Sorgeranno molti falsi profeti e inganneranno molti; 12per
il dilagare dell'iniquità, l'amore di molti si raffredderà. 13Ma
chi persevererà sino alla fine, sarà salvato. 14Frattanto questo
vangelo del regno sarà annunziato in tutto il mondo, perché ne
sia resa testimonianza a tutte le genti; e allora verrà la fine.

La più grande delle disgrazie *era stata per i giudei la profanazione del tempio operata da Antioco Epifane, quando aveva fatto installare tra le sue mura una divinità straniera, provocando la rivolta dei Maccabei (1Mac 1,54; Dn 9,27; 11,31; 12,11; ecc.). Qui ci si riferisce senza dubbio all'anticristo dell'Apocalisse. Viene fatta in seguito un'altra allusione ai falsi profeti della fine del secolo. Questo testo, come molti altri, è costellato di citazioni bibliche di cui indichiamo qui solo le principali (Mc 13,14-23; Lc 21,20-24).*

15Quando dunque vedrete *l'abominio della desolazione*, di cui
parlò il profeta Daniele, stare *nel luogo santo* – chi legge com-
prenda –, 16allora quelli che sono in Giudea fuggano ai monti,
17chi si trova sulla terrazza non scenda a prendere la roba di ca-
sa, 18e chi si trova nel campo non torni indietro a prendersi il
mantello. 19Guai alle donne incinte e a quelle che allatteranno
in quei giorni. 20Pregate perché la vostra fuga non accada d'in-
verno o di sabato.
21Poiché vi sarà allora *una tribolazione* grande, *quale mai av-
venne dall'inizio del mondo fino a ora*, né mai più ci sarà. 22E se
quei giorni non fossero abbreviati, nessun vivente si salvereb-
be; ma a causa degli eletti quei giorni saranno abbreviati. 23Al-
lora se qualcuno vi dirà: Ecco, il Cristo è qui, o: È là, non ci
credete. 24Sorgeranno infatti falsi cristi e falsi profeti e faranno
grandi portenti e miracoli, così da indurre in errore, se possibi-
le, anche gli eletti. 25Ecco, io ve l'ho predetto.

La venuta del figlio dell'uomo *non sarà qualcosa di misterioso, bensì di evidente come il fulmine, che nella Bibbia accompagna i giudizi divini (Is 29,6). Tutti lo vedranno, così come i rapaci sanno scoprire da lontano la presenza dei cadaveri (Gb 39,30; Ez 39,17-29; Lc 17,23-24; Ap 19,17-18).*

26Se dunque vi diranno: Ecco, è nel deserto, non ci andate; o:
È in casa, non ci credete. 27Come la folgore viene da oriente e

brilla fino a occidente, così sarà la venuta del Figlio dell'uomo.
[28]Dovunque sarà il cadavere, ivi si raduneranno gli avvoltoi.

Dimensione cosmica di questo avvento *(seguito dal v. 25). La nube è il segno abituale delle manifestazioni di Dio (Am 8,9; Is 13,9-10; 34,4; Dt 30,4; Zc 12,10; Dn 7,13-14; Mc 13,24-27; Lc 21,25-27).*

[29]Subito dopo la tribolazione di quei giorni,

> *il sole si oscurerà, la luna non darà più la sua luce,*
> *gli astri cadranno* dal cielo
> *e le potenze dei cieli* saranno sconvolte.

[30]Allora comparirà nel cielo il segno del Figlio dell'uomo e *allora si batteranno il petto tutte le tribù della terra*, e vedranno *il Figlio dell'uomo venire sopra le nubi del cielo* con grande potenza
e gloria. [31]Egli manderà i suoi angeli con una grande tromba e raduneranno tutti i suoi eletti dai quattro venti, da un estremo all'altro dei cieli.

Il momento della venuta del Regno è un segreto di Dio. *(Is 51,6; Mc 13,28-32; Lc 21,29-33).*

[32]Dal fico poi imparate la parabola: quando ormai il suo ramo diventa tenero e spuntano le foglie, sapete che l'estate è vicina.
[33]Così anche voi, quando vedrete tutte queste cose, sappiate
che Egli è proprio alle porte. [34]In verità vi dico: non passerà
questa generazione prima che tutto questo accada. [35]Il cielo e
la terra passeranno, ma le mie parole non passeranno.
[36]Quanto a quel giorno e a quell'ora, però, nessuno lo sa, neanche gli angeli del cielo e neppure il Figlio, ma solo il Padre.

Vegliare per non essere colti di sorpresa. *(Gn 7,11-23; Mc 13,33-37; Lc 17,26-27 e 34-35).*

[37]Come fu ai giorni di Noè, così sarà la venuta del Figlio del-
l'uomo. [38]Infatti, come nei giorni che precedettero il diluvio
mangiavano e bevevano, prendevano moglie e marito, fino a
quando Noè entrò nell'arca, [39]e non si accorsero di nulla finché
venne il diluvio e inghiottì tutti, così sarà anche alla venuta del
Figlio dell'uomo. [40]Allora due uomini saranno nel campo: uno

sarà preso e l'altro lasciato. 41Due donne macineranno alla mo-
la: una sarà presa e l'altra lasciata.
42Vegliate dunque, perché non sapete in quale giorno il Signore
vostro verrà. 43Questo considerate: se il padrone di casa sapes-
se in quale ora della notte viene il ladro, veglierebbe e non si
lascerebbe scassinare la casa. 44Perciò anche voi state pronti,
perché nell'ora che non immaginate, il Figlio dell'uomo verrà.

Parabola del servo vigilante. *(Lc 12,32-46).*

45Qual è dunque il servo fidato e prudente che il padrone ha
preposto ai suoi domestici con l'incarico di dar loro il cibo al
tempo dovuto? 46Beato quel servo che il padrone al suo ritorno
troverà ad agire così! 47In verità vi dico: gli affiderà l'ammini-
strazione di tutti i suoi beni. 48Ma se questo servo malvagio di-
cesse in cuor suo: Il mio padrone tarda a venire, 49e comincias-
se a percuotere i suoi compagni e a bere e a mangiare con gli
ubriaconi, 50arriverà il padrone quando il servo non se l'aspetta
e nell'ora che non sa, 51lo punirà con rigore e gli infliggerà la
sorte che gli ipocriti si meritano: e là sarà pianto e stridore di
denti.

Parabola delle dieci vergini invitate a nozze. *Vivete sempre nel-
l'attesa di Cristo, lo sposo (Lc 12,35-38).*

25 1Il regno dei cieli è simile a dieci vergini che, prese le lo-
ro lampade, uscirono incontro allo sposo. 2Cinque di esse era-
no stolte e cinque sagge; 3le stolte presero le lampade, ma non
presero con sé olio; 4le sagge invece, insieme alle lampade, pre-
sero anche dell'olio in piccoli vasi. 5Poiché lo sposo tardava, si
assopirono tutte e dormirono. 6A mezzanotte si levò un grido:
Ecco lo sposo, andategli incontro! 7Allora tutte quelle vergini
si destarono e prepararono le loro lampade. 8E le stolte dissero
alle sagge: Dateci del vostro olio, perché le nostre lampade si
spengono. 9Ma le sagge risposero: No, che non abbia a manca-
re per noi e per voi; andate piuttosto dai venditori e comprate-
vene. 10Ora, mentre quelle andavano per comprare l'olio, arri-
vò lo sposo e le vergini che erano pronte entrarono con lui alle
nozze, e la porta fu chiusa. 11Più tardi arrivarono anche le altre

vergini e incominciarono a dire: Signore, signore, aprici! [12]Ma
egli rispose: In verità vi dico: non vi conosco. [13]Vegliate dun-
que, perché non sapete né il giorno né l'ora.

Parabola dei talenti. *È necessario far fruttificare i doni di Dio (Lc 19,12-27 e nota).*

[14]Avverrà come di un uomo che, partendo per un viaggio,
chiamò i suoi servi e consegnò loro i suoi beni. [15]A uno diede
cinque talenti, a un altro due, a un altro uno, a ciascuno secon-
do la sua capacità, e partì. [16]Colui che aveva ricevuto cinque
talenti, andò subito a impiegarli e ne guadagnò altri cinque.
[17]Così anche quello che ne aveva ricevuti due, ne guadagnò al-
tri due. [18]Colui invece che aveva ricevuto un solo talento, andò
a fare una buca nel terreno e vi nascose il denaro del suo pa-
drone. [19]Dopo molto tempo il padrone di quei servi tornò, e
volle regolare i conti con loro. [20]Colui che aveva ricevuto cin-
que talenti, ne presentò altri cinque, dicendo: Signore, mi hai
consegnato cinque talenti; ecco, ne ho guadagnati altri cinque.
[21]Bene, servo buono e fedele, gli disse il suo padrone, sei stato
fedele nel poco, ti darò autorità su molto; prendi parte alla
gioia del tuo padrone. [22]Presentatosi poi colui che aveva rice-
vuto due talenti, disse: Signore, mi hai consegnato due talenti;
vedi, ne ho guadagnati altri due. [23]Bene, servo buono e fedele,
gli rispose il padrone, sei stato fedele nel poco, ti darò autorità
su molto; prendi parte alla gioia del tuo padrone. [24]Venuto in-
fine colui che aveva ricevuto un solo talento, disse: Signore, so
che sei un uomo duro, che mieti dove non hai seminato e rac-
cogli dove non hai sparso; [25]per paura andai a nascondere il
tuo talento sotterra; ecco qui il tuo. [26]Il padrone gli rispose:
Servo malvagio e infingardo, sapevi che mieto dove non ho se-
minato e raccolgo dove non ho sparso; [27]avresti dovuto affida-
re il mio denaro ai banchieri e così, ritornando, avrei ritirato il
mio con l'interesse. [28]Toglietegli dunque il talento, e datelo a
chi ha i dieci talenti. [29]Perché a chiunque ha sarà dato e sarà
nell'abbondanza; ma a chi non ha sarà tolto anche quello che
ha. [30]E il servo fannullone gettatelo fuori nelle tenebre; là sarà
pianto e stridore di denti.

Il Regno è per coloro che praticano l'amore servendo. *Molti si stupiscono di aver incontrato o rifiutato Cristo nella persona dei fratelli: Gesù si identifica con chiunque si trovi in necessità (Ez 34,17; Is 58,5-8; Gb 22,6; Sir 7,35; Dn 12,2; Sap 3,1-9).*

[31]Quando il Figlio dell'uomo verrà nella sua gloria con tutti i
suoi angeli, si siederà sul trono della sua gloria. [32]E saranno
riunite davanti a lui tutte le genti, ed egli separerà gli uni dagli
altri, come il pastore separa le pecore dai capri, [33]e porrà le pe-
core alla sua destra e i capri alla sinistra. [34]Allora il re dirà a
quelli che stanno alla sua destra: Venite, benedetti del Padre
mio, ricevete in eredità il regno preparato per voi fin dalla fon-
dazione del mondo. [35]Perché io ho avuto fame e mi avete dato
da mangiare, ho avuto sete e mi avete dato da bere; ero fore-
stiero e mi avete ospitato, [36]nudo e mi avete vestito, malato e
mi avete visitato, carcerato e siete venuti a trovarmi. [37]Allora i
giusti gli risponderanno: Signore, quando mai ti abbiamo vedu-
to affamato e ti abbiamo dato da mangiare, assetato e ti abbia-
mo dato da bere? [38]Quando ti abbiamo visto forestiero e ti ab-
biamo ospitato, o nudo e ti abbiamo vestito? [39]E quando ti ab-
biamo visto ammalato o in carcere e siamo venuti a visitarti?
[40]Rispondendo, il re dirà loro: In verità vi dico: ogni volta che
avete fatto queste cose a uno solo di questi miei fratelli più pic-
coli, l'avete fatto a me. [41]Poi dirà a quelli alla sua sinistra: Via,
lontano da me, maledetti, nel fuoco eterno, preparato per il
diavolo e per i suoi angeli. [42]Perché ho avuto fame e non mi
avete dato da mangiare; ho avuto sete e non mi avete dato da
bere; [43]ero forestiero e non mi avete ospitato, nudo e non mi
avete vestito, malato e in carcere e non mi avete visitato. [44]An-
ch'essi allora risponderanno: Signore, quando mai ti abbiamo
visto affamato o assetato o forestiero o nudo o malato o in car-
cere e non ti abbiamo assistito? [45]Ma egli risponderà: In verità
vi dico: ogni volta che non avete fatto queste cose a uno di que-
sti miei fratelli più piccoli, non l'avete fatto a me. [46]E se ne an-
dranno, questi al supplizio eterno, e i giusti alla vita eterna».

VIII. PASSIONE E RISURREZIONE

La fine del mondo antico e la nascita del mondo nuovo. Questi testi sulla passione sono stati senza dubbio i primi ad essere con-

segnati alla memoria per poi essere stesi per iscritto. La viva coscienza che gli apostoli avevano della risurrezione di Cristo li ha poi condotti a una reinterpretazione della sua vita, insistendo, ai fini della catechesi, sulle precedenti manifestazioni della sua divinità (cf. avvertenza e introduzione).

Gesù è cosciente della sua sorte. Complotto contro Gesù. *(Mc 14,1-2; Lc 22,1-2; Gv 11,47-53).*

26 [1]Terminati tutti questi discorsi, Gesù disse ai suoi disce-
poli: [2]«Voi sapete che fra due giorni è Pasqua e che il Figlio
dell'uomo sarà consegnato per essere crocifisso».
[3]Allora i sommi sacerdoti e gli anziani del popolo si riunirono
nel palazzo del sommo sacerdote, che si chiamava Caifa, [4]e
tennero consiglio per arrestare con un inganno Gesù e farlo
morire. [5]Ma dicevano: «Non durante la festa, perché non av-
vengano tumulti fra il popolo».

L'unzione a Betania. *Gesù lascia intendere la sua prossima morte affermando insieme la certezza del successo che avrà il suo messaggio. Secondo la dottrina abituale degli ebrei, mette le opere buone prima dell'elemosina (Mc 14,3-9; Gv 12,1-8).*

[6]Mentre Gesù si trovava a Betània, in casa di Simone il lebbro-
so, [7]gli si avvicinò una donna con un vaso di alabastro di olio
profumato molto prezioso, e glielo versò sul capo mentre stava
a mensa. [8]I discepoli vedendo ciò si sdegnarono e dissero:
«Perché questo spreco? [9]Lo si poteva vendere a caro prezzo
per darlo ai poveri!». [10]Ma Gesù, accortosene, disse loro: «Per-
ché infastidite questa donna? Essa ha compiuto un'azione buo-
na verso di me. [11]I poveri infatti li avete sempre con voi, me,
invece, non sempre mi avete. [12]Versando questo olio sul mio
corpo, lo ha fatto in vista della mia sepoltura. [13]In verità vi di-
co: dovunque sarà predicato questo vangelo, nel mondo intero,
sarà detto anche ciò che essa ha fatto, in ricordo di lei».

Il tradimento di Giuda. *Trenta monete d'argento (stateri o sicli) costituivano il prezzo fissato dalla legge per la vita di uno schiavo (Es 21,32; Zc 11,21; Mc 14,10-11; Lc 22,3-6).*

14Allora uno dei Dodici, chiamato Giuda Iscariota, andò dai
sommi sacerdoti 15e disse: «Quanto mi volete dare perché io ve
lo consegni?». E quelli gli *fissarono trenta monete d'argento.*
16Da quel momento cercava l'occasione propizia per conse-
gnarlo.

Preparativi del banchetto pasquale *che si celebrava per commemorare l'uscita dall'Egitto (Es 12,1-14). Per otto giorni i giudei mangiavano gli azzimi, cioè dei pani non lievitati (Mc 14,12-16; Lc 22,7-13).*

17Il primo giorno degli Azzimi, i discepoli si avvicinarono a Ge-
sù e gli dissero: «Dove vuoi che ti prepariamo, per mangiare la
Pasqua?». 18Ed egli rispose: «Andate in città, da un tale, e dite-
gli: Il Maestro ti manda a dire: Il mio tempo è vicino; farò la
Pasqua da te con i miei discepoli». 19I discepoli fecero come
aveva loro ordinato Gesù, e prepararono la Pasqua.

Annunzio del tradimento di Giuda. *(Mc 14,17-21; Lc 22,14 e 21-23; Gv 13,21-30).*

20Venuta la sera, si mise a mensa con i Dodici. 21Mentre man-
giavano disse: «In verità io vi dico, uno di voi mi tradirà». 22Ed
essi, addolorati profondamente, incominciarono ciascuno a do-
mandargli: «Sono forse io, Signore?». 23Ed egli rispose: «Colui
che ha intinto con me la mano nel piatto, quello mi tradirà. 24Il
Figlio dell'uomo se ne va, come è scritto di lui, ma guai a colui
dal quale il Figlio dell'uomo viene tradito; sarebbe meglio per
quell'uomo se non fosse mai nato!». 25Giuda, il traditore, disse:
«Rabbì, sono forse io?». Gli rispose: «Tu l'hai detto».

L'ultima cena. *Gesù compie due gesti ben noti agli ebrei durante i banchetti festivi: rivolge a Dio una preghiera di ringraziamento per il pane; poi lo spezza, lo distribuisce a ogni commensale; tutti ne mangiano e ringraziano Dio per i suoi doni. Lo stesso avviene alla fine del banchetto con un calice di vino. Ma Gesù dà un senso nuovo a questi gesti, mettendoli in relazione con la sua morte prossima. D'ora in poi significheranno il suo corpo, cioè lui stesso, e il suo sangue, cioè la sua vita, corpo e sangue dati per gli uomini, che diventano il dono per cui bisogna* *ringraziare Dio. Gesù dispone della sua morte come del sacrificio attraverso il quale Dio conclude con gli uomini la nuova alleanza. Il sacrificio di Mosè sul Sinai ne era stato il preannunzio (Es 24).*

Il racconto riferito qui dagli evangelisti ebbe inizialmente la funzione di guida ai banchetti eucaristici, che i primi cristiani celebravano per commemorare la morte di Gesù e per diventare il suo «corpo» (1Cor 10,16-17) mediante la partecipazione al suo corpo e al suo sangue (cf. il dono della manna, l'annunzio da parte di Geremia 31,31 di una nuova alleanza, e il segno della moltiplicazione dei pani; Mc 14,22-25; Lc 22,19-20; 1Cor 11,23-25).

26 Ora, mentre essi mangiavano, Gesù prese il pane e, pronun-
ziata la benedizione, lo spezzò e lo diede ai discepoli dicendo:
«Prendete e mangiate; questo è il mio corpo». 27 Poi prese il ca-
lice e, dopo aver reso grazie, lo diede loro, dicendo: «Bevetene
tutti, 28 perché questo è il mio sangue dell'alleanza, versato per
molti, in remissione dei peccati. 29 Io vi dico che da ora non ber-
rò più di questo frutto della vite fino al giorno in cui lo berrò
nuovo con voi nel regno del Padre mio».
30 E dopo aver cantato l'inno, uscirono verso il monte degli
Ulivi.

Predizione del rinnegamento di Pietro *in seguito allo scandalo dell'arresto di Gesù (Zc 13,7; Mc 14,26-31; Lc 22,39 e 31-34; Gv 13,36-38 e 16,32).*

31 Allora Gesù disse loro: «Voi tutti vi scandalizzerete per causa
mia in questa notte. Sta scritto infatti:

> *Percuoterò il pastore*
> *e saranno disperse le pecore del gregge,*

32 ma dopo la mia risurrezione, vi precederò in Galilea». 33 E
Pietro gli disse: «Anche se tutti si scandalizzassero di te, io non
mi scandalizzerò mai». 34 Gli disse Gesù: «In verità ti dico: que-
sta notte stessa, prima che il gallo canti, mi rinnegherai tre vol-
te». 35 E Pietro gli rispose: «Anche se dovessi morire con te,
non ti rinnegherò». Lo stesso dissero tutti gli altri discepoli.

La preghiera al Getsèmani *(il nome significa «frantoio per l'olio»). I testimoni sono gli stessi apostoli che hanno assistito alla trasfigurazione (Sal 42,6; Mc 14,32-42; Lc 22,40-46; Gv 18,11; 12,27-30).*

36Allora Gesù andò con loro in un podere, chiamato Get-
sèmani, e disse ai discepoli: «Sedetevi qui, mentre io vado là a
pregare». 37E presi con sé Pietro e i due figli di Zebedèo, co-
minciò a provare tristezza e angoscia. 38Disse loro: «La mia
anima è triste fino alla morte; restate qui e vegliate con me».
39E avanzatosi un poco, si prostrò con la faccia a terra e prega-
va dicendo: «Padre mio, se è possibile, passi da me questo cali-
ce! Però non come voglio io, ma come vuoi tu!». 40Poi tornò dai
discepoli e li trovò che dormivano. E disse a Pietro: «Così non
siete stati capaci di vegliare un'ora sola con me? 41Vegliate e
pregate, per non cadere in tentazione. Lo spirito è pronto, ma
la carne è debole». 42E di nuovo, allontanatosi, pregava dicen-
do: «Padre mio, se questo calice non può passare da me senza
che io lo beva, sia fatta la tua volontà». 43E tornato di nuovo
trovò i suoi che dormivano, perché gli occhi loro si erano appe-
santiti. 44E lasciatili, si allontanò di nuovo e pregò per la terza
volta, ripetendo le stesse parole. 45Poi si avvicinò ai discepoli e
disse loro: «Dormite ormai e riposate! Ecco, è giunta l'ora nel-
la quale il Figlio dell'uomo sarà consegnato in mano ai peccato-
ri. 46Alzatevi, andiamo; ecco, colui che mi tradisce si avvicina».

Arresto di Gesù. *(Mc 14,43-52; Lc 22,47-53; Gv 18,2-11).*

47Mentre parlava ancora, ecco arrivare Giuda, uno dei Dodici,
e con lui una gran folla con spade e bastoni, mandata dai som-
mi sacerdoti e dagli anziani del popolo. 48Il traditore aveva da-
to loro questo segnale dicendo: «Quello che bacerò, è lui; arre-
statelo!». 49E subito si avvicinò a Gesù e disse: «Salve, Rab-
bì!». E lo baciò. 50E Gesù gli disse: «Amico, per questo sei
qui!». Allora si fecero avanti e misero le mani addosso a Gesù e
lo arrestarono. 51Ed ecco, uno di quelli che erano con Gesù,
messa mano alla spada, la estrasse e colpì il servo del sommo
sacerdote staccandogli un orecchio.
52Allora Gesù gli disse: «Rimetti la spada nel fodero, perché
tutti quelli che mettono mano alla spada periranno di spada.

53Pensi forse che io non possa pregare il Padre mio, che mi da-
rebbe subito più di dodici legioni di angeli? 54Ma come allora si
adempirebbero le Scritture, secondo le quali così deve av-
venire?». 55In quello stesso momento Gesù disse alla folla:
«Siete usciti come contro un brigante, con spade e bastoni, per
catturarmi. Ogni giorno stavo seduto nel tempio ad insegnare,
e non mi avete arrestato. 56Ma tutto questo è avvenuto perché
si adempissero le Scritture dei profeti». Allora tutti i discepoli,
abbandonatolo, fuggirono.

Gesù davanti al sinedrio *o gran consiglio, tribunale religioso. Gesù si dichiara ufficialmente il personaggio misterioso di origine celeste intravisto da Daniele (Dn 7,13; Lv 24,16; Mc 14,53-65; Lc 22,54-55.66-71; Gv 18,15-24).*

57Or quelli che avevano arrestato Gesù, lo condussero dal som-
mo sacerdote Caifa, presso il quale già si erano riuniti gli scribi
e gli anziani. 58Pietro intanto lo aveva seguito da lontano fino al
palazzo del sommo sacerdote; ed entrato anche lui, si pose a
sedere tra i servi, per vedere la conclusione.
59I sommi sacerdoti e tutto il sinedrio cercavano qualche falsa
testimonianza contro Gesù, per condannarlo a morte; 60ma non
riuscirono a trovarne alcuna, pur essendosi fatti avanti molti
falsi testimoni. 61Finalmente se ne presentarono due, che affer-
marono: «Costui ha dichiarato: Posso distruggere il tempio di
Dio e ricostruirlo in tre giorni». 62Alzatosi il sommo sacerdote
gli disse: «Non rispondi nulla? Che cosa testimoniano costoro
contro di te?». 63Ma Gesù taceva. Allora il sommo sacerdote
gli disse: «Ti scongiuro, per il Dio vivente, perché ci dica se tu
sei il Cristo, il Figlio di Dio». 64«Tu l'hai detto, gli rispose Ge-
sù, anzi io vi dico:

d'ora innanzi vedrete *il Figlio dell'uomo*
seduto alla destra di Dio,
e venire sulle nubi del cielo».

65Allora il sommo sacerdote si stracciò le vesti dicendo: «Ha
bestemmiato! Perché abbiamo ancora bisogno di testimoni?
Ecco, ora avete udito la bestemmia; 66che ve ne pare?». E quel-
li risposero: «È reo di morte!». 67Allora gli sputarono in faccia

e lo schiaffeggiarono; altri lo bastonavano, 68dicendo: «Indovi-
na, Cristo! Chi è che ti ha percosso?».

Rinnegamenti di Pietro. *(Mc 14,66-72; Lc 22,56-62; Gv 18,17 e 25-27).*

69Pietro intanto se ne stava seduto fuori, nel cortile. Una serva
gli si avvicinò e disse: «Anche tu eri con Gesù, il Galileo!».
70Ed egli negò davanti a tutti: «Non capisco che cosa tu voglia
dire». 71Mentre usciva verso l'atrio, lo vide un'altra serva e dis-
se ai presenti: «Costui era con Gesù, il Nazareno». 72Ma egli
negò di nuovo giurando: «Non conosco quell'uomo». 73Dopo
un poco, i presenti gli si accostarono e dissero a Pietro: «Certo
anche tu sei di quelli; la tua parlata ti tradisce!». 74Allora egli
cominciò a imprecare e a giurare: «Non conosco quell'uomo!».
E subito un gallo cantò. 75E Pietro si ricordò delle parole dette
da Gesù: «Prima che il gallo canti, mi rinnegherai tre volte». E
uscito all'aperto, pianse amaramente.

Gesù condotto davanti a Pilato *procuratore romano della Giudea, Idumea e Samaria dal 26 al 36 della nostra èra. La scena si svolge nel pretorio, che è insieme residenza ufficiale e tribunale del procuratore (Mc 15,1; Lc 22,66; 23,1; Gv 18,28).*

27 1Venuto il mattino, tutti i sommi sacerdoti e gli anziani
del popolo tennero consiglio contro Gesù, per farlo morire.
2Poi, messolo in catene, lo condussero e consegnarono al go-
vernatore Pilato.

Morte di Giuda. *(Zc 11,12-13; Ger 32,6-9; 18,7; At 1,16-19).*

3Allora Giuda, il traditore, vedendo che Gesù era stato con-
dannato, si pentì e riportò le trenta monete d'argento ai sommi
sacerdoti e agli anziani 4dicendo: «Ho peccato, perché ho tradi-
to sangue innocente». Ma quelli dissero: «Che ci riguarda? Ve-
ditela tu!». 5Ed egli, gettate le monete d'argento nel tempio, si
allontanò e andò ad impiccarsi. 6Ma i sommi sacerdoti, raccolto
quel denaro, dissero: «Non è lecito metterlo nel tesoro, perché
è prezzo di sangue». 7E tenuto consiglio, comprarono con esso
il Campo del vasaio per la sepoltura degli stranieri. 8Perciò

quel campo fu denominato «Campo di sangue» fino al giorno
d'oggi. [9]Allora si adempì quanto era stato detto dal profeta Ge-
remia: *E presero trenta denari d'argento, il prezzo del venduto,*
che i figli di Israele avevano mercanteggiato, [10]*e li diedero per il*
campo del vasaio, come mi aveva ordinato il Signore.

Gesù davanti a Pilato *rimane silenzioso, come il servo di Isaia 53,7. Non risponde in modo chiaro a una domanda che si rivelava ambigua. La sua missione non è di fare il messia conquistatore atteso dal popolo ebraico, ma di fondare una nuova comunità (Dt 21,6; Mc 15,2-15; Lc 23,2-5 e 18,25; Gv 18,28-40 e 19,4-16).*

[11]Gesù intanto comparve davanti al governatore, e il governa-
tore l'interrogò dicendo: «Sei tu il re dei Giudei?». Gesù rispo-
se «Tu lo dici». [12]E mentre lo accusavano i sommi sacerdoti e
gli anziani, non rispondeva nulla. [13]Allora Pilato gli disse:
«Non senti quante cose attestano contro di te?». [14]Ma Gesù
non gli rispose neanche una parola, con grande meraviglia del
governatore.
[15]Il governatore era solito, per ciascuna festa di Pasqua, rila-
sciare al popolo un prigioniero, a loro scelta. [16]Avevano in quel
tempo un prigioniero famoso, detto Barabba. [17]Mentre quindi
si trovavano riuniti, Pilato disse loro: «Chi volete che vi rilasci:
Barabba o Gesù chiamato il Cristo?». [18]Sapeva bene infatti che
glielo avevano consegnato per invidia.
[19]Mentre egli sedeva in tribunale, sua moglie gli mandò a dire:
«Non avere a che fare con quel giusto; perché oggi fui molto
turbata in sogno, per causa sua». [20]Ma i sommi sacerdoti e gli
anziani persuasero la folla a richiedere Barabba e a far morire
Gesù. [21]Allora il governatore domandò: «Chi dei due volete
che vi rilasci?». Quelli risposero: «Barabba!». [22]Disse loro Pila-
to: «Che farò dunque di Gesù chiamato il Cristo?». Tutti gli ri-
sposero: «Sia crocifisso!». [23]Ed egli aggiunse: «Ma che male ha
fatto?». Essi allora urlarono: «Sia crocifisso!».
[24]Pilato, visto che non otteneva nulla, anzi che il tumulto cre-
sceva sempre più, presa dell'acqua, si lavò le mani davanti alla
folla: «Non sono responsabile, disse, di questo sangue; vedete-
vela voi!». [25]E tutto il popolo rispose: «Il suo sangue ricada so-
pra di noi e sopra i nostri figli». [26]Allora rilasciò loro Barabba
e, dopo aver fatto flagellare Gesù, lo consegnò ai soldati per-
ché fosse crocifisso.

La corona di spine. *In segno di scherno Gesù viene rivestito delle insegne della regalità: corona e porpora (Mc 15,16-20; Gv 19,1-3).*

27 Allora i soldati del governatore condussero Gesù nel pretorio
e gli radunarono attorno tutta la coorte. 28 Spogliatolo, gli mise-
ro addosso un manto scarlatto 29 e, intrecciata una corona di
spine, gliela posero sul capo, con una canna nella destra; poi
mentre gli si inginocchiavano davanti, lo schernivano: «Salve,
re dei Giudei!». 30 E sputandogli addosso, gli tolsero di mano la
canna e lo percuotevano sul capo. 31 Dopo averlo così scherni-
to, lo spogliarono del mantello, gli fecero indossare i suoi vesti-
ti e lo portarono via per crocifiggerlo.

La crocifissione. *(Sal 69,22; 22,19; 109,25; Gb 16,4; Sal 22,9; Sap 2,16-20; Mc 15,21-27; Lc 23,26-38; Gv 19,17-24).*

32 Mentre uscivano, incontrarono un uomo di Cirene, chiamato
Simone, e lo costrinsero a prender su la croce di lui. 33 Giunti a
un luogo detto Gòlgota, che significa luogo del cranio, 34 gli *die-
dero da bere vino* mescolato con *fiele*; ma egli, assaggiatolo,
non ne volle bere. 35 Dopo averlo quindi crocifisso, *si spartirono
le* sue *vesti tirandole a sorte*. 36 E sedutisi, gli facevano la guar-
dia. 37 Al di sopra del suo capo, posero la motivazione scritta
della sua condanna: «*Questi è Gesù, il re dei Giudei*».
38 Insieme con lui furono crocifissi due ladroni, uno a destra e
uno a sinistra. 39 E quelli che passavano di là lo insultavano
scuotendo il capo e dicendo: 40 «Tu che distruggi il tempio e lo
ricostruisci in tre giorni, salva te stesso! Se tu sei Figlio di Dio,
scendi dalla croce!». 41 Anche i sommi sacerdoti con gli scribi e
gli anziani lo schernivano: 42 «Ha salvato gli altri, non può sal-
vare se stesso. È il re d'Israele, scenda ora dalla croce e gli cre-
deremo. 43 *Ha confidato in Dio; lo liberi lui* ora, *se gli vuol bene*.
Ha detto infatti: Sono Figlio di Dio!». 44 Anche i ladroni croci-
fissi con lui lo oltraggiavano allo stesso modo.

La morte di Gesù *viene descritta, come già la crocifissione, con le immagini dei profeti dell'Antico Testamento e nei termini che caratterizzano i grandi avvenimenti della storia della salvezza. La lacerazione del tempio significa che la morte di Gesù apre ai* *pagani l'accesso alla presenza di Dio, dal momento che il velo separava il tempio stesso dall'atrio riservato ai pagani (Sal 22,9; 69,22; Mc 15,33-41; Lc 23,44-49; e ancora, per i vv. 51-53, Am 8,3; Is 26,19; Ez 37,12; Dn 12,2).*

[45]Da mezzogiorno fino alle tre del pomeriggio si fece buio su
tutta la terra. [46]Verso le tre, Gesù gridò a gran voce: «*Elì, Elì,
lemà sabactàni?*», che significa: «*Dio mio, Dio mio, perché mi
hai abbandonato?*». [47]Udendo questo, alcuni dei presenti dice-
vano: «Costui chiama Elia». [48]E subito uno di loro corse a
prendere una spugna e, imbevutala *di aceto*, la fissò su una can-
na e così gli *dava da bere*. [49]Gli altri dicevano: «Lascia, vedia-
mo se viene Elia a salvarlo!». [50]E Gesù, emesso un alto grido,
spirò.
[51]Ed ecco il velo del tempio si squarciò in due da cima a fondo,
la terra si scosse, le rocce si spezzarono, [52]i sepolcri si aprirono
e molti corpi di santi morti risuscitarono. [53]E uscendo dai se-
polcri, dopo la sua risurrezione, entrarono nella città santa e
apparvero a molti. [54]Il centurione e quelli che con lui facevano
la guardia a Gesù, sentito il terremoto e visto quel che succede-
va, furono presi da grande timore e dicevano: «Davvero costui
era Figlio di Dio!».
[55]C'erano anche là molte donne che stavano a osservare da lon-
tano; esse avevano seguito Gesù dalla Galilea per servirlo.
[56]Tra costoro Maria di Màgdala, Maria madre di Giacomo e di
Giuseppe, e la madre dei figli di Zebedèo.

La sepoltura. *Grazie all'intervento di Giuseppe di Arimatèa il corpo di Gesù non è stato gettato nella fossa dei condannati (Mc 15,42-47; Lc 23,50-55; Gv 19,38-42).*

[57]Venuta la sera giunse un uomo ricco di Arimatèa, chiamato
Giuseppe, il quale era diventato anche lui discepolo di Gesù.
[58]Egli andò da Pilato e gli chiese il corpo di Gesù. Allora Pilato
ordinò che gli fosse consegnato. [59]Giuseppe, preso il corpo di
Gesù, lo avvolse in un candido lenzuolo [60]e lo depose nella sua
tomba nuova, che si era fatta scavare nella roccia; rotolata poi
una gran pietra sulla porta del sepolcro, se ne andò. [61]Erano lì,
davanti al sepolcro, Maria di Màgdala e l'altra Maria.

La custodia della tomba. *La Parasceve (o Preparazione), vigilia del sabato, termina il venerdì sera.*

62 Il giorno seguente, quello dopo la Parasceve, si riunirono
presso Pilato i sommi sacerdoti e i farisei, dicendo: 63 «Signore,
ci siamo ricordati che quell'impostore disse mentre era vivo:
Dopo tre giorni risorgerò. 64 Ordina dunque che sia vigilato il
sepolcro fino al terzo giorno, perché non vengano i suoi discepoli, lo rubino e poi dicano al popolo: È risuscitato dai morti.
Così quest'ultima impostura sarebbe peggiore della prima!».
65 Pilato disse loro: «Avete la vostra guardia, andate e assicuratevi come credete».
66 Ed essi andarono e assicurarono il sepolcro, sigillando la pietra e mettendovi la guardia.

DOPO LA MORTE DI GESÙ

Gli apostoli sono spaventati, dispersi, delusi; hanno addirittura l'animo in rivolta per lo scandaloso fallimento di Gesù. Ed ecco, d'un tratto, dopo la sua morte, essi vivono l'esperienza della sua presenza. Ne vengono trasformati. La loro certezza, testimoniata con coraggio, diventa a sua volta ricca di conseguenze. Dopo la passione e dopo aver ricevuto lo Spirito, proclameranno la buona novella. Seguono Cristo con entusiasmo. Tocca a noi, ora, andargli incontro.

Le narrazioni evangeliche sulla risurrezione condensano un insegnamento da tempo impartito e accolto nelle comunità cristiane. Queste sono nate dalla testimonianza che gli apostoli davano sull'esperienza indubitabile di Gesù, vivo dopo essere morto in croce. Egli si era rivelato presente in mezzo a loro quando lo pensavano morto. La sua passione, la sua morte sfociavano in una nuova esistenza, trasfigurata, liberata dai limiti dello spazio e del tempo, capace di manifestarsi ovunque, nelle circostanze più diverse.

L'«apparizione» è l'esperienza della testimonianza che Gesù in persona ha dato della sua vita e della sua presenza. La fede dei primi discepoli è nata da questa esperienza.

Il più antico documento a questo riguardo è una lista di apparizioni del «risorto» citata da Paolo nell'anno 55 (1Cor 15) risalente ai primi dieci anni del cristianesimo. È stata questa fede a

distinguere i giudeo-cristiani dagli ebrei e a manifestare il suo dinamismo nell'evangelizzazione dei pagani e nella nascita delle chiese di lingua greca, in un mondo pur sempre refrattario all'idea di risurrezione.
Le narrazioni evangeliche illustrano al tempo stesso il carattere imprevisto delle apparizioni, la difficoltà e la lentezza a credere dei testimoni, l'aspetto misterioso della realtà nuova ch'essi percepivano. Vi sono due specie di narrazioni. Le apparizioni agli apostoli fondano l'autorità della loro testimonianza sulla rivelazione della presenza di Gesù vivo (rivelazione che si è imposta al di là dei loro dubbi) e sulia missione che egli ha loro affidato di comunicare agli uomini la loro fede.
Le apparizioni alle donne, o a discepoli poco noti (Mt 28,9 e 10; Gv 20,11 e 18; Lc 24,13-15) fanno vedere il modo, insieme lento e intimo, con cui quelli che già gli erano stati familiari vengono riportati alla presenza di un Gesù realmente vivo e vicino, anche se inafferrabile. E tutto questo mentre rimanevano convinti della sua scomparsa e del fallimento delle loro speranze.
Ogni credente può riconoscersi nell'esperienza di Maria Maddalena quando si sente chiamare per nome, quando vede e riconosce il suo Signore; oppure in quella dei discepoli di Emmaus, investiti dalla presenza di Gesù attraverso la luce che penetra a poco a poco nei loro cuori fino al momento della cena, quando si scoprono beneficati dallo sconosciuto che avevano invitato.
La narrazione che riporta la venuta di alcune donne al sepolcro, trovato aperto e vuoto, non aveva nella predicazione la stessa autorità delle apparizioni. Solo queste ultime recavano la testimonianza decisiva della risurrezione di Gesù.
Il sepolcro vuoto poneva di fronte a un enigma: che ne era stato del corpo di Gesù? Solo la rivelazione del Risorto, che s'imponeva spontaneamente ai testimoni, poteva dare una risposta a questo enigma. È ciò che significa, in linguaggio biblico, il messaggio recato dall'angelo del Signore alle donne impaurite. L'intervento dell'angelo sta a significare che non sono state loro a trovare da sole la risposta alla loro domanda.
La fede nella risurrezione non è nata dalla scoperta della tomba vuota. Ma l'enigma della tomba vuota è stato chiarito dalla fede nella risurrezione di Gesù, nata a sua volta dalla fede nella viva presenza di Cristo risorto, divenuta percettibile ai discepoli in

circostanze privilegiate (cf. le apparizioni di Cristo risorto). La narrazione del sepolcro vuoto portava in tal modo una conferma alla realtà della risurrezione senza con ciò ridurla ad un qualsiasi ritorno in vita nella condizione effimera dei nostri corpi mortali.

La tomba vuota e l'angelo bianco-vestito: *è il colore apocalittico del trionfo e della gioia. Ancora una volta, per descrivere una situazione eccezionale, l'evangelista ricorre alle immagini dell'Antico Testamento, in questo caso Es 19,18s (Mc 16,1-8; Lc 24,1-10; Gv 20,1).*

28 1Passato il sabato, all'alba del primo giorno della settimana, Maria di Màgdala e l'altra Maria andarono a visitare il
sepolcro. 2Ed ecco che vi fu un gran terremoto: un angelo del
Signore, sceso dal cielo, si accostò, rotolò la pietra e si pose a
sedere su di essa. 3 Il suo aspetto era come la folgore e il suo ve-
stito bianco come la neve. 4Per lo spavento che ebbero di lui le
guardie tremarono tramortite. 5Ma l'angelo disse alle donne:
«Non abbiate paura, voi! So che cercate Gesù il crocifisso.
6Non è qui. È risorto, come aveva detto; venite a vedere il luo-
go dove era deposto. 7Presto, andate a dire ai suoi discepoli: È
risuscitato dai morti, e ora vi precede in Galilea; là lo vedrete.
Ecco, io ve l'ho detto». 8Abbandonato in fretta il sepolcro, con
timore e gioia grande, le donne corsero a dare l'annunzio ai
suoi discepoli.

L'apparizione alle donne. *(Gv 20,14ss).*

9Ed ecco Gesù venne loro incontro dicendo: «Salute a voi». Ed
esse, avvicinatesi, gli presero i piedi e lo adorarono. 10Allora
Gesù disse loro: «Non temete; andate ad annunziare ai miei
fratelli che vadano in Galilea e là mi vedranno».

Sopruso dei capi ebraici.

11Mentre esse erano per via, alcuni della guardia giunsero in
città e annunziarono ai sommi sacerdoti quanto era accaduto.
12Questi si riunirono allora con gli anziani e deliberarono di da-
re una buona somma di denaro ai soldati dicendo: 13«Dichiara-

te: i suoi discepoli sono venuti di notte e l'hanno rubato, men-
tre noi dormivamo. [14]E se mai la cosa verrà all'orecchio del go-
vernatore noi lo persuaderemo e vi libereremo da ogni noia».
[15]Quelli, preso il denaro, fecero secondo le istruzioni ricevute.
Così questa diceria si è divulgata fra i Giudei fino ad oggi.

Apparizione in Galilea e missione universale dei discepoli.

[16]Gli undici discepoli, intanto, andarono in Galilea, sul monte
che Gesù aveva loro fissato. [17]Quando lo videro, gli si prostra-
rono innanzi; alcuni però dubitavano. [18]E Gesù, avvicinatosi,
disse loro: «Mi è stato dato ogni potere in cielo e in terra. [19]An-
date dunque e ammaestrate tutte le nazioni, battezzandole nel
nome del Padre e del Figlio e dello Spirito Santo, [20]insegnando
loro ad osservare tutto ciò che vi ho comandato. Ecco, io sono
con voi tutti i giorni, fino alla fine del mondo».

VANGELO
SECONDO MARCO

AVVERTENZA

Oggi sono molti i cristiani che credono a Gesù come Dio, ma essi hanno completamente dimenticato che egli è nello stesso tempo uomo, totalmente uomo. Ed è attraverso la sua umanità che si giunge alla sua persona.
Il Vangelo di Marco è quello che meglio ci riconduce a questa realtà. Usa il linguaggio scarno della lingua parlata; ci fa sentire il peso dello sguardo di Gesù, la sua sorpresa davanti alle opposizioni, la sua pietà per la folla, i momenti di delusione nei riguardi degli apostoli, la tristezza per l'incomprensione dei farisei, dei familiari, dei discepoli.
Ne esce un'immagine umanissima. Gesù appare di volta in volta tenero, incisivo, fraterno, vicino e improvvisamente misterioso, uno che ci pone delle domande e uno di cui ci si pone la domanda: chi è costui?
D'altra parte questo Vangelo è stato scritto da credenti che affermano con la loro fede che Gesù è il Cristo, il figlio di Dio. Vogliono mostrare come la rivelazione della natura di Gesù non potesse avvenire prima della sua passione e morte. Il Cristo, il figlio di Dio di cui parlano, è proprio il Crocifisso: colui che ha spinto il dono di sé per gli altri fino alla morte. I discepoli non possono conoscerlo veramente se non lo seguono per la stessa strada.

N.B. Siamo partiti dal Vangelo di Matteo per cercare di comprendere la composizione dei Vangeli in funzione della morte e della risurrezione di Cristo. È bene quindi che il lettore cominci col leggere tale Vangelo, al quale facciamo costante riferimento.

I. GIOVANNI BATTISTA E GESÙ

Il Vangelo di Marco è il Vangelo che, più degli altri, s'interroga sulla figura e sulla missione di Gesù. Lungo tutta l'opera risuona la domanda che poi Gesù stesso rivolgerà a Pietro: ma voi chi dite che io sia? (Mc 8,29).

1 [1]Inizio del vangelo di Gesù Cristo, Figlio di Dio.

Giovanni Battista nel deserto di Giuda: *è inviato immediatamente innanzi a Gesù per annunziarne la venuta e preparare gli uomini a riceverlo, purificandosi (Is 40,3; 2Re 1,8; Mt 3,1-12; Lc 3,3-17).*

[2]Come è scritto nel profeta Isaia:

> *Ecco, io mando il mio messaggero davanti a te,*
> *egli ti preparerà la strada.*
> [3]*Voce di uno che grida nel deserto:*
> *preparate la strada del Signore,*
> *raddrizzate i suoi sentieri,*

[4]si presentò Giovanni a battezzare nel deserto, predicando un
battesimo di conversione per il perdono dei peccati. [5]Accorre-
va a lui tutta la regione della Giudea e tutti gli abitanti di Geru-
salemme. E si facevano battezzare da lui nel fiume Giordano,
confessando i loro peccati. [6]Giovanni era vestito di peli di cam-
mello, con una cintura di pelle attorno ai fianchi, si cibava di
locuste e miele selvatico [7]e predicava: «Dopo di me viene uno
che è più forte di me e al quale io non son degno di chinarmi
per sciogliere i legacci dei suoi sandali. [8]Io vi ho battezzati con
acqua, ma egli vi battezzerà con lo Spirito Santo».

Battesimo di Gesù. *La conoscenza dell'Antico Testamento faciliterà la comprensione di questo testo. Il servo del Signore (Is 42,1) e figlio di Dio (Sal 2,7) riceve le credenziali di un intervento divino (simboleggiato dai cieli aperti e dal volo della colomba) per il compimento della sua missione (Mt 3,13-17 e nota; Lc 3,21-22; Gv 1,32-34).*

[9]In quei giorni Gesù venne da Nàzaret di Galilea e fu battezza-
to nel Giordano da Giovanni. [10]E, uscendo dall'acqua, vide
aprirsi i cieli e lo Spirito discendere su di lui come una colom-
ba. [11]E si sentì una voce dal cielo: «Tu sei il Figlio mio predilet-
to, in te mi sono compiaciuto».

Tentazione nel deserto. *Come Mosè ed Elia, Gesù vi rimane per 40 giorni, vale a dire per lungo tempo (Mt 4,1-11 e nota; Lc 4,1-13).*

[12]Subito dopo lo Spirito lo sospinse nel deserto [13]e vi rimase
quaranta giorni, tentato da satana; stava con le fiere e gli angeli
lo servivano.

II. IL SEGRETO DI CRISTO

Gesù in Galilea. *Nella persona di Gesù, e poi nella chiesa, Dio è presente nel mondo, fra noi (Mt 4,12-17 e nota; Lc 4,14-15).*

[14]Dopo che Giovanni fu arrestato, Gesù si recò nella Galilea
predicando il vangelo di Dio e diceva: [15]«Il tempo è compiuto e
il regno di Dio è vicino; convertitevi e credete al vangelo».

Chiamata dei primi quattro discepoli: *Viene qui anticipata da Marco, per mettere in risalto l'azione di Gesù nei confronti degli uomini (Mt 4,18-22 e nota; Lc 5,1-11).*

[16]Passando lungo il mare della Galilea, vide Simone e Andrea,
fratello di Simone, mentre gettavano le reti in mare; erano in-
fatti pescatori. [17]Gesù disse loro: «Seguitemi, vi farò diventare
pescatori di uomini». [18]E subito, lasciate le reti, lo seguirono.
[19]Andando un poco oltre, vide sulla barca anche Giacomo di
Zebedèo e Giovanni suo fratello mentre riassettavano le reti.
[20]Li chiamò. Ed essi, lasciato il loro padre Zebedèo sulla barca
con i garzoni, lo seguirono.

Guarigione di un indemoniato a Cafarnao. *Una dottrina sui demoni esisteva già virtualmente nell'Antico Testamento. Basti ricordare il serpente della Genesi (c. 3 e 6,2-4); L'Azazel del Levitico (Lv 7-10); il satana, avversario non di Dio, ma di Giobbe (Gb 1,6; 2,1). Tale dottrina viene sviluppata negli apocrifi*

(Enoc ecc.) fino a diventare generale, sotto l'influenza persiana, con Tobia (Tb 3,7-9) e con le apocalissi. Satana viene visto come il principe del male, il peccato personificato, il tentatore, il nemico del bene e il principe delle tenebre, in opposizione al Dio della luce.

Al tempo di Gesù il popolo crede di vedere degli spiriti cattivi dappertutto e attribuisce loro tutte le disgrazie della vita, in particolare certe malattie, che, da come vengono descritte, possono far pensare a malattie nervose.

La pratica degli esorcismi era largamente diffusa sia presso gli ebrei sia presso i pagani. Anche Gesù li ha praticati. In rapporto, però, a una certa letteratura dell'epoca i Vangeli si distinguono per una loro discrezione a riguardo degli spiriti maligni. Gli esorcismi di Gesù vengono intesi come i segni dell'azione del regno di Dio nel momento presente e dell'inaugurazione di una nuova umanità e di un nuovo mondo, che il Signore crea nell'amore per il Figlio (Lc 4,31-37).

21 Andarono a Cafàrnao e, entrato proprio di sabato nella sina-
goga, Gesù si mise ad insegnare. 22 Ed erano stupiti del suo in-
segnamento, perché insegnava loro come uno che ha autorità e
non come gli scribi. 23 Allora un uomo che era nella sinagoga,
posseduto da uno spirito immondo, si mise a gridare: 24 «Che
c'entri con noi, Gesù Nazareno? Sei venuto a rovinarci! Io so
chi tu sei: il santo di Dio». 25 E Gesù lo sgridò: «Taci! Esci da
quell'uomo». 26 E lo spirito immondo, straziandolo e gridando
forte, uscì da lui. 27 Tutti furono presi da timore, tanto che si
chiedevano a vicenda: «Che è mai questo? Una dottrina nuova
insegnata con autorità. Comanda persino agli spiriti immondi e
gli obbediscono!». 28 La sua fama si diffuse subito dovunque nei
dintorni della Galilea.

Guarigione della suocera di Simone e di altri malati. *In ogni miracolo riferito dai sinottici, la chiesa primitiva testimonia la sua fede nel potere che ha Gesù di salvare chi crede in lui. I miracoli servono ad illustrare in modo evidente e concreto questa verità. Inoltre, quasi tutte le narrazioni di miracoli si adattano chiaramente alle necessità della catechesi del primo secolo. (Mt 8,14-16 e nota; Lc 4,38-41).*

29 E, usciti dalla sinagoga, si recarono subito in casa di Simone e
di Andrea, in compagnia di Giacomo e di Giovanni. 30 La suo-
cera di Simone era a letto con la febbre e subito gli parlarono di
lei. 31 Egli, accostatosi, la sollevò prendendola per mano; la feb-
bre la lasciò ed essa si mise a servirli.
32 Venuta la sera, dopo il tramonto del sole, gli portavano tutti i
malati e gli indemoniati. 33 Tutta la città era riunita davanti alla
porta. 34 Guarì molti che erano afflitti da varie malattie e scac-
ciò molti demòni; ma non permetteva ai demòni di parlare,
perché lo conoscevano.

Gesù percorre la Galilea. *(Lc 4,42-44).*

35 Al mattino si alzò quando ancora era buio e, uscito di casa, si
ritirò in un luogo deserto e là pregava. 36 Ma Simone e quelli
che erano con lui si misero sulle sue tracce 37 e, trovatolo, gli
dissero: «Tutti ti cercano!». 38 Egli disse loro: «Andiamocene
altrove per i villaggi vicini, perché io predichi anche là; per
questo infatti sono venuto!». 39 E andò per tutta la Galilea, pre-
dicando nelle loro sinagoghe e scacciando i demòni.

Gesù guarisce un lebbroso. *(Mt 8,2-4 e nota; Lc 5,12-16).*

40 Allora venne a lui un lebbroso: lo supplicava in ginocchio e
gli diceva: «Se vuoi, puoi guarirmi!». 41 Mosso a compassione,
stese la mano, lo toccò e gli disse: «Lo voglio, guarisci!». 42 Su-
bito la lebbra scomparve ed egli guarì. 43 E, ammonendolo se-
veramente, lo rimandò e gli disse: 44 «Guarda di non dir niente
a nessuno, ma va', presentati al sacerdote, e offri per la tua pu-
rificazione quello che Mosè ha ordinato, a testimonianza per
loro». 45 Ma quegli, allontanatosi, cominciò a proclamare e a di-
vulgare il fatto, al punto che Gesù non poteva più entrare pub-
blicamente in una città, ma se ne stava fuori, in luoghi deserti,
e venivano a lui da ogni parte.

OBIEZIONI DEI FARISEI

Gesù guarisce un paralitico *e afferma di avere il potere di rimettere i peccati; ciò sembra una usurpazione del potere divino. Al-*

la narrazione del miracolo segue una disputa (Mt 9,1-8 e nota; Lc 5,17-26).

2 [1]Ed entrò di nuovo a Cafàrnao dopo alcuni giorni. Si seppe che era in casa [2]e si radunarono tante persone, da non esserci più posto neanche davanti alla porta, ed egli annunziava loro la parola.

[3]Si recarono da lui con un paralitico portato da quattro persone. [4]Non potendo però portarglielo innanzi, a causa della folla, scoperchiarono il tetto nel punto dov'egli si trovava e, fatta un'apertura, calarono il lettuccio su cui giaceva il paralitico.
[5]Gesù, vista la loro fede, disse al paralitico: «Figliolo, ti sono rimessi i tuoi peccati».
[6]Seduti là erano alcuni scribi che pensavano in cuor loro: [7]«Perché costui parla così? Bestemmia! Chi può rimettere i peccati se non Dio solo?». [8]Ma Gesù, avendo subito conosciuto nel suo spirito che così pensavano tra sé, disse loro: «Perché pensate così nei vostri cuori? [9]Che cosa è più facile: dire al paralitico: Ti sono rimessi i peccati, o dire: Alzati, prendi il tuo lettuccio e cammina? [10]Ora, perché sappiate che il Figlio dell'uomo ha il potere sulla terra di rimettere i peccati, [11]ti ordino – disse al paralitico – alzati, prendi il tuo lettuccio e va' a casa tua». [12]Quegli si alzò, prese il suo lettuccio e se ne andò in presenza di tutti e tutti si meravigliarono e lodavano Dio dicendo: «Non abbiamo mai visto nulla di simile!».

Gesù chiama il pubblicano Levi *che lascia ogni cosa per seguirlo (Mt 9,9 e nota; Lc 5,27-28).*

[13]Uscì di nuovo lungo il mare; tutta la folla veniva a lui ed egli li ammaestrava. [14]Nel passare, vide Levi, il figlio di Alfeo, seduto al banco delle imposte, e gli disse: «Seguimi».
Egli, alzatosi, lo seguì.

Gesù a mensa con persone di cattiva reputazione. *I discorsi di Gesù contro i suoi avversari sono stati riportati perché permettevano di risolvere dei problemi che sorgevano nelle comunità di allora (Mt 9,10-13 e nota; Lc 3,28-32).*

15Mentre Gesù stava a mensa in casa di lui, molti pubblicani e
peccatori si misero a mensa insieme con Gesù e i suoi discepoli;
erano molti infatti quelli che lo seguivano. 16Allora gli scribi
della setta dei farisei, vedendolo mangiare con i peccatori e i
pubblicani, dicevano ai suoi discepoli: «Come mai egli mangia
e beve in compagnia dei pubblicani e dei peccatori?». 17Aven-
do udito questo, Gesù disse loro: «Non sono i sani che hanno
bisogno del medico, ma i malati; non sono venuto per chiamare
i giusti, ma i peccatori».

Discussione sul digiuno. *(Mt 9,4.14-17 e nota; Lc 5,33-39).*

18Ora i discepoli di Giovanni e i farisei stavano facendo un di-
giuno. Si recarono allora da Gesù e gli dissero: «Perché i disce-
poli di Giovanni e i discepoli dei farisei digiunano, mentre i
tuoi discepoli non digiunano?». 19Gesù disse loro: «Possono
forse digiunare gli invitati a nozze quando lo sposo è con loro?
Finché hanno lo sposo con loro, non possono digiunare. 20Ma
verranno i giorni in cui sarà loro tolto lo sposo e allora digiune-
ranno. 21Nessuno cuce una toppa di panno grezzo su un vestito
vecchio; altrimenti il rattoppo nuovo squarcia il vecchio e si
forma uno strappo peggiore. 22E nessuno versa vino nuovo in
otri vecchi, altrimenti il vino spaccherà gli otri e si perdono vi-
no e otri, ma vino nuovo in otri nuovi».

Il sabato è stato fatto per l'uomo. *Ogni regolamento deve scomparire di fronte alle necessità umane più elementari e alla legge dell'amore (1Sam 21,2-7; Lv 24,5-9; Dt 5,14; Mt 12,1-8; Lc 6,1-5).*

23In giorno di sabato Gesù passava per i campi di grano, e i di-
scepoli, camminando, cominciarono a strappare le spighe. 24I
farisei gli dissero: «Vedi, perché essi fanno di sabato quel che
non è permesso?». 25Ma egli rispose loro: «Non avete mai letto
che cosa fece Davide quando si trovò nel bisogno ed ebbe fa-
me, lui e i suoi compagni? 26Come entrò nella casa di Dio, sotto
il sommo sacerdote Abiatàr, e mangiò i pani dell'offerta, che
soltanto ai sacerdoti è lecito mangiare, e ne diede anche ai suoi
compagni?». 27E diceva loro: «Il sabato è stato fatto per l'uomo
e non l'uomo per il sabato! 28Perciò il Figlio dell'uomo è signo-
re anche del sabato».

Guarigione in giorno di sabato. *(Mt 12,9-14; Lc 6,6-11).*

3 [1]Entrò di nuovo nella sinagoga. C'era un uomo che aveva
una mano inaridita, [2]e lo osservavano per vedere se lo guariva
in giorno di sabato per poi accusarlo. [3]Egli disse all'uomo che
aveva la mano inaridita: «Mettiti nel mezzo!». [4]Poi domandò
loro: «È lecito in giorno di sabato fare il bene o il male, salvare
una vita o toglierla?». [5]Ma essi tacevano. E guardandoli tutt'in-
torno con indignazione, rattristato per la durezza dei loro cuo-
ri, disse a quell'uomo: «Stendi la mano!». La stese e la sua ma-
no fu risanata. [6]E i farisei uscirono subito con gli erodiani e ten-
nero consiglio contro di lui per farlo morire.

Le folle al seguito di Gesù. *Gesù non vuole essere riconosciuto come figlio di Dio o come il Cristo (8,10) prima della sua passione (14,61-62 e 15,39; Mt 12,15-16; 4,25; Lc 6,17-19).*

[7]Gesù intanto si ritirò presso il mare con i suoi discepoli e lo se-
guì molta folla dalla Galilea. [8]Dalla Giudea e da Gerusalemme
e dall'Idumea e dalla Transgiordania e dalle parti di Tiro e Si-
done una gran folla, sentendo ciò che faceva, si recò da lui.
[9]Allora egli pregò i suoi discepoli che gli mettessero a disposi-
zione una barca, a causa della folla, perché non lo schiacciasse-
ro. [10]Infatti ne aveva guariti molti, così che quanti avevano
qualche male gli si gettavano addosso per toccarlo. [11]Gli spiriti
immondi, quando lo vedevano, gli si gettavano ai piedi gridan-
do: «Tu sei il Figlio di Dio!». [12]Ma egli li sgridava severamente
perché non lo manifestassero.

Scelta dei Dodici: *fra di loro c'è probabilmente anche un vecchio zelota, avversario di Roma (Mt 10,1-4 e nota; Lc 6,12-16 e 9,54).*

[13]Salì poi sul monte, chiamò a sé quelli che egli volle ed essi an-
darono da lui. [14]Ne costituì Dodici che stessero con lui [15]e an-
che per mandarli a predicare e perché avessero il potere di
scacciare i demòni. [16]Costituì dunque i Dodici: Simone, al qua-
le impose il nome di Pietro; [17]poi Giacomo di Zebedèo e Gio-
vanni fratello di Giacomo, ai quali diede il nome di Boanèr-

ghes, cioè figli del tuono; [18]e Andrea, Filippo, Bartolomeo,
Matteo, Tommaso, Giacomo di Alfeo, Taddeo, Simone il Ca-
nanèo [19]e Giuda Iscariota, quello che poi lo tradì.

Quel che dicono i parenti di Gesù: *è pazzo.*

[20]Entrò in una casa e si radunò di nuovo attorno a lui molta fol-
la, al punto che non potevano neppure prendere cibo. [21]Allora
i suoi, sentito questo, uscirono per andare a prenderlo; poiché
dicevano: «È fuori di sé».

Quel che dicono i dottori della legge: *è indemoniato (Mt 12,24-32; Lc 11,15-23; 12,10).*

[22]Ma gli scribi, che erano discesi da Gerusalemme, dicevano:
«Costui è posseduto da Beelzebùl e scaccia i demòni per mezzo
del principe dei demòni». [23]Ma egli, chiamatili, diceva loro in
parabole: «Come può satana scacciare satana? [24]Se un regno è
diviso in se stesso, quel regno non può reggersi; [25]se una casa è
divisa in se stessa, quella casa non può reggersi. [26]Alla stessa
maniera, se satana si ribella contro se stesso ed è diviso, non
può resistere, ma sta per finire.

Gesù ha regolato i conti con lo spirito-del-male *prima di dare inizio alla sua opera (Mt 12,29-30 e nota; Lc 11,21-23).*

[27]Nessuno può entrare nella casa di un uomo forte e rapire le
sue cose se prima non avrà legato l'uomo forte; allora ne sac-
cheggerà la casa.

Il peccato contro lo Spirito *consiste nell'attribuire allo spirito-del-male le opere che Gesù compie mediante lo Spirito Santo (Mt 12,30-32 e nota; Lc 12,10).*

[28]In verità vi dico: tutti i peccati saranno perdonati ai figli degli
uomini e anche tutte le bestemmie che diranno; [29]ma chi avrà
bestemmiato contro lo Spirito Santo, non avrà perdono in eter-
no: sarà reo di colpa eterna». [30]Poiché dicevano: «È posseduto
da uno spirito immondo».

I veri parenti di Gesù. *(3,21; Mt 12,46-50 e nota; Lc 8,19-21).*

[31]Giunsero sua madre e i suoi fratelli e, stando fuori, lo manda-
rono a chiamare. [32]Tutto attorno era seduta la folla e gli disse-
ro: «Ecco tua madre, i tuoi fratelli e le tue sorelle sono fuori e ti
cercano». [33]Ma egli rispose loro: «Chi è mia madre e chi sono i
miei fratelli?». [34]Girando lo sguardo su quelli che gli stavano
seduti attorno, disse: «Ecco mia madre e i miei fratelli! [35]Chi
compie la volontà di Dio, costui è mio fratello, sorella e ma-
dre».

LE PARABOLE DI GESÙ

Parabola del seminatore. *La mietitura verrà in proporzione alle disposizioni di cuore di coloro che accolgono Gesù (Mt 13,1-9; Lc 8,4-8).*

4 [1]Di nuovo si mise a insegnare lungo il mare. E si riunì at-
torno a lui una folla enorme, tanto che egli salì su una barca e
là restò seduto, stando in mare, mentre la folla era a terra lun-
go la riva. [2]Insegnava loro molte cose in parabole e diceva loro
nel suo insegnamento: [3]«Ascoltate. Ecco, uscì il seminatore a
seminare. [4]Mentre seminava, una parte cadde lungo la strada e
vennero gli uccelli e la divorarono. [5]Un'altra cadde fra i sassi,
dove non c'era molta terra, e subito spuntò perché non c'era un
terreno profondo; [6]ma quando si levò il sole, restò bruciata e,
non avendo radice, si seccò. [7]Un'altra cadde tra le spine; le spi-
ne crebbero, la soffocarono e non diede frutto. [8]E un'altra cad-
de sulla terra buona, diede frutto che venne su e crebbe, e rese
ora il trenta, ora il sessanta e ora il cento per uno». [9]E diceva:
«Chi ha orecchi per intendere intenda!».

Perché Gesù ricorre alle parabole. *L'insegnamento di Gesù e della chiesa va a vuoto se non si riesce a vedere la potenza di Dio nella missione che ha Gesù di instaurare il suo regno tra gli uomini (Is 6,9-10; Lc 4,33; Mt 13,10-16 e nota; Lc 8,9-10).*

[10]Quando poi fu solo, i suoi insieme ai Dodici lo interrogavano
sulle parabole. Ed egli disse loro: [11]«A voi è stato confidato il

mistero del regno di Dio; a quelli di fuori invece tutto viene
esposto in parabole, 12perché:

> *guardino, ma non vedano, ascoltino, ma non intendano,*
> *perché non si convertano e venga loro perdonato».*

Spiegazione allegorica della parabola del seminatore. *I discepoli non comprendono (Mt 13,18-23; Lc 8,11-15).*

13Continuò dicendo loro: «Se non comprendete questa parabo-
la, come potrete capire tutte le altre parabole? 14Il seminatore
semina la parola. 15Quelli lungo la strada sono coloro nei quali
viene seminata la parola; ma quando l'ascoltano, subito viene
satana, e porta via la parola seminata in loro. 16Similmente
quelli che ricevono il seme sulle pietre sono coloro che, quando
ascoltano la parola, subito l'accolgono con gioia, 17ma non han-
no radice in se stessi, sono incostanti e quindi, al sopraggiunge-
re di qualche tribolazione o persecuzione a causa della parola,
subito si abbattono. 18Altri sono quelli che ricevono il seme tra
le spine: sono coloro che hanno ascoltato la parola, 19ma so-
praggiungono le preoccupazioni del mondo e l'inganno della
ricchezza e tutte le altre bramosie, soffocano la parola e questa
rimane senza frutto. 20Quelli poi che ricevono il seme su un ter-
reno buono, sono coloro che ascoltano la parola, l'accolgono e
portano frutto nella misura chi del trenta, chi del sessanta, chi
del cento per uno».

Parabola della lampada. *Il silenzio che Gesù impone riguardo ai miracoli deve impedire, secondo Marco, che egli sia riconosciuto come il Cristo o il figlio di Dio prima della sua passione (cf. nota a 9,9). Il mistero nascosto nelle parabole verrà in seguito svelato a tutti (Lc 8,16-18; Mt 10,26).*

21Diceva loro: «Si porta forse la lampada per metterla sotto il
moggio o sotto il letto? O piuttosto per metterla sul lucerniere?
22Non c'è nulla infatti di nascosto che non debba essere manife-
stato e nulla di segreto che non debba essere messo in luce. 23Se
uno ha orecchi per intendere, intenda!».

Parabola della misura. *(Mt 7,2; 13,12; Lc 6,38; 8,18).*

[24]Diceva loro: «Fate attenzione a quello che udite: Con la stes-
sa misura con la quale misurate, sarete misurati anche voi; anzi
vi sarà dato di più. [25]Poiché a chi ha, sarà dato e a chi non ha,
sarà tolto anche quello che ha».

Parabola del seme che cresce. *Immagine del giudizio.*

[26]Diceva: «Il regno di Dio è come un uomo che getta il seme
nella terra; [27]dorma o vegli, di notte o di giorno, il seme germo-
glia e cresce; come, egli stesso non lo sa. [28]Poiché la terra pro-
duce spontaneamente, prima lo stelo, poi la spiga, poi il chicco
pieno nella spiga. [29]Quando il frutto è pronto, subito si mette
mano alla falce, perché è venuta la mietitura».

Il grano di senapa. *Il regno di Dio si estenderà a tutte le nazioni (Ez 31,6; Dn 4,9 e 18; Mt 13,31-32; Lc 13,18-29).*

[30]Diceva: «A che cosa possiamo paragonare il regno di Dio o
con quale parabola possiamo descriverlo? [31]Esso è come un
granellino di senapa che, quando viene seminato per terra, è il
più piccolo di tutti semi che sono sulla terra; [32]ma appena semi-
nato cresce e diviene più grande di tutti gli ortaggi e fa rami
tanto grandi che gli uccelli del cielo possono ripararsi alla sua
ombra».

Conclusione sulle parabole. *Disponibilità a intendere e ad approfondire la Parola (Mt 13,34-35).*

[33]Con molte parabole di questo genere annunziava loro la pa-
rola secondo quello che potevano intendere. [34]Senza parabole
non parlava loro; ma in privato, ai suoi discepoli, spiegava ogni
cosa.

La tempesta sedata. *Gesù domina gli elementi scatenati, così come Dio suole fare nella Bibbia (Sal 89; 93; 107; Mt 8,23-27 e nota; Lc 8,22-25).*

[35]In quel medesimo giorno, verso sera, disse loro: «Passiamo
all'altra riva». [36]E lasciata la folla, lo presero con sé, così co-
m'era, nella barca. C'erano anche altre barche con lui. [37]Nel

frattempo si sollevò una gran tempesta di vento e gettava le on-
de nella barca, tanto che ormai era piena. 38Egli se ne stava a
poppa, sul cuscino, e dormiva. Allora lo svegliarono e gli disse-
ro: «Maestro, non t'importa che moriamo?». 39Destatosi, sgri-
dò il vento e disse al mare: «Taci, calmati!». Il vento cessò e vi
fu grande bonaccia. 40Poi disse loro: «Perché siete così paurosi?
Non avete ancora fede?». 41E furono presi da grande timore e
si dicevano l'un l'altro: «Chi è dunque costui, al quale anche il
vento e il mare obbediscono?».

I porci di Gerasa. *Da notare: le tombe erano considerate luoghi impuri, e cambiare il nome di qualcuno voleva dire acquistare potere su di lui. La Decàpoli era un insieme di località dotate di una certa autonomia dopo l'occupazione di Pompeo, nel 63. Erano abitate in gran parte da pagani (Mt 8,28-34 e nota; Lc 8,26-39).*

5 1Intanto giunsero all'altra riva del mare, nella regione dei
Gerasèni. 2Come scese dalla barca, gli venne incontro dai se-
polcri un uomo posseduto da uno spirito immondo. 3Egli aveva
la sua dimora nei sepolcri e nessuno più riusciva a tenerlo lega-
to neanche con catene, 4perché più volte era stato legato con
ceppi e catene, ma aveva sempre spezzato le catene e infranto i
ceppi, e nessuno più riusciva a domarlo. 5Continuamente, not-
te e giorno, tra i sepolcri e sui monti, gridava e si percuoteva
con pietre. 6Visto Gesù da lontano, accorse, gli si gettò ai pie-
di, 7e urlando a gran voce disse: «Che hai tu in comune con me,
Gesù, Figlio del Dio altissimo? Ti scongiuro, in nome di Dio,
non tormentarmi!». 8Gli diceva infatti: «Esci, spirito immondo,
da quest'uomo!». 9E gli domandò: «Come ti chiami?». «Mi
chiamo Legione, gli rispose, perché siamo in molti». 10E prese
a scongiurarlo con insistenza perché non lo cacciasse fuori da
quella regione.
11Ora c'era là, sul monte, un numeroso branco di porci al pa-
scolo. 12E gli spiriti lo scongiurarono: «Mandaci da quei porci,
perché entriamo in essi». 13Glielo permise. E gli spiriti immon-
di uscirono ed entrarono nei porci e il branco si precipitò dal
burrone nel mare; erano circa duemila e affogarono uno dopo
l'altro nel mare. 14I mandriani allora fuggirono, portarono la

notizia in città e nella campagna e la gente si mosse a vedere
che cosa fosse accaduto.
15Giunti che furono da Gesù, videro l'indemoniato seduto, ve-
stito e sano di mente, lui che era stato posseduto dalla Legione,
ed ebbero paura. 16Quelli che avevano visto tutto, spiegarono
loro che cosa era accaduto all'indemoniato e il fatto dei porci.
17Ed essi si misero a pregarlo di andarsene dal loro territorio.
18Mentre risaliva nella barca, colui che era stato indemoniato lo
pregava di permettergli di stare con lui. 19Non glielo permise,
ma gli disse: «Va' nella tua casa, dai tuoi, annunzia loro ciò che
il Signore ti ha fatto e la misericordia che ti ha usato». 20Egli se
ne andò e si mise a proclamare per la Decàpoli ciò che Gesù gli
aveva fatto, e tutti ne erano meravigliati.

La figlia di Giàiro e la donna inferma *(in stato di impurità legale: Lv 15,25). Il potere di Gesù si estende oltre le frontiere della vita. È da notare ancora la presenza degli apostoli che saranno i più legati alla risurrezione (Mt 9,18-26 e nota; Lc 8,40-46).*

21Essendo passato di nuovo Gesù all'altra riva, gli si radunò at-
torno molta folla, ed egli stava lungo il mare. 22Si recò da lui
uno dei capi della sinagoga, di nome Giàiro, il quale, vedutolo,
gli si gettò ai piedi 23e lo pregava con insistenza: «La mia figlio-
letta è agli estremi; vieni a imporle le mani perché sia guarita e
viva». 24Gesù andò con lui. Molta folla lo seguiva e gli si strin-
geva intorno.
25Or una donna, che da dodici anni era affetta da emorragia 26e
aveva molto sofferto per opera di molti medici, spendendo tutti
i suoi averi senza nessun vantaggio, anzi peggiorando, 27udito
parlare di Gesù, venne tra la folla, alle sue spalle, e gli toccò il
mantello. Diceva infatti: 28«Se riuscirò anche solo a toccare il
suo mantello, sarò guarita». 29E subito le si fermò il flusso di
sangue, e sentì nel suo corpo che era stata guarita da quel male.
30Ma subito Gesù, avvertita la potenza che era uscita da lui, si
voltò alla folla dicendo: «Chi mi ha toccato il mantello?». 31I di-
scepoli gli dissero: «Tu vedi la folla che ti si stringe attorno e di-
ci: Chi mi ha toccato?». 32Egli intanto guardava intorno, per
vedere colei che aveva fatto questo. 33E la donna impaurita e
tremante, sapendo ciò che le era accaduto, venne, gli si gettò
davanti e gli disse tutta la verità. 34Gesù rispose: «Figlia, la tua
fede ti ha salvata. Va' in pace e sii guarita dal tuo male».

35Mentre ancora parlava, dalla casa del capo della sinagoga
vennero a dirgli: «Tua figlia è morta. Perché disturbi ancora il
Maestro?». 36Ma Gesù, udito quanto dicevano, disse al capo
della sinagoga: «Non temere, continua solo ad aver fede!». 37E
non permise a nessuno di seguirlo fuorché a Pietro, Giacomo e
Giovanni, fratello di Giacomo. 38Giunsero alla casa del capo
della sinagoga ed egli vide trambusto e gente che piangeva e ur-
lava. 39Entrato, disse loro: «Perché fate tanto strepito e piange-
te? La bambina non è morta, ma dorme». 40Ed essi lo derideva-
no. Ma egli, cacciati tutti fuori, prese con sé il padre e la madre
della fanciulla e quelli che erano con lui, ed entrò dove era la
bambina. 41Presa la mano della bambina, le disse: «Talità
kum», che significa: «Fanciulla, io ti dico, alzati!». 42Subito la
fanciulla si alzò e si mise a camminare; aveva dodici anni. Essi
furono presi da grande stupore. 43Gesù raccomandò loro con
insistenza che nessuno venisse a saperlo e ordinò di darle da
mangiare.

Visita a Nazaret. *Gesù viene a urtare contro l'incredulità degli abitanti del suo villaggio. Quando manca la fede nella sua persona, l'intervento divino perde tutto il suo significato (Mt 13,53-58 e nota; Lc 4,16-30).*

6 1Partito quindi di là, andò nella sua patria e i discepoli lo
seguirono. 2Venuto il sabato, incominciò a insegnare nella si-
nagoga. E molti ascoltandolo rimanevano stupiti e dicevano:
«Donde gli vengono queste cose? E che sapienza è mai questa
che gli è stata data? E questi prodigi compiuti dalle sue mani?
3Non è costui il carpentiere, il figlio di Maria, il fratello di Gia-
como, di Ioses, di Giuda e di Simone? E le sue sorelle non stan-
no qui da noi?». E si scandalizzavano di lui. 4Ma Gesù disse lo-
ro: «Un profeta non è disprezzato che nella sua patria, tra i
suoi parenti e in casa sua». 5E non vi poté operare nessun pro-
digio, ma solo impose le mani a pochi ammalati e li guarì. 6E si
meravigliava della loro incredulità.

Missione dei Dodici. *Questa volta Gesù li destina a terre lontane, fuori della Palestina (Mt 10,1 e nota; 10,9-14; Lc 9,1-16).*

Gesù andava attorno per i villaggi, insegnando.
[7]Allora chiamò i Dodici, ed incominciò a mandarli a due a due
e diede loro potere sugli spiriti immondi. [8]E ordinò loro che,
oltre al bastone, non prendessero nulla per il viaggio: né pane,
né bisaccia, né denaro nella borsa; [9]ma, calzati solo i sandali,
non indossassero due tuniche. [10]E diceva loro: «Entrati in una
casa, rimanetevi fino a che ve ne andiate da quel luogo. [11]Se in
qualche luogo non vi riceveranno e non vi ascolteranno, andan-
dovene, scuotete la polvere di sotto ai vostri piedi, a testimo-
nianza per loro». [12]E partiti, predicavano che la gente si con-
vertisse, [13]scacciavano molti demòni, ungevano di olio molti in-
fermi e li guarivano.

Erode e Gesù. *Erode Antipa, tetrarca di Galilea, si domanda chi può essere Gesù. Molti ritengono che egli parli come un profeta (Mt 14,1-2; Lc 9,7-9).*

[14]Il re Erode sentì parlare di Gesù, poiché intanto il suo nome
era diventato famoso. Si diceva: «Giovanni il Battista è risusci-
tato dai morti e per questo il potere dei miracoli opera in lui».
[15]Altri invece dicevano: «È Elia»; altri dicevano ancora: «È un
profeta, come uno dei profeti». [16]Ma Erode, al sentirne parla-
re, diceva: «Quel Giovanni che io ho fatto decapitare è risusci-
tato!».

Esecuzione di Giovanni Battista. *Si tratta di un nuovo Elia (9,11-13) la cui sorte prefigura quella di Gesù (Lv 18,16 e 20,21; Mt 14,3-12 e nota; Lc 3,19-20).*

[17]Erode infatti aveva fatto arrestare Giovanni e lo aveva messo
in prigione a causa di Erodìade, moglie di suo fratello Filippo,
che egli aveva sposata. [18]Giovanni diceva a Erode: «Non ti è le-
cito tenere la moglie di tuo fratello». [19]Per questo Erodìade gli
portava rancore e avrebbe voluto farlo uccidere, ma non pote-
va, [20]perché Erode temeva Giovanni, sapendolo giusto e santo,
e vigilava su di lui; e anche se nell'ascoltarlo restava molto per-
plesso, tuttavia lo ascoltava volentieri.
[21]Venne però il giorno propizio, quando Erode per il suo com-
pleanno fece un banchetto per i grandi della sua corte, gli uffi-

ciali e i notabili della Galilea. [22]Entrata la figlia della stessa
Erodìade, danzò e piacque a Erode e ai commensali. Allora il
re disse alla ragazza: «Chiedimi quello che vuoi e io te lo darò».
[23]E le fece questo giuramento: «Qualsiasi cosa mi chiederai, te
la darò, fosse anche la metà del mio regno». [24]La ragazza uscì e
disse alla madre: «Che cosa devo chiedere?». Quella rispose:
«La testa di Giovanni il Battista». [25]Ed entrata di corsa dal re
fece la richiesta dicendo: «Voglio che tu mi dia subito su un
vassoio la testa di Giovanni il Battista». [26]Il re divenne triste;
tuttavia, a motivo del giuramento e dei commensali, non volle
opporle un rifiuto. [27]Subito il re mandò una guardia con l'ordi-
ne che gli fosse portata la testa. [28]La guardia andò, lo decapitò
in prigione e portò la testa su un vassoio, la diede alla ragazza e
la ragazza la diede a sua madre. [29]I discepoli di Giovanni, sapu-
ta la cosa, vennero, ne presero il cadavere e lo posero in un se-
polcro.

Il miracolo dei pani. *Al momento dei pasti gli ebrei pronunciavano una preghiera di lode e di azione di grazie, cioè di ringraziamento a Dio (Ez 34,23; 37,24; Nm 27,15-17; Sal 78; 8,1-10; Mt 14,13-21 e nota; Lc 9,10-17; Gv 6,1-13).*

[30]Gli apostoli si riunirono attorno a Gesù e gli riferirono tutto
quello che avevano fatto e insegnato. [31]Ed egli disse loro: «Ve-
nite in disparte, in un luogo solitario, e riposatevi un po'». Era
infatti molta la folla che andava e veniva e non avevano più
neanche il tempo di mangiare. [32]Allora partirono sulla barca
verso un luogo solitario, in disparte.
[33]Molti però li videro partire e capirono, e da tutte le città co-
minciarono ad accorrere là a piedi e li precedettero. [34]Sbarcan-
do, vide molta folla e si commosse per loro, perché erano come
pecore senza pastore, e si mise a insegnare loro molte cose.
[35]Essendosi ormai fatto tardi, gli si avvicinarono i discepoli di-
cendo: «Questo luogo è solitario ed è ormai tardi; [36]congedali
perciò, in modo che, andando per le campagne e i villaggi vici-
ni, possano comprarsi da mangiare». [37]Ma egli rispose: «Voi
stessi date loro da mangiare». Gli dissero: «Dobbiamo andar
noi a comprare duecento denari di pane e dare loro da mangia-
re?». [38]Ma egli replicò loro: «Quanti pani avete? Andate a ve-
dere». E accertatisi, riferirono: «Cinque pani e due pesci».

39Allora ordinò loro di farli mettere tutti a sedere, a gruppi,
sull'erba verde. 40E sedettero tutti a gruppi e gruppetti di cento
e di cinquanta. 41Presi i cinque pani e i due pesci, levò gli occhi
al cielo, pronunziò la benedizione, spezzò i pani e li dava ai di-
scepoli perché li distribuissero; e divise i due pesci fra tutti.
42Tutti mangiarono e si sfamarono, 43e portarono via dodici ce-
ste piene di pezzi di pane e anche dei pesci. 44Quelli che aveva-
no mangiato i pani erano cinquemila uomini.

Gesù cammina sulle acque. *Nell'Antico Testamento una delle prerogative divine è di dominare il mare calpestandone le onde (Gb 9,8; Sal 77,17-20; 65,8; 107,29; Sir 24; Mt 14,22-23 e nota; Lc 6,16-21).*

45Ordinò poi ai discepoli di salire sulla barca e precederlo sul-
l'altra riva, verso Betsàida, mentre egli avrebbe licenziato la
folla. 46Appena li ebbe congedati, salì sul monte a pregare.
47Venuta la sera, la barca era in mezzo al mare ed egli solo a
terra. 48Vedendoli però tutti affaticati nel remare, poiché ave-
vano il vento contrario, già verso l'ultima parte della notte an-
dò verso di loro camminando sul mare, e voleva oltrepassarli.
49Essi, vedendolo camminare sul mare, pensarono: «È un fan-
tasma», e cominciarono a gridare, 50perché tutti lo avevano vi-
sto ed erano rimasti turbati. Ma egli subito rivolse loro la paro-
la e disse: «Coraggio, sono io, non temete!». 51Quindi salì con
loro sulla barca e il vento cessò. Ed erano enormemente stupiti
in se stessi, 52perché non avevano capito il fatto dei pani, essen-
do il loro cuore indurito.

Guarigioni nel paese di Genèsaret. *(Mt 14,34-36).*

53Compiuta la traversata, approdarono e presero terra a Genè-
saret. 54Appena scesi dalla barca, la gente lo riconobbe, 55e ac-
correndo da tutta quella regione cominciarono a portargli sui
lettucci quelli che stavano male, dovunque udivano che si tro-
vasse. 56E dovunque giungeva, in villaggi o città o campagne,
ponevano i malati nelle piazze e lo pregavano di potergli tocca-
re almeno la frangia del mantello; e quanti lo toccavano guari-
vano.

Le tradizioni dei farisei. *(Mt 23,13; Is 29,13; Es 20,12; 21,17; Lv 20,9; Dt 5,16; Mt 15,1-9 e nota).*

7 [1]Allora si riunirono attorno a lui i farisei e alcuni degli scri-
bi venuti da Gerusalemme. [2]Avendo visto che alcuni dei suoi
discepoli prendevano cibo con mani immonde, cioè non lavate
– [3]i farisei infatti e tutti i Giudei non mangiano se non si sono
lavate le mani fino al gomito, attenendosi alla tradizione degli
antichi, [4]e tornando dal mercato non mangiano senza aver fatto
le abluzioni, e osservano molte altre cose per tradizione, come
lavature di bicchieri, stoviglie e oggetti di rame – [5]quei farisei e
scribi lo interrogarono: «Perché i tuoi discepoli non si compor-
tano secondo la tradizione degli antichi, ma prendono cibo con
mani immonde?». [6]Ed egli rispose loro: «Bene ha profetato
Isaia di voi, ipocriti, come sta scritto:

Questo popolo mi onora con le labbra,
ma il suo cuore è lontano da me.
[7]*Invano essi mi rendono culto,*
insegnando dottrine che sono precetti di uomini.

[8]Trascurando il comandamento di Dio, voi osservate la tradi-
zione degli uomini». [9]E aggiungeva: «Siete veramente abili nel-
l'eludere il comandamento di Dio, per osservare la vostra tra-
dizione. [10]Mosè infatti disse: *Onora tuo padre e tua madre*, e
chi maledice il padre e la madre sia messo a morte. [11]Voi invece
dicendo: Se uno dichiara al padre o alla madre: è Korbàn, cioè
offerta sacra, quello che ti sarebbe dovuto da me, [12]non gli per-
mettete più di fare nulla per il padre e la madre, [13]annullando
così la parola di Dio con la tradizione che avete tramandato
voi. E di cose simili ne fate molte».

La vera purezza *non consiste nella distinzione che la Legge giudaica stabilisce tra alimenti puri e impuri. La purezza è tutta interiore. La soppressione delle proibizioni alimentari permette inoltre a cristiani di origine ebraica di unirsi a cristiani di origine greca per condividere la cena del Signore (At 10,11-18; Gal 2,12; Mt 15,10-20).*

[14]Chiamata di nuovo la folla, diceva loro: «Ascoltatemi tutti e
intendete bene: [15]non c'è nulla fuori dell'uomo che, entrando

in lui, possa contaminarlo; sono invece le cose che escono dal-
l'uomo a contaminarlo». [16].
[17]Quando entrò in una casa lontano dalla folla, i discepoli lo in-
terrogarono sul significato di quella parabola. [18]E disse loro:
«Siete anche voi così privi di intelletto? Non capite che tutto
ciò che entra nell'uomo dal di fuori non può contaminarlo,
[19]perché non gli entra nel cuore ma nel ventre e va a finire nella
fogna?». Dichiarava così mondi tutti gli alimenti. [20]Quindi sog-
giunse: «Ciò che esce dall'uomo, questo sì contamina l'uomo.
[21]Dal di dentro infatti, cioè dal cuore degli uomini, escono le
intenzioni cattive: fornicazioni, furti, omicidi, [22]adultèri, cupi-
digie, malvagità, inganno, impudicizia, invidia, calunnia, su-
perbia, stoltezza. [23]Tutte queste cose cattive vengono fuori dal
di dentro e contaminano l'uomo».

GESÙ FUORI DALLA GALILEA

Guarigione di una straniera. *È un preannunzio dell'evangelizzazione dei pagani (Mt 15,21-28 e nota).*

[24]Partito di là, andò nella regione di Tiro e di Sidone. Ed entrato
in una casa, voleva che nessuno lo sapesse, ma non poté restare
nascosto. [25]Subito una donna che aveva la sua figlioletta posse-
duta da uno spirito immondo, appena lo seppe, andò e si gettò
ai suoi piedi. [26]Ora, quella donna che lo pregava di scacciare il
demonio dalla figlia era greca, di origine siro-fenicia. [27]Ed egli
le disse: «Lascia prima che si sfamino i figli; non è bene prende-
re il pane dei figli e gettarlo ai cagnolini». [28]Ma essa replicò: «Sì,
Signore, ma anche i cagnolini sotto la tavola mangiano delle bri-
ciole dei figli». [29]Allora le disse: «Per questa tua parola va', il
demonio è uscito da tua figlia». [30]Tornata a casa, trovò la bam-
bina coricata sul letto e il demonio se n'era andato.

Guarigione di un sordomuto nel territorio della Decapoli.

[31]Di ritorno dalla regione di Tiro, passò per Sidone, dirigendosi
verso il mare di Galilea in pieno territorio della Decàpoli. [32]E
gli condussero un sordomuto, pregandolo di imporgli la mano.

[33]E portandolo in disparte lontano dalla folla, gli pose le dita
negli orecchi e con la saliva gli toccò la lingua; [34]guardando
quindi verso il cielo, emise un sospiro e disse: «Effatà» cioè:
«Apriti!». [35]E subito gli si aprirono gli orecchi, si sciolse il nodo
della sua lingua e parlava correttamente. [36]E comandò loro di
non dirlo a nessuno. Ma più egli lo raccomandava, più essi ne
parlavano [37]e, pieni di stupore, dicevano: «Ha fatto bene ogni
cosa; fa udire i sordi e fa parlare i muti!».

Un nuovo miracolo dei pani. *(6,34-44; Mt 15,32-39 e nota).*

8 [1]In quei giorni, essendoci di nuovo molta folla che non
aveva da mangiare, chiamò a sé i discepoli e disse loro: [2]«Sento
compassione di questa folla, perché già da tre giorni mi stanno
dietro e non hanno da mangiare. [3]Se li rimando digiuni alle
proprie case, verranno meno per via; e alcuni di loro vengono
di lontano». [4]Gli risposero i discepoli: «E come si potrebbe sfa-
marli di pane qui, in un deserto?». [5]E domandò loro: «Quanti
pani avete?». Gli dissero: «Sette». [6]Gesù ordinò alla folla di se-
dersi per terra. Presi allora quei sette pani, rese grazie, li spez-
zò e li diede ai discepoli perché li distribuissero; ed essi li distri-
buirono alla folla. [7]Avevano anche pochi pesciolini; dopo aver
pronunziata la benedizione su di essi, disse di distribuire anche
quelli. [8]Così essi mangiarono e si saziarono; e portarono via
sette sporte di pezzi avanzati. [9]Erano circa quattromila. E li
congedò.
[10]Salì poi sulla barca con i suoi discepoli e andò dalle parti di
Dalmanùta.

I farisei domandano un segno. *Come gli ebrei del deserto, vogliono sempre dei segni della potenza di Dio (Dt 35,2; Nm 14,11 e 22; Mt 16,1-4 e nota).*

[11]Allora vennero i farisei e incominciarono a discutere con lui,
chiedendogli un segno dal cielo, per metterlo alla prova. [12]Ma
egli, traendo un profondo sospiro, disse: «Perché questa gene-
razione chiede un segno? In verità vi dico: non sarà dato alcun
segno a questa generazione». [13]E lasciatili, risalì sulla barca e si
avviò all'altra sponda.

Il lievito dei farisei. *I discepoli non comprendono (Ger 5,21; Ez 12,2; Mt 16,5-12 e nota).*

[14]Ma i discepoli avevano dimenticato di prendere dei pani e
non avevano con sé sulla barca che un pane solo. [15]Allora egli li
ammoniva dicendo: «Fate attenzione, guardatevi dal lievito dei
farisei e dal lievito di Erode!». [16]E quelli dicevano fra loro:
«Non abbiamo pane». [17]Ma Gesù, accortosi di questo, disse lo-
ro: «Perché discutete che non avete pane? Non intendete e non
capite ancora? Avete il cuore indurito? [18]*Avete occhi e non ve-
dete, avete orecchi e non udite*? E non vi ricordate, [19]quando ho
spezzato i cinque pani per i cinquemila, quante ceste colme di
pezzi avete portato via?». Gli dissero: «Dodici». [20]«E quando
ho spezzato i sette pani per i quattromila, quante sporte piene
di pezzi avete portato via?». Gli dissero: «Sette». [21]E disse lo-
ro: «Non capite ancora?».

Nuova guarigione di un cieco. *In questo contesto essa rivela il potere di Gesù di aprire gli occhi del discepolo.*

[22]Giunsero a Betsàida, dove gli condussero un cieco pregando-
lo di toccarlo. [23]Allora preso il cieco per mano, lo condusse
fuori del villaggio e, dopo avergli messo della saliva sugli occhi,
gli impose le mani e gli chiese: «Vedi qualcosa?». [24]Quegli, al-
zando gli occhi, disse: «Vedo gli uomini, poiché vedo come de-
gli alberi che camminano». [25]Allora gli impose di nuovo le ma-
ni sugli occhi ed egli ci vide chiaramente e fu sanato e vedeva a
distanza ogni cosa. [26]E lo rimandò a casa dicendo: «Non entra-
re nemmeno nel villaggio».

Professione di fede di Pietro. *I discepoli cominciano a comprendere, ma le folle non sono ancora preparate a ricevere la luce dello Spirito di Gesù (Mt 16,13-20 e nota; Lc 9,18-21).*

[27]Poi Gesù partì con i suoi discepoli verso i villaggi intorno a
Cesarèa di Filippo; e per via interrogava i suoi discepoli dicen-
do: «Chi dice la gente che io sia?». [28]Ed essi gli risposero:
«Giovanni il Battista, altri poi Elia e altri uno dei profeti».
[29]Ma egli replicò: «E voi chi dite che io sia?». Pietro gli rispose:
«Tu sei il Cristo». [30]E impose loro severamente di non parlare
di lui a nessuno.

III. GESÙ CRISTO SERVO SOFFERENTE

Il figlio dell'uomo deve passare attraverso la sofferenza del servo. *L'espressione «figlio dell'uomo» non è chiara. Gesù sembra impiegarla per preparare l'uso che ne farà riferendosi alla profezia di Daniele 7,13 (cf. 14,62; Mt 16,22-23 e nota; Lc 9,43-45).*

31 E cominciò a insegnar loro che il Figlio dell'uomo doveva
molto soffrire, ed essere riprovato dagli anziani, dai sommi sa-
cerdoti e dagli scribi, poi venire ucciso e, dopo tre giorni, risu-
scitare. 32 Gesù faceva questo discorso apertamente. Allora Pie-
tro lo prese in disparte, e si mise a rimproverarlo. 33 Ma egli,
voltatosi e guardando i discepoli, rimproverò Pietro e gli disse:
«Lungi da me, satana! Perché tu non pensi secondo Dio, ma se-
condo gli uomini».

Condizioni per seguire Gesù. *Condividere la sorte del maestro ed entrare nel suo regno quando verrà dato lo Spirito (Mt 16,24-28; Lc 9,23-27).*

34 Convocata la folla insieme ai suoi discepoli, disse loro: «Se
qualcuno vuol venire dietro di me rinneghi se stesso, prenda la
sua croce e mi segua. 35 Perché chi vorrà salvare la propria vita,
la perderà; ma chi perderà la propria vita per causa mia e del
vangelo, la salverà. 36 Che giova infatti all'uomo guadagnare il
mondo intero, se poi perde la propria anima? 37 E che cosa po-
trebbe mai dare un uomo in cambio della propria anima? 38 Chi
si vergognerà di me e delle mie parole davanti a questa genera-
zione adultera e peccatrice, anche il Figlio dell'uomo si vergo-
gnerà di lui, quando verrà nella gloria del Padre suo con gli an-
geli santi».

9 1 E diceva loro: «In verità vi dico: vi sono alcuni qui pre-
senti, che non morranno senza aver visto il regno di Dio venire
con potenza».

La trasfigurazione. *Anticipazione della risurrezione gloriosa (Mt 17,1-8 e nota; Lc 9,28-36).*

2 Dopo sei giorni, Gesù prese con sé Pietro, Giacomo e Giovan-
ni e li portò sopra un monte alto, in un luogo appartato, loro

soli. Si trasfigurò davanti a loro [3]e le sue vesti divennero splen-
denti, bianchissime: nessun lavandaio sulla terra potrebbe ren-
derle così bianche. [4]E apparve loro Elia con Mosè e discorreva-
no con Gesù. [5]Prendendo allora la parola, Pietro disse a Gesù:
«Maestro, è bello per noi stare qui; facciamo tre tende, una per
te, una per Mosè e una per Elia!». [6]Non sapeva infatti che cosa
dire, poiché erano stati presi dallo spavento. [7]Poi si formò una
nube che li avvolse nell'ombra e uscì una voce dalla nube:
«Questi è il Figlio mio prediletto; ascoltatelo!». [8]E subito guar-
dandosi attorno, non videro più nessuno, se non Gesù solo con
loro.

Domanda su Elia. *Gesù ordina ai discepoli di non dire a nessuno ciò che hanno visto, prima della sua risurrezione. È necessario che egli passi attraverso la sofferenza e la morte perché essi comprendano veramente il senso della sua missione (Ml 3,23; 1Re 19,2-10; Is 52,14; 53,4-10; Mt 7,9-13).*

[9]Mentre scendevano dal monte, ordinò loro di non raccontare
a nessuno ciò che avevano visto, se non dopo che il Figlio del-
l'uomo fosse risuscitato dai morti. [10]Ed essi tennero per sé la
cosa, domandandosi però che cosa volesse dire risuscitare dai
morti. [11]E lo interrogarono: «Perché gli scribi dicono che prima
deve venire Elia?». [12]Egli rispose loro: «Sì, prima viene Elia e
ristabilisce ogni cosa; ma come sta scritto del Figlio dell'uomo?
Che deve soffrire molto ed essere disprezzato. [13]Orbene, io vi
dico che Elia è già venuto, ma hanno fatto di lui quello che
hanno voluto, come sta scritto di lui».

Nuova guarigione di un indemoniato. *Potere della fede: la fede è condizione indispensabile perché il miracolo abbia luogo (cf. Mt 17,19s).*

[14]E giunti presso i discepoli, li videro circondati da molta folla e
da scribi che discutevano con loro. [15]Tutta la folla, al vederlo,
fu presa da meraviglia e corse a salutarlo. [16]Ed egli li interrogò:
«Di che cosa discutete con loro?». [17]Gli rispose uno della folla:
«Maestro, ho portato da te mio figlio, posseduto da uno spirito
muto. [18]Quando lo afferra, lo getta al suolo ed egli schiuma, di-

grigna i denti e si irrigidisce. Ho detto ai tuoi discepoli di scac-
ciarlo, ma non ci sono riusciti». [19]Egli allora in risposta, disse
loro: «O generazione incredula! Fino a quando starò con voi?
Fino a quando dovrò sopportarvi? Portatelo da me». [20]E glielo
portarono. Alla vista di Gesù lo spirito scosse con convulsioni il
ragazzo ed egli, caduto a terra, si rotolava spumando. [21]Gesù
interrogò il padre: «Da quanto tempo gli accade questo?». Ed
egli rispose: «Dall'infanzia; [22]anzi, spesso lo ha buttato persino
nel fuoco e nell'acqua per ucciderlo. Ma se tu puoi qualcosa,
abbi pietà di noi e aiutaci». [23]Gesù gli disse: «Se tu puoi! Tutto
è possibile per chi crede». [24]Il padre del fanciullo rispose ad al-
ta voce: «Credo, aiutami nella mia incredulità». [25]Allora Gesù,
vedendo accorrere la folla, minacciò lo spirito immondo dicen-
do: «Spirito muto e sordo, io te l'ordino, esci da lui e non vi
rientrare più». [26]E gridando e scuotendolo fortemente, se ne
uscì. E il fanciullo diventò come morto, sicché molti dicevano:
«È morto». [27]Ma Gesù, presolo per mano, lo sollevò ed egli si
alzò in piedi.
[28]Entrò poi in una casa e i discepoli gli chiesero in privato:
«Perché noi non abbiamo potuto scacciarlo?». [29]Ed egli disse
loro: «Questa specie di demòni non si può scacciare in alcun
modo, se non con la preghiera».

Secondo annunzio della passione. *(Mt 17,22-23; Lc 9,43-45; Gv 7,1).*

[30]Partiti di là, attraversavano la Galilea, ma egli non voleva che
alcuno lo sapesse. [31]Istruiva infatti i suoi discepoli e diceva lo-
ro: «Il Figlio dell'uomo sta per esser consegnato nelle mani de-
gli uomini e lo uccideranno; ma una volta ucciso, dopo tre gior-
ni, risusciterà». [32]Essi però non comprendevano queste parole
e avevano timore di chiedergli spiegazioni.

Il più grande nel regno dei cieli. *Gesù afferma la sua identificazione con ogni essere umano. Notare come questo capitolo sia un modello di ricucitura di brani diversi tipica di Marco. Il versetto 36 segue i due precedenti unicamente perché il pensiero del più grande richiama per contrasto quello del bambino (Mt 18,1-5; Lc 9,46-48).*

[33]Giunsero intanto a Cafàrnao. E quando fu in casa, chiese lo-
ro: «Di che cosa stavate discutendo lungo la via?». [34]Ed essi ta-
cevano. Per la via infatti avevano discusso tra loro chi fosse il
più grande. [35]Allora, sedutosi, chiamò i Dodici e disse loro:
«Se uno vuol essere il primo, sia l'ultimo di tutti e il servo di
tutti». [36]E, preso un bambino, lo pose in mezzo e abbraccian-
dolo disse loro: [37]«Chi accoglie uno di questi bambini nel mio
nome, accoglie me; chi accoglie me, non accoglie me, ma colui
che mi ha mandato».

Chi non è contro di noi è per noi. *Da notare l'uso di procedimenti mnemonici per aiutare a ricordare versetti senza alcun legame tra loro.*

[38]Giovanni gli disse: «Maestro, abbiamo visto uno che scacciava
i demòni nel tuo nome e glielo abbiamo vietato, perché non era
dei nostri». [39]Ma Gesù disse: «Non glielo proibite, perché non
c'è nessuno che faccia un miracolo nel mio nome e subito dopo
possa parlare male di me. [40]Chi non è contro di noi è per noi.
[41]Chiunque vi darà da bere un bicchiere d'acqua nel mio nome
perché siete di Cristo, vi dico in verità che non perderà la sua
ricompensa.

Lo scandalo. *In questo brano il fuoco è simbolo della prova (Is 66,24; Mt 18,6-9; Lc 17,1-2).*

[42]Chi scandalizza uno di questi piccoli che credono, è meglio
per lui che gli si metta una macina da asino al collo e venga get-
tato nel mare. [43]Se la tua mano ti scandalizza, tagliala: è meglio
per te entrare nella vita monco, che con due mani andare nella
Geenna, nel fuoco inestinguibile. [[44]]. [45]Se il tuo piede ti scan-
dalizza, taglialo: è meglio per te entrare nella vita zoppo, che
esser gettato con due piedi nella Geenna. [[46]]. [47]Se il tuo occhio
ti scandalizza, cavalo: è meglio per te entrare nel regno di Dio
con un occhio solo, che essere gettato con due occhi nella
Geenna, [48]dove *il loro verme non muore e il fuoco non si estin-
gue*. [49]Perché ciascuno sarà salato con il fuoco.

Il sale. *Questa breve parabola trova posto qui per l'unico motivo che si è parlato di sale nel versetto precedente. Essa significa che il discepolo di Gesù deve avere spirito di sacrificio, di rinuncia (Mt 5,13 e nota; Lc 14,34).*

[50]Buona cosa è il sale; ma se il sale diventa senza sapore, con
che cosa lo salerete? Abbiate sale in voi stessi e siate in pace gli
uni con gli altri».

Insegnamento sul divorzio. *I diritti e i doveri della donna sono ormai uguali a quelli dell'uomo (Dt 24,1; Gn 1,27 e 2,24; Mt 19,1-9 e nota; Lc 16,18).*

10 [1]Partito di là, si recò nel territorio della Giudea e oltre il
Giordano. La folla accorse di nuovo a lui e di nuovo egli l'am-
maestrava, come era solito fare. [2]E avvicinatisi dei farisei, per
metterlo alla prova, gli domandarono: «È lecito ad un marito
ripudiare la propria moglie?». [3]Ma egli rispose loro: «Che cosa
vi ha ordinato Mosè?». [4]Dissero: «Mosè ha permesso di *scrive-
re un atto di ripudio e di rimandarla*». [5]Gesù disse loro: «Per la
durezza del vostro cuore egli scrisse per voi questa norma. [6]Ma
all'inizio della creazione *Dio li creò maschio e femmina*; [7]*per
questo l'uomo lascerà suo padre e sua madre e i due saranno
una carne sola*. [8]Sicché non sono più due, ma una sola carne.
[9]L'uomo dunque non separi ciò che Dio ha congiunto». [10]Rien-
trati a casa, i discepoli lo interrogarono di nuovo su questo ar-
gomento. Ed egli disse: [11]«Chi ripudia la propria moglie e ne
sposa un'altra, commette adulterio contro di lei; [12]se la donna
ripudia il marito e ne sposa un altro, commette adulterio».

Il regno di Dio *è un dono che bisogna saper accogliere con uno spirito di totale sottomissione, come un bambino (Mt 19,13-15; Lc 18,15-17).*

[13]Gli presentavano dei bambini perché li accarezzasse, ma i di-
scepoli li sgridavano. [14]Gesù, al vedere questo, s'indignò e dis-
se loro: «Lasciate che i bambini vengano a me e non glielo im-
pedite, perché a chi è come loro appartiene il regno di Dio. [15]In
verità vi dico: Chi non accoglie il regno di Dio come un bambi-

no, non entrerà in esso». [16]E prendendoli fra le braccia e po-
nendo le mani sopra di loro li benediceva.

La legge del Regno *è una legge d'amore. Può giungere a chiedere al discepolo uno spogliamento totale a vantaggio degli altri (Es 20,12-16; Dt 5,16 e 20; Es 21,10; Dt 24,24; Mt 5,48; Lc 6,36; Mt 19,16-22; Lc 18,18-23).*

[17]Mentre usciva per mettersi in viaggio, un tale gli corse incon-
tro e, gettandosi in ginocchio davanti a lui, gli domandò: «Mae-
stro buono, che cosa devo fare per avere la vita eterna?». [18]Ge-
sù gli disse: «Perché mi chiami buono? Nessuno è buono, se
non Dio solo. [19]Tu conosci i comandamenti: *Non uccidere, non*
commettere adulterio, non rubare, non dire falsa testimonianza,
non frodare, *onora il padre e la madre*».
[20]Egli allora gli disse: «Maestro, tutte queste cose le ho osser-
vate fin dalla mia giovinezza». [21]Allora Gesù, fissatolo, lo amò
e gli disse: «Una cosa sola ti manca: va', vendi quello che hai e
dàllo ai poveri e avrai un tesoro in cielo; poi vieni e seguimi».
[22]Ma egli, rattristatosi per quelle parole, se ne andò afflitto,
poiché aveva molti beni.

Il pericolo delle ricchezze. *Ricchezze e prosperità non saranno più segni della benedizione di Dio, come abitualmente si pensava. Al contrario, si riveleranno di impedimento per entrare nel regno, che rimane sempre un dono divino (Mt 19,23-26; Lc 18,24-27).*

[23]Gesù, volgendo lo sguardo attorno, disse ai suoi discepoli:
«Quanto difficilmente coloro che hanno ricchezze entreran-
no nel regno di Dio!». [24]I discepoli rimasero stupefatti a que-
ste sue parole; ma Gesù riprese: «Figlioli, com'è difficile en-
trare nel regno di Dio! [25]È più facile che un cammello passi
per la cruna di un ago, che un ricco entri nel regno di Dio».
[26]Essi, ancora più sbigottiti, dicevano tra loro: «E chi mai si
può salvare?». [27]Ma Gesù, guardandoli, disse: «Impossibile
presso gli uomini, ma non presso Dio! Perché tutto è possibile
presso Dio».

La ricompensa e la persecuzione *sono promesse a chi si distacca dalle cose (Mt 19,27-30 e nota; Lc 18,28-30).*

[28]Pietro allora gli disse: «Ecco, noi abbiamo lasciato tutto e ti
abbiamo seguito». [29]Gesù gli rispose: «In verità vi dico: non c'è
nessuno che abbia lasciato casa o fratelli o sorelle o madre o
padre o figli o campi a causa mia e a causa del vangelo, [30]che
non riceva già al presente cento volte tanto in case e fratelli e
sorelle e madri e figli e campi, insieme a persecuzioni, e nel fu-
turo la vita eterna. [31]E molti dei primi saranno ultimi e gli ulti-
mi i primi».

Terzo annunzio della passione. *Gesù è in viaggio verso Gerusalemme e i discepoli intuiscono che qualcosa di grave sta per accadere al loro maestro (Mt 20,17-19; Lc 18,31-33).*

[32]Mentre erano in viaggio per salire a Gerusalemme, Gesù
camminava davanti a loro ed essi erano stupiti; coloro che veni-
vano dietro erano pieni di timore. Prendendo di nuovo in di-
sparte i Dodici, cominciò a dir loro quello che gli sarebbe acca-
duto: [33]«Ecco, noi saliamo a Gerusalemme e il Figlio dell'uomo
sarà consegnato ai sommi sacerdoti e agli scribi: lo condanne-
ranno a morte, lo consegneranno ai pagani, [34]lo scherniranno,
gli sputeranno addosso, lo flagelleranno e lo uccideranno; ma
dopo tre giorni risusciterà».

La domanda dei figli di Zebedèo. *Ancora una volta si manifesta l'incomprensione dei discepoli. Gesù li invita a condividere la sua sorte. L'immagine del calice ritorna costantemente nella Bibbia come simbolo della sofferenza (Is 51,57; Ger 25,16-17; Ez 23,32; Sal 75,9; Mt 20,20-23 e nota).*

[35]E gli si avvicinarono Giacomo e Giovanni, i figli di Zebedèo,
dicendogli: «Maestro, noi vogliamo che tu ci faccia quello che
ti chiederemo». [36]Egli disse loro: «Cosa volete che io faccia per
voi?». Gli risposero: [37]«Concedici di sedere nella tua gloria uno
alla tua destra e uno alla tua sinistra». [38]Gesù disse loro: «Voi
non sapete ciò che domandate. Potete bere il calice che io be-
vo, o ricevere il battesimo con cui io sono battezzato?». Gli ri-
sposero: «Lo possiamo». [39]E Gesù disse: «Il calice che io bevo
anche voi lo berrete, e il battesimo che io ricevo anche voi lo ri-

ceverete. [40]Ma sedere alla mia destra o alla mia sinistra non sta
a me concederlo; è per coloro per i quali è stato preparato».

Servire *costituisce il principio fondamentale della società dei credenti in Gesù (Is 53,10-12; Mt 20,24-28; Lc 22,24-27).*

[41]All'udire questo, gli altri dieci si sdegnarono con Giacomo e
Giovanni. [42]Allora Gesù, chiamatili a sé, disse loro: «Voi sape-
te che coloro che sono ritenuti capi delle nazioni le dominano,
e i loro grandi esercitano su di esse il potere. [43]Fra voi però non
è così; ma chi vuol essere grande tra voi si farà vostro servitore,
[44]e chi vuol essere il primo tra voi sarà il servo di tutti. [45]Il Figlio
dell'uomo infatti non è venuto per essere servito, ma per servi-
re e dare la propria vita in riscatto per molti».

Il cieco di Gerico. *È necessario che Gesù apra gli occhi dei discepoli perché essi comprendano la sua passione (Mt 20,29-34; Lc 18,35-43).*

[46]E giunsero a Gèrico. E mentre partiva da Gèrico insieme ai
discepoli e a molta folla, il figlio di Timèo, Bartimèo, cieco, se-
deva lungo la strada a mendicare. [47]Costui, al sentire che c'era
Gesù Nazareno, cominciò a gridare e a dire: «Figlio di Davide,
Gesù, abbi pietà di me!». [48]Molti lo sgridavano per farlo tace-
re, ma egli gridava più forte: «Figlio di Davide, abbi pietà di
me!». [49]Allora Gesù si fermò e disse: «Chiamatelo!». E chia-
marono il cieco dicendogli: «Coraggio! Alzati, ti chiama!».
[50]Egli, gettato via il mantello, balzò in piedi e venne da Gesù.
[51]Allora Gesù gli disse: «Che vuoi che io ti faccia?». E il cieco a
lui: «Rabbunì, che io riabbia la vista!». [52]E Gesù gli disse:
«Va', la tua fede ti ha salvato». E subito riacquistò la vista e
prese a seguirlo per la strada.

Ingresso trionfale in Gerusalemme. *Gesù viene salutato come il discendente di Davide venuto a restaurare il regno dei suoi antenati. Il seguito del racconto mostrerà che egli non è venuto a questo scopo (Sal 118,25-26; Mt 21,1-11 e nota; Lc 19,28-38; Gv 12,12-16).*

11 [1]Quando si avvicinarono a Gerusalemme, verso Bètfage
e Betània, presso il monte degli Ulivi, mandò due dei suoi di-

scepoli [2]e disse loro: «Andate nel villaggio che vi sta di fronte,
e subito entrando in esso troverete un asinello legato, sul quale
nessuno è mai salito. Scioglietelo e conducetelo. [3]E se qualcu-
no vi dirà: Perché fate questo?, rispondete: Il Signore ne ha bi-
sogno, ma lo rimanderà qui subito». [4]Andarono e trovarono un
asinello legato vicino a una porta, fuori sulla strada, e lo sciol-
sero. [5]E alcuni dei presenti però dissero loro: «Che cosa fate,
sciogliendo questo asinello?». [6]Ed essi risposero come aveva
detto loro il Signore. E li lasciarono fare. [7]Essi condussero l'a-
sinello da Gesù, e vi gettarono sopra i loro mantelli, ed egli vi
montò sopra. [8]E molti stendevano i propri mantelli sulla strada
e altri delle fronde, che avevano tagliate dai campi. [9]Quelli poi
che andavano innanzi, e quelli che venivano dietro gridavano:

> *Osanna!*
> *Benedetto colui che viene nel nome del Signore!*
> [10]Benedetto il regno che viene,
> del nostro padre Davide!
> *Osanna* nel più alto dei cieli!

[11]Ed entrò a Gerusalemme, nel tempio. E dopo aver guardato
ogni cosa attorno, essendo ormai l'ora tarda, uscì con i Dodici
diretto a Betània.

Il fico sterile. *L'albero che non produce frutto rappresenta il tempio di Gerusalemme destinato a scomparire. Il mondo antico cede il posto a quello nuovo (Os 9,16; Ger 8,13; Mt 21,18-19 e nota).*

[12]La mattina seguente, mentre uscivano da Betània, ebbe fa-
me. [13]E avendo visto di lontano un fico che aveva delle foglie,
si avvicinò per vedere se mai vi trovasse qualche cosa; ma giun-
tovi sotto, non trovò altro che foglie. Non era infatti quella la
stagione dei fichi. [14]E gli disse: «Nessuno possa mai più man-
giare i tuoi frutti». E i discepoli l'udirono.

I venditori cacciati dal tempio. *Gesù mostra che l'atrio cui hanno accesso i pagani è anch'esso sacro come lo spazio riservato agli ebrei. Gesù vuole l'instaurazione di un mondo religioso* *nuovo, in cui non esista nessuna segregazione (Is 56,7; Mt 21,12-17 e nota; Lc 19,45-48; Gv 2,14-16).*

[15]Andarono intanto a Gerusalemme. Ed entrato nel tempio, si mise a scacciare quelli che vendevano e comperavano nel tempio; rovesciò i tavoli dei cambiavalute e le sedie dei venditori di
colombe [16]e non permetteva che si portassero cose attraverso il
tempio. [17]Ed insegnava loro dicendo: «Non sta forse scritto:

La mia casa sarà chiamata
casa di preghiera per tutte le genti?

Voi invece ne avete fatto *una spelonca di ladri!*».
[18]L'udirono i sommi sacerdoti e gli scribi e cercavano il modo di farlo morire. Avevano infatti paura di lui, perché tutto il popolo era ammirato del suo insegnamento. [19]Quando venne la sera
uscirono dalla città.

Il fico seccato. *La fede nell'onnipotenza di Dio è capace di trasformare il mondo (Mt 21,20-22).*

[20]La mattina seguente, passando, videro il fico seccato fin dalle
radici. [21]Allora Pietro, ricordatosi, gli disse: «Maestro, guarda:
il fico che hai maledetto si è seccato». [22]Gesù allora disse loro:
«Abbiate fede in Dio! [23]In verità vi dico: chi dicesse a questo monte: Lèvati e gettati nel mare, senza dubitare in cuor suo ma credendo che quanto dice avverrà, ciò gli sarà accordato. [24]Per
questo vi dico: tutto quello che domandate nella preghiera, abbiate fede di averlo ottenuto e vi sarà accordato. [25]Quando vi
mettete a pregare, se avete qualcosa contro qualcuno, perdonate, perché anche il Padre vostro che è nei cieli perdoni a voi i vostri peccati». [[26]].

L'autorità di Gesù. *Instaurando il regno dell'amore, egli riceve tutto il suo potere da Dio (Mt 21,23-27 e nota; Lc 20,1-8).*

[27]Andarono di nuovo a Gerusalemme. E mentre egli si aggirava per il tempio, gli si avvicinarono i sommi sacerdoti, gli scribi
e gli anziani e gli dissero: [28]«Con quale autorità fai queste cose?
O chi ti ha dato l'autorità di farlo?». [29]Ma Gesù disse loro: «Vi
farò anch'io una domanda e, se mi risponderete, vi dirò con
quale potere lo faccio. [30]Il battesimo di Giovanni veniva dal

cielo o dagli uomini? Rispondetemi». 31Ed essi discutevano tra
sé dicendo: «Se rispondiamo "dal cielo", dirà: Perché allora
non gli avete creduto? 32Diciamo dunque "dagli uomini"?». Pe-
rò temevano la folla, perché tutti consideravano Giovanni co-
me un vero profeta. 33Allora diedero a Gesù questa risposta:
«Non sappiamo». E Gesù disse loro: «Neanch'io vi dico con
quale autorità faccio queste cose».

Parabola dei vignaioli omicidi. *I vignaioli sono qui i sommi sacerdoti e i dottori della legge. La vigna (Israele) sarà affidata ad altri. Il figlio unico è Gesù Cristo (Is 5,1-7; Sal 118,22-23; Mt 21,33-46 e nota; Lc 20,9-19).*

12 1Gesù si mise a parlare loro in parabole: «Un uomo
piantò una vigna, vi pose attorno una siepe, scavò un torchio,
costruì una torre, poi la diede in affitto a dei vignaioli e se ne
andò lontano. 2A suo tempo inviò un servo a ritirare da quei vi-
gnaioli i frutti della vigna. 3Ma essi, afferratolo, lo bastonarono
e lo rimandarono a mani vuote. 4Inviò loro di nuovo un altro
servo: anche quello lo picchiarono sulla testa e lo coprirono di
insulti. 5Ne inviò ancora un altro, e questo lo uccisero; e di
molti altri, che egli ancora mandò, alcuni li bastonarono, altri li
uccisero. 6Aveva ancora uno, il figlio prediletto: lo inviò loro
per ultimo, dicendo: Avranno rispetto per mio figlio! 7Ma quei
vignaioli dissero tra di loro: Questi è l'erede; su, uccidiamolo e
l'eredità sarà nostra. 8E afferratolo, lo uccisero e lo gettarono
fuori della vigna. 9Che cosa farà dunque il padrone della vigna?
Verrà e sterminerà quei vignaioli e darà la vigna ad altri. 10Non
avete forse letto questa Scrittura:

> *La pietra che i costruttori hanno scartata*
> *è diventata testata d'angolo;*
> 11*dal Signore è stato fatto questo*
> *ed è mirabile agli occhi nostri*?».

12Allora cercarono di catturarlo, ma ebbero paura della folla;
avevano capito infatti che aveva detto quella parabola contro
di loro. E, lasciatolo, se ne andarono.

Il denaro con l'iscrizione di Cesare. *Il suo impero passerà. I discepoli sono cittadini di un regno che non passa (3,6; Mt 22,15-22 e nota; Lc 20,20-26).*

[13]Gli mandarono però alcuni farisei ed erodiani per coglierlo in fallo nel discorso. [14]E venuti, quelli gli dissero: «Maestro, sappiamo che sei veritiero e non ti curi di nessuno; infatti non guardi in faccia agli uomini, ma secondo verità insegni la via di Dio. È lecito o no dare il tributo a Cesare? Lo dobbiamo dare o no?». [15]Ma egli, conoscendo la loro ipocrisia, disse: «Perché mi tentate? Portatemi un denaro perché io lo veda». [16]Ed essi glielo portarono. Allora disse loro: «Di chi è questa immagine e l'iscrizione?». Gli risposero: «Di Cesare». [17]Gesù disse loro: «Rendete a Cesare ciò che è di Cesare e a Dio ciò che è di Dio». E rimasero ammirati di lui.

Domande sulla risurrezione. *La morte non potrebbe mai essere un limite alla fedeltà di Dio per i suoi eletti (Dt 25,5; Es 3,6; Mt 22,23-33 e nota; Lc 20,27-40).*

[18]Vennero a lui dei sadducei, i quali dicono che non c'è risurrezione, e lo interrogarono dicendo: [19]«Maestro, Mosè ci ha lasciato scritto che *se muore il fratello di uno* e lascia la moglie *senza figli, il fratello ne prenda la moglie per dare discendenti al fratello*. [20]C'erano sette fratelli: il primo prese moglie e morì senza lasciare discendenza; [21]allora la prese il secondo, ma morì senza lasciare discendenza; e il terzo egualmente, [22]e nessuno dei sette lasciò discendenza. Infine, dopo tutti, morì anche la donna. [23]Nella risurrezione, quando risorgeranno, a chi di loro apparterrà la donna? Poiché in sette l'hanno avuta come moglie». [24]Rispose loro Gesù: «Non siete voi forse in errore dal momento che non conoscete le Scritture, né la potenza di Dio? [25]Quando risusciteranno dai morti, infatti, non prenderanno moglie né marito, ma saranno come angeli nei cieli. [26]A riguardo poi dei morti che devono risorgere, non avete letto nel libro di Mosè, a proposito del roveto, come Dio gli parlò dicendo: *Io sono il Dio di Abramo, il Dio di Isacco e di Giacobbe*? [27]Non è un Dio dei morti ma dei viventi! Voi siete in grande errore».

Il comandamento dell'amore. *Troviamo in questo brano l'unico dottore della legge approvato e incoraggiato da Gesù. Le citazioni provengono da Dt 6,4-5; Lv 19,18; Dt 4,35 e 6,4; 1 Sam 15,22; Am 5,21; Sal 40,7-9 (Mt 22,34-40 e nota; Lc 10,25-28).*

28 Allora si accostò uno degli scribi che li aveva uditi discutere,
e, visto come aveva loro ben risposto, gli domandò: «Qual è il
primo di tutti i comandamenti?». 29 Gesù rispose: «Il primo è:
Ascolta, Israele. Il Signore Dio nostro è l'unico Signore; 30 *ame-
rai dunque il Signore Dio tuo con tutto il tuo cuore*, con tutta la
tua mente *e con tutta la tua forza*. 31 E il secondo è questo: *Ame-
rai il prossimo tuo come te stesso*. Non c'è altro comandamento
più importante di questi». 32 Allora lo scriba gli disse: «Hai det-
to bene, Maestro, e secondo verità che Egli è *unico e non v'è
altri all'infuori di lui*; 33 *amarlo con tutto il cuore* e con tutta la
mente *e con tutta la forza* e *amare il prossimo come se stesso* val
più di tutti gli olocausti e i sacrifici». 34 Gesù, vedendo che ave-
va risposto saggiamente, gli disse: «Non sei lontano dal regno
di Dio». E nessuno aveva più il coraggio di interrogarlo.

Il Cristo figlio e signore di Davide. *Il regno di Gesù è diverso da quello di Davide (Sal 110,1; Mt 22,42-46 e nota; Lc 20,41-44).*

35 Gesù continuava a parlare, insegnando nel tempio: «Come
mai dicono gli scribi che il Messia è figlio di Davide? 36 Davide
stesso infatti ha detto, mosso dallo Spirito Santo:

Disse il Signore al mio Signore:
Siedi alla mia destra,
finché io ponga i tuoi nemici
come sgabello ai tuoi piedi.

37 Davide stesso lo chiama Signore: come dunque può essere
suo figlio?». E la numerosa folla lo ascoltava volentieri.

Apostrofe contro gli scribi avidi di onori. *(Mt 23,6-7; Lc 20,45-47 e 11,43).*

38 Diceva loro mentre insegnava: «Guardatevi dagli scribi, che
amano passeggiare in lunghe vesti, ricevere saluti nelle piazze,
39 avere i primi seggi nelle sinagoghe e i primi posti nei banchet-
ti. 40 Divorano le case delle vedove e ostentano di fare lunghe
preghiere; essi riceveranno una condanna più grave».

La generosità dei poveri. *(Lc 21,1-4).*

41 E sedutosi di fronte al tesoro, osservava come la folla gettava
monete nel tesoro. E tanti ricchi ne gettavano molte. 42 Ma ve-

nuta una povera vedova vi gettò due spiccioli, cioè un quattri-
no. [43]Allora, chiamati a sé i discepoli, disse loro: «In verità vi
dico: questa vedova ha gettato nel tesoro più di tutti gli altri.
[44]Poiché tutti hanno dato del loro superfluo, essa invece, nella
sua povertà, vi ha messo tutto quello che aveva, tutto quanto
aveva per vivere».

IV. LA VENUTA DEL FIGLIO DELL'UOMO

La rovina del tempio. *Viene predetta ai discepoli che erano stati chiamati per primi (Mt 24,1-3 e nota; Lc 21,5-7).*

13 [1]Mentre usciva dal tempio, un discepolo gli disse: «Mae-
stro, guarda che pietre e che costruzioni!». [2]Gesù gli rispose:
«Vedi queste grandi costruzioni? Non rimarrà qui pietra su pie-
tra, che non sia distrutta». [3]Mentre era seduto sul monte degli
Ulivi, di fronte al tempio, Pietro, Giacomo, Giovanni e An-
drea lo interrogavano in disparte: [4]«Dicci, quando accadrà
questo, e quale sarà il segno che tutte queste cose staranno per
compiersi?».

L'inizio dei dolori. *Questo e i brani seguenti sono intessuti di citazioni dall'Esodo, dal Deuteronomio, da Amos, Isaia (19,2), Osea, Geremia, Ezechiele, Daniele e Michea (7,6; Mt 24,5-14 e nota; Lc 21,7-19).*

[5]Gesù si mise a dire loro: «Guardate che nessuno v'inganni!
[6]Molti verranno in mio nome, dicendo: "Sono io", e inganne-
ranno molti. [7]E quando sentirete parlare di guerre, non allar-
matevi; bisogna infatti che ciò avvenga, ma non sarà ancora la
fine. [8]Si leverà infatti nazione contro nazione e regno contro
regno; vi saranno terremoti sulla terra e vi saranno carestie.
Questo sarà il principio dei dolori.
[9]Ma voi badate a voi stessi! Vi consegneranno ai sinedri, sarete
percossi nelle sinagoghe, comparirete davanti a governatori e
re a causa mia, per render testimonianza davanti a loro. [10]Ma
prima è necessario che il vangelo sia proclamato a tutte le gen-

ti. [11]E quando vi condurranno via per consegnarvi, non preoc-
cupatevi di ciò che dovrete dire, ma dite ciò che in quell'ora vi
sarà dato: poiché non siete voi a parlare, ma lo Spirito Santo.
[12]Il fratello consegnerà a morte il fratello, il padre il figlio e i fi-
gli insorgeranno contro i genitori e li metteranno a morte.
[13]Voi sarete odiati da tutti a causa del mio nome, ma chi avrà
perseverato sino alla fine sarà salvato.

La grande tribolazione di Gerusalemme *annunziata con linguaggio apocalittico (1Mac 1,54; Dn 9,27; 11,31; 12,1 e 11; Gn 19,26; Mt 24,14-25 e nota; Lc 21,20-24).*

[14]Quando vedrete *l'abominio della desolazione* stare là dove
non conviene, chi legge capisca, allora quelli che si trovano nel-
la Giudea fuggano ai monti; [15]chi si trova sulla terrazza non
scenda per entrare a prender qualcosa nella sua casa; [16]chi è nel
campo non torni indietro a prendersi il mantello. [17]Guai alle
donne incinte e a quelle che allatteranno in quei giorni! [18]Pre-
gate che ciò non accada d'inverno; [19]perché quei giorni saranno
una tribolazione, quale non è mai stata dall'inizio della creazio-
ne, fatta da Dio, *fino al presente*, né mai vi sarà. [20]Se il Signore
non abbreviasse quei giorni, nessun uomo si salverebbe. Ma a
motivo degli eletti che si è scelto ha abbreviato quei giorni.
[21]Allora, dunque, se qualcuno vi dirà: "Ecco, il Cristo è qui,
ecco è là", non ci credete; [22]perché sorgeranno falsi cristi e falsi
profeti e faranno segni e portenti per ingannare, se fosse possi-
bile, anche gli eletti. [23]Voi però state attenti! Io vi ho predetto
tutto.

Manifestazione gloriosa del figlio dell'uomo *descritta anch'essa con immagini apocalittiche (Is 13,10; Dn 7,13-14; Zc 2,10; Mt 24,29-31 e nota; Lc 21,25-27).*

[24]In quei giorni, dopo quella tribolazione,

il sole si oscurerà
e la luna non darà più il suo splendore
[25]*e gli astri si metteranno a cadere* dal cielo
e le potenze che sono nei cieli saranno sconvolte.

[26]Allora vedranno *il Figlio dell'uomo venire sulle nubi* con
grande potenza e gloria. [27]Ed egli manderà gli angeli e riunirà i

suoi eletti dai quattro venti, dall'estremità della terra fino all'e-
stremità del cielo.

Il momento di questa manifestazione *è un segreto di Dio. I giudei di varie generazioni sono vissuti da allora nell'attesa della fine del mondo (Is 51,56; Mt 24,32-36; Lc 21,28-33).*

[28]Dal fico imparate questa parabola: quando già il suo ramo si fa
tenero e mette le foglie, voi sapete che l'estate è vicina; [29]così
anche voi, quando vedrete accadere queste cose, sappiate che
egli è vicino, alle porte. [30]In verità vi dico: non passerà questa
generazione prima che tutte queste cose siano avvenute. [31]Il cie-
lo e la terra passeranno, ma le mie parole non passeranno.
[32]Quanto poi a quel giorno o a quell'ora, nessuno li conosce,
neanche gli angeli nel cielo, e neppure il Figlio, ma solo il Padre.

Vegliare per non essere sorpresi. *Gli ebrei pensavano che il messia sarebbe giunto di notte (Mt 24,42; 25,13-25; Lc 19,12-13; 12,38-40).*

[33]State attenti, vegliate, perché non sapete quando sarà il mo-
mento preciso. [34]È come uno che è partito per un viaggio dopo
aver lasciato la propria casa e dato il potere ai servi, a ciascuno
il suo compito, e ha ordinato al portiere di vigilare. [35]Vigilate
dunque, poiché non sapete quando il padrone di casa ritornerà,
se alla sera o a mezzanotte o al canto del gallo o al mattino,
[36]perché non giunga all'improvviso, trovandovi addormentati.
[37]Quello che dico a voi, lo dico a tutti: Vegliate!».

V. LA PASSIONE E LA RISURREZIONE

Complotto contro Gesù. *Avviene proprio durante la più grande festa dell'anno: la pasqua è un ricordo dei benefici di Dio nella speranza della venuta di un messia salvatore (Mt 26,2-5 e nota; Lc 22,1-2).*

14 [1]Mancavano intanto due giorni alla Pasqua e agli Azzimi
e i sommi sacerdoti e gli scribi cercavano il modo di impadro-

nirsi di lui con inganno, per ucciderlo. 2Dicevano infatti: «Non
durante la festa, perché non succeda un tumulto di popolo».

L'unzione a Betania *assumerà tutto il suo significato con la passione e la risurrezione. Da notare che un denaro corrispondeva al salario di una giornata lavorativa e che il nardo è un profumo estratto da una pianta aromatica dell'India (Mt 26,6-13 e nota; Lc 12,1-8).*

3Gesù si trovava a Betània nella casa di Simone il lebbroso.
Mentre stava a mensa, giunse una donna con un vasetto di ala-
bastro, pieno di olio profumato di nardo genuino di gran valo-
re; ruppe il vasetto di alabastro e versò l'unguento sul suo ca-
po. 4Ci furono alcuni che si sdegnarono fra di loro: «Perché tut-
to questo spreco di olio profumato? 5Si poteva benissimo ven-
dere quest'olio a più di trecento denari e darli ai poveri!». Ed
erano infuriati contro di lei.
6Allora Gesù disse: «Lasciatela stare; perché le date fastidio?
Ella ha compiuto verso di me un'opera buona; 7i poveri infatti
li avete sempre con voi e potete beneficarli quando volete, me
invece non mi avete sempre. 8Essa ha fatto ciò ch'era in suo po-
tere, ungendo in anticipo il mio corpo per la sepoltura. 9In veri-
tà vi dico che dovunque, in tutto il mondo, sarà annunziato il
vangelo, si racconterà pure in suo ricordo ciò che ella ha fatto».

Giuda prepara il tradimento. *(Mt 26,14-16; Lc 22,3-6).*

10Allora Giuda Iscariota, uno dei Dodici, si recò dai sommi sa-
cerdoti, per consegnare loro Gesù. 11Quelli all'udirlo si ralle-
grarono e promisero di dargli denaro. Ed egli cercava l'occasio-
ne opportuna per consegnarlo.

Preparativi del pasto pasquale. *(Mt 26,17-19 e nota; Lc 22,7-13).*

12Il primo giorno degli Azzimi, quando si immolava la Pasqua, i
suoi discepoli gli dissero: «Dove vuoi che andiamo a preparare
perché tu possa mangiare la Pasqua?». 13Allora mandò due dei
suoi discepoli dicendo loro: «Andate in città e vi verrà incontro
un uomo con una brocca d'acqua; seguitelo 14e là dove entrerà
dite al padrone di casa: Il Maestro dice: Dov'è la mia stanza,

perché io vi possa mangiare la Pasqua con i miei discepoli?
[15]Egli vi mostrerà al piano superiore una grande sala con i tap-
peti, già pronta; là preparate per noi». [16]I discepoli andarono e,
entrati in città, trovarono come aveva detto loro e prepararono
per la Pasqua.

Annunzio del tradimento di Giuda. *(Sal 41,10; Mt 26,20-25; Lc 22,24 e 21,23).*

[17]Venuta la sera, egli giunse con i Dodici. [18]Ora, mentre erano
a mensa e mangiavano, Gesù disse: «In verità vi dico, uno di
voi, *colui che mangia con me*, mi tradirà». [19]Allora cominciaro-
no a rattristarsi e a dirgli uno dopo l'altro: «Sono forse io?».
[20]Ed egli disse loro: «Uno dei Dodici, colui che intinge con me
nel piatto. [21]Il Figlio dell'uomo se ne va, come sta scritto di lui,
ma guai a quell'uomo dal quale il Figlio dell'uomo è tradito!
Bene per quell'uomo se non fosse mai nato!».

La cena del Signore. *Sappiamo dalla Genesi che il sangue di un animale viene versato per convalidare un contratto o un'impresa (cf. Paolo e la partecipazione al corpo di Cristo, 1Cor 10,16; 12,27; Rm 12,5; Ef 4,12; cf. anche Es 24,8; Ger 31,31-34; Mt 26,26-29 e nota; Lc 22,14-23).*

[22]Mentre mangiavano prese il pane e, pronunziata la benedi-
zione, lo spezzò e lo diede loro, dicendo: «Prendete, questo è il
mio corpo». [23]Poi prese il calice e rese grazie, lo diede loro e ne
bevvero tutti. [24]E disse: «Questo è il mio sangue, il sangue del-
l'alleanza versato per molti. [25]In verità vi dico che io non berrò
più del frutto della vite fino al giorno in cui lo berrò nuovo nel
regno di Dio».

Pietro, tu mi rinnegherai. *(Ger 13,36-38; Zc 13,17; Mt 26,31-35; Lc 22,31-34).*

[26]E dopo aver cantato l'inno, uscirono verso il monte degli Uli-
vi. [27]Gesù disse loro: «Tutti rimarrete scandalizzati, poiché sta
scritto:

Percuoterò il pastore e le pecore saranno disperse.

28Ma, dopo la mia risurrezione, vi precederò in Galilea». 29Al-
lora Pietro gli disse: «Anche se tutti saranno scandalizzati, io
non lo sarò». 30Gesù gli disse: «In verità ti dico: proprio tu og-
gi, in questa stessa notte, prima che il gallo canti due volte, mi
rinnegherai tre volte». 31Ma egli, con grande insistenza, diceva:
«Se anche dovessi morire con te, non ti rinnegherò». Lo stesso
dicevano anche tutti gli altri.

L'agonia nel Getsèmani. *È l'ora in cui si compie il disegno di Dio. Gesù si trova in compagnia dei tre discepoli privilegiati (Sal 42,6; Sir 51,6; Mt 26,36-46; Lc 22,40-45).*

32Giunsero intanto a un podere chiamato Getsèmani, ed egli
disse ai suoi discepoli: «Sedetevi qui, mentre io prego». 33Prese
con sé Pietro, Giacomo e Giovanni e cominciò a sentire paura
e angoscia. 34Gesù disse loro: «La mia anima è triste fino alla
morte. Restate qui e vegliate». 35Poi, andato un po' innanzi, si
gettò a terra e pregava che, se fosse possibile, passasse da lui
quell'ora. 36E diceva: «Abbà, Padre! Tutto è possibile a te, al-
lontana da me questo calice! Però non ciò che io voglio, ma ciò
che vuoi tu». 37Tornato indietro, li trovò addormentati e disse a
Pietro: «Simone, dormi? Non sei riuscito a vegliare un'ora so-
la? 38Vegliate e pregate per non entrare in tentazione; lo spirito
è pronto, ma la carne è debole». 39Allontanatosi di nuovo, pre-
gava dicendo le medesime parole. 40Ritornato li trovò addor-
mentati, perché i loro occhi si erano appesantiti, e non sapeva-
no che cosa rispondergli. 41Venne la terza volta e disse loro:
«Dormite ormai e riposatevi! Basta, è venuta l'ora: ecco, il Fi-
glio dell'uomo viene consegnato nelle mani dei peccatori. 42Al-
zatevi, andiamo! Ecco, colui che mi tradisce è vicino».

L'arresto di Gesù. *(Mt 26,47-56; Lc 22,47-53; Gv 18,3-11).*

43E subito, mentre ancora parlava, arrivò Giuda, uno dei Dodi-
ci, e con lui una folla con spade e bastoni mandata dai sommi
sacerdoti, dagli scribi e dagli anziani. 44Chi lo tradiva aveva da-
to loro questo segno: «Quello che bacerò, è lui; arrestatelo e
conducetelo via sotto buona scorta». 45Allora gli si accostò di-
cendo: «Rabbì» e lo baciò. 46Essi gli misero addosso le mani e
lo arrestarono. 47Uno dei presenti, estratta la spada, colpì il

servo del sommo sacerdote e gli recise l'orecchio. 48Allora Ge-
sù disse loro: «Come contro un brigante, con spade e bastoni
siete venuti a prendermi. 49Ogni giorno ero in mezzo a voi a in-
segnare nel tempio, e non mi avete arrestato. Si adempiano
dunque le Scritture!». 50Tutti allora, abbandonandolo, fuggiro-
no. 51Un giovanetto però lo seguiva, rivestito soltanto di un
lenzuolo, e lo fermarono. 52Ma egli, lasciato il lenzuolo, fuggì
via nudo.

Gesù davanti al sinedrio *dichiara ufficialmente di essere il figlio di Dio (Is 53,7; Dn 7,13; Sal 110,1; Lv 24,16; Mt 26,57-68 e nota; Lc 22,54-55 e 63-71; Gv 18,15-18).*

53Allora condussero Gesù dal sommo sacerdote, e là si riuniro-
no tutti i capi dei sacerdoti, gli anziani e gli scribi. 54Pietro lo
aveva seguito da lontano, fin dentro il cortile del sommo sacer-
dote; e se ne stava seduto tra i servi, scaldandosi al fuoco. 55In-
tanto i capi dei sacerdoti e tutto il sinedrio cercavano una testi-
monianza contro Gesù per metterlo a morte, ma non la trova-
vano. 56Molti infatti attestavano il falso contro di lui e così le lo-
ro testimonianze non erano concordi. 57Ma alcuni si alzarono
per testimoniare il falso contro di lui, dicendo: 58«Noi lo abbia-
mo udito mentre diceva: Io distruggerò questo tempio fatto da
mani d'uomo e in tre giorni ne edificherò un altro non fatto da
mani d'uomo». 59Ma nemmeno su questo punto la loro testimo-
nianza era concorde. 60Allora il sommo sacerdote, levatosi in
mezzo all'assemblea, interrogò Gesù dicendo: «Non rispondi
nulla? Che cosa testimoniano costoro contro di te?». 61Ma egli
taceva e non rispondeva nulla. Di nuovo il sommo sacerdote lo
interrogò dicendogli: «Sei tu il Cristo, il Figlio di Dio benedet-
to?». 62Gesù rispose: «Io lo sono!

> E vedrete *il Figlio dell'uomo*
> *seduto alla destra della Potenza*
> *e venire con le nubi del cielo*».

63Allora il sommo sacerdote, stracciandosi le vesti, disse: «Che
bisogno abbiamo ancora di testimoni? 64Avete udito la bestem-
mia; che ve ne pare?». Tutti sentenziarono che era reo di morte.

65Allora alcuni cominciarono a sputargli addosso, a coprirgli il
volto, a schiaffeggiarlo e a dirgli: «Indovina». I servi intanto lo
percuotevano.

Rinnegamenti di Pietro. *(Mt 26,69-75; Lc 22,55-62; Gv 18,15-18.25-27).*

66Mentre Pietro era giù nel cortile, venne una serva del sommo
sacerdote 67e, vedendo Pietro che stava a scaldarsi, lo fissò e gli
disse: «Anche tu eri con il Nazareno, con Gesù». 68Ma egli ne-
gò: «Non so e non capisco quello che vuoi dire». Uscì quindi
fuori del cortile e il gallo cantò. 69E la serva, vedendolo, rico-
minciò a dire ai presenti: «Costui è di quelli». 70Ma egli negò di
nuovo. Dopo un poco i presenti dissero di nuovo a Pietro: «Tu
sei certo di quelli, perché sei Galileo». 71Ma egli cominciò a im-
precare e a giurare: «Non conosco quell'uomo che voi dite».
72Per la seconda volta un gallo cantò. Allora Pietro si ricordò di
quella parola che Gesù gli aveva detto: «Prima che il gallo canti
due volte, mi rinnegherai per tre volte». E scoppiò in pianto.

Gesù davanti a Pilato. *(Mt 27,1-2 e nota; Lc 23,1-5; Gv 18,28-40).*

15 1Al mattino i sommi sacerdoti, con gli anziani, gli scribi
e tutto il sinedrio, dopo aver tenuto consiglio, misero in catene
Gesù, lo condussero e lo consegnarono a Pilato. 2Allora Pilato
prese a interrogarlo: «Sei tu il re dei Giudei?». Ed egli rispose:
«Tu lo dici». 3I sommi sacerdoti frattanto gli muovevano molte
accuse. 4Pilato lo interrogò di nuovo: «Non rispondi nulla? Ve-
di di quante cose ti accusano!». 5Ma Gesù non rispose più nul-
la, sicché Pilato ne restò meravigliato.

La folla contro Gesù. *(Mt 27,15-26; Lc 23,13-25; Gv 19,4-16).*

6Per la festa egli era solito rilasciare un carcerato a loro richie-
sta. 7Un tale chiamato Barabba si trovava in carcere insieme ai
ribelli che nel tumulto avevano commesso un omicidio. 8La fol-
la, accorsa, cominciò a chiedere ciò che sempre egli le concede-
va. 9Allora Pilato rispose loro: «Volete che vi rilasci il re dei
Giudei?». 10Sapeva infatti che i sommi sacerdoti glielo avevano

consegnato per invidia. [11]Ma i sommi sacerdoti sobillarono la folla perché egli rilasciasse loro piuttosto Barabba. [12]Pilato replicò: «Che farò dunque di quello che voi chiamate il re dei Giudei?». [13]Ed essi di nuovo gridarono: «Crocifiggilo!». [14]Ma Pilato diceva loro: «Che male ha fatto?». Allora essi gridarono più forte: «Crocifiggilo!». [15]E Pilato, volendo dar soddisfazione alla moltitudine, rilasciò loro Barabba e, dopo aver fatto flagellare Gesù, lo consegnò perché fosse crocifisso.

La corona di spine. *(Mt 27,27-31 e nota; Gv 19,1-3).*

[16]Allora i soldati lo condussero dentro il cortile, cioè nel pretorio, e convocarono tutta la coorte. [17]Lo rivestirono di porpora e, dopo aver intrecciato una corona di spine, gliela misero sul capo. [18]Cominciarono poi a salutarlo: «Salve, re dei Giudei!». [19]E gli percuotevano il capo con una canna, gli sputavano addosso e, piegando le ginocchia, si prostravano a lui. [20]Dopo averlo schernito, lo spogliarono della porpora e gli rimisero le sue vesti, poi lo condussero fuori per crocifiggerlo.

La crocifissione. *(Pro 31,6; Sal 22,19; Mt 27,39-44; Lc 23,26-43; Gv 19,17-24.28-30).*

[21]Allora costrinsero un tale che passava, un certo Simone di Cirene che veniva dalla campagna, padre di Alessandro e Rufo, a portare la croce. [22]Condussero dunque Gesù al luogo del Gòlgota, che significa luogo del cranio, [23]e gli offrirono vino mescolato con mirra, ma egli non ne prese.
[24]Poi lo crocifissero *e si divisero le* sue *vesti, tirando a sorte su di esse* quello che ciascuno dovesse prendere. [25]Erano le nove del mattino quando lo crocifissero. [26]E l'iscrizione con il motivo della condanna diceva: *Il re dei Giudei*. [27]Con lui crocifissero anche due ladroni, uno alla sua destra e uno alla sinistra. [28].
[29]I passanti lo insultavano e, *scuotendo il capo*, esclamavano: «Ehi, tu che distruggi il tempio e lo riedifichi in tre giorni, [30]salva te stesso scendendo dalla croce!». [31]Ugualmente anche i sommi sacerdoti con gli scribi, facendosi beffe di lui, dicevano: «Ha salvato altri, non può salvare se stesso! [32]Il Cristo, il re d'Israele, scenda ora dalla croce, perché vediamo e crediamo». E anche quelli che erano stati crocifissi con lui lo insultavano.

La morte di Gesù. *È un pagano che risponde alla domanda che viene posta sin dall'inizio di questo Vangelo: chi è Gesù Cristo? (Am 8,9; Mt 27,45-54 e nota; Lc 23,44-47; Gv 19,28-30).*

33Venuto mezzogiorno, si fece buio su tutta la terra, fino alle
tre del pomeriggio. 34Alle tre Gesù gridò con voce forte: *Eloì,
Eloì, lemà sabactàni?*, che significa: *Dio mio, Dio mio, perché
mi hai abbandonato?* 35Alcuni dei presenti, udito ciò, dicevano:
«Ecco, chiama Elia!». 36Uno corse a inzuppare di *aceto* una
spugna e, postala su una canna, gli *dava da bere*, dicendo:
«Aspettate, vediamo se viene Elia a toglierlo dalla croce».
37Ma Gesù, dando un forte grido, spirò.
38Il velo del tempio si squarciò in due, dall'alto in basso.
39Allora il centurione che gli stava di fronte, vistolo spirare in
quel modo, disse: «Veramente quest'uomo era Figlio di Dio!».

Le donne sul Calvario. *(Mt 27,55-56; Lc 23,49; Gv 19,25).*

40C'erano anche alcune donne, che stavano ad osservare da
lontano, tra le quali Maria di Màgdala, Maria madre di Giaco-
mo il minore e di Ioses, e Salome, 41che lo seguivano e serviva-
no quando era ancora in Galilea, e molte altre che erano salite
con lui a Gerusalemme.

La sepoltura. *(Mt 27,57-69 e nota; Lc 23,50-55; Gv 19,38-42).*

42Sopraggiunta ormai la sera, poiché era la Parascève, cioè la
vigilia del sabato, 43Giuseppe d'Arimatèa, membro autorevole
del sinedrio, che aspettava anche lui il regno di Dio, andò co-
raggiosamente da Pilato per chiedere il corpo di Gesù. 44Pilato
si meravigliò che fosse già morto e, chiamato il centurione, lo
interrogò se fosse morto da tempo. 45Informato dal centurio-
ne, concesse la salma a Giuseppe. 46Egli allora, comprato un
lenzuolo, lo calò giù dalla croce e, avvoltolo nel lenzuolo, lo
depose in un sepolcro scavato nella roccia. Poi fece rotolare
un masso contro l'entrata del sepolcro. 47Intanto Maria di
Màgdala e Maria madre di Ioses stavano ad osservare dove ve-
niva deposto.

La tomba vuota. *(Mt 28,1-8 e nota; Lc 24,1-12; Gv 20,1-10).*

16 1 Passato il sabato, Maria di Màgdala, Maria di Giacomo
e Salome comprarono oli aromatici per andare a imbalsamare
Gesù. 2 Di buon mattino, il primo giorno dopo il sabato, venne-
ro al sepolcro al levar del sole. 3 Esse dicevano tra loro: «Chi ci
rotolerà via il masso dall'ingresso del sepolcro?». 4 Ma, guar-
dando, videro che il masso era già stato rotolato via, benché
fosse molto grande. 5 Entrando nel sepolcro, videro un giovane,
seduto sulla destra, vestito d'una veste bianca, ed ebbero pau-
ra. 6 Ma egli disse loro: «Non abbiate paura! Voi cercate Gesù
Nazareno, il crocifisso. È risorto, non è qui. Ecco il luogo dove
l'avevano deposto. 7 Ora andate, dite ai suoi discepoli e a Pietro
che egli vi precede in Galilea. Là lo vedrete, come vi ha detto».
8 Ed esse, uscite, fuggirono via dal sepolcro perché erano piene
di timore e di spavento. E non dissero niente a nessuno, perché
avevano paura.

Gesù si manifesta a Maria Maddalena, *a due discepoli e agli apostoli. I testi che seguono non sono stati redatti da Marco, bensì probabilmente aggiunti e sistemati in qualche modo in seguito (cf. nota Mt 28,1; quindi 28,10; 8,10 e 28,10-20; Lc 8,2; 24,10-11.13-53; Gv 20,11-23).*

9 Risuscitato al mattino nel primo giorno dopo il sabato, appar-
ve prima a Maria di Màgdala, dalla quale aveva cacciato sette
demòni. 10 Questa andò ad annunziarlo ai suoi seguaci che era-
no in lutto e in pianto. 11 Ma essi, udito che era vivo ed era stato
visto da lei, non vollero credere. 12 Dopo ciò, apparve a due di
loro sotto altro aspetto, mentre erano in cammino verso la
campagna. 13 Anch'essi ritornarono ad annunziarlo agli altri;
ma neanche a loro vollero credere.
14 Alla fine apparve agli undici, mentre stavano a mensa, e li
rimproverò per la loro incredulità e durezza di cuore, perché
non avevano creduto a quelli che lo avevano visto risuscitato.
15 Gesù disse loro: «Andate in tutto il mondo e predicate il van-
gelo ad ogni creatura. 16 Chi crederà e sarà battezzato sarà sal-
vo, ma chi non crederà sarà condannato. 17 E questi saranno i
segni che accompagneranno quelli che credono: nel mio nome
scacceranno i demòni, parleranno lingue nuove, 18 prenderanno

in mano i serpenti e, se berranno qualche veleno, non recherà loro danno, imporranno le mani ai malati e questi guariranno».

L'ascensione. *Gesù è assunto in cielo (Sal 110,1; Lc 24,50-53; At 1,9-11).*

19 Il Signore Gesù, dopo aver parlato con loro, fu assunto in cielo e sedette alla destra di Dio.
20 Allora essi partirono e predicarono dappertutto, mentre il Signore operava insieme con loro e confermava la parola con i prodigi che l'accompagnavano.

VANGELO
SECONDO LUCA

AVVERTENZA

Matteo si rivolge agli ebrei per dimostrare loro come Gesù Cristo, il figlio di Dio, fosse pure il figlio di Abramo e di Davide, uno della loro razza. Luca scrive il suo Vangelo per tutti coloro che non appartengono al popolo della Bibbia. Fa vedere come il Signore Gesù è il «salvatore» di tutti gli uomini, il fratello universale che mette l'umanità in relazione con Dio.
Egli viene per tutti, ma in primo luogo per coloro che non godono di una posizione in questo mondo: i poveri, gli umiliati e oppressi, i peccatori. Il Vangelo di Luca è il Vangelo della missione. Per Matteo, Gesù era il nuovo Mosè del discorso della montagna. Per Luca, è il profeta ripieno di Spirito Santo, che annunzia la buona novella della salvezza, della pace, della gioia. Queste parole, quasi ritornelli di una melodia, creano il clima caratteristico del terzo Vangelo.
Il Cristo chiama attorno a sé un gruppo di dodici uomini, designati col nome di «apostoli», ma la cerchia di coloro che lo seguono si allarga. Luca è l'unico evangelista che parla della scelta e dell'invio dei 72 discepoli. Nella venuta del regno, riserva anche un posto particolare alle donne: Maria, Elisabetta, Anna, Marta e Maria.
Marco si sofferma maggiormente sul ritratto umano di Gesù, Luca ne svela la vita profonda: ci mostra il Cristo in preghiera nelle grandi circostanze della sua esistenza, quando denunzia l'ipocrisia ed esalta l'amore.
Il terzo Vangelo insiste sulla grande ascesa di Gesù verso Gerusalemme: è là che un profeta deve morire. Gli Atti degli apostoli, il secondo libro di Luca, saranno invece orientati da Gerusalemme verso Roma, capitale dell'impero e del mondo.
Nel contenuto e nel tono questo Vangelo completa la catechesi di Matteo e di Marco, e lascia presagire il messaggio del discepolo prediletto.

N.B. Siamo partiti dal Vangelo di Matteo per cercare di comprendere la composizione dei Vangeli in funzione della morte e della risurrezione di Cristo. È bene quindi che il lettore cominci con la lettura di questo Vangelo, al quale facciamo costante riferimento.

I. LA VENUTA DEL SALVATORE GESÙ

Come in Matteo, la venuta di Gesù nel mondo sarà presentata con dei simboli ricchi di poesia, destinati a far comprendere attraverso le immagini che si tratta di un momento decisivo negli inizi di quella comunicazione tra cielo e terra di cui parla Giovanni (1,51).

Il Vangelo di Luca si apre con gli episodi dell'infanzia di Giovanni Battista e di Gesù. Essi sono abbinati in modo da far spiccare la persona e la missione di Gesù, in contrasto con quella di Giovanni. Questi primi capitoli rivelano una squisita arte letteraria, ispirata ai modelli degli annunci profetici dell'Antico Testamento (Isaia, Malachia, Daniele...) e alle narrazioni bibliche delle origini di Isacco, Sansone, Samuele. Sono frutto di una riflessione sviluppatasi in base alle tradizioni conservate in ambienti giudeo-cristiani. Mirano non tanto a precisare dei fatti, quanto a mettere in risalto la rivelazione anticipata di quello che in essi i discepoli avrebbero intravisto su Gesù e la sua opera solo dopo l'illuminazione della pasqua. Non si devono dunque leggere come resoconti stilati nel momento stesso in cui si verificavano i fatti, ma come un'evocazione del mistero di Gesù accolto nella fede. Tale evocazione si serve di tutte le risorse della letteratura biblica e della meditazione cristiana posteriore.

Le due narrazioni che riguardano l'annuncio di una nascita (Giovanni Battista e Gesù) sono intessute di citazioni bibliche e, ricorrendo a un'usanza classica nell'Antico Testamento, mostrano che la missione di un uomo che fa avanzare la storia di Israele è preparata da un preciso disegno di Dio a favore del suo popolo. Al realismo dell'apparizione a Zaccaria fa riscontro la discrezione del messaggio divino che, senza visualizzazione dei fatti, viene trasmesso alla madre di Gesù. Al dubbio molto umano del padre di Giovanni si contrappone, una volta che è stata chiarita, la fede senza riserve di Maria. Alla missione del precursore, paragonato ad Elia e ripieno di Spirito Santo, fa riscontro la missione del realizzatore, del figlio dell'Altissimo, nato dalla potenza dello Spirito Santo. La scena della visitazione completa il contrasto, ponendo le due madri l'una di fronte all'altra: il bambino dell'una esulta di gioia dinanzi al bambino dell'altra, mentre Maria, nel Magnificat, si esprime a nome dell'intero

Israele, che vede spuntare l'aurora della giustizia, dell'ordine, della pace.

Anche nella narrazione delle due nascite risaltano i contrasti. Quella di Giovanni viene evocata rapidamente ed è la scena della circoncisione, in casa, tra parenti e amici, a comparire in primo piano: Giovanni è l'ultimo profeta dell'Antico Testamento incaricato di preparare la strada del Signore. La nascita di Gesù, lontano dalla propria casa, nella nudità d'una stalla, con i pastori illuminati da Dio, annunzia la missione del nuovo Davide, il pastore che sarà riconosciuto dagli umili (cf. 10,21).

Della circoncisione c'è solo un accenno. Viene ampiamente sviluppata, invece, la presentazione al tempio; essa dimostra come Gesù compie, con la sua sottomissione, e supera allo stesso tempo la legge di Mosè. La sua venuta farà sorgere domande e dispute insinuando la contraddizione nel più profondo degli spiriti e dei cuori. Anche il cuore di Maria, immagine di Israele, soffrirà la divisione tra la luce portata da Gesù e gli interrogativi che continuano a sussistere a motivo del modo inaspettato con cui egli risponde alle speranze riposte nel messia.

Maria e Giuseppe, quando ritrovano dopo tre giorni il bambino che avevano smarrito, nel sentirlo parlare di Dio come di suo Padre proveranno la stessa meraviglia che sperimenteranno le donne e i discepoli il mattino di pasqua, davanti alla tomba vuota e alla manifestazione inattesa della vita nuova, della presenza inafferrabile e dell'autorità irresistibile del Crocifisso risorto. In tal modo i due primi capitoli di Luca si collegano direttamente agli ultimi tre. Le origini di Gesù si modellano già sul dramma della passione e della risurrezione, costituendo quell'unica realtà che non finisce mai di appassionare gli uomini e di nutrire i credenti.

1 [1]Poiché molti han posto mano a stendere un racconto degli
avvenimenti successi tra di noi, [2]come ce li hanno trasmessi co-
loro che ne furono testimoni fin da principio e divennero mini-
stri della parola, [3]così ho deciso anch'io di fare ricerche accura-
te su ogni circostanza fin dagli inizi e di scriverne per te un re-
soconto ordinato, illustre Teòfilo, [4]perché ti possa rendere con-
to della solidità degli insegnamenti che hai ricevuto.

Annunzio della nascita di Giovanni Battista. *Avviene probabilmente nell'anno 4 a.C. Zaccaria fa parte delle classi sacerdotali incaricate periodicamente di rinnovare la brace e di bruciare l'incenso sull'altare del tempio. Erode, detto il Grande, ha regnato dal 37 al 4 a.C. Elisabetta era sterile, come già lo erano state Sara (Gn 18,11), la madre di Sansone (Gdc 13,2) e Anna, madre di Samuele (1Sam 1,5-8; Is 49,1 e 5; Ger 1,5; Dn 8,16 e 9,21; Gn 17,19; Es 30,7; Ml 3,23-24).*

5 Al tempo di Erode, re della Giudea, c'era un sacerdote chia-
mato Zaccaria, della classe di Abìa, e aveva in moglie una di-
scendente di Aronne chiamata Elisabetta. 6 Erano giusti davan-
ti a Dio, osservavano irreprensibili tutte le leggi e le prescrizio-
ni del Signore. 7 Ma non avevano figli, perché Elisabetta era
sterile e tutti e due erano avanti negli anni.
8 Mentre Zaccaria officiava davanti al Signore nel turno della
sua classe, 9 secondo l'usanza del servizio sacerdotale, gli toccò
in sorte di entrare nel tempio per fare l'offerta dell'incenso.
10 Tutta l'assemblea del popolo pregava fuori nell'ora dell'in-
censo. 11 Allora gli apparve un angelo del Signore, ritto alla de-
stra dell'altare dell'incenso. 12 Quando lo vide, Zaccaria si tur-
bò e fu preso da timore. 13 Ma l'angelo gli disse: «Non temere,
Zaccaria, la tua preghiera è stata esaudita e tua moglie Elisa-
betta ti darà un figlio, che chiamerai Giovanni. 14 Avrai gioia ed
esultanza e molti si rallegreranno della sua nascita, 15 poiché
egli sarà grande davanti al Signore; non berrà vino né bevande
inebrianti, sarà pieno di Spirito Santo fin dal seno di sua madre
16 e ricondurrà molti figli d'Israele al Signore loro Dio. 17 Gli
camminerà innanzi con lo spirito e la forza di Elia, *per ricon-
durre i cuori dei padri verso i figli* e i ribelli alla saggezza dei
giusti e preparare al Signore un popolo ben disposto». 18 Zacca-
ria disse all'angelo: «Come posso conoscere questo? Io sono
vecchio e mia moglie è avanzata negli anni». 19 L'angelo gli ri-
spose: «Io sono Gabriele che sto al cospetto di Dio e sono stato
mandato a parlarti e a portarti questo lieto annunzio. 20 Ed ec-
co, sarai muto e non potrai parlare fino al giorno in cui queste
cose avverranno, perché non hai creduto alle mie parole, le
quali si adempiranno a loro tempo».
21 Intanto il popolo stava in attesa di Zaccaria, e si meravigliava
per il suo indugiare nel tempio. 22 Quando poi uscì e non poteva

parlare loro, capirono che nel tempio aveva avuto una visione.
Faceva loro dei cenni e restava muto.
23 Compiuti i giorni del suo servizio, tornò a casa. 24 Dopo quei
giorni Elisabetta, sua moglie, concepì e si tenne nascosta per
cinque mesi e diceva: 25 «Ecco che cosa ha fatto per me il Signo-
re, nei giorni in cui si è degnato di togliere la mia vergogna tra
gli uomini».

L'annunciazione. *Avviene sei mesi più tardi a Nàzaret, piccolo agglomerato senza storia e senza prestigio, che non viene mai nominato nella Bibbia. Le citazioni sono di Sof 3,14; Is 7,14; e 2Sam 7,1; Es 40,35; Nm 19,18; Gn 18,14.*

26 Nel sesto mese, l'angelo Gabriele fu mandato da Dio in una
città della Galilea, chiamata Nàzaret, 27 a una vergine, promes-
sa sposa di un uomo della casa di Davide, chiamato Giuseppe.
La vergine si chiamava Maria. 28 Entrando da lei, disse: «Ti sa-
luto, o piena di grazia, il Signore è con te». 29 A queste parole
ella rimase turbata e si domandava che senso avesse un tale sa-
luto. 30 L'angelo le disse: «Non temere, Maria, perché hai tro-
vato grazia presso Dio. 31 Ecco concepirai un figlio, lo darai alla
luce e lo chiamerai Gesù. 32 Sarà grande e chiamato Figlio del-
l'Altissimo; il Signore Dio gli darà il trono di Davide suo padre
33 e regnerà per sempre sulla casa di Giacobbe e il suo regno
non avrà fine».
34 Allora Maria disse all'angelo: «Come è possibile? Non cono-
sco uomo». 35 Le rispose l'angelo: «Lo Spirito Santo scenderà
su di te, su te stenderà la sua ombra la potenza dell'Altissimo.
Colui che nascerà sarà dunque santo e chiamato Figlio di Dio.
36 Vedi: anche Elisabetta, tua parente, nella sua vecchiaia, ha
concepito un figlio e questo è il sesto mese per lei, che tutti di-
cevano sterile: 37 *nulla è impossibile a Dio*». 38 Allora Maria dis-
se: «Eccomi, sono la serva del Signore, avvenga di me quello
che hai detto». E l'angelo partì da lei.

La visitazione. *Maria rende visita alla cugina Elisabetta; Maria ha creduto, al contrario di Zaccaria che ha dubitato (Gdc 5,24; Gdt 13,18).*

39 In quei giorni Maria si mise in viaggio verso la montagna e
raggiunse in fretta una città di Giuda. 40 Entrata nella casa di

Zaccaria, salutò Elisabetta. [41]Appena Elisabetta ebbe udito il
saluto di Maria, il bambino le sussultò nel grembo. Elisabetta
fu piena di Spirito Santo [42]ed esclamò a gran voce: «Benedetta
tu fra le donne e benedetto il frutto del tuo grembo! [43]A che
debbo che la madre del mio Signore venga a me? [44]Ecco, appe-
na la voce del tuo saluto è giunta ai miei orecchi, il bambino ha
esultato di gioia nel mio grembo. [45]E beata colei che ha creduto
nell'adempimento delle parole del Signore».

Il Magnificat. *Maria canta le «grandi cose» fatte da Dio, ispirandosi a tutto il filone poetico dell'Antico Testamento, in particolare al cantico di Anna (1Sam 1,11 e 2,1-10), di Isaia (29,19; 4,18-19), dei salmi (89, 98, 103, 107, 111) e Giobbe (12,19 e 5,11).*

[46]Allora Maria disse:

> *«L'anima mia* magnifica *il Signore*
> [47]e il mio spirito *esulta in Dio, mio salvatore,*
> [48]perché *ha guardato l'umiltà della* sua *serva.*
> D'ora in poi tutte le generazioni mi chiameranno beata.
> [49]Grandi cose ha fatto in me l'Onnipotente
> e *Santo è il suo nome:*
> [50]*di generazione in generazione la sua misericordia*
> *si stende su quelli che lo temono.*
> [51]Ha spiegato la potenza del suo *braccio,*
> *ha disperso i superbi nei pensieri* del loro cuore;
> [52]*ha rovesciato i potenti* dai troni,
> *ha innalzato gli umili;*
> [53]*ha ricolmato di beni gli affamati,*
> *ha rimandato a mani vuote i ricchi.*
> [54]*Ha soccorso Israele, suo servo,*
> *ricordandosi della sua misericordia,*
> [55]come aveva promesso *ai nostri padri,*
> *ad Abramo e alla* sua *discendenza,*
> per sempre».

[56]Maria rimase con lei circa tre mesi, poi tornò a casa sua.

Nascita e circoncisione di Giovanni Battista. *Otto giorni dopo la nascita di un bambino, aveva luogo la circoncisione, segno dell'alleanza con Dio (Lv 12,3).*

57 Per Elisabetta intanto si compì il tempo del parto e diede alla
luce un figlio. 58 I vicini e i parenti udirono che il Signore aveva
esaltato in lei la sua misericordia, e si rallegravano con lei.
59 All'ottavo giorno vennero per circoncidere il bambino e vole-
vano chiamarlo col nome di suo padre, Zaccaria. 60 Ma sua ma-
dre intervenne: «No, si chiamerà Giovanni». 61 Le dissero:
«Non c'è nessuno della tua parentela che si chiami con questo
nome». 62 Allora domandavano con cenni a suo padre come vo-
leva che si chiamasse. 63 Egli chiese una tavoletta, e scrisse:
«Giovanni è il suo nome». Tutti furono meravigliati. 64 In quel
medesimo istante gli si aprì la bocca e gli si sciolse la lingua, e
parlava benedicendo Dio. 65 Tutti i loro vicini furono presi da ti-
more, e per tutta la regione montuosa della Giudea si discorre-
va di tutte queste cose. 66 Coloro che le udivano, le serbavano in
cuor loro: «Che sarà mai questo bambino?» si dicevano. Dav-
vero la mano del Signore stava con lui.

Il Benedictus *si ispira soprattutto a: Sal 41; 72; 105; 106; 111; Lv 26,42; Is 40,3; Ml 3,1; Is 9,1; 42,67.*

67 Zaccaria, suo padre, fu pieno di Spirito Santo, e profetò di-
cendo:

68 *«Benedetto il Signore Dio d'Israele,*
perché ha visitato e redento il suo popolo,
69 e ha suscitato per noi una salvezza potente
nella casa di Davide, suo servo,
70 come aveva promesso
per bocca dei suoi santi profeti d'un tempo:
71 salvezza *dai* nostri *nemici,*
e dalle mani di quanti ci odiano.
72 *Così egli ha concesso misericordia ai nostri padri*
e si è ricordato della sua santa *alleanza,*
73 *del giuramento fatto ad Abramo*, nostro padre,
74 di concederci, liberati dalle mani dei nemici,
di servirlo senza timore, 75 in santità e giustizia
al suo cospetto, per tutti i nostri giorni.
76 E tu, bambino, sarai chiamato profeta dell'Altissimo

perché andrai innanzi al Signore a preparargli le strade,
77 per dare al suo popolo la conoscenza della salvezza
nella remissione dei suoi peccati,
78 grazie alla bontà misericordiosa del nostro Dio,
per cui verrà a visitarci dall'alto un sole che sorge
79 *per rischiarare quelli che stanno nelle tenebre*
e nell'ombra della morte
e dirigere i nostri passi sulla via della pace».

Giovanni Battista si ritira nella solitudine *sull'esempio di Isacco, di Ismaele (Gn 21,8), di Sansone (Gdc 13,24-25) e di Samuele (1Sam 2,21).*

80 Il fanciullo cresceva e si fortificava nello spirito. Visse in regioni deserte fino al giorno della sua manifestazione a Israele.

Nascita di Gesù a Betlemme *la città di Davide (Sof 16,1-4), probabilmente nell'anno 25 del regno di Augusto, imperatore di Roma dal 30 a.C. al 14 d.C.*

2 1 In quei giorni un decreto di Cesare Augusto ordinò che si
facesse il censimento di tutta la terra. 2 Questo primo censimen-
to fu fatto quando era governatore della Siria Quirinio. 3 Anda-
vano tutti a farsi registrare, ciascuno nella sua città. 4 Anche
Giuseppe, che era della casa e della famiglia di Davide, dalla
città di Nàzaret e dalla Galilea salì in Giudea alla città di Davi-
de, chiamata Betlemme, 5 per farsi registrare insieme con Maria
sua sposa, che era incinta. 6 Ora, mentre si trovavano in quel
luogo, si compirono per lei i giorni del parto. 7 Diede alla luce il
suo figlio primogenito, lo avvolse in fasce e lo depose in una
mangiatoia, perché non c'era posto per loro nell'albergo.

La visita dei pastori. *Matteo ha presentato l'omaggio dei re; Luca è più sensibile a quello dei poveri.*

8 C'erano in quella regione alcuni pastori che vegliavano di not-
te facendo la guardia al loro gregge. 9 Un angelo del Signore si
presentò davanti a loro e la gloria del Signore li avvolse di luce.

Essi furono presi da grande spavento, [10]ma l'angelo disse loro:
«Non temete, ecco vi annunzio una grande gioia, che sarà di
tutto il popolo: [11]oggi vi è nato nella città di Davide un salvato-
re, che è il Cristo Signore. [12]Questo per voi il segno: troverete
un bambino avvolto in fasce, che giace in una mangiatoia». [13]E
subito apparve con l'angelo una moltitudine dell'esercito cele-
ste che lodava Dio e diceva:

[14]«Gloria a Dio nel più alto dei cieli
e pace in terra agli uomini che egli ama».

[15]Appena gli angeli si furono allontanati per tornare al cielo, i
pastori dicevano fra loro: «Andiamo fino a Betlemme, vedia-
mo questo avvenimento che il Signore ci ha fatto conoscere».
[16]Andarono dunque senz'indugio e trovarono Maria e Giusep-
pe e il bambino, che giaceva nella mangiatoia. [17]E dopo averlo
visto, riferirono ciò che del bambino era stato detto loro. [18]Tut-
ti quelli che udirono, si stupirono delle cose che i pastori dice-
vano. [19]Maria, da parte sua, serbava tutte queste cose meditan-
dole nel suo cuore.
[20]I pastori poi se ne tornarono, glorificando e lodando Dio
per tutto quello che avevano udito e visto, com'era stato detto
loro.

La circoncisione. *Il nome di Gesù vuol dire: il Signore salva.*

[21]Quando furon passati gli otto giorni prescritti per la circonci-
sione, gli fu messo nome Gesù, come era stato chiamato dal-
l'angelo prima di essere concepito nel grembo della madre.

La presentazione di Gesù al tempio *dopo la purificazione di Maria. Gesù, in quanto primogenito, viene presentato al tempio di Gerusalemme per essere riscattato (Es 13,2 e 12-13; Lv 12,2-8).*

[22]Quando venne il tempo della loro purificazione secondo la
Legge di Mosè, portarono il bambino a Gerusalemme per of-
frirlo al Signore, [23]come è scritto nella Legge del Signore: *ogni
maschio primogenito sarà sacro al Signore*; [24]e per offrire in sa-
crificio *una coppia di tortore o di giovani colombi*, come pre-
scrive la Legge del Signore.

Il Cantico di Simeone. *(Is 52,10; 42,6; 46,13; 49,6).*

[25]Ora a Gerusalemme c'era un uomo di nome Simeone, uomo
giusto e timorato di Dio, che aspettava il conforto d'Israele;
[26]lo Spirito Santo che era sopra di lui, gli aveva preannunziato
che non avrebbe visto la morte senza prima aver veduto il Mes-
sia del Signore. [27]Mosso dunque dallo Spirito, si recò al tem-
pio; e mentre i genitori vi portavano il bambino Gesù per
adempiere la Legge, [28]lo prese tra le braccia e benedisse Dio:

> [29]«Ora lascia, o Signore, che il tuo servo
> vada in pace secondo la tua parola;
> [30]perché i miei occhi han visto la tua salvezza,
> [31]preparata da te davanti a tutti i popoli,
> [32]luce per illuminare le genti
> e gloria del tuo popolo Israele».

La profezia di Simeone *su Gesù: è un segno offerto alla fede (Is 12,33).*

[33]Il padre e la madre di Gesù si stupivano delle cose che si dice-
vano di lui. [34]Simeone li benedisse e parlò a Maria, sua madre:
«Egli è qui per la rovina e la risurrezione di molti in Israele, se-
gno di contraddizione [35]perché siano svelati i pensieri di molti
cuori. E anche a te una spada trafiggerà l'anima».

Profezia di Anna. *Annunzia che il bambino reca la salvezza definitiva a coloro che l'attendono.*

[36]C'era anche una profetessa, Anna, figlia di Fanuèle, della tri-
bù di Aser. Era molto avanzata in età, aveva vissuto col marito
sette anni dal tempo in cui era ragazza, [37]era poi rimasta vedo-
va e ora aveva ottantaquattro anni. Non si allontanava mai dal
tempio, servendo Dio notte e giorno con digiuni e preghiere.
[38]Sopraggiunta in quel momento, si mise anche lei a lodare Dio
e parlava del bambino a quanti aspettavano la redenzione di
Gerusalemme.

Ritorno a Nazaret.

[39]Quando ebbero tutto compiuto secondo la legge del Signore,
fecero ritorno in Galilea, alla loro città di Nàzaret. [40]Il bambi-

no cresceva e si fortificava, pieno di sapienza, e la grazia di Dio era sopra di lui.

Gesù insegna nel tempio. *A dodici anni Gesù, divenuto figlio della Legge, deve da allora in poi seguirne tutte le prescrizioni, in primo luogo recarsi a Gerusalemme per la pasqua (Es 12,1-28; Dt 16,5). La sua prima parola è di dichiarare che la sua filiazione supera ogni comprensione umana (1Sam 2,26).*

[41]I suoi genitori si recavano tutti gli anni a Gerusalemme per la
festa di Pasqua. [42]Quando egli ebbe dodici anni, vi salirono di
nuovo secondo l'usanza; [43]ma trascorsi i giorni della festa,
mentre riprendevano la via del ritorno, il fanciullo Gesù rimase
a Gerusalemme, senza che i genitori se ne accorgessero. [44]Cre-
dendolo nella carovana, fecero una giornata di viaggio, e poi si
misero a cercarlo tra i parenti e i conoscenti; [45]non avendolo
trovato, tornarono in cerca di lui a Gerusalemme. [46]Dopo tre
giorni lo trovarono nel tempio, seduto in mezzo ai dottori,
mentre li ascoltava e li interrogava. [47]E tutti quelli che l'udiva-
no erano pieni di stupore per la sua intelligenza e le sue rispo-
ste. [48]Al vederlo restarono stupiti e sua madre gli disse: «Figlio,
perché ci hai fatto così? Ecco, tuo padre e io, angosciati, ti cer-
cavamo». [49]Ed egli rispose: «Perché mi cercavate? Non sapeva-
te che io devo occuparmi delle cose del Padre mio?». [50]Ma essi
non compresero le sue parole.

La vita nascosta a Nazaret. *(Pro 3,4).*

[51]Partì dunque con loro e tornò a Nàzaret e stava loro sotto-
messo. Sua madre serbava tutte queste cose nel suo cuore.
[52]E Gesù *cresceva* in sapienza, età *e grazia davanti a Dio e agli
uomini*.

II. SULLE SPONDE DEL GIORDANO

Predicazione di Giovanni Battista. *Fondandosi su questo testo, Dionigi il Piccolo, nel VI secolo, ha fissato l'inizio dell'èra cristiana (Ger 1,21; Os 1,1; Is 40,3-5; 30,27; 41,16; Ger 15,7; Mt 3,1-2; Mc 1,1-8; Gv 1,18-19).*

3 [1]Nell'anno decimoquinto dell'impero di Tiberio Cesare,
mentre Ponzio Pilato era governatore della Giudea, Erode te-
trarca della Galilea, e Filippo, suo fratello, tetrarca dell'Iturèa
e della Traconìtide, e Lisània tetrarca dell'Abilène, [2]sotto i
sommi sacerdoti Anna e Caifa, la parola di Dio scese su Gio-
vanni, figlio di Zaccaria, nel deserto. [3]Ed egli percorse tutta la
regione del Giordano, predicando un battesimo di conversione
per il perdono dei peccati, [4]com'è scritto nel libro degli oracoli
del profeta Isaia:

Voce di uno che grida nel deserto:
Preparate la via del Signore,
raddrizzate i suoi *sentieri!*
[5]*Ogni burrone sia riempito,*
ogni monte e ogni colle sia abbassato;
i passi tortuosi siano diritti;
i luoghi impervi spianati.
[6]*Ogni uomo vedrà la salvezza di Dio!*

[7]Diceva dunque alle folle che andavano a farsi battezzare da
lui: «Razza di vipere, chi vi ha insegnato a sfuggire all'ira immi-
nente? [8]Fate dunque opere degne della conversione e non co-
minciate a dire in voi stessi: Abbiamo Abramo per padre! Per-
ché io vi dico che Dio può far nascere figli ad Abramo anche da
queste pietre. [9]Anzi, la scure è già posta alla radice degli alberi;
ogni albero che non porta buon frutto, sarà tagliato e buttato
nel fuoco».
[10]Le folle lo interrogavano: «Che cosa dobbiamo fare?». [11]Ri-
spondeva: «Chi ha due tuniche, ne dia una a chi non ne ha; e
chi ha da mangiare, faccia altrettanto». [12]Vennero anche dei
pubblicani a farsi battezzare, e gli chiesero: «Maestro, che dob-
biamo fare?». [13]Ed egli disse loro: «Non esigete nulla di più di
quanto vi è stato fissato». [14]Lo interrogavano anche alcuni sol-
dati: «E noi che dobbiamo fare?». Rispose: «Non maltrattate e
non estorcete niente a nessuno, contentatevi delle vostre pa-
ghe». [15]Poiché il popolo era in attesa e tutti si domandavano in
cuor loro, riguardo a Giovanni, se non fosse lui il Cristo, [16]Gio-
vanni rispose a tutti dicendo: «Io vi battezzo con acqua; ma vie-
ne uno che è più forte di me, al quale io non son degno di scio-
gliere neppure il legaccio dei sandali: costui vi battezzerà in

Spirito Santo e fuoco. [17]Egli ha in mano il ventilabro per ripulire la sua aia e per raccogliere il frumento nel granaio; ma la pula, la brucerà con fuoco inestinguibile».
[18]Con molte altre esortazioni annunziava al popolo la buona novella.

Giovanni Battista in prigione. *(Mt 14,3-4; Mc 6,17-18).*

[19]Ma il tetrarca Erode, biasimato da lui a causa di Erodìade, moglie di suo fratello, e per tutte le scelleratezze che aveva commesso, [20]aggiunse alle altre anche questa: fece rinchiudere Giovanni in prigione.

Battesimo di Gesù. *Come tutti i grandi profeti (cf. Isaia, Amos, Geremia...) Gesù riceve una rivelazione misteriosa agli inizi della sua vocazione (Mt 3,13-17 e nota; Mc 1,9-11).*

[21]Quando tutto il popolo fu battezzato e mentre Gesù, ricevuto anche lui il battesimo, stava in preghiera, il cielo si aprì [22]e scese su di lui lo Spirito Santo in apparenza corporea, come di colomba, e vi fu una voce dal cielo: «Tu sei il mio figlio prediletto, in te mi sono compiaciuto».

Genealogia di Gesù. *Essa non risale solo fino ad Abramo, capostipite del popolo ebraico (Mt 1,1 e nota), ma fino ad Adamo padre dell'intera umanità.*

[23]Gesù quando incominciò il suo ministero aveva circa trent'anni ed era figlio, come si credeva, di Giuseppe, figlio di Eli, [24]figlio di Mattàt, figlio di Levi, figlio di Melchi, figlio di Innài, figlio di Giuseppe, [25]figlio di Mattatìa, figlio di Amos, figlio di Naum, figlio di Esli, figlio di Naggài, [26]figlio di Maat, figlio di Mattatìa, figlio di Semèin, figlio di Iosek, figlio di Ioda, [27]figlio di Ioanan, figlio di Resa, figlio di Zorobabèle, figlio di Salatiel, figlio di Neri, [28]figlio di Melchi, figlio di Addi, figlio di Cosam, figlio di Elmadàm, figlio di Er, [29]figlio di Gesù, figlio di Elièzer, figlio di Iorim, figlio di Mattàt, figlio di Levi, [30]figlio di Simeone, figlio di Giuda, figlio di Giuseppe, figlio di Ionam, figlio di Eliacim, [31]figlio di Melèa, figlio di Menna, figlio di Mattatà, figlio di Natàm, figlio di Davide, [32]figlio di Iesse, figlio di

Obed, figlio di Booz, figlio di Sala, figlio di Naàsson, [33]figlio di
Aminadàb, figlio di Admin, figlio di Arni, figlio di Esrom, fi-
glio di Fares, figlio di Giuda, [34]figlio di Giacobbe, figlio di Isac-
co, figlio di Abramo, figlio di Tare, figlio di Nacor, [35]figlio di
Seruk, figlio di Ragau, figlio di Falek, figlio di Eber, figlio di
Sala, [36]figlio di Cainam, figlio di Arfàcsad, figlio di Sem, figlio
di Noè, figlio di Lamech, [37]figlio di Matusalemme, figlio di
Enoch, figlio di Iaret, figlio di Malleèl, figlio di Cainam, [38]figlio
di Enos, figlio di Set, figlio di Adamo, figlio di Dio.

Tentazione nel deserto. *Lo spirito-del-male conduce Gesù nel deserto, luogo tradizionale del ritiro, delle scelte, della prova e dell'incontro con Dio (cf. Mosè in Es 34,28; Elia in 1Re 19,8). Il tentatore presenta a Gesù tutte quelle possibilità cui potrebbe ambire un uomo avido di successo. Ma Gesù non è venuto per assicurarsi prestigio e gloria mondana (Dt 8,3; Ger 27,5; Dt 6,13; Sal 91,12; Dt 6,16; Mt 4,1-11 e nota; Mc 1,12-13).*

4 [1]Gesù, pieno di Spirito Santo, si allontanò dal Giordano e
fu condotto dallo Spirito nel deserto [2]dove, per quaranta gior-
ni, fu tentato dal diavolo. Non mangiò nulla in quei giorni; ma
quando furono terminati ebbe fame. [3]Allora il diavolo gli disse:
«Se tu sei Figlio di Dio, di' a questa pietra che diventi pane».
[4]Gesù gli rispose: «Sta scritto: *Non di solo pane vivrà l'uomo*».
[5]Il diavolo lo condusse in alto e, mostrandogli in un istante tutti
i regni della terra, gli disse: [6]«Ti darò tutta questa potenza e la
gloria di questi regni, perché è stata messa nelle mie mani e io
la do a chi voglio. [7]Se ti prostri dinanzi a me tutto sarà tuo».
[8]Gesù gli rispose: «Sta scritto: *Solo al Signore Dio tuo ti pro-
strerai, lui* solo *adorerai*». [9]Lo condusse a Gerusalemme, lo po-
se sul pinnacolo del tempio e gli disse: «Se tu sei Figlio di Dio,
buttati giù; [10]sta scritto infatti:

Ai suoi angeli darà ordine per te,
perché essi ti custodiscano;

[11]e anche:

essi ti sosterranno con le mani,
perché il tuo piede non inciampi in una pietra».

[12]Gesù gli rispose: «È stato detto: *Non tenterai il Signore Dio
tuo*». [13]Dopo aver esaurito ogni specie di tentazione, il diavolo
si allontanò da lui per ritornare al tempo fissato.

III. GESÙ PER LE STRADE DELLA GALILEA

Gesù insegna. *(Mt 4,12.17.23; Mc 1,14-15).*

[14]Gesù ritornò in Galilea con la potenza dello Spirito Santo e la
sua fama si diffuse in tutta la regione. [15]Insegnava nelle loro si-
nagoghe e tutti ne facevano grandi lodi.

Gesù a Nazaret. *Sembra che Luca riassuma qui tre visite di Cristo: la prima vv. 16-22; la seconda vv. 23-24; la terza vv. 25-30 (Is 61,1-2; 1Re 17,1-9; 2Re 5,14; Mt 13,35-58 e nota; Mc 6,1-16).*

[16]Si recò a Nàzaret, dove era stato allevato; ed entrò, secondo
il suo solito, di sabato nella sinagoga e si alzò a leggere. [17]Gli fu
dato il rotolo del profeta Isaia; apertolo trovò il passo dove era
scritto:

> [18]*Lo Spirito del Signore è sopra di me;*
> *per questo mi ha consacrato con l'unzione,*
> *e mi ha mandato*
> *per annunziare ai poveri un lieto messaggio,*
> *per proclamare ai prigionieri la liberazione*
> *e ai ciechi la vista;*
> *per rimettere in libertà gli oppressi,*
> [19]*e predicare un anno di grazia del Signore.*

[20]Poi arrotolò il volume, lo consegnò all'inserviente e sedette.
Gli occhi di tutti nella sinagoga stavano fissi sopra di lui. [21]Allo-
ra cominciò a dire: «Oggi si è adempiuta questa Scrittura che
voi avete udita con i vostri orecchi». [22]Tutti gli rendevano testi-
monianza ed erano meravigliati delle parole di grazia che usci-
vano dalla sua bocca e dicevano: «Non è il figlio di Giusep-
pe?». [23]Ma egli rispose: «Di certo voi mi citerete il proverbio:
Medico, cura te stesso. Quanto abbiamo udito che accadde a
Cafàrnao, fàllo anche qui, nella tua patria!». [24]Poi aggiunse:

«Nessun profeta è bene accetto in patria. 25Vi dico anche: c'e-
rano molte vedove in Israele al tempo di Elia, quando il cielo
fu chiuso per tre anni e sei mesi e ci fu una grande carestia in
tutto il paese; 26ma a nessuna di esse fu mandato Elia, se non a
una vedova in Sarepta di Sidone. 27C'erano molti lebbrosi in
Israele al tempo del profeta Eliseo, ma nessuno di loro fu risa-
nato se non Naaman, il Siro».
28All'udire queste cose, tutti nella sinagoga furono pieni di sde-
gno; 29si levarono, lo cacciarono fuori della città e lo condusse-
ro fin sul ciglio del monte sul quale la loro città era situata, per
gettarlo giù dal precipizio. 30Ma egli, passando in mezzo a loro,
se ne andò.

Gesù a Cafàrnao. *(Mc 1,21-28).*

31Poi discese a Cafàrnao, una città della Galilea, e al sabato
ammaestrava la gente. 32Rimanevano colpiti dal suo insegna-
mento, perché parlava con autorità. 33Nella sinagoga c'era un
uomo con un demonio immondo e cominciò a gridare forte:
34«Basta! Che abbiamo a che fare con te, Gesù Nazareno? Sei
venuto a rovinarci? So bene chi sei: il Santo di Dio!». 35Gesù gli
intimò: «Taci, esci da costui!». E il demonio, gettatolo a terra
in mezzo alla gente, uscì da lui, senza fargli alcun male. 36Tutti
furono presi da paura e si dicevano l'un l'altro: «Che parola è
mai questa, che comanda con autorità e potenza agli spiriti im-
mondi ed essi se ne vanno?». 37E si diffondeva la fama di lui in
tutta la regione.

Gesù guarisce la suocera di Simone e altri malati. *(Mt 8,14-17; Mc 1,29-39).*

38Uscito dalla sinagoga entrò nella casa di Simone. La suocera
di Simone era in preda a una grande febbre e lo pregarono per
lei. 39Chinatosi su di lei, intimò alla febbre, e la febbre la lasciò.
Levatasi all'istante, la donna cominciò a servirli.
40Al calar del sole, tutti quelli che avevano infermi colpiti da
mali di ogni genere li condussero a lui. Ed egli, imponendo su
ciascuno le mani, li guariva. 41Da molti uscivano demòni gri-
dando: «Tu sei il Figlio di Dio!». Ma egli li minacciava e non li
lasciava parlare, perché sapevano che era il Cristo. 42Sul far del

giorno uscì e si recò in un luogo deserto. Ma le folle lo cercava-
no, lo raggiunsero e volevano trattenerlo perché non se ne an-
dasse via da loro. [43]Egli però disse: «Bisogna che io annunzi il
regno di Dio anche alle altre città; per questo sono stato man-
dato». [44]E andava predicando nelle sinagoghe della Giudea.

Chiamata dei primi quattro discepoli *(cf. modello della narrazione in 1Re 19,18-20; ed Ez 47,9-10; Mt 4,18-22 e nota; Mc 1,16-20).*

5 [1]Un giorno, mentre, levato in piedi, stava presso il lago di
Genèsaret [2]e la folla gli faceva ressa intorno per ascoltare la pa-
rola di Dio, vide due barche ormeggiate alla sponda. I pescato-
ri erano scesi e lavavano le reti. [3]Salì in una barca, che era di Si-
mone, e lo pregò di scostarsi un poco da terra. Sedutosi, si mise
ad ammaestrare le folle dalla barca.
[4]Quando ebbe finito di parlare, disse a Simone: «Prendi il largo
e calate le reti per la pesca». [5]Simone rispose: «Maestro, abbia-
mo faticato tutta la notte e non abbiamo preso nulla; ma sulla
tua parola getterò le reti». [6]E avendolo fatto, presero una
quantità enorme di pesci e le reti si rompevano. [7]Allora fecero
cenno ai compagni dell'altra barca, che venissero ad aiutarli.
Essi vennero e riempirono tutte e due le barche al punto che
quasi affondavano. [8]Al veder questo, Simon Pietro si gettò alle
ginocchia di Gesù, dicendo: «Signore, allontanati da me che
sono un peccatore». [9]Grande stupore infatti aveva preso lui e
tutti quelli che erano insieme con lui per la pesca che avevano
fatto; [10]così pure Giacomo e Giovanni, figli di Zebedèo, che
erano soci di Simone. Gesù disse a Simone: «Non temere; d'o-
ra in poi sarai pescatore di uomini». [11]Tirate le barche a terra,
lasciarono tutto e lo seguirono.

Guarigione di un lebbroso. *(Mt 8,1-4 e nota; Mc 1,40-45).*

[12]Un giorno Gesù si trovava in una città e un uomo coperto di
lebbra lo vide e gli si gettò ai piedi pregandolo: «Signore, se
vuoi, puoi sanarmi». [13]Gesù stese la mano e lo toccò dicendo:
«Lo voglio, sii risanato!». E subito la lebbra scomparve da lui.
[14]Gli ingiunse di non dirlo a nessuno: «Va', mostrati al sacerdo-

te e fa' l'offerta per la tua purificazione, come ha ordinato Mo-
sè, perché serva di testimonianza per essi». [15]La sua fama si dif-
fondeva ancor più; folle numerose venivano per ascoltarlo e
farsi guarire dalle loro infermità. [16]Ma Gesù si ritirava in luoghi
solitari a pregare.

Guarigione di un paralitico. *(Mt 9,1-8 e nota; Mc 2,1-12).*

[17]Un giorno sedeva insegnando. Sedevano là anche farisei e
dottori della legge, venuti da ogni villaggio della Galilea, della
Giudea e da Gerusalemme. E la potenza del Signore gli faceva
operare guarigioni. [18]Ed ecco alcuni uomini, portando sopra un
letto un paralitico, cercavano di farlo passare e metterlo davan-
ti a lui. [19]Non trovando da qual parte introdurlo a causa della
folla, salirono sul tetto e lo calarono attraverso le tegole con il
lettuccio davanti a Gesù, nel mezzo della stanza. [20]Veduta la
loro fede, disse: «Uomo, i tuoi peccati ti sono rimessi». [21]Gli
scribi e i farisei cominciarono a discutere dicendo: «Chi è costui
che pronuncia bestemmie? Chi può rimettere i peccati, se non
Dio soltanto?». [22]Ma Gesù, conosciuti i loro ragionamenti, ri-
spose: «Che cosa andate ragionando nei vostri cuori? [23]Che co-
sa è più facile, dire: Ti sono rimessi i tuoi peccati, o dire: Àlzati
e cammina? [24]Ora, perché sappiate che il Figlio dell'uomo ha il
potere sulla terra di rimettere i peccati: io ti dico – esclamò ri-
volto al paralitico – àlzati, prendi il tuo lettuccio e va' a casa
tua». [25]Subito egli si alzò davanti a loro, prese il lettuccio su cui
era disteso e si avviò verso casa glorificando Dio. [26]Tutti rima-
sero stupiti e levavano lode a Dio; pieni di timore dicevano:
«Oggi abbiamo visto cose prodigiose».

Chiamata di Levi. *(Mt 9,9 e nota; Mc 2,15-17).*

[27]Dopo ciò egli uscì e vide un pubblicano di nome Levi seduto
al banco delle imposte, e gli disse: «Seguimi!». [28]Egli, lasciando
tutto, si alzò e lo seguì.

Gesù si siede a tavola con dei peccatori. *(Mt 9,10-12 e nota; Mc 2,15-17).*

[29]Poi Levi gli preparò un grande banchetto nella sua casa. C'e-
ra una folla di pubblicani e d'altra gente seduta con loro a tavo-

la. [30]I farisei e i loro scribi mormoravano e dicevano ai suoi di-
scepoli: «Perché mangiate e bevete con i pubblicani e i peccato-
ri?». [31]Gesù rispose: «Non sono i sani che hanno bisogno del
medico, ma i malati; [32]io non sono venuto a chiamare i giusti,
ma i peccatori a convertirsi».

Discussione sul digiuno. *Tutte le mentalità sono da cambiare; non è possibile nessun adattamento (Mt 19,14-17 e nota; Mc 2,18-22).*

[33]Allora gli dissero: «I discepoli di Giovanni digiunano spesso e
fanno orazioni; così pure i discepoli dei farisei; invece i tuoi
mangiano e bevono!». [34]Gesù rispose: «Potete far digiunare gli
invitati a nozze, mentre lo sposo è con loro? [35]Verranno però i
giorni in cui lo sposo sarà strappato da loro; allora, in quei gior-
ni, digiuneranno». [36]Diceva loro anche una parabola: «Nessu-
no strappa un pezzo da un vestito nuovo per attaccarlo a un ve-
stito vecchio; altrimenti egli strappa il nuovo, e la toppa presa
dal nuovo non si adatta al vecchio. [37]E nessuno mette vino nuo-
vo in otri vecchi; altrimenti il vino nuovo spacca gli otri, si ver-
sa fuori e gli otri vanno perduti. [38]Il vino nuovo bisogna metter-
lo in otri nuovi. [39]Nessuno poi che beve il vino vecchio desidera
il nuovo, perché dice: Il vecchio è buono!».

Gesù padrone del sabato. *(Es 20,8-11; 34,21; 1Sam 21,2-7; Lv 24,5; Mt 12,1-8; Mc 2,23-28).*

6 [1]Un giorno di sabato passava attraverso campi di grano e i
suoi discepoli coglievano e mangiavano le spighe, sfregandole
con le mani. [2]Alcuni farisei dissero: «Perché fate ciò che non è
permesso di sabato?». [3]Gesù rispose: «Allora non avete mai
letto ciò che fece Davide, quando ebbe fame lui e i suoi compa-
gni? [4]Come entrò nella casa di Dio, prese i pani dell'offerta, ne
mangiò e ne diede ai suoi compagni, sebbene non fosse lecito
mangiarli se non ai soli sacerdoti?». [5]E diceva loro: «Il Figlio
dell'uomo è signore del sabato».

Guarigione di un uomo dalla mano inaridita. *I farisei paragonano questa guarigione a un intervento medico (cf. più avanti 13,10-17; 14,1-6; Mt 12,9-14; Mc 3,1-6).*

6Un altro sabato egli entrò nella sinagoga e si mise a insegnare.
Ora c'era là un uomo, che aveva la mano destra inaridita. 7Gli
scribi e i farisei lo osservavano per vedere se lo guariva di saba-
to, allo scopo di trovare un capo di accusa contro di lui. 8Ma
Gesù era a conoscenza dei loro pensieri e disse all'uomo che
aveva la mano inaridita: «Alzati e mettiti nel mezzo!». L'uo-
mo, alzatosi, si mise nel punto indicato. 9Poi Gesù disse loro:
«Domando a voi: È lecito in giorno di sabato fare del bene o fa-
re del male, salvare una vita o perderla?». 10E volgendo tutt'in-
torno lo sguardo su di loro, disse all'uomo: «Stendi la mano!».
Egli lo fece e la mano guarì. 11Ma essi furono pieni di rabbia e
discutevano fra di loro su quello che avrebbero potuto fare a
Gesù.

La scelta dei dodici apostoli o inviati. *(Mt 10,1-4; Mc 3,13-19).*

12In quei giorni Gesù se ne andò sulla montagna a pregare e
passò la notte in orazione. 13Quando fu giorno, chiamò a sé i
suoi discepoli e ne scelse dodici, ai quali diede il nome di apo-
stoli: 14Simone, che chiamò anche Pietro, Andrea suo fratello,
Giacomo, Giovanni, Filippo, Bartolomeo, 15Matteo, Tomma-
so, Giacomo d'Alfeo, Simone soprannominato Zelota, 16Giuda
di Giacomo e Giuda Iscariota, che fu il traditore.

Le folle al seguito di Gesù. *(Mt 4,24-25; Mc 3,7-12).*

17Disceso con loro, si fermò in un luogo pianeggiante. C'era
gran folla di suoi discepoli e gran moltitudine di gente da tutta
la Giudea, da Gerusalemme e dal litorale di Tiro e di Sidone,
18che erano venuti per ascoltarlo ed esser guariti dalle loro ma-
lattie; anche quelli che erano tormentati da spiriti immondi, ve-
nivano guariti. 19Tutta la folla cercava di toccarlo, perché da lui
usciva una forza che sanava tutti.

LE GRANDI PAROLE DI GESÙ

Beatitudini e maledizioni. *Annunzio di un capovolgimento di situazione per coloro che si trovano in necessità. È un tema che ritorna costantemente in Luca, insieme a quello della preghiera e della potenza dello Spirito (Sir 24,21; Is 61,2-3; Is 5,8-25; Mt 5,1-6 e 11-12).*

[20]Alzàti gli occhi verso i suoi discepoli, Gesù diceva:
«Beati voi poveri,
perché vostro è il regno di Dio.
[21]Beati voi che ora avete fame,
perché sarete saziati.
Beati voi che ora piangete,
perché riderete.

[22]Beati voi quando gli uomini vi odieranno e quando vi metteranno al bando e v'insulteranno e respingeranno il vostro nome
come scellerato, a causa del Figlio dell'uomo. [23]Rallegratevi in
quel giorno ed esultate, perché, ecco, la vostra ricompensa è grande nei cieli. Allo stesso modo infatti facevano i loro padri con i profeti.

[24]Ma guai a voi, ricchi,
perché avete già la vostra consolazione.
[25]Guai a voi che ora siete sazi,
perché avrete fame.
Guai a voi che ora ridete,
perché sarete afflitti e piangerete.

[26]Guai quando tutti gli uomini diranno bene di voi.
Allo stesso modo infatti facevano i loro padri con i falsi profeti.

L'amore dei nemici. *(Mt 5,39-46)*.

[27]Ma a voi che ascoltate, io dico: Amate i vostri nemici, fate del
bene a coloro che vi odiano, [28]benedite coloro che vi maledico-
no, pregate per coloro che vi maltrattano. [29]A chi ti percuote
sulla guancia, porgi anche l'altra; a chi ti leva il mantello, non
rifiutare la tunica. [30]Da' a chiunque ti chiede; e a chi prende del
tuo, non richiederlo. [31]Ciò che volete gli uomini facciano a voi,
anche voi fatelo a loro. [32]Se amate quelli che vi amano, che me-
rito ne avrete? Anche i peccatori fanno lo stesso. [33]E se fate del
bene a coloro che vi fanno del bene, che merito ne avrete? Anche i peccatori fanno lo stesso. [34]E se prestate a coloro da cui
sperate ricevere, che merito ne avrete? Anche i peccatori concedono prestiti ai peccatori per riceverne altrettanto. [35]Amate
invece i vostri nemici, fate del bene e prestate senza sperarne nulla, e il vostro premio sarà grande e sarete figli dell'Altissimo; perché egli è benevolo verso gl'ingrati e i malvagi.

Perdono e generosità. *(Mt 7,1-2).*

[36]Siate misericordiosi, come è misericordioso il Padre vostro.
[37]Non giudicate e non sarete giudicati; non condannate e non
sarete condannati; perdonate e vi sarà perdonato; [38]date e vi
sarà dato; una buona misura, pigiata, scossa e traboccante vi
sarà versata nel grembo, perché con la misura con cui misurate,
sarà misurato a voi in cambio».

I due ciechi. Il discepolo. La pagliuzza e la trave. *(Mt 15,14; 10,24-25).*

[39]Disse loro anche una parabola: «Può forse un cieco guidare
un altro cieco? Non cadranno tutt'e due in una buca? [40]Il disce-
polo non è da più del maestro; ma ognuno ben preparato sarà
come il suo maestro. [41]Perché guardi la pagliuzza che è nell'oc-
chio del tuo fratello, e non t'accorgi della trave che è nel tuo?
[42]Come puoi dire al tuo fratello: Permetti che tolga la pagliuzza
che è nel tuo occhio, e tu non vedi la trave che è nel tuo? Ipo-
crita, togli prima la trave dal tuo occhio e allora potrai vederci
bene nel togliere la pagliuzza dall'occhio del tuo fratello.

L'albero si riconosce dal frutto. *(Mt 12,33-35; 7,16-18).*

[43]Non c'è albero buono che faccia frutti cattivi, né albero catti-
vo che faccia frutti buoni. [44]Ogni albero infatti si riconosce dal
suo frutto: non si raccolgono fichi dalle spine, né si vendemmia
uva da un rovo. [45]L'uomo buono trae fuori il bene dal buon te-
soro del suo cuore; l'uomo cattivo dal suo cattivo tesoro trae
fuori il male, perché la bocca parla dalla pienezza del cuore.

La casa costruita sulla roccia e quella senza fondamenta. *(Gb 8,15; Pro 10,25; Ez 13,10-15; Mt 7,21-27 e nota).*

[46]Perché mi chiamate: Signore, Signore, e poi non fate ciò che
dico? [47]Chi viene a me e ascolta le mie parole e le mette in pra-
tica, vi mostrerò a chi è simile: [48]è simile a un uomo che, co-
struendo una casa, ha scavato molto profondo e ha posto le
fondamenta sopra la roccia. Venuta la piena, il fiume irruppe
contro quella casa, ma non riuscì a smuoverla perché era co-
struita bene. [49]Chi invece ascolta e non mette in pratica, è simi-

le a un uomo che ha costruito una casa sulla terra, senza fondamenta. Il fiume la investì e subito crollò; e la rovina di quella casa fu grande».

Un centurione romano crede in Gesù. *(Mt 8,5-13; Gv 4,46-54).*

7 [1]Quando ebbe terminato di rivolgere tutte queste parole al popolo che stava in ascolto, entrò in Cafàrnao. [2]Il servo di un centurione era ammalato e stava per morire. Il centurione l'aveva molto caro. [3]Perciò, avendo udito parlare di Gesù, gli mandò alcuni anziani dei Giudei a pregarlo di venire e di salvare il suo servo. [4]Costoro giunti da Gesù lo pregavano con insistenza: «Egli merita che tu gli faccia questa grazia, dicevano, [5]perché ama il nostro popolo, ed è stato lui a costruirci la sinagoga». [6]Gesù si incamminò con loro. Non era ormai molto distante dalla casa quando il centurione mandò alcuni amici a dirgli: «Signore, non stare a disturbarti, io non son degno che tu entri sotto il mio tetto; [7]per questo non mi sono neanche ritenuto degno di venire da te, ma comanda con una parola e il mio servo sarà guarito. [8]Anch'io infatti sono uomo sottoposto a un'autorità, e ho sotto di me dei soldati; e dico all'uno: Va' ed egli va, e a un altro: Vieni, ed egli viene, e al mio servo: Fa' questo, ed egli lo fa». [9]All'udire questo Gesù restò ammirato e rivolgendosi alla folla che lo seguiva disse: «Io vi dico che neanche in Israele ho trovato una fede così grande!». [10]E gli inviati, quando tornarono a casa, trovarono il servo guarito.

Risurrezione del figlio della vedova di Nain. *Gesù restituisce la vita come Elia aveva risuscitato il figlio della vedova di Sarepta (1Re 17,17-24).*

[11]In seguito si recò in una città chiamata Nain e facevano la strada con lui i discepoli e grande folla. [12]Quando fu vicino alla porta della città, ecco che veniva portato al sepolcro un morto, figlio unico di madre vedova; e molta gente della città era con lei. [13]Vedendola, il Signore ne ebbe compassione e le disse: «Non piangere!». [14]E accostatosi toccò la bara, mentre i portatori si fermarono. Poi disse: «Giovinetto, dico a te, alzati!». [15]Il

morto si levò a sedere e incominciò a parlare. Ed egli lo diede alla madre. [16]Tutti furono presi da timore e glorificavano Dio dicendo: «Un grande profeta è sorto tra noi e Dio ha visitato il suo popolo». [17]La fama di questi fatti si diffuse in tutta la Giudea e per tutta la regione.

Domanda di Giovanni Battista *che non vede in Gesù il giustiziere che aveva annunziato (3,17). Gesù compie i segni predetti da Isaia (26,19; 29,18-19; 35,5-6; 61,1-2) e proclama il ruolo di Giovanni, messaggero inviato davanti a lui (Ml 3,1; Mt 11,2-15).*

[18]Anche Giovanni fu informato dai suoi discepoli di tutti questi avvenimenti. Giovanni chiamò due di essi [19]e li mandò a dire al Signore: «Sei tu colui che viene, o dobbiamo aspettare un altro?». [20]Venuti da lui, quegli uomini dissero: «Giovanni il Battista ci ha mandati da te per domandarti: Sei tu colui che viene o dobbiamo aspettare un altro?». [21]In quello stesso momento Gesù guarì molti da malattie, da infermità, da spiriti cattivi e donò la vista a molti ciechi. [22]Poi diede loro questa risposta: «Andate e riferite a Giovanni ciò che avete visto e udito: *i ciechi riacquistano la vista*, gli zoppi camminano, i lebbrosi vengono sanati, i sordi odono, i morti risuscitano, *ai poveri è annunziata la buona novella*. [23]E beato è chiunque non sarà scandalizzato di me!».
[24]Quando gli inviati di Giovanni furono partiti, Gesù cominciò a dire alla folla riguardo a Giovanni: «Che cosa siete andati a vedere nel deserto? Una canna agitata dal vento? [25]E allora, che cosa siete andati a vedere? Un uomo avvolto in morbide vesti? Coloro che portano vesti sontuose e vivono nella lussuria stanno nei palazzi dei re. [26]Allora, che cosa siete andati a vedere? Un profeta? Sì, vi dico, e più che un profeta. [27]Egli è colui del quale sta scritto:

Ecco io mando davanti a te il mio messaggero,
egli preparerà la via davanti a te.

[28]Io vi dico, tra i nati di donna non c'è nessuno più grande di Giovanni, e il più piccolo nel regno di Dio è più grande di lui. [29]Tutto il popolo che lo ha ascoltato, e anche i pubblicani, hanno riconosciuto la giustizia di Dio ricevendo il battesimo di

Giovanni. 30 Ma i farisei e i dottori della legge non facendosi
battezzare da lui hanno reso vano per loro il disegno di Dio.

Giudizio di Gesù sulla sua generazione. *Gesù biasima coloro che rifiutano le proposte di Dio (Mt 11,16-19).*

31 A chi dunque paragonerò gli uomini di questa generazione, a
chi sono simili? 32 Sono simili a quei bambini che stando in piaz-
za gridano gli uni agli altri:

> Vi abbiamo suonato il flauto e non avete ballato;
> vi abbiamo cantato un lamento e non avete pianto!

33 È venuto infatti Giovanni il Battista che non mangia pane e
non beve vino, e voi dite: Ha un demonio. 34 È venuto il Figlio
dell'uomo che mangia e beve, e voi dite: Ecco un mangione e
un beone, amico dei pubblicani e dei peccatori. 35 Ma alla sa-
pienza è stata resa giustizia da tutti i suoi figli».

La peccatrice perdonata.

36 Uno dei farisei lo invitò a mangiare da lui. Egli entrò nella ca-
sa del fariseo e si mise a tavola. 37 Ed ecco una donna, una pec-
catrice di quella città, saputo che si trovava nella casa del fari-
seo, venne con un vasetto di olio profumato; 38 e fermatasi die-
tro si rannicchiò piangendo ai piedi di lui e cominciò a bagnarli
di lacrime, poi li asciugava con i suoi capelli, li baciava e li co-
spargeva di olio profumato.
39 A quella vista il fariseo che l'aveva invitato pensò tra sé. «Se
costui fosse un profeta, saprebbe chi e che specie di donna è co-
lei che lo tocca: è una peccatrice». 40 Gesù allora gli disse: «Si-
mone, ho una cosa da dirti». Ed egli: «Maestro, di' pure».
41 «Un creditore aveva due debitori: l'uno gli doveva cinquecen-
to denari, l'altro cinquanta. 42 Non avendo essi da restituire,
condonò il debito a tutti e due. Chi dunque di loro lo amerà di
più?». 43 Simone rispose: «Suppongo quello a cui ha condonato
di più». Gli disse Gesù: «Hai giudicato bene». 44 E volgendosi
verso la donna, disse a Simone: «Vedi questa donna? Sono en-
trato nella tua casa e tu non m'hai dato l'acqua per i piedi; lei
invece mi ha bagnato i piedi con le lacrime e li ha asciugati con i
suoi capelli. 45 Tu non mi hai dato un bacio, lei invece da quan-
do sono entrato non ha cessato di baciarmi i piedi. 46 Tu non mi

hai cosparso il capo di olio profumato, ma lei mi ha cosparso di
profumo i piedi. [47]Per questo ti dico: le sono perdonati i suoi
molti peccati, poiché ha molto amato. Invece quello a cui si
perdona poco, ama poco». [48]Poi disse a lei: «Ti sono perdonati
i tuoi peccati». [49]Allora i commensali cominciarono a dire tra
sé: «Chi è quest'uomo che perdona anche i peccati?». [50]Ma egli
disse alla donna: «La tua fede ti ha salvata; va' in pace!».

Un gruppo di donne segue Gesù. *(4,43-44; Mt 4,23; 9,35; Mc 1,39).*

8 [1]In seguito egli se ne andava per le città e i villaggi, predi-
cando e annunziando la buona novella del regno di Dio. [2]C'e-
rano con lui i Dodici e alcune donne che erano state guarite da
spiriti cattivi e da infermità: Maria di Màgdala, dalla quale era-
no usciti sette demòni, [3]Giovanna, moglie di Cusa, amministra-
tore di Erode, Susanna e molte altre, che li assistevano con i lo-
ro beni.

La parabola del seminatore. *(Mt 13,1-9 e nota; Mc 4,1-9).*

[4]Poiché una gran folla si radunava e accorreva a lui gente da
ogni città, disse con una parabola: [5]«Il seminatore uscì a semi-
nare la sua semente. Mentre seminava, parte cadde lungo la
strada e fu calpestata, e gli uccelli del cielo la divorarono.
[6]Un'altra parte cadde sulla pietra e appena germogliata inaridì
per mancanza di umidità. [7]Un'altra cadde in mezzo alle spine e
le spine, cresciute insieme con essa, la soffocarono. [8]Un'altra
cadde sulla terra buona, germogliò e fruttò cento volte tanto».
Detto questo, esclamò: «Chi ha orecchi per intendere, inten-
da!».

Perché Gesù parla in parabole. *(Is 6,9; Mt 13,10-13 e nota; Mc 4,10-12).*

[9]I suoi discepoli lo interrogarono sul significato della parabola.
[10]Ed egli disse: «A voi è dato conoscere i misteri del regno di
Dio, ma agli altri solo in parabole, perché

vedendo non vedano
e udendo non intendano.

Spiegazione della parabola del seminatore. *(Mt 13,18-23 e nota; Mc 4,14-20).*

11Il significato della parabola è questo: Il seme è la parola di
Dio. 12I semi caduti lungo la strada sono coloro che l'hanno
ascoltata, ma poi viene il diavolo e porta via la parola dai loro
cuori, perché non credano e così siano salvati. 13Quelli sulla
pietra sono coloro che, quando ascoltano, accolgono con gioia
la parola, ma non hanno radice; credono per un certo tempo,
ma nell'ora della tentazione vengono meno. 14Il seme caduto in
mezzo alle spine sono coloro che, dopo aver ascoltato, strada
facendo si lasciano sopraffare dalle preoccupazioni, dalla ric-
chezza e dai piaceri della vita e non giungono a maturazione.
15Il seme caduto sulla terra buona sono coloro che, dopo aver
ascoltato la parola con cuore buono e perfetto, la custodiscono
e producono frutto con la loro perseveranza.

La luce è fatta per illuminare: *bisogna volerlo essere (Mc 4,21-22).*

16Nessuno accende una lampada e la copre con un vaso o la po-
ne sotto un letto; la pone invece su un lampadario, perché chi
entra veda la luce. 17Non c'è nulla di nascosto che non debba
essere manifestato, nulla di segreto che non debba essere cono-
sciuto e venire in piena luce. 18Fate attenzione dunque a come
ascoltate; perché a chi ha sarà dato, ma a chi non ha sarà tolto
anche ciò che crede di avere».

La vera famiglia di Gesù. *(Mt 12,46-50; Mc 3,31-35).*

19Un giorno andarono a trovarlo la madre e i fratelli, ma non
potevano avvicinarlo a causa della folla. 20Gli fu annunziato:
«Tua madre e i tuoi fratelli sono qui fuori e desiderano veder-
ti». 21Ma egli rispose: «Mia madre e miei fratelli sono coloro
che ascoltano la parola di Dio e la mettono in pratica».

La tempesta sedata. *(Mt 8,23-27 e nota; Mc 4,35-41).*

22Un giorno salì su una barca con i suoi discepoli e disse: «Pas-
siamo all'altra riva del lago». Presero il largo. 23Ora, mentre
navigavano, egli si addormentò. Un turbine di vento si abbatté

sul lago, imbarcavano acqua ed erano in pericolo. 24Accostatisi
a lui, lo svegliarono dicendo: «Maestro, maestro, siamo perdu-
ti!». E lui, destatosi, sgridò il vento e i flutti minacciosi; essi
cessarono e si fece bonaccia. 25Allora disse loro: «Dov'è la vo-
stra fede?». Essi intimoriti e meravigliati si dicevano l'un l'al-
tro: «Chi è dunque costui che dà ordini ai venti e all'acqua e gli
obbediscono?».

L'indemoniato geraseno. *Il deserto è il luogo classico ove dimorano gli spiriti impuri, mentre l'abisso è il luogo destinato a riceverli definitivamente (Mt 8,28-34 e nota; Mc 5,1-20 e nota a 1,29).*

26Approdarono nella regione dei Gerasèni, che sta di fronte al-
la Galilea. 27Era appena sceso a terra, quando gli venne incon-
tro un uomo della città posseduto dai demòni. Da molto tempo
non portava vestiti, né abitava in casa, ma nei sepolcri. 28Alla
vista di Gesù gli si gettò ai piedi urlando e disse a gran voce:
«Che vuoi da me, Gesù, Figlio del Dio Altissimo? Ti prego,
non tormentarmi!». 29Gesù infatti stava ordinando allo spirito
immondo di uscire da quell'uomo. Molte volte infatti s'era im-
possessato di lui; allora lo legavano con catene e lo custodivano
in ceppi, ma egli spezzava i legami e veniva spinto dal demonio
in luoghi deserti. 30Gesù gli domandò: «Qual è il tuo nome?».
Rispose: «Legione», perché molti demòni erano entrati in lui.
31E lo supplicavano che non ordinasse loro di andarsene nell'a-
bisso.
32Vi era là un numeroso branco di porci che pascolavano sul
monte. Lo pregarono che concedesse loro di entrare nei porci;
ed egli lo permise. 33I demòni uscirono dall'uomo ed entrarono
nei porci e quel branco corse a gettarsi a precipizio dalla rupe
nel lago e annegò. 34Quando videro ciò che era accaduto, i
mandriani fuggirono e portarono la notizia nella città e nei vil-
laggi. 35La gente uscì per vedere l'accaduto, arrivarono da Ge-
sù e trovarono l'uomo dal quale erano usciti i demòni vestito e
sano di mente, che sedeva ai piedi di Gesù; e furono presi da
spavento. 36Quelli che erano stati spettatori riferirono come
l'indemoniato era stato guarito. 37Allora tutta la popolazione
del territorio dei Gerasèni gli chiese che si allontanasse da loro,
perché avevano molta paura. Gesù, salito su una barca, tornò

indietro. [38]L'uomo dal quale erano usciti i demòni gli chiese di
restare con lui, ma egli lo congedò dicendo: [39]«Torna a casa tua
e racconta quello che Dio ti ha fatto». L'uomo se ne andò, pro-
clamando per tutta la città quello che Gesù gli aveva fatto.

Guarigione della donna inferma e risurrezione della figlia di Giàiro. *La morte è solo un sonno (Mt 9,18-26; Mc 5,21-43).*

[40]Al suo ritorno, Gesù fu accolto dalla folla, poiché tutti erano
in attesa di lui. [41]Ed ecco venne un uomo di nome Giàiro, che
era capo della sinagoga: gettatosi ai piedi di Gesù, lo pregava
di recarsi a casa sua, [42]perché aveva un'unica figlia, di circa do-
dici anni, che stava per morire. Durante il cammino, le folle gli
si accalcavano attorno. [43]Una donna che soffriva di emorragia
da dodici anni, e che nessuno era riuscito a guarire, [44]gli si av-
vicinò alle spalle e gli toccò il lembo del mantello e subito il
flusso di sangue si arrestò. [45]Gesù disse: «Chi mi ha toccato?».
Mentre tutti negavano, Pietro disse: «Maestro, la folla ti strin-
ge da ogni parte e ti schiaccia». [45]Ma Gesù disse: «Qualcuno mi
ha toccato. Ho sentito che una forza è uscita da me». [47]Allora
la donna, vedendo che non poteva rimanere nascosta, si fece
avanti tremando e, gettatasi ai suoi piedi, dichiarò davanti a
tutto il popolo il motivo per cui l'aveva toccato, e come era sta-
ta subito guarita. [48]Egli le disse: «Figlia, la tua fede ti ha salva-
ta, va' in pace!».
[49]Stava ancora parlando quando venne uno della casa del capo
della sinagoga a dirgli: «Tua figlia è morta, non disturbare più
il maestro». [50]Ma Gesù che aveva udito rispose: «Non temere,
soltanto abbi fede e sarà salvata». [51]Giunto alla casa, non lasciò
entrare nessuno con sé, all'infuori di Pietro, Giovanni e Giaco-
mo e il padre e la madre della fanciulla. [52]Tutti piangevano e
facevano il lamento su di lei. Gesù disse: «Non piangete, per-
ché non è morta, ma dorme». [53]Essi lo deridevano, sapendo
che era morta, [54]ma egli, prendendole la mano, disse ad alta
voce: «Fanciulla, alzati!». [55]Il suo spirito ritornò in lei ed ella si
alzò all'istante. Egli ordinò di darle da mangiare. [56]I genitori ne
furono sbalorditi, ma egli raccomandò loro di non raccontare a
nessuno ciò che era accaduto.

Missione dei Dodici. *(Mt 10,5-15 e nota; Mc 6,7-13).*

9 [1]Egli allora chiamò a sé i Dodici e diede loro potere e autorità su tutti i demòni e di curare le malattie. [2]E li mandò ad annunziare il regno di Dio e a guarire gli infermi. [3]Disse loro: «Non prendete nulla per il viaggio, né bastone, né bisaccia, né pane, né denaro, né due tuniche per ciascuno. [4]In qualunque casa entriate, là rimanete e di là poi riprendete il cammino. [5]Quanto a coloro che non vi accolgono, nell'uscire dalla loro città, scuotete la polvere dai vostri piedi, a testimonianza contro di essi». [6]Allora essi partirono e giravano di villaggio in villaggio, annunziando dovunque la buona novella e operando guarigioni.

Erode e Gesù. *(Mt 14,1-2; Mc 6,14-16).*

[7]Intanto il tetrarca Erode sentì parlare di tutti questi avvenimenti e non sapeva che cosa pensare, perché alcuni dicevano: «Giovanni è risuscitato dai morti», [8]altri: «È apparso Elia», e altri ancora: «È risorto uno degli antichi profeti». [9]Ma Erode diceva: «Giovanni l'ho fatto decapitare io; chi è dunque costui, del quale sento dire tali cose?». E cercava di vederlo.

Ritorno degli apostoli e moltiplicazione dei pani. *(Mt 14,13-21 e nota; Mc 6,30-44; Gv 6,1-13).*

[10]Al loro ritorno, gli apostoli raccontarono a Gesù tutto quello che avevano fatto. Allora li prese con sé e si ritirò verso una città chiamata Betsàida. [11]Ma le folle lo seppero e lo seguirono. Egli le accolse e prese a parlar loro del regno di Dio e a guarire quanti avevan bisogno di cure. [12]Il giorno cominciava a declinare e i Dodici gli si avvicinarono dicendo: «Congeda la folla, perché vada nei villaggi e nelle campagne dintorno per alloggiare e trovar cibo, poiché qui siamo in una zona deserta». [13]Gesù disse loro: «Dategli voi stessi da mangiare». Ma essi risposero: «Non abbiamo che cinque pani e due pesci, a meno che non andiamo noi a comprare viveri per tutta questa gente». [14]C'erano infatti circa cinquemila uomini. Egli disse ai discepoli: «Fateli sedere per gruppi di cinquanta». [15]Così fecero e li invitarono a sedersi tutti quanti. [16]Allora egli prese i cinque pani

e i due pesci e, levati gli occhi al cielo, li benedisse, li spezzò e li
diede ai discepoli perché li distribuissero alla folla. 17 Tutti man-
giarono e si saziarono e delle parti loro avanzate furono portate
via dodici ceste.

Pietro proclama che Gesù è il Cristo. *(Mt 16,13-14 e nota; Mc 8,27-29).*

18 Un giorno, mentre Gesù si trovava in un luogo appartato a
pregare e i discepoli erano con lui, pose loro questa domanda:
«Chi sono io secondo la gente?». 19 Essi risposero: «Per alcuni
Giovanni il Battista, per altri Elia, per altri uno degli antichi
profeti che è risorto». 20 Allora domandò: «Ma voi chi dite che
io sia?». Pietro, prendendo la parola, rispose: «Il Cristo di
Dio». 21 Egli allora ordinò loro severamente di non riferirlo a
nessuno.

Primo annunzio della passione. *(Mt 16,21 e nota; Mc 8,31).*

22 «Il Figlio dell'uomo, disse, deve soffrire molto, essere ripro-
vato dagli anziani, dai sommi sacerdoti e dagli scribi, esser
messo a morte e risorgere il terzo giorno».

Condizioni per seguire Gesù. *(14,27; Mt 16,24-27; 10,38; Mc 8,34-38; Gv 12,26).*

23 Poi, a tutti, diceva: «Se qualcuno vuol venire dietro a me, rin-
neghi se stesso, prenda la sua croce ogni giorno e mi segua.
24 Chi vorrà salvare la propria vita, la perderà, ma chi perderà la
propria vita per me, la salverà. 25 Che giova all'uomo guadagna-
re il mondo intero, se poi si perde o rovina se stesso?
26 Chi si vergognerà di me e delle mie parole, di lui si vergogne-
rà il Figlio dell'uomo, quando verrà nella gloria sua e del Padre
e degli angeli santi.

Il regno di Dio sta per manifestarsi. *(Mt 16,28; Mc 9,1).*

27 In verità vi dico: vi sono alcuni qui presenti, che non morran-
no prima di aver visto il regno di Dio».

La trasfigurazione. *È l'annunzio della glorificazione di Gesù, della sua morte e risurrezione, della sua ascensione: realtà che permetteranno agli uomini di accedere a Dio con lui (Es 34,4-22* *e 29-35; Dt 34,5-6; 2Re 2,11-12; Nm 10,34; 1Re 9,8-18; Mt 17,1-8 e nota; Mc 9,2-10).*

28Circa otto giorni dopo questi discorsi, prese con sé Pietro,
Giovanni e Giacomo e salì sul monte a pregare. 29E, mentre
pregava, il suo volto cambiò d'aspetto e la sua veste divenne
candida e sfolgorante. 30Ed ecco due uomini parlavano con lui:
erano Mosè ed Elia, 31apparsi nella loro gloria, e parlavano
della sua dipartita che avrebbe portato a compimento a Geru-
salemme. 32Pietro e i suoi compagni erano oppressi dal sonno;
tuttavia restarono svegli e videro la sua gloria e i due uomini
che stavano con lui. 33Mentre questi si separavano da lui, Pie-
tro disse a Gesù: «Maestro, è bello per noi stare qui. Facciamo
tre tende, una per te, una per Mosè e una per Elia». Egli non
sapeva quel che diceva. 34Mentre parlava così, venne una nube
e li avvolse; all'entrare in quella nube, ebbero paura. 35E dalla
nube uscì una voce, che diceva: «Questi è il Figlio mio, l'elet-
to; ascoltatelo». 36Appena la voce cessò, Gesù restò solo. Essi
tacquero e in quei giorni non riferirono a nessuno ciò che ave-
vano visto.

Gesù guarisce un altro indemoniato. *(Mt 17,14-18).*

37Il giorno seguente, quando furon discesi dal monte, una gran
folla gli venne incontro. 38A un tratto dalla folla un uomo si
mise a gridare: «Maestro, ti prego di volgere lo sguardo a mio
figlio, perché è l'unico che ho. 39Ecco, uno spirito lo afferra e
subito egli grida, lo scuote ed egli dà schiuma e solo a fatica se
ne allontana lasciandolo sfinito. 40Ho pregato i tuoi discepoli di
scacciarlo, ma non ci sono riusciti». 41Gesù rispose: «O genera-
zione incredula e perversa, fino a quando sarò con voi e vi sop-
porterò? Conducimi qui tuo figlio». 42Mentre questi si av-
vicinava, il demonio lo gettò per terra agitandolo con convul-
sioni. Gesù minacciò lo spirito immondo, risanò il fanciullo e
lo consegnò a suo padre. 43E tutti furono stupiti per la grandez-
za di Dio.

Secondo annunzio della passione. *(Mt 17,22-23; Mc 9,30-32).*

Mentre tutti erano sbalorditi per tutte le cose che faceva, disse
ai suoi discepoli: 44«Mettetevi bene in mente queste parole: Il

Figlio dell'uomo sta per esser consegnato in mano degli uomini». [45]Ma essi non comprendevano questa frase; per loro restava così misteriosa che non ne comprendevano il senso e avevano paura a rivolgergli domande su tale argomento.

Il più grande nel regno dei cieli. *Gesù si identifica nuovamente con gli uomini (22,24; Mt 18,1-5; Mc 9,33-37).*

[46]Frattanto sorse una discussione tra loro, chi di essi fosse il più grande. [47]Allora Gesù, conoscendo il pensiero del loro cuore, prese un fanciullo, se lo mise vicino e disse: [48]«Chi accoglie questo fanciullo nel mio nome, accoglie me; e chi accoglie me, accoglie colui che mi ha mandato. Poiché chi è il più piccolo tra tutti voi, questi è grande».

Chi non è contro di voi è per voi. *(11,23).*

[49]Giovanni prese la parola dicendo: «Maestro, abbiamo visto un tale che scacciava demòni nel tuo nome e glielo abbiamo impedito, perché non è con noi tra i tuoi seguaci». [50]Ma Gesù gli rispose: «Non glielo impedite, perché chi non è contro di voi, è per voi».

IV. VERSO GERUSALEMME

Luca presenta i diversi viaggi di Gesù a Gerusalemme in un unico viaggio orientato verso la passione e la glorificazione.

Gesù non viene accolto in un villaggio di Samaria. *Egli prosegue il viaggio affermando che la sua missione non è di castigare ma di mettere gli uomini in relazione con Dio (cf. azione di Elia in 2Re 2,10; inoltre Lc 19,10-13; Mt 19,1 e nota; Mc 10,1).*

[51]Mentre stavano compiendosi i giorni in cui sarebbe stato tolto dal mondo, si diresse decisamente verso Gerusalemme [52]e mandò avanti dei messaggeri. Questi si incamminarono ed entrarono in un villaggio di Samaritani per fare i preparativi per lui. [53]Ma essi non vollero riceverlo, perché era diretto verso Gerusalemme. [54]Quando videro ciò, i discepoli Giacomo e

Giovanni dissero: «Signore, vuoi che diciamo che *scenda un*
fuoco dal cielo e li consumi?». 55Ma Gesù si voltò e li rimprove-
rò. 56E si avviarono verso un altro villaggio.

Esigenze della vocazione apostolica. *Sono più severe di quelle richieste da Elia: 1Re 19,19-21 (Mt 8,18-22 e nota).*

57Mentre andavano per la strada, un tale gli disse: «Ti seguirò
dovunque tu vada». 58Gesù gli rispose: «Le volpi hanno le loro
tane e gli uccelli del cielo i loro nidi, ma il Figlio dell'uomo non
ha dove posare il capo». 59A un altro disse: «Seguimi». E costui
rispose: «Signore, concedimi di andare a seppellire prima mio
padre». 60Gesù replicò: «Lascia che i morti seppelliscano i loro
morti; tu va' e annunzia il regno di Dio». 61Un altro disse: «Ti
seguirò, Signore, ma prima lascia che io mi congedi da quelli di
casa». 62Ma Gesù gli rispose: «Nessuno che ha messo mano al-
l'aratro e poi si volge indietro, è adatto per il regno di Dio».

Missione dei settantadue discepoli. *Settantadue era il numero tradizionale delle nazioni pagane, quante apparivano nella traduzione greca dei Settanta, fatta ad Alessandria negli anni che vanno dal 309 al 250 a.C. L'originale ebraico ne conta solo settanta. L'incarico di annunziare la parola di Dio non è riservato agli specialisti (Mt 6,8.11; Lc 9,3-5).*

10 1Dopo questi fatti il Signore designò altri settantadue di-
scepoli e li inviò a due a due avanti a sé in ogni città e luogo do-
ve stava per recarsi. 2Diceva loro: «La messe è molta, ma gli
operai sono pochi. Pregate dunque il padrone della messe per-
ché mandi operai per la sua messe. 3Andate: ecco io vi mando
come agnelli in mezzo a lupi; 4non portate borsa, né bisaccia,
né sandali e non salutate nessuno lungo la strada. 5In qualun-
que casa entriate, prima dite: Pace a questa casa. 6Se vi sarà un
figlio della pace, la vostra pace scenderà su di lui, altrimenti ri-
tornerà su di voi. 7Restate in quella casa, mangiando e bevendo
di quello che hanno, perché l'operaio è degno della sua merce-
de. Non passate di casa in casa. 8Quando entrerete in una città
e vi accoglieranno, mangiate quello che vi sarà messo dinanzi,
9curate i malati che vi si trovano, e dite loro: Si è avvicinato a

voi il regno di Dio. [10]Ma quando entrerete in una città e non vi
accoglieranno, uscite sulle piazze e dite: [11]Anche la polvere
della vostra città che si è attaccata ai nostri piedi, noi la scuotia-
mo contro di voi; sappiate però che il regno di Dio è vicino.
[12]Io vi dico che in quel giorno Sòdoma sarà trattata meno dura-
mente di quella città.

Gesù si identifica con i suoi. *(Gio 3,3-6; Is 14,13-15; Mt 11,21-24 e nota).*

[13]Guai a te, Corazin, guai a te, Betsàida! Perché se in Tiro e Si-
done fossero stati compiuti i miracoli compiuti tra voi, già da
tempo si sarebbero convertiti vestendo il sacco e coprendosi di
cenere. [14]Perciò nel giudizio Tiro e Sidone saranno trattate me-
no duramente di voi.
[15]E tu, Cafàrnao,

sarai innalzata fino al cielo?
Fino agli inferi sarai precipitata!

[16]Chi ascolta voi ascolta me, chi disprezza voi disprezza me. E
chi disprezza me disprezza colui che mi ha mandato».

Rallegrarsi di appartenere a Dio. *(Sal 91,13; Dn 12,1).*

[17]I settantadue tornarono pieni di gioia dicendo: «Signore, an-
che i demòni si sottomettono a noi nel tuo nome». [18]Egli disse:
«Io vedevo satana cadere dal cielo come la folgore. [19]Ecco, io
vi ho dato il potere di camminare sopra i serpenti e gli scorpioni
e sopra ogni potenza del nemico; nulla vi potrà danneggiare.
[20]Non rallegratevi però perché i demòni si sottomettono a voi;
rallegratevi piuttosto che i vostri nomi sono scritti nei cieli».

Il Vangelo rivelato ai semplici. *(Mt 11,25-27).*

[21]In quello stesso istante Gesù esultò nello Spirito Santo e dis-
se: «Io ti rendo lode, Padre, Signore del cielo e della terra, che
hai nascosto queste cose ai dotti e ai sapienti e le hai rivelate ai
piccoli. Sì, Padre, perché così a te è piaciuto. [22]Ogni cosa mi è
stata affidata dal Padre mio e nessuno sa chi è il Figlio se non il
Padre, né chi è il Padre se non il Figlio e colui al quale il Figlio
lo voglia rivelare».

Il privilegio dei discepoli. *Essi stanno assistendo al compimento della storia di Israele, alla trasformazione del mondo, alla instaurazione del regno di Dio tra gli uomini, al risveglio di ogni coscienza (Mt 13,16-17).*

[23]E volgendosi ai discepoli, in disparte, disse: «Beati gli occhi
che vedono ciò che voi vedete. [24]Vi dico che molti profeti e re
hanno desiderato vedere ciò che voi vedete, ma non lo videro,
e udire ciò che voi udite, ma non l'udirono».

Parabola del buon samaritano. *Insieme a quello di amare Dio, il più grande comandamento è di amare il prossimo, anche se si tratta di eretici e di stranieri come erano considerati i samaritani (Dt 6,5; Lv 19,18; Mt 22,34-40; Mc 12,28-30).*

[25]Un dottore della legge si alzò per metterlo alla prova: «Mae-
stro, che devo fare per ereditare la vita eterna?». [26]Gesù gli dis-
se: «Che cosa sta scritto nella Legge? Che cosa vi leggi?». [27]Co-
stui rispose: «*Amerai il Signore Dio tuo con tutto il tuo cuore,
con tutta la tua anima, con tutta la tua forza* e con tutta la tua
mente e *il prossimo tuo come te stesso*». [28]E Gesù: «Hai rispo-
sto bene; fa' questo e vivrai». [29]Ma quegli, volendo giustificar-
si, disse a Gesù: «E chi è il mio prossimo?». [30]Gesù riprese:
«Un uomo scendeva da Gerusalemme a Gèrico e incappò nei
briganti che lo spogliarono, lo percossero e poi se ne andarono,
lasciandolo mezzo morto. [31]Per caso, un sacerdote scendeva
per quella medesima strada e quando lo vide passò oltre dall'al-
tra parte. [32]Anche un levita, giunto in quel luogo, lo vide e pas-
sò oltre. [33]Invece un Samaritano, che era in viaggio, passando-
gli accanto lo vide e n'ebbe compassione. [34]Gli si fece vicino,
gli fasciò le ferite, versandovi olio e vino; poi, caricatolo sopra
il suo giumento, lo portò a una locanda e si prese cura di lui.
[35]Il giorno seguente, estrasse due denari e li diede all'alberga-
tore, dicendo: Abbi cura di lui e ciò che spenderai in più, te lo
rifonderò al mio ritorno. [36]Chi di questi tre ti sembra sia stato il
prossimo di colui che è incappato nei briganti?». [37]Quegli ri-
spose: «Chi ha avuto compassione di lui». Gesù gli disse: «Va'
e anche tu fa' lo stesso».

Marta e Maria. *Sapere distinguere l'essenziale.*

[38]Mentre erano in cammino, entrò in un villaggio e una donna,
di nome Marta, lo accolse nella sua casa. [39]Essa aveva una so-
rella, di nome Maria, la quale, sedutasi ai piedi di Gesù, ascol-
tava la sua parola; [40]Marta invece era tutta presa dai molti ser-
vizi. Pertanto, fattasi avanti, disse: «Signore, non ti curi che
mia sorella mi ha lasciata sola a servire? Dille dunque che mi
aiuti». [41]Ma Gesù le rispose: «Marta, Marta, tu ti preoccupi e ti
agiti per molte cose, [42]ma una sola è la cosa di cui c'è bisogno.
Maria si è scelta la parte migliore, che non le sarà tolta».

La preghiera insegnata da Gesù. *(Mt 6,9-13 e nota).*

11 [1]Un giorno Gesù si trovava in un luogo a pregare e
quando ebbe finito uno dei discepoli gli disse: «Signore, inse-
gnaci a pregare, come anche Giovanni ha insegnato ai suoi di-
scepoli». [2]Ed egli disse loro: «Quando pregate, dite:

Padre, sia santificato il tuo nome,
venga il tuo regno;
[3]dacci ogni giorno il nostro pane quotidiano,
[4]e perdonaci i nostri peccati,
perché anche noi perdoniamo ad ogni nostro debitore,
e non ci indurre in tentazione».

L'amico importuno. *(18,2-5).*

[5]Poi aggiunse: «Se uno di voi ha un amico e va da lui a mezza-
notte a dirgli: Amico, prestami tre pani, [6]perché è giunto da me
un amico da un viaggio e non ho nulla da mettergli davanti; [7]e
se quegli dall'interno gli risponde: Non m'importunare, la por-
ta è già chiusa e i miei bambini sono a letto con me, non posso
alzarmi per darteli; [8]vi dico che, se anche non si alzerà a dar-
glieli per amicizia, si alzerà a dargliene quanti gliene occorrono
almeno per la sua insistenza.

Efficacia della preghiera. *(Mt 7,7-11; Gv 14,13-14).*

[9]Ebbene io vi dico: Chiedete e vi sarà dato, cercate e troverete,
bussate e vi sarà aperto. [10]Perché chi chiede ottiene, chi cerca

trova, e a chi bussa sarà aperto. [11]Quale padre tra voi, se il fi-
glio gli chiede un pane, gli darà una pietra? O se gli chiede un
pesce, gli darà al posto del pesce una serpe? [12]O se gli chiede
un uovo, gli darà uno scorpione? [13]Se dunque voi, che siete
cattivi, sapete dare cose buone ai vostri figli, quanto più il Pa-
dre vostro celeste darà lo Spirito Santo a coloro che glielo
chiedono!».

Esorcismi. *La presenza di Gesù vince le forze oscure che perseguitano le anime. Le vittime sono trasformate (Mt 12,22-30 e nota; Mc 3,22-27).*

[14]Gesù stava scacciando un demonio che era muto. Uscito il de-
monio, il muto cominciò a parlare e le folle rimasero meravi-
gliate. [15]Ma alcuni dissero: «È in nome di Beelzebùl, capo dei
demòni, che egli scaccia i demòni». [16]Altri poi, per metterlo al-
la prova, gli domandavano un segno dal cielo. [17]Egli, conoscen-
do i loro pensieri, disse: «Ogni regno diviso in se stesso va in
rovina e una casa cade sull'altra. [18]Ora, se anche satana è diviso
in se stesso, come potrà stare in piedi il suo regno? Voi dite che
io scaccio i demòni in nome di Beelzebùl. [19]Ma se io scaccio i
demòni in nome di Beelzebùl, i vostri discepoli in nome di chi li
scacciano? Perciò essi stessi saranno i vostri giudici. [20]Se invece
io scaccio i demòni con il dito di Dio, è dunque giunto a voi il
regno di Dio.
[21]Quando un uomo forte, bene armato, fa la guardia al suo pa-
lazzo, tutti i suoi beni stanno al sicuro. [22]Ma se arriva uno più
forte di lui e lo vince, gli strappa via l'armatura nella quale con-
fidava e ne distribuisce il bottino.

Intransigenza di Gesù. *Qui non si tratta più, come in 9,50, di un criterio per saggiare gli altri, ma di mettere alla prova se stessi (Mt 12,30).*

[23]Chi non è con me, è contro di me; e chi non raccoglie con me,
disperde.

Ritorno dello spirito-del-male. *(Lv 16,10; Mt 12,43-45).*

[24]Quando lo spirito immondo esce dall'uomo, si aggira per luo-
ghi aridi in cerca di riposo e, non trovandone, dice: Ritornerò

nella mia casa da cui sono uscito. 25Venuto, la trova spazzata e
adorna. 26Allora va, prende con sé altri sette spiriti peggiori di
lui ed essi entrano e vi alloggiano e la condizione finale di quel-
l'uomo diventa peggiore della prima».

La vera beatitudine.

27Mentre diceva questo, una donna alzò la voce di mezzo alla
folla e disse: «Beato il ventre che ti ha portato e il seno da cui
hai preso il latte!». 28Ma egli disse: «Beati piuttosto coloro che
ascoltano la parola di Dio e la osservano!».

Non vi sono segni che costringono a credere. *(1Re 10,1-10; Mt 12,38-42 e nota).*

29Mentre le folle si accalcavano, Gesù cominciò a dire: «Questa
generazione è una generazione malvagia; essa cerca un segno,
ma non le sarà dato nessun segno fuorché il segno di Giona.
30Poiché come Giona fu un segno per quelli di Nìnive, così an-
che il Figlio dell'uomo lo sarà per questa generazione. 31La re-
gina del sud sorgerà nel giudizio insieme con gli uomini di que-
sta generazione e li condannerà; perché essa venne dalle estre-
mità della terra per ascoltare la sapienza di Salomone. Ed ecco,
ben più di Salomone c'è qui. 32Quelli di Nìnive sorgeranno nel
giudizio insieme con questa generazione e la condanneranno;
perché essi alla predicazione di Giona si convertirono. Ed ec-
co, ben più di Giona c'è qui.

Vivere nella luce. *(Ml 2,1-9; Nm 19,16; Lc 8,16; Mt 5,15 e 6,22-23; Mc 4,21).*

33Nessuno accende una lucerna e la mette in luogo nascosto o
sotto il moggio, ma sopra il lucerniere, perché quanti entrano
vedano la luce. 34La lucerna del tuo corpo è l'occhio. Se il tuo
occhio è sano, anche il tuo corpo è tutto nella luce; ma se è ma-
lato, anche il tuo corpo è nelle tenebre. 35Bada dunque che la
luce che è in te non sia tenebra. 36Se il tuo corpo è tutto lumino-
so senza avere alcuna parte nelle tenebre, tutto sarà luminoso,
come quando la lucerna ti illumina con il suo bagliore».

Contro i farisei e i legulei. *Gesù condanna il formalismo religioso (Mt 23,1-36 e nota; Mc 12,38-40).*

37Dopo che ebbe finito di parlare, un fariseo lo invitò a pranzo.

Egli entrò e si mise a tavola. [38]Il fariseo si meravigliò che non
avesse fatto le abluzioni prima del pranzo. [39]Allora il Signore
gli disse: «Voi farisei purificate l'esterno della coppa e del piat-
to, ma il vostro interno è pieno di rapina e di iniquità. [40]Stolti!
Colui che ha fatto l'esterno non ha forse fatto anche l'interno?
[41]Piuttosto date in elemosina quel che c'è dentro, ed ecco, tutto
per voi sarà mondo. [42]Ma guai a voi, farisei, che pagate la deci-
ma della menta, della ruta e di ogni erbaggio, e poi trasgredite
la giustizia e l'amore di Dio. Queste cose bisognava curare sen-
za trascurare le altre. [43]Guai a voi, farisei, che avete cari i primi
posti nelle sinagoghe e i saluti sulle piazze. [44]Guai a voi perché
siete come quei sepolcri che non si vedono e la gente vi passa
sopra senza saperlo».
[45]Uno dei dottori della legge intervenne: «Maestro, dicendo
questo, offendi anche noi». [46]Egli rispose: «Guai anche a voi,
dottori della legge, che caricate gli uomini di pesi insopportabi-
li, e quei pesi voi non li toccate nemmeno con un dito! [47]Guai a
voi, che costruite i sepolcri dei profeti, e i vostri padri li hanno
uccisi. [48]Così voi date testimonianza e approvazione alle opere
dei vostri padri: essi li uccisero e voi costruite loro i sepolcri.
[49]Per questo la sapienza di Dio ha detto: Manderò a loro profe-
ti e apostoli ed essi li uccideranno e perseguiteranno; [50]perché
sia chiesto conto a questa generazione del sangue di tutti i pro-
feti, versato fin dall'inizio del mondo, [51]dal sangue di Abele fi-
no al sangue di Zaccaria, che fu ucciso tra l'altare e il santuario.
Sì, vi dico, ne sarà chiesto conto a questa generazione. [52]Guai a
voi, dottori della legge, che avete tolto la chiave della scienza.
Voi non siete entrati, e a quelli che volevano entrare l'avete
impedito».
[53]Quando fu uscito di là, gli scribi e i farisei cominciarono a
trattarlo ostilmente e a farlo parlare su molti argomenti, [54]ten-
dendogli insidie, per sorprenderlo in qualche parola uscita dal-
la sua stessa bocca.

Bisogna amare solo Dio. *È necessaria una scelta esplicita del Cristo (Mt 16,6-12; 10,26-33; 3,12; 18,9; 12,32; 10,17-20; Mc 8,15; 4,22; 8,38; 3,29; 13,11).*

12 [1]Nel frattempo, radunatesi migliaia di persone che si
calpestavano a vicenda, Gesù cominciò a dire anzitutto ai di-

scepoli: «Guardatevi dal lievito dei farisei, che è l'ipocrisia.
2Non c'è nulla di nascosto che non sarà svelato, né di segreto
che non sarà conosciuto. 3Pertanto ciò che avrete detto nelle
tenebre, sarà udito in piena luce; e ciò che avrete detto all'o-
recchio nelle stanze più interne, sarà annunziato sui tetti.
4A voi miei amici, dico: Non temete coloro che uccidono il cor-
po e dopo non possono far più nulla. 5Vi mostrerò invece chi
dovete temere: temete Colui che, dopo aver ucciso, ha il pote-
re di gettare nella Geenna. Sì, ve lo dico, temete Costui. 6Cin-
que passeri non si vendono forse per due soldi? Eppure nem-
meno uno di essi è dimenticato davanti a Dio. 7Anche i capelli
del vostro capo sono tutti contati. Non temete, voi valete più di
molti passeri.
8Inoltre vi dico: Chiunque mi riconoscerà davanti agli uomini,
anche il Figlio dell'uomo lo riconoscerà davanti agli angeli di
Dio; 9ma chi mi rinnegherà davanti agli uomini sarà rinnegato
davanti agli angeli di Dio.
10Chiunque parlerà contro il Figlio dell'uomo gli sarà perdona-
to, ma chi bestemmierà lo Spirito Santo non gli sarà perdonato.
11Quando vi condurranno davanti alle sinagoghe, ai magistrati
e alle autorità, non preoccupatevi come discolparvi o che cosa
dire; 12perché lo Spirito Santo vi insegnerà in quel momento ciò
che bisogna dire».

Essere ricchi della vera ricchezza. *(Sir 11,19).*

13Uno della folla gli disse: «Maestro, di' a mio fratello che divi-
da con me l'eredità». 14Ma egli rispose: «O uomo, chi mi ha co-
stituito giudice o mediatore sopra di voi?». 15E disse loro:
«Guardatevi e tenetevi lontano da ogni cupidigia, perché anche
se uno è nell'abbondanza la sua vita non dipende dai suoi be-
ni». 16Disse poi una parabola: «La campagna di un uomo ricco
aveva dato un buon raccolto. 17Egli ragionava tra sé: Che farò,
poiché non ho dove riporre i miei raccolti? 18E disse: Farò così:
demolirò i miei magazzini e ne costruirò di più grandi e vi rac-
coglierò tutto il grano e i miei beni. 19Poi dirò a me stesso: Ani-
ma mia, hai a disposizione molti beni, per molti anni; riposati,
mangia, bevi e datti alla gioia. 20Ma Dio gli disse: Stolto, que-
sta notte stessa ti sarà richiesta la tua vita. E quello che hai pre-

parato di chi sarà? [21]Così è di chi accumula tesori per sé, e non
arricchisce davanti a Dio».

Aver fiducia in Dio. *Il suo regno è un dono gratuito (Mt 6,25-33).*

[22]Poi disse ai discepoli: «Per questo io vi dico: Non datevi pen-
siero per la vostra vita, di quello che mangerete; né per il vo-
stro corpo, come lo vestirete. [23]La vita vale più del cibo e il cor-
po più del vestito. [24]Guardate i corvi: non seminano e non mie-
tono, non hanno ripostiglio né granaio, e Dio li nutre. Quanto
più degli uccelli voi valete! [25]Chi di voi, per quanto si affanni,
può aggiungere un'ora sola alla sua vita? [26]Se dunque non ave-
te potere neanche per la più piccola cosa, perché vi affannate
del resto? [27]Guardate i gigli, come crescono: non filano, non
tessono: eppure io vi dico che neanche Salomone, con tutta la
sua gloria, vestiva come uno di loro. [28]Se dunque Dio veste così
l'erba del campo, che oggi c'è e domani si getta nel forno,
quanto più voi, gente di poca fede? [29]Non cercate perciò che
cosa mangerete e berrete, e non state con l'animo in ansia: [30]di
tutte queste cose si preoccupa la gente del mondo; ma il Padre
vostro sa che ne avete bisogno. [31]Cercate piuttosto il regno di
Dio, e queste cose vi saranno date in aggiunta.
[32]Non temere, piccolo gregge, perché al Padre vostro è piaciuto
di darvi il suo regno.

Essere disposti a vendere tutti i propri beni *per poter entrare nel regno. Luca torna spesso sulla necessità di dare: cf. 3,11; 6,30; 11,41; 12,33; 14,13-14; 16,9; 18,22; 19,8; At 2,44; 4,34; 9,36; 10,2; 10,31; inoltre Mt 16,20-21.*

[33]Vendete ciò che avete e datelo in elemosina; fatevi borse che
non invecchiano, un tesoro inesauribile nei cieli, dove i ladri
non arrivano e la tignola non consuma. [34]Perché dove è il vo-
stro tesoro, là sarà anche il vostro cuore.

Tenersi pronti, con la cintura ai fianchi, per il ritorno del padrone. *(Mt 24,42-51; 25,1-13).*

[35]Siate pronti, con la cintura ai fianchi e le lucerne accese; [36]sia-
te simili a coloro che aspettano il padrone quando torna dalle

nozze, per aprirgli subito, appena arriva e bussa. 37Beati quei
servi che il padrone al suo ritorno troverà ancora svegli; in veri-
tà vi dico, si cingerà le sue vesti, li farà mettere a tavola e passe-
rà a servirli. 38E se, giungendo nel mezzo della notte o prima
dell'alba, li troverà così, beati loro! 39Sappiate bene questo: se
il padrone di casa sapesse a che ora viene il ladro, non si lasce-
rebbe scassinare la casa. 40Anche voi tenetevi pronti, perché il
Figlio dell'uomo verrà nell'ora che non pensate».
41Allora Pietro disse: «Signore, questa parabola la dici per noi
o anche per tutti?». 42Il Signore rispose: «Qual è dunque l'am-
ministratore fedele e saggio, che il Signore porrà a capo della
sua servitù, per distribuire a tempo debito la razione di cibo?
43Beato quel servo che il padrone, arrivando, troverà al suo la-
voro. 44In verità vi dico, lo metterà a capo di tutti i suoi averi.
45Ma se quel servo dicesse in cuor suo: Il padrone tarda a veni-
re, e cominciasse a percuotere i servi e le serve, a mangiare, a
bere e a ubriacarsi, 46il padrone di quel servo arriverà nel gior-
no in cui meno se l'aspetta e in un'ora che non sa, e lo punirà
con rigore assegnandogli il posto fra gli infedeli. 47Il servo che,
conoscendo la volontà del padrone, non avrà disposto o agito
secondo la sua volontà, riceverà molte percosse; 48quello inve-
ce che, non conoscendola, avrà fatto cose meritevoli di percos-
se, ne riceverà poche. A chiunque fu dato molto, molto sarà
chiesto; a chi fu affidato molto, sarà richiesto molto di più.

Gesù vive nell'attesa del sacrificio. *(Mi 7,6; Mt 10,34-36 e nota)*.

49Sono venuto a portare il fuoco sulla terra; e come vorrei che
fosse già acceso! 50C'è un battesimo che devo ricevere; e come
sono angosciato, finché non sia compiuto!
51Pensate che io sia venuto a portare la pace sulla terra? No, vi
dico, ma la divisione. 52D'ora innanzi in una casa di cinque per-
sone 53si divideranno tre contro due e due contro tre;

padre contro figlio e *figlio contro padre*,
madre contro figlia e *figlia contro madre*,
suocera contro nuora e *nuora contro suocera*».

Saper interpretare i segni dei tempi. *(Mt 16,2-3)*.

54Diceva ancora alle folle: «Quando vedete una nuvola salire

da ponente, subito dite: Viene la pioggia, e così accade. [55]E
quando soffia lo scirocco, dite: Ci sarà caldo, e così accade.
[56]Ipocriti! Sapete giudicare l'aspetto della terra e del cielo, co-
me mai questo tempo non sapete giudicarlo? [57]E perché non
giudicate da voi stessi ciò che è giusto?

Non indugiare a mettersi d'accordo con il fratello. *(Mt 5,25-26).*

[58]Quando vai con il tuo avversario davanti al magistrato, lungo
la strada procura di accordarti con lui, perché non ti trascini da-
vanti al giudice e il giudice ti consegni all'esecutore e questi ti
getti in prigione. [59]Ti assicuro, non ne uscirai finché non avrai
pagato fino all'ultimo spicciolo».

La torre di Siloe. *Convertirsi o perire.*

13 [1]In quello stesso tempo si presentarono alcuni a riferirgli
circa quei Galilei, il cui sangue Pilato aveva mescolato con
quello dei loro sacrifici. [2]Prendendo la parola, Gesù rispose:
«Credete che quei Galilei fossero più peccatori di tutti i Galilei,
per aver subìto tale sorte? [3]No, vi dico, ma se non vi convertite,
perirete tutti allo stesso modo. [4]O quei diciotto, sopra i quali
rovinò la torre di Sìloe e li uccise, credete che fossero più col-
pevoli di tutti gli abitanti di Gerusalemme? [5]No, vi dico, ma se
non vi convertite, perirete tutti allo stesso modo».

Dio sa aspettare. *(Cf. in Mt 21,18-22 il castigo immediato).*

[6]Disse anche questa parabola: «Un tale aveva un fico piantato
nella vigna e venne a cercarvi frutti, ma non ne trovò. [7]Allora
disse al vignaiolo: Ecco, son tre anni che vengo a cercare frutti
su questo fico, ma non ne trovo. Taglialo. Perché deve sfrutta-
re il terreno? [8]Ma quegli rispose: Padrone, lascialo ancora que-
st'anno finché io gli zappi attorno e vi metta il concime [9]e ve-
dremo se porterà frutto per l'avvenire; se no, lo taglierai».

Guarigione in giorno di sabato. *Ci troviamo di fronte a un gene-
re letterario che è già apparso in Luca: 6,6-21 e 14,1-6.*

[10]Una volta stava insegnando in una sinagoga il giorno di saba-
to. [11]C'era là una donna che aveva da diciotto anni uno spirito

che la teneva inferma; era curva e non poteva drizzarsi in nes-
sun modo. [12]Gesù la vide, la chiamò a sé e le disse: «Donna, sei
libera dalla tua infermità», [13]e le impose le mani. Subito quella
si raddrizzò e glorificava Dio.
[14]Ma il capo della sinagoga, sdegnato perché Gesù aveva ope-
rato quella guarigione di sabato, rivolgendosi alla folla disse:
«Ci sono sei giorni in cui si deve lavorare; in quelli dunque ve-
nite a farvi curare e non in giorno di sabato». [15]Il Signore repli-
cò: «Ipocriti, non scioglie forse, di sabato, ciascuno di voi il bue
o l'asino dalla mangiatoia, per condurlo ad abbeverarsi? [16]E
questa figlia di Abramo, che satana ha tenuto legata diciott'an-
ni, non doveva essere sciolta da questo legame in giorno di sa-
bato?». [17]Quando egli diceva queste cose, tutti i suoi avversari
si vergognavano, mentre la folla intera esultava per tutte le me-
raviglie da lui compiute.

Il granello di senape e il lievito. *(Ez 17,23; Dn 4,9-18; Mt 13,31-32; Mc 4,30-32).*

[18]Diceva dunque: «A che cosa è simile il regno di Dio, e a che
cosa lo rassomiglierò? [19]È simile a un granellino di senapa,
che un uomo ha preso e gettato nell'orto; poi è cresciuto e di-
ventato un arbusto, e gli uccelli del cielo si sono posati tra i
suoi rami».
[20]E ancora: «A che cosa rassomiglierò il regno di Dio? [21]È simi-
le al lievito che una donna ha preso e nascosto in tre staia di fa-
rina, finché sia tutta fermentata».

La porta stretta. *Bisogna entrare finché rimane aperta (Sal 6,9; Mt 7,13-14 e 21-23; 25,10-12; 8,11-12).*

[22]Passava per città e villaggi, insegnando, mentre camminava
verso Gerusalemme. [23]Un tale gli chiese: «Signore, sono pochi
quelli che si salvano?». Rispose: [24]«Sforzatevi di entrare per la
porta stretta, perché molti, vi dico, cercheranno di entrarvi, ma
non ci riusciranno. [25]Quando il padrone di casa si alzerà e chiu-
derà la porta, rimasti fuori, comincerete a bussare alla porta,
dicendo: Signore, aprici. Ma egli vi risponderà: Non vi cono-

sco, non so di dove siete. 26Allora comincerete a dire: Abbia-
mo mangiato e bevuto in tua presenza e tu hai insegnato nelle
nostre piazze. 27Ma egli dichiarerà: Vi dico che non so di dove
siete. Allontanatevi da me voi tutti operatori d'iniquità! 28Là ci
sarà pianto e stridore di denti quando vedrete Abramo, Isacco
e Giacobbe e tutti i profeti nel regno di Dio e voi cacciati fuori.
29Verranno da oriente e da occidente, da settentrione e da mez-
zogiorno e siederanno a mensa nel regno di Dio.
30Ed ecco, ci sono alcuni tra gli ultimi che saranno primi e alcu-
ni tra i primi che saranno ultimi».

Gesù sale a Gerusalemme *con chiara coscienza di ciò che l'attende.*

31In quel momento si avvicinarono alcuni farisei a dirgli: «Parti
e vattene via di qui, perché Erode ti vuole uccidere». 32Egli ri-
spose: «Andate a dire a quella volpe: Ecco, io scaccio i demòni
e compio guarigioni oggi e domani; e il terzo giorno avrò finito.
33Però è necessario che oggi, domani e il giorno seguente io va-
da per la mia strada, perché non è possibile che un profeta
muoia fuori di Gerusalemme.

Apostrofe a Gerusalemme. *Si ispira a Geremia (7,12-14), Isaia (50,2; 65,12; 66,4) e al salmo 118,26 (Mt 23,37-39).*

34Gerusalemme, Gerusalemme, che uccidi i profeti e lapidi co-
loro che sono mandati a te, quante volte ho voluto raccogliere i
tuoi figli come una gallina la sua covata sotto le ali e voi non
avete voluto! 35Ecco, *la vostra casa vi viene lasciata deserta*! Vi
dico infatti che non mi vedrete più fino al tempo in cui direte:
Benedetto colui che viene nel nome del Signore!».

Nuova guarigione in giorno di sabato. *(6,6-11; 13,10-17).*

14 1Un sabato era entrato in casa di uno dei capi dei farisei
per pranzare e la gente stava ad osservarlo. 2Davanti a lui stava
un idropico. 3Rivolgendosi ai dottori della legge e ai farisei,
Gesù disse: «È lecito o no curare di sabato?». 4Ma essi tacque-
ro. Egli lo prese per mano, lo guarì e lo congedò. 5Poi disse:
«Chi di voi, se un asino o un bue gli cade nel pozzo, non lo tire-

rà subito fuori in giorno di sabato?». 6E non potevano rispon-
dere nulla a queste parole.

Non precipitarsi al primo posto. *(Pro 25,6-7).*

7Osservando poi come gli invitati sceglievano i primi posti, dis-
se loro una parabola: 8«Quando sei invitato a nozze da qualcu-
no, non metterti al primo posto, perché non ci sia un altro invi-
tato più ragguardevole di te 9e colui che ha invitato te e lui ven-
ga a dirti: Cedigli il posto! Allora dovrai con vergogna occupa-
re l'ultimo posto. 10Invece quando sei invitato, va' a metterti al-
l'ultimo posto, perché venendo colui che ti ha invitato ti dica:
Amico, passa più avanti. Allora ne avrai onore davanti a tutti i
commensali. 11Perché chiunque si esalta sarà umiliato, e chi si
umilia sarà esaltato».

La gratuità dell'amore.

12Disse poi a colui che l'aveva invitato: «Quando offri un pran-
zo o una cena, non invitare i tuoi amici, né i tuoi fratelli, né i
tuoi parenti, né i ricchi vicini, perché anch'essi non ti invitino a
loro volta e tu abbia il contraccambio. 13Al contrario, quando
dài un banchetto, invita poveri, storpi, zoppi, ciechi; 14e sarai
beato perché non hanno da ricambiarti. Riceverai infatti la tua
ricompensa alla risurrezione dei giusti».

Parabola degli invitati che non accettano. *I primi invitati non prenderanno parte al festino del Regno. Troppi attaccamenti li distolgono da esso (Mt 6,11 e 22,2-10).*

15Uno dei commensali, avendo udito ciò, gli disse: «Beato chi
mangerà il pane nel regno di Dio!». 16Gesù rispose: «Un uomo
diede una grande cena e fece molti inviti. 17All'ora della cena,
mandò il suo servo a dire agli invitati: Venite, è pronto. 18Ma
tutti, all'unanimità, cominciarono a scusarsi. Il primo disse: Ho
comprato un campo e devo andare a vederlo; ti prego, conside-
rami giustificato. 19Un altro disse: Ho comprato cinque paia di
buoi e vado a provarli; ti prego, considerami giustificato. 20Un
altro disse: Ho preso moglie e perciò non posso venire. 21Al
suo ritorno il servo riferì tutto questo al padrone. Allora il pa-
drone di casa, irritato, disse al servo: Esci subito per le piazze e
per le vie della città e conduci qui poveri, storpi, ciechi e zoppi.

22 Il servo disse: Signore, è stato fatto come hai ordinato, ma c'è
ancora posto. 23 Il padrone allora disse al servo: Esci per le stra-
de e lungo le siepi, spingili a entrare, perché la mia casa si riem-
pia. 24 Perché vi dico: Nessuno di quegli uomini che erano stati
invitati assaggerà la mia cena».

Rinunziare a tutto per entrare nel Regno. *(Mt 10,32-38; 16,24; Mc 8,34).*

25 Siccome molta gente andava con lui, egli si voltò e disse: 26 «Se
uno viene a me e non odia suo padre, sua madre, la moglie, i fi-
gli, i fratelli, le sorelle e perfino la propria vita, non può essere
mio discepolo. 27 Chi non porta la propria croce e non viene die-
tro di me, non può essere mio discepolo.
28 Chi di voi, volendo costruire una torre, non si siede prima a
calcolarne la spesa, se ha i mezzi per portarla a compimento?
29 Per evitare che, se getta le fondamenta e non può finire il la-
voro, tutti coloro che vedono comincino a deriderlo, dicendo:
30 Costui ha iniziato a costruire, ma non è stato capace di finire
il lavoro. 31 Oppure quale re, partendo in guerra contro un altro
re, non siede prima a esaminare se può affrontare con diecimila
uomini chi gli viene incontro con ventimila? 32 Se no, mentre
l'altro è ancora lontano, gli manda un'ambasceria per la pace.
33 Così chiunque di voi non rinunzia a tutti i suoi averi, non può
essere mio discepolo.

Parabola del sale. *(Mt 5,13; Mc 9,50).*

34 Il sale è buono, ma se anche il sale perdesse il sapore, con che
cosa lo si salerà? 35 Non serve né per la terra né per il concime e
così lo buttano via. Chi ha orecchi per intendere, intenda».

LE TRE PARABOLE DEL PERDONO

15 1 Si avvicinavano a lui tutti i pubblicani e i peccatori per
ascoltarlo. 2 I farisei e gli scribi mormoravano: «Costui riceve i
peccatori e mangia con loro». 3 Allora egli disse loro questa pa-
rabola:

La pecora perduta. *Viene ritrovata nel deserto palestinese, là dove i greggi emigrano da novembre a fine maggio (Ez 34,1-4 e 11-16; Gb 23,14; Mi 4,6-7; Mt 18,12-14).*

4«Chi di voi se ha cento pecore e ne perde una, non lascia le novantanove nel deserto e va dietro a quella perduta, finché non la ritrova? 5Ritrovatala, se la mette in spalla tutto contento, 6va a casa, chiama gli amici e i vicini dicendo: Rallegratevi con me, perché ho trovato la mia pecora che era perduta. 7Così, vi dico, ci sarà più gioia in cielo per un peccatore convertito, che per novantanove giusti che non hanno bisogno di conversione.

La dramma perduta *cioè l'accoglienza riservata ai peccatori.*

8O quale donna, se ha dieci dramme e ne perde una, non accende la lucerna e spazza la casa e cerca attentamente finché non la ritrova? 9E dopo averla trovata, chiama le amiche e le vicine, dicendo: Rallegratevi con me, perché ho ritrovato la dramma che avevo perduta. 10Così, vi dico, c'è gioia davanti agli angeli di Dio per un solo peccatore che si converte».

Il figlio prodigo. *L'immensa tenerezza di Dio. Benché irreprensibile, il figlio maggiore è il simbolo di coloro che si credono giusti (Lv 11,7; Ger 3,19).*

11Disse ancora: «Un uomo aveva due figli. 12Il più giovane disse al padre: Padre, dammi la parte del patrimonio che mi spetta. E il padre divise tra loro le sostanze. 13Dopo non molti giorni, il figlio più giovane, raccolte le sue cose, partì per un paese lontano e là sperperò le sue sostanze vivendo da dissoluto. 14Quando ebbe speso tutto, in quel paese venne una grande carestia ed egli cominciò a trovarsi nel bisogno. 15Allora andò e si mise a servizio di uno degli abitanti di quella regione, che lo mandò nei campi a pascolare i porci. 16Avrebbe voluto saziarsi con le carrube che mangiavano i porci; ma nessuno gliene dava. 17Allora rientrò in se stesso e disse: Quanti salariati in casa di mio padre hanno pane in abbondanza e io qui muoio di fame! 18Mi leverò e andrò da mio padre e gli dirò: Padre, ho peccato contro il Cielo e contro di te; 19non sono più degno di esser chiamato tuo figlio. Trattami come uno dei tuoi garzoni. 20Partì e si incamminò verso suo padre.

Quando era ancora lontano il padre lo vide e commosso gli cor-
se incontro, gli si gettò al collo e lo baciò. [21]Il figlio gli disse:
Padre, ho peccato contro il Cielo e contro di te; non sono più
degno di esser chiamato tuo figlio. [22]Ma il padre disse ai servi:
Presto, portate qui il vestito più bello e rivestitelo, mettetegli
l'anello al dito e i calzari ai piedi. [23]Portate il vitello grasso, am-
mazzatelo, mangiamo e facciamo festa, [24]perché questo mio fi-
glio era morto ed è tornato in vita, era perduto ed è stato ritro-
vato. E cominciarono a far festa.
[25]Il figlio maggiore si trovava nei campi. Al ritorno, quando fu
vicino a casa, udì la musica e le danze; [26]chiamò un servo e gli
domandò che cosa fosse tutto ciò. [27]Il servo gli rispose: È tor-
nato tuo fratello e il padre ha fatto ammazzare il vitello grasso,
perché lo ha riavuto sano e salvo. [28]Egli si arrabbiò, e non vole-
va entrare. Il padre allora uscì a pregarlo. [29]Ma lui rispose a suo
padre: Ecco, io ti servo da tanti anni e non ho mai trasgredito
un tuo comando, e tu non mi hai dato mai un capretto per far
festa con i miei amici. [30]Ma ora che questo tuo figlio che ha di-
vorato i tuoi averi con le prostitute è tornato, per lui hai am-
mazzato il vitello grasso. [31]Gli rispose il padre: Figlio, tu sei
sempre con me e tutto ciò che è mio è tuo; [32]ma bisognava far
festa e rallegrarsi, perché questo tuo fratello era morto ed è
tornato in vita, era perduto ed è stato ritrovato».

La parabola dell'amministratore infedele. *Coloro che ascoltano Gesù vivono in un mondo nuovo, a confronto quindi con una crisi seria. Bisogna prendere coscienza dell'importanza della posta in gioco e agire di conseguenza, come fece l'amministratore disonesto. Ridotto a una situazione estrema, egli calcola ciò che gli occorre per vivere e cerca di farvi fronte. La parabola viene completata con altri detti di Gesù sul buon uso delle ricchezze.*

16 [1]Diceva anche ai discepoli: «C'era un uomo ricco che
aveva un amministratore, e questi fu accusato dinanzi a lui di
sperperare i suoi averi. [2]Lo chiamò e gli disse: Che è questo che
sento dire di te? Rendi conto della tua amministrazione, per-
ché non puoi più essere amministratore. [3]L'amministratore dis-
se tra sé: Che farò ora che il mio padrone mi toglie l'ammini-

strazione? Zappare, non ho forza, mendicare, mi vergogno.
[4]So io che cosa fare perché, quando sarò stato allontanato dal-
l'amministrazione, ci sia qualcuno che mi accolga in casa sua.
[5]Chiamò uno per uno i debitori del padrone e disse al primo:
[6]Tu quanto devi al mio padrone? Quello rispose: Cento barili
d'olio. Gli disse: Prendi la tua ricevuta, siediti e scrivi subito
cinquanta. [7]Poi disse a un altro: Tu quanto devi? Rispose: Cen-
to misure di grano. Gli disse: Prendi la tua ricevuta e scrivi ot-
tanta. [8]Il padrone lodò quell'amministratore disonesto, perché
aveva agito con scaltrezza. I figli di questo mondo, infatti, ver-
so i loro pari sono più scaltri dei figli della luce.
[9]Ebbene, io vi dico: Procuratevi amici con la disonesta ricchez-
za, perché, quand'essa verrà a mancare, vi accolgano nelle di-
more eterne.
[10]Chi è fedele nel poco, è fedele anche nel molto; e chi è diso-
nesto nel poco, è disonesto anche nel molto.
[11]Se dunque non siete stati fedeli nella disonesta ricchezza, chi
vi affiderà quella vera? [12]E se non siete stati fedeli nella ric-
chezza altrui, chi vi darà la vostra?
[13]Nessun servo può servire a due padroni: o odierà l'uno e ame-
rà l'altro oppure si affezionerà all'uno e disprezzerà l'altro.
Non potete servire a Dio e a mammona».

Contro i farisei, amici del denaro.

[14]I farisei, che erano attaccati al denaro, ascoltavano tutte que-
ste cose e si beffavano di lui. [15]Egli disse: «Voi vi ritenete giusti
davanti agli uomini, ma Dio conosce i vostri cuori: ciò che è
esaltato fra gli uomini è cosa detestabile davanti a Dio.

Una svolta essenziale della storia. *(Mt 11,12-13).*

[16]La Legge e i Profeti fino a Giovanni; da allora in poi viene an-
nunziato il regno di Dio e ognuno si sforza per entrarvi.

La legge non passerà. *(Mt 5,18).*

[17]È più facile che abbiano fine il cielo e la terra, anziché cada
un solo trattino della Legge.

Indissolubilità del matrimonio. *Queste istruzioni sono in completa contraddizione con la legge di Mosè (Mt 5,32 e 19,9; Mc 10,11-12).*

[18]Chiunque ripudia la propria moglie e ne sposa un'altra, com-
mette adulterio; chi sposa una donna ripudiata dal marito,
commette adulterio.

Il ricco cattivo e il povero Lazzaro *o la superiorità dei segni spirituali.*

[19]C'era un uomo ricco, che vestiva di porpora e di bisso e tutti i
giorni banchettava lautamente. [20]Un mendicante, di nome Laz-
zaro, giaceva alla sua porta, coperto di piaghe, [21]bramoso di
sfamarsi di quello che cadeva dalla mensa del ricco. Perfino i
cani venivano a leccare le sue piaghe. [22]Un giorno il povero
morì e fu portato dagli angeli nel seno di Abramo. Morì anche
il ricco e fu sepolto. [23]Stando nell'inferno tra i tormenti, levò gli
occhi e vide di lontano Abramo e Lazzaro accanto a lui. [24]Allo-
ra gridando disse: Padre Abramo, abbi pietà di me e manda
Lazzaro a intingere nell'acqua la punta del dito e bagnarmi la
lingua, perché questa fiamma mi tortura. [25]Ma Abramo rispo-
se: Figlio, ricordati che hai ricevuto i tuoi beni durante la vita e
Lazzaro parimenti i suoi mali; ora invece lui è consolato e tu sei
in mezzo ai tormenti. [26]Per di più, tra noi e voi è stabilito un
grande abisso: coloro che di qui vogliono passare da voi non
possono, né di costì si può attraversare fino a noi. [27]E quegli re-
plicò: Allora, padre, ti prego di mandarlo a casa di mio padre,
[28]perché ho cinque fratelli. Li ammonisca, perché non vengano
anch'essi in questo luogo di tormento. [29]Ma Abramo rispose:
Hanno Mosè e i Profeti; ascoltino loro. [30]E lui: No, padre
Abramo, ma se qualcuno dai morti andrà da loro, si rav-
vederanno. [31]Abramo rispose: Se non ascoltano Mosè e i Pro-
feti, neanche se uno risuscitasse dai morti saranno persuasi».

Lo scandalo. *(Mt 18,6-7; Mc 9,42).*

17 [1]Disse ancora ai suoi discepoli: «È inevitabile che av-
vengano scandali, ma guai a colui per cui avvengono. [2]È meglio
per lui che gli sia messa al collo una pietra da mulino e venga
gettato nel mare, piuttosto che scandalizzare uno di questi pic-
coli. [3]State attenti a voi stessi!

Perdonare sempre. *(Mt 8,15; 21,22).*

Se un tuo fratello pecca, rimproveralo; ma se si pente, perdo-
nagli. 4E se pecca sette volte al giorno contro di te e sette volte
ti dice: Mi pento, tu gli perdonerai».

Potenza della fede. *Nulla le è impossibile (Mt 17,20; 21,21; Mc 11,23).*

5Gli apostoli dissero al Signore: 6«Aumenta la nostra fede!». Il
Signore rispose: «Se aveste fede quanto un granellino di sena-
pa, potreste dire a questo gelso: Sii sradicato e trapiantato nel
mare, ed esso vi ascolterebbe.

Servire senza attendere ricompensa. *(Gb 22,3).*

7Chi di voi, se ha un servo ad arare o a pascolare il gregge, gli
dirà quando rientra dal campo: Vieni subito e mettiti a tavola?
8Non gli dirà piuttosto: Preparami da mangiare, rimboccati la
veste e servimi, finché io abbia mangiato e bevuto, e dopo
mangerai e berrai anche tu? 9Si riterrà obbligato verso il suo
servo, perché ha eseguito gli ordini ricevuti? 10Così anche voi,
quando avrete fatto tutto quello che vi è stato ordinato, dite:
Siamo servi inutili. Abbiamo fatto quanto dovevamo fare».

Il lebbroso samaritano. *Oriundo di una regione ostile ed eretica (cf. le prescrizioni concernenti i lebbrosi in Lv 13,45-46; 14,1-32).*

11Durante il viaggio verso Gerusalemme, Gesù attraversò la
Samarìa e la Galilea. 12Entrando in un villaggio, gli vennero in-
contro dieci lebbrosi i quali, fermatisi a distanza, 13alzarono la
voce, dicendo: «Gesù maestro, abbi pietà di noi!». 14Appena li
vide, Gesù disse: «Andate a presentarvi ai sacerdoti». E men-
tre essi andavano, furono sanati. 15Uno di loro, vedendosi gua-
rito, tornò indietro lodando Dio a gran voce; 16e si gettò ai pie-
di di Gesù per ringraziarlo. Era un Samaritano. 17Ma Gesù os-
servò: «Non sono stati guariti tutti e dieci? E gli altri nove dove
sono? 18Non si è trovato chi tornasse a render gloria a Dio, al-
l'infuori di questo straniero?». E gli disse: 19«Alzati e va'; la tua
fede ti ha salvato!».

Il regno di Dio è in mezzo a noi. *(Mt 3,2; 4,17).*

20 Interrogato dai farisei: «Quando verrà il regno di Dio?», ri-
spose: 21 «Il regno di Dio non viene in modo da attirare l'atten-
zione, e nessuno dirà: Eccolo qui, o: eccolo là. Perché il regno
di Dio è in mezzo a voi!».

Il giorno del figlio dell'uomo *descritto con linguaggio apocalittico. Egli verrà senza far colpo. I discepoli, anche se testimoni di eventi che i profeti hanno desiderato vedere, non afferrano ciò che avviene dentro e in mezzo a loro. Verrà il giorno in cui vorranno rivedere il Cristo e non lo potranno (Gn 6-8; 19,1-29; Dn 9,2; Mt 14,27-41 e nota).*

22 Disse ancora ai discepoli: «Verrà un tempo in cui desiderere-
te vedere anche uno solo dei giorni del Figlio dell'uomo, ma
non lo vedrete. 23 Vi diranno: Eccolo là, o: eccolo qua; non an-
dateci, non seguiteli. 24 Perché come il lampo, guizzando, brilla
da un capo all'altro del cielo, così sarà il Figlio dell'uomo nel
suo giorno. 25 Ma prima è necessario che egli soffra molto e ven-
ga ripudiato da questa generazione. 26 Come avvenne al tempo
di Noè, così sarà nei giorni del Figlio dell'uomo: 27 mangiavano,
bevevano, si ammogliavano e si maritavano, fino al giorno in
cui Noè entrò nell'arca e venne il diluvio e li fece perire tutti.
28 Come avvenne anche al tempo di Lot: mangiavano, beveva-
no, compravano, vendevano, piantavano, costruivano; 29 ma
nel giorno in cui Lot uscì da Sòdoma piovve fuoco e zolfo dal
cielo e li fece perire tutti. 30 Così sarà nel giorno in cui il Figlio
dell'uomo si rivelerà. 31 In quel giorno, chi si troverà sulla ter-
razza, se le sue cose sono in casa, non scenda a prenderle; così
chi si troverà nel campo, non torni indietro. 32 Ricordatevi della
moglie di Lot. 33 Chi cercherà di salvare la propria vita la perde-
rà, chi invece la perde la salverà. 34 Vi dico: in quella notte due
si troveranno in un letto: l'uno verrà preso e l'altro lasciato;
35 due donne staranno a macinare nello stesso luogo: l'una verrà
presa e l'altra lasciata». [36]. 37 Allora i discepoli gli chiesero:
«Dove, Signore?». Ed egli disse loro: «Dove sarà il cadavere,
là si raduneranno anche gli avvoltoi».

Il potere infallibile della preghiera. *Nell'ambiente sociale di quel tempo la vedova è una persona senza appoggi (Is 1,17; 1,23; Gb 31,16; cf. Mt 7,7).*

18 1Disse loro una parabola sulla necessità di pregare sem-
pre, senza stancarsi: 2«C'era in una città un giudice, che non te-
meva Dio e non aveva riguardo per nessuno. 3In quella città
c'era anche una vedova, che andava da lui e gli diceva: Fammi
giustizia contro il mio avversario. 4Per un certo tempo egli non
volle; ma poi disse tra sé: Anche se non temo Dio e non ho ri-
spetto di nessuno, 5poiché questa vedova è così molesta le farò
giustizia, perché non venga continuamente a importunarmi».
6E il Signore soggiunse: «Avete udito ciò che dice il giudice di-
sonesto. 7E Dio non farà giustizia ai suoi eletti che gridano
giorno e notte verso di lui, e li farà a lungo aspettare? 8Vi dico
che farà loro giustizia prontamente. Ma il Figlio dell'uomo,
quando verrà, troverà la fede sulla terra?».

Il vero posto degli uomini di fronte al Signore. *(Mt 6,1; 23,28).*

9Disse ancora questa parabola per alcuni che presumevano di
esser giusti e disprezzavano gli altri: 10«Due uomini salirono al
tempio a pregare: uno era fariseo e l'altro pubblicano. 11Il fari-
seo, stando in piedi, pregava così tra sé: O Dio, ti ringrazio che
non sono come gli altri uomini, ladri, ingiusti, adùlteri, e nep-
pure come questo pubblicano. 12Digiuno due volte la settimana
e pago le decime di quanto possiedo. 13Il pubblicano invece,
fermatosi a distanza, non osava nemmeno alzare gli occhi al
cielo, ma si batteva il petto dicendo: O Dio, abbi pietà di me
peccatore. 14Io vi dico: questi tornò a casa sua giustificato, a
differenza dell'altro, perché chi si esalta sarà umiliato e chi si
umilia sarà esaltato».

Ritornare bambini. *(9,47; Mt 19,13-15; Mc 10,13-16).*

15Gli presentavano anche i bambini perché li accarezzasse, ma i
discepoli, vedendo ciò, li rimproveravano. 16Allora Gesù li fece
venire avanti e disse: «Lasciate che i bambini vengano a me,
non glielo impedite perché a chi è come loro appartiene il re-
gno di Dio. 17In verità vi dico: Chi non accoglie il regno di Dio
come un bambino, non vi entrerà».

Il pericolo delle ricchezze. *(Es 20,12-16; Dt 6,16-17; 10,25-28; Mt 19,16-29 e nota; Mc 10,17-30 e nota).*

[18]Un notabile lo interrogò: «Maestro buono, che devo fare per
ottenere la vita eterna?». [19]Gesù gli rispose: «Perché mi dici
buono? Nessuno è buono, se non uno solo, Dio. [20]Tu conosci i
comandamenti: *Non commettere adulterio, non uccidere, non
rubare, non testimoniare il falso, onora tuo padre e tua madre*».
[21]Costui disse: «Tutto questo l'ho osservato fin dalla mia giovi-
nezza». [22]Udito ciò, Gesù gli disse: «Una cosa ancora ti manca:
vendi tutto quello che hai, distribuiscilo ai poveri e avrai un te-
soro nei cieli; poi vieni e seguimi». [23]Ma quegli, udite queste
parole, divenne assai triste, perché era molto ricco. [24]Quando
Gesù lo vide, disse: «Quant'è difficile, per coloro che possiedo-
no ricchezze entrare nel regno di Dio. [25]È più facile per un
cammello passare per la cruna di un ago che per un ricco entra-
re nel regno di Dio!». [26]Quelli che ascoltavano dissero: «Allora
chi potrà essere salvato?». [27]Rispose: «Ciò che è impossibile
agli uomini, è possibile a Dio».
[28]Pietro allora disse: «Noi abbiamo lasciato tutte le nostre cose
e ti abbiamo seguito». [29]Ed egli rispose: «In verità vi dico, non
c'è nessuno che abbia lasciato casa o moglie o fratelli o genitori
o figli per il regno di Dio, [30]che non riceva molto di più nel tem-
po presente e la vita eterna nel tempo che verrà».

Terzo annunzio della passione. *(Mt 20,17-19; Mc 10,32-34).*

[31]Poi prese con sé i Dodici e disse loro: «Ecco, noi andiamo a
Gerusalemme, e tutto ciò che fu scritto dai profeti riguardo al
Figlio dell'uomo si compirà. [32]Sarà consegnato ai pagani,
schernito, oltraggiato, coperto di sputi [33]e, dopo averlo flagel-
lato, lo uccideranno e il terzo giorno risorgerà». [34]Ma non com-
presero nulla di tutto questo; quel parlare restava oscuro per
loro e non capivano ciò che egli aveva detto.

Il cieco di Gerico. *La fede permette di entrare in relazione con Dio (Mt 20,29-34; Mc 10,46-52).*

[35]Mentre si avvicinava a Gèrico, un cieco era seduto a mendica-
re lungo la strada. [36]Sentendo passare la gente, domandò che

cosa accadesse. 37Gli risposero: «Passa Gesù il Nazareno!».
38Allora incominciò a gridare: «Gesù, figlio di Davide, abbi
pietà di me!». 39Quelli che camminavano avanti lo sgridavano,
perché tacesse; ma lui continuava ancora più forte: «Figlio di
Davide, abbi pietà di me!». 40Gesù allora si fermò e ordinò che
glielo conducessero. Quando gli fu vicino, gli domandò: 41«Che
vuoi che io faccia per te?». Egli rispose: «Signore, che io riab-
bia la vista». 42E Gesù gli disse: «Abbi di nuovo la vista! La tua
fede ti ha salvato». 43Subito ci vide di nuovo e cominciò a se-
guirlo lodando Dio. E tutto il popolo, alla vista di ciò, diede lo-
de a Dio.

Zaccheo. *Il contatto con Dio viene offerto a chi si distacca da tutto ciò che ha commesso in passato (la legge condannava il ladro di bestiame a versare un indennizzo pari al quadruplo dell'animale rubato: Es 21,37; 2Sam 12,6).*

19 1Entrato in Gèrico, attraversava la città. 2Ed ecco un
uomo di nome Zaccheo, capo dei pubblicani e ricco, 3cercava
di vedere quale fosse Gesù, ma non gli riusciva a causa della
folla, poiché era piccolo di statura. 4Allora corse avanti e, per
poterlo vedere, salì su un sicomoro, poiché doveva passare di
là. 5Quando giunse sul luogo, Gesù alzò lo sguardo e gli disse:
«Zaccheo, scendi subito, perché oggi devo fermarmi a casa
tua». 6In fretta scese e lo accolse pieno di gioia. 7Vedendo ciò,
tutti mormoravano: «È andato ad alloggiare da un peccatore!».
8Ma Zaccheo, alzatosi, disse al Signore: «Ecco, Signore, io do
la metà dei miei beni ai poveri; e se ho frodato qualcuno, resti-
tuisco quattro volte tanto». 9Gesù gli rispose: «Oggi la salvezza
è entrata in questa casa, perché anch'egli è figlio di Abramo;
10il Figlio dell'uomo infatti è venuto a cercare e a salvare ciò
che era perduto».

Parabola delle mine. *È indispensabile la valorizzazione dei doni di Dio e la partecipazione dell'uomo all'evoluzione del mondo (Mt 25,14-30; 2,38ss).*

11Mentre essi stavano ad ascoltare queste cose, Gesù disse an-
cora una parabola perché era vicino a Gerusalemme ed essi

credevano che il regno di Dio dovesse manifestarsi da un mo-
mento all'altro. [12]Disse dunque: «Un uomo di nobile stirpe
partì per un paese lontano per ricevere un titolo regale e poi ri-
tornare. [13]Chiamati dieci servi, consegnò loro dieci mine, di-
cendo: Impiegatele fino al mio ritorno. [14]Ma i suoi cittadini lo
odiavano e gli mandarono dietro un'ambasceria a dire: Non vo-
gliamo che costui venga a regnare su di noi. [15]Quando fu di ri-
torno, dopo aver ottenuto il titolo di re, fece chiamare i servi ai
quali aveva consegnato il denaro, per vedere quanto ciascuno
avesse guadagnato. [16]Si presentò il primo e disse: Signore, la
tua mina ha fruttato altre dieci mine. [17]Gli disse: Bene, bravo
servitore; poiché ti sei mostrato fedele nel poco, ricevi il potere
sopra dieci città. [18]Poi si presentò il secondo e disse: La tua mi-
na, signore, ha fruttato altre cinque mine. [19]Anche a questo
disse: Anche tu sarai a capo di cinque città. [20]Venne poi anche
l'altro e disse: Signore, ecco la tua mina, che ho tenuta riposta
in un fazzoletto; [21]avevo paura di te che sei un uomo severo e
prendi quello che non hai messo in deposito, mieti quello che
non hai seminato. [22]Gli rispose: Dalle tue stesse parole ti giudi-
co, servo malvagio! Sapevi che sono un uomo severo, che pren-
do quello che non ho messo in deposito e mieto quello che non
ho seminato: [23]perché allora non hai consegnato il mio denaro
a una banca? Al mio ritorno l'avrei riscosso con gli interessi.
[24]Disse poi ai presenti: Toglietegli la mina e datela a colui che
ne ha dieci [25]Gli risposero: Signore, ha già dieci mine! [26]Vi di-
co: A chiunque ha sarà dato; ma a chi non ha sarà tolto anche
quello che ha. [27]E quei miei nemici che non volevano che di-
ventassi loro re, conduceteli qui e uccideteli davanti a me».

V. MINISTERO DI GESÙ A GERUSALEMME

Ingresso di Gesù a Gerusalemme. *(Sal 118,26; Mt 12,1-11 e nota; Mc 11,1-11; Gv 12,12-19).*

[28]Dette queste cose, Gesù proseguì avanti agli altri salendo ver-
so Gerusalemme.
[29]Quando fu vicino a Bètfage e a Betània, presso il monte detto
degli Ulivi, inviò due discepoli dicendo: [30]«Andate nel villaggio

di fronte; entrando, troverete un puledro legato, sul quale nes-
suno è mai salito; scioglietelo e portatelo qui. [31]E se qualcuno
vi chiederà: Perché lo sciogliete?, direte così: Il Signore ne ha
bisogno». [32]Gli inviati andarono e trovarono tutto come aveva
detto. [33]Mentre scioglievano il puledro, i proprietari dissero lo-
ro: «Perché sciogliete il puledro?». [34]Essi risposero: «Il Signore
ne ha bisogno».

[35]Lo condussero allora da Gesù; e gettati i loro mantelli sul pu-
ledro, vi fecero salire Gesù. [36]Via via che egli avanzava, sten-
devano i loro mantelli sulla strada. [37]Era ormai vicino alla di-
scesa del monte degli Ulivi, quando tutta la folla dei discepoli,
esultando, cominciò a lodare Dio a gran voce, per tutti i prodi-
gi che avevano veduto, dicendo:

> [38]«*Benedetto colui che viene,*
> il re, *nel nome del Signore.*
> Pace in cielo
> e gloria nel più alto dei cieli!».

[39]Alcuni farisei tra la folla gli dissero: «Maestro, rimprovera i
tuoi discepoli». [40]Ma egli rispose: «Vi dico che, se questi tace-
ranno, grideranno le pietre».

Lamento su Gerusalemme. *Gesù predice la sua rovina, simbolo di quella del mondo antico, ispirandosi alla presa di Gerusalemme da parte dei babilonesi nel 587 a.C. (Is 29,3; 37,33; Os 10,14 ecc.) e a quella di Gerusalemme da parte dei romani nel 70 d.C.*

[41]Quando fu vicino, alla vista della città, pianse su di essa, di-
cendo: [42]«Se avessi compreso anche tu, in questo giorno, la
via della pace. Ma ormai è stata nascosta ai tuoi occhi. [43]Gior-
ni verranno per te in cui i tuoi nemici ti cingeranno di trincee,
ti circonderanno e ti stringeranno da ogni parte; [44]abbatteran-
no te e i tuoi figli dentro di te e non lasceranno in te pietra su
pietra, perché non hai riconosciuto il tempo in cui sei stata vi-
sitata».

I venditori cacciati dal tempio. *(Is 56,7; Ger 7,11; Mt 21,12-13; Mc 11,15-18; Gv 2,12-16 e 18-20).*

[45]Entrato poi nel tempio, cominciò a cacciare i venditori, [46]di-
cendo: «Sta scritto:

La mia casa sarà casa di preghiera.
Ma voi ne avete fatto *una spelonca di ladri!*».

47Ogni giorno insegnava nel tempio. I sommi sacerdoti e gli
scribi cercavano di farlo perire e così anche i notabili del popo-
lo; 48ma non sapevano come fare, perché tutto il popolo pende-
va dalle sue parole.

Obiezioni dei giudei sull'autorità di Gesù *dopo che egli ha cacciato i venditori dal tempio (Mt 21,23-27; Mc 11,27-33).*

20 1Un giorno, mentre istruiva il popolo nel tempio e an-
nunziava la parola di Dio, si avvicinarono i sommi sacerdoti e
gli scribi con gli anziani e si rivolsero a lui dicendo: 2«Dicci con
quale autorità fai queste cose o chi è che t'ha dato quest'autori-
tà». 3E Gesù disse loro: «Vi farò anch'io una domanda e voi ri-
spondetemi: 4Il battesimo di Giovanni veniva dal Cielo o dagli
uomini?». 5Allora essi discutevano fra loro: «Se diciamo "dal
Cielo", risponderà: "Perché non gli avete creduto?". 6E se di-
ciamo "dagli uomini", tutto il popolo ci lapiderà, perché è con-
vinto che Giovanni è un profeta». 7Risposero quindi di non sa-
perlo. 8E Gesù disse loro: «Nemmeno io vi dico con quale au-
torità faccio queste cose».

Parabola del vignaioli omicidi. *La vigna (Israele) sarà tolta ai suoi capi per essere affidata ad altri (Is 5,2; Sal 118,22; Mt 21,33-46; Mc 12,1-12).*

9Poi cominciò a dire al popolo questa parabola: «Un uomo
piantò una vigna, l'affidò a dei coltivatori e se ne andò lontano
per molto tempo. 10A suo tempo, mandò un servo da quei colti-
vatori perché gli dessero una parte del raccolto della vigna. Ma
i coltivatori lo percossero e lo rimandarono a mani vuote.
11Mandò un altro servo, ma essi percossero anche questo, lo in-
sultarono e lo rimandarono a mani vuote. 12Ne mandò ancora
un terzo, ma anche questo lo ferirono e lo cacciarono. 13Disse
allora il padrone della vigna: Che devo fare? Manderò il mio

unico figlio; forse di lui avranno rispetto. [14]Quando lo videro, i
coltivatori discutevano fra loro dicendo: Costui è l'erede. Ucci-
diamolo e così l'eredità sarà nostra. [15]E lo cacciarono fuori del-
la vigna e l'uccisero. Che cosa farà dunque a costoro il padrone
della vigna? [16]Verrà e manderà a morte quei coltivatori, e affi-
derà ad altri la vigna». Ma essi, udito ciò, esclamarono: «Non
sia mai!». [17]Allora egli si volse verso di loro e disse: «Che cos'è
dunque ciò che è scritto:

La pietra che i costruttori hanno scartata,
è diventata testata d'angolo?

[18]Chiunque cadrà su quella pietra si sfracellerà e a chi cadrà ad-
dosso, lo stritolerà». [19]Gli scribi e i sommi sacerdoti cercarono
allora di mettergli addosso le mani, ma ebbero paura del popo-
lo. Avevano capito che quella parabola l'aveva detta per loro.

Il denaro di Cesare. *(Mt 22,15-22 e nota; Mc 12,13-17).*

[20]Postisi in osservazione, mandarono informatori, che si finges-
sero persone oneste, per coglierlo in fallo nelle sue parole e poi
consegnarlo all'autorità e al potere del governatore. [21]Costoro
lo interrogarono: «Maestro, sappiamo che parli e insegni con
rettitudine e non guardi in faccia a nessuno, ma insegni secon-
do verità la via di Dio. [22]È lecito che noi paghiamo il tributo a
Cesare?». [23]Conoscendo la loro malizia, disse: [24]«Mostratemi
un denaro: di chi è l'immagine e l'iscrizione?». Risposero: «Di
Cesare». [25]Ed egli disse: «Rendete dunque a Cesare ciò che è
di Cesare e a Dio ciò che è di Dio». [26]Così non poterono co-
glierlo in fallo davanti al popolo e, meravigliati della sua rispo-
sta, tacquero.

La risurrezione dei morti. *(Dt 25,5-6; Es 3,6; Mt 22,23-33; Mc 12,18-27).*

[27]Gli si avvicinarono poi alcuni sadducei, i quali negano che vi
sia la risurrezione, e gli posero questa domanda: [28]«Maestro,
Mosè ci ha prescritto: Se a qualcuno muore un fratello che ha
moglie, ma senza figli, suo fratello si prenda la vedova e dia
una discendenza al proprio fratello. [29]C'erano dunque sette fra-
telli: il primo, dopo aver preso moglie, morì senza figli. [30]Allo-

ra la prese il secondo [31]e poi il terzo e così tutti e sette; e mori-
rono tutti senza lasciare figli. [32]Da ultimo anche la donna morì.
[33]Questa donna dunque, nella risurrezione, di chi sarà moglie?
Poiché tutti e sette l'hanno avuta in moglie». [34]Gesù rispose: «I
figli di questo mondo prendono moglie e prendono marito;
[35]ma quelli che sono giudicati degni dell'altro mondo e della ri-
surrezione dai morti, non prendono moglie né marito; [36]e nem-
meno possono più morire, perché sono uguali agli angeli e, es-
sendo figli della risurrezione, sono figli di Dio. [37]Che poi i mor-
ti risorgono, lo ha indicato anche Mosè a proposito del roveto,
quando chiama il *Signore Dio di Abramo, Dio di Isacco e Dio
di Giacobbe*. [38]Dio non è Dio dei morti, ma dei vivi; perché tut-
ti vivono per lui». [39]Dissero allora alcuni scribi: «Maestro, hai
parlato bene». [40]E non osavano più fargli alcuna domanda.

Il Cristo, figlio e signore di Davide. *(Sal 110,1; Mt 22,41-45 e nota; Mc 12,35-37).*

[41]Egli poi disse loro: «Come mai dicono che il Cristo è figlio di
Davide, [42]se Davide stesso nel libro dei Salmi dice:

Ha detto il Signore al mio Signore:
siedi alla mia destra,
[43]*finché io ponga i tuoi nemici*
come sgabello ai tuoi piedi?

[44]Davide dunque lo chiama Signore; perciò come può essere
suo figlio?».

Liberarsi dall'influenza dei grandi. *(11,43; Mt 23,6s; Mc 12,38-40).*

[45]E mentre tutto il popolo ascoltava, disse ai discepoli:
[46]«Guardatevi dagli scribi che amano passeggiare in lunghe ve-
sti e hanno piacere di esser salutati nelle piazze, avere i primi
seggi nelle sinagoghe e i primi posti nei conviti; [47]divorano le
case delle vedove, e in apparenza fanno lunghe preghiere. Essi
riceveranno una condanna più severa».

La generosità del povero. *(Mc 12,41-44).*

21 [1]Alzati gli occhi, vide alcuni ricchi che gettavano le loro

offerte nel tesoro. [2]Vide anche una vedova povera che vi getta-
va due spiccioli [3]e disse: «In verità vi dico: questa vedova, po-
vera, ha messo più di tutti. [4]Tutti costoro, infatti, han deposto
come offerta del loro superfluo, questa invece nella sua miseria
ha dato tutto quanto aveva per vivere».

La rovina del tempio di Gerusalemme *è dovuta al fatto che gli israeliti hanno rifiutato di vedere in Gesù l'inviato di Dio (Mt 24,1-3; Mc 13,1-4).*

[5]Mentre alcuni parlavano del tempio e delle belle pietre e dei
doni votivi che lo adornavano, disse: [6]«Verranno giorni in cui,
di tutto quello che ammirate, non resterà pietra su pietra che
non venga distrutta». [7]Gli domandarono: «Maestro, quando
accadrà questo e quale sarà il segno che ciò sta per compier-
si?».

I segni premonitori *della fine dei tempi e, allo stesso tempo, della fine di Gerusalemme, poco dopo le sommosse che hanno fatto seguito alla morte di Nerone. I terremoti, le carestie, le pestilenze, i dolori simili a quelli del parto sono immagini impiegate spesso dai profeti (Dn 2,28; Is 19,2; 13,8; 26,17; 66,7; 13,13; Ger 14,17; 6,24; 13,21; Ez 5,12; Am 4,6 e 4,10; Os 13,13; Mi 4,9-10; Mt 24,3-14; Mc 13,5-13).*

[8]Rispose: «Guardate di non lasciarvi ingannare. Molti verran-
no sotto il mio nome dicendo: "Sono io" e: "Il tempo è prossi-
mo"; non seguiteli. [9]Quando sentirete parlare di guerre e di ri-
voluzioni, non vi terrorizzate. Devono infatti accadere prima
queste cose, ma non sarà subito la fine».
[10]Poi disse loro: «Si solleverà popolo contro popolo e regno
contro regno, [11]e vi saranno di luogo in luogo terremoti, care-
stie e pestilenze; vi saranno anche fatti terrificanti e segni gran-
di dal cielo. [12]Ma prima di tutto questo metteranno le mani su
di voi e vi perseguiteranno, consegnandovi alle sinagoghe e alle
prigioni, trascinandovi davanti a re e a governatori, a causa del
mio nome. [13]Questo vi darà occasione di render testimonianza.
[14]Mettetevi bene in mente di non preparare prima la vostra di-
fesa; [15]io vi darò lingua e sapienza, a cui tutti i vostri avversari
non potranno resistere, né controbattere. [16]Sarete traditi perfi-

no dai genitori, dai fratelli, dai parenti e dagli amici, e metteranno a morte alcuni di voi; [17]sarete odiati da tutti per causa del mio nome. [18]Ma nemmeno un capello del vostro capo perirà. [19]Con la vostra perseveranza salverete le vostre anime.

La distruzione di Gerusalemme. *(Dn 9,7; Dt 28,64; Dn 12,7; Mt 24,15-21; Mc 13,14-19).*

[20]Ma quando vedrete Gerusalemme circondata da eserciti, sappiate allora che la sua devastazione è vicina. [21]Allora coloro che si trovano nella Giudea fuggano ai monti, coloro che sono dentro la città se ne allontanino, e quelli in campagna non tornino in città; [22]saranno infatti giorni di vendetta, perché tutto ciò che è stato scritto si compia. [23]Guai alle donne che sono incinte e allattano in quei giorni, perché vi sarà grande calamità nel paese e ira contro questo popolo. [24]Cadranno a fil di spada e saranno condotti prigionieri tra tutti i popoli; Gerusalemme sarà calpestata dai pagani finché i tempi dei pagani siano compiuti.

Catastrofi cosmiche *annunzieranno la venuta del figlio dell'uomo (Is 9-13,10; 24,4; Ger 4,23; Am 8,9; Mt 24,29-31 e nota; Mc 13,24-27). Notare che il termine «liberazione», usato così spesso da Paolo, compare una sola volta nei Vangeli.*

[25]Vi saranno segni nel sole, nella luna e nelle stelle, e sulla terra angoscia di popoli in ansia per il fragore del mare e dei flutti, [26]mentre gli uomini moriranno per la paura e per l'attesa di ciò che dovrà accadere sulla terra. *Le* potenze *dei cieli* infatti saranno sconvolte.
[27]Allora vedranno *il Figlio dell'uomo venire su una nube* con potenza e gloria grande.
[28]Quando cominceranno ad accadere queste cose, alzatevi e levate il capo, perché la vostra liberazione è vicina».

Segni che vi riguardano. *(Mt 24,32-35; Mc 13,28-31).*

[29]E disse loro una parabola: «Guardate il fico e tutte le piante; [30]quando già germogliano, guardandoli capite da voi stessi che ormai l'estate è vicina. [31]Così pure, quando voi vedrete accadere queste cose, sappiate che il regno di Dio è vicino. [32]In verità

vi dico: non passerà questa generazione finché tutto ciò sia av-
venuto. 33Il cielo e la terra passeranno, ma le mie parole non
passeranno.

Un giorno compariremo davanti a Dio.

34State bene attenti che i vostri cuori non si appesantiscano in
dissipazioni, ubriachezze e affanni della vita e che quel giorno
non vi piombi addosso improvviso; 35come un laccio esso si ab-
batterà sopra tutti coloro che abitano sulla faccia di tutta la ter-
ra. 36Vegliate e pregate in ogni momento, perché abbiate la
forza di sfuggire a tutto ciò che deve accadere, e di comparire
davanti al Figlio dell'uomo».

Tutto il popolo ascolta Gesù.

37Durante il giorno insegnava nel tempio, la notte usciva e per-
nottava all'aperto sul monte detto degli Ulivi. 38E tutto il popo-
lo veniva a lui di buon mattino nel tempio per ascoltarlo.

VI. LA PASSIONE

Complotto contro Gesù. *Nei giorni della pasqua l'afflusso dei pellegrini rischiava sempre di provocare manifestazioni di febbre nazionalista (Mt 26,1-5 e 14-17; Mc 14,1-2 e 10-11; Gv 11,47-53).*

22 1Si avvicinava la festa degli Azzimi, chiamata Pasqua, 2e
i sommi sacerdoti e gli scribi cercavano come toglierlo di mez-
zo, poiché temevano il popolo. 3Allora satana entrò in Giuda,
detto Iscariota, che era nel numero dei Dodici. 4Ed egli andò a
discutere con i sommi sacerdoti e i capi delle guardie sul modo
di consegnarlo nelle loro mani. 5Essi si rallegrarono e si accor-
darono di dargli del denaro. 6Egli fu d'accordo e cercava l'occa-
sione propizia per consegnarlo loro di nascosto dalla folla.

Preparativi. *La cena pasquale viene celebrata in ricordo della liberazione d'Israele dall'Egitto (Es 12,1-11; Mt 26,17-19 e nota; Mc 14,12-16).*

7Venne il giorno degli Azzimi, nel quale si doveva immolare la
vittima di Pasqua. 8Gesù mandò Pietro e Giovanni dicendo:

«Andate a preparare per noi la Pasqua, perché possiamo man-
giare». 9Gli chiesero: «Dove vuoi che la prepariamo?». 10Ed
egli rispose: «Appena entrati in città, vi verrà incontro un uo-
mo che porta una brocca d'acqua. Seguitelo nella casa dove en-
trerà 11e direte al padrone di casa: Il Maestro ti dice: Dov'è la
stanza in cui posso mangiare la Pasqua con i miei discepoli?
12Egli vi mostrerà una sala al piano superiore, grande e addob-
bata; là preparate». 13Essi andarono e trovarono tutto come
aveva loro detto e prepararono la Pasqua.

Il banchetto pasquale: la cena e l'eucaristia. *All'inizio e al termine di questo banchetto si beveva allora un calice rituale detto calice di benedizione (cf. l'annunzio di Geremia 31,31-34 e Es 24,8; Mt 26,26-29 e nota; Mc 14,22-25; 1Cor 11,23-25).*

14Quando fu l'ora, prese posto a tavola e gli apostoli con lui, 15e
disse: «Ho desiderato ardentemente di mangiare questa Pa-
squa con voi, prima della mia passione, 16poiché vi dico: non la
mangerò più, finché essa non si compia nel regno di Dio». 17E
preso un calice, rese grazie e disse: «Prendetelo e distribuitelo
tra voi, 18poiché vi dico: da questo momento non berrò più del
frutto della vite, finché non venga il regno di Dio». 19Poi, preso
un pane, rese grazie, lo spezzò e lo diede loro dicendo: «Que-
sto è il mio corpo che è dato per voi; fate questo in memoria di
me». 20Allo stesso modo dopo aver cenato, prese il calice di-
cendo: «Questo calice è la nuova alleanza nel mio sangue, che
viene versato per voi».

Annunzio del tradimento di Giuda. *(Mt 26,20-25; Mc 14,17-21; Gv 13,21-30).*

21«Ma ecco, la mano di chi mi tradisce è con me, sulla tavola.
22Il Figlio dell'uomo se ne va, secondo quanto è stabilito; ma
guai a quell'uomo dal quale è tradito!». 23Allora essi comincia-
rono a domandarsi a vicenda chi di essi avrebbe fatto ciò.

Il primato del servizio disinteressato. *(Mt 20,25-28; Mc 10,42-54; Gv 13,1-20).*

24Sorse anche una discussione, chi di loro poteva esser conside-
rato il più grande. 25Egli disse: «I re delle nazioni le governano,

e coloro che hanno il potere su di esse si fanno chiamare bene-
fattori. 26Per voi però non sia così; ma chi è il più grande tra voi
diventi come il più piccolo e chi governa come colui che serve.
27Infatti chi è più grande, chi sta a tavola o chi serve? Non è for-
se colui che sta a tavola? Eppure io sto in mezzo a voi come co-
lui che serve.
28Voi siete quelli che avete perseverato con me nelle mie pro-
ve; 29e io preparo per voi un regno, come il Padre l'ha prepara-
to per me, 30perché possiate mangiare e bere alla mia mensa
nel mio regno e siederete in trono a giudicare le dodici tribù di
Israele.

Cadere ma non rinunziare. *(Mt 26,31-35; Mc 14,27-31; Gv 13,36-38)*.

31Simone, Simone, ecco satana vi ha cercato per vagliarvi come
il grano; 32ma io ho pregato per te, che non venga meno la tua
fede; e tu, una volta ravveduto, conferma i tuoi fratelli». 33E
Pietro gli disse: «Signore, con te sono pronto ad andare in pri-
gione e alla morte». 34Gli rispose: «Pietro, io ti dico: non cante-
rà oggi il gallo prima che tu per tre volte avrai negato di cono-
scermi».

L'ora del combattimento decisivo. *(Is 53,12)*.

35Poi disse: «Quando vi ho mandato senza borsa, né bisaccia,
né sandali, vi è forse mancato qualcosa?». Risposero: «Nulla».
36Ed egli soggiunse: «Ma ora, chi ha una borsa la prenda, e così
una bisaccia; chi non ha spada, venda il mantello e ne compri
una. 37Perché vi dico: deve compiersi in me questa parola della
Scrittura: *E fu annoverato tra i malfattori*. Infatti tutto quello
che mi riguarda volge al suo termine». 38Ed essi dissero: «Si-
gnore, ecco qui due spade». Ma egli rispose «Basta!».

Sudore di sangue. *(1Re 19,4-8; Mt 26,30.36-46; Mc 14,32-42)*.

39Uscito se ne andò, come al solito, al monte degli Ulivi; anche
i discepoli lo seguirono. 40Giunto sul luogo, disse loro: «Prega-
te, per non entrare in tentazione». 41Poi si allontanò da loro
quasi un tiro di sasso e, inginocchiatosi, pregava: 42«Padre, se

vuoi, allontana da me questo calice! Tuttavia non sia fatta la mia, ma la tua volontà». [43]Gli apparve allora un angelo dal cielo a confortarlo. [44]In preda all'angoscia, pregava più intensamente; e il suo sudore diventò come gocce di sangue che cadevano a terra. [45]Poi, rialzatosi dalla preghiera, andò dai discepoli e li trovò che dormivano per la tristezza. [46]E disse loro: «Perché dormite? Alzatevi e pregate, per non entrare in tentazione».

Il regno delle tenebre *o il trionfo dello spirito-del-male (Mt 26,47-56; Mc 14,43-50; Gv 18,3-11).*

[47]Mentre egli ancora parlava, ecco una turba di gente; li precedeva colui che si chiamava Giuda, uno dei Dodici, e si accostò a Gesù per baciarlo. [48]Gesù gli disse: «Giuda, con un bacio tradisci il Figlio dell'uomo?». [49]Allora quelli che eran con lui, vedendo ciò che stava per accadere, dissero: «Signore, dobbiamo colpire con la spada?». [50]E uno di loro colpì il servo del sommo sacerdote e gli staccò l'orecchio destro. [51]Ma Gesù intervenne dicendo: «Lasciate, basta così!». E toccandogli l'orecchio, lo guarì. [52]Poi Gesù disse a coloro che gli eran venuti contro, sommi sacerdoti, capi delle guardie del tempio e anziani: «Siete usciti con spade e bastoni come contro un brigante? [53]Ogni giorno ero con voi nel tempio e non avete steso le mani contro di me; ma questa è la vostra ora, è l'impero delle tenebre».

Rinnegamenti di Pietro e sguardo del Signore. *(Mt 26,69-75; Mc 14,66-72; Gv 18,12-27).*

[54]Dopo averlo preso, lo condussero via e lo fecero entrare nella casa del sommo sacerdote. Pietro lo seguiva da lontano. [55]Siccome avevano acceso un fuoco in mezzo al cortile e si erano seduti attorno, anche Pietro si sedette in mezzo a loro. [56]Vedutolo seduto presso la fiamma, una serva fissandolo disse: «Anche questi era con lui». [57]Ma egli negò dicendo: «Donna, non lo conosco!». [58]Poco dopo un altro lo vide e disse: «Anche tu sei di loro!». Ma Pietro rispose: «No, non lo sono!». [59]Passata circa un'ora, un altro insisteva: «In verità, anche questo era con lui; è anche lui un Galileo». [60]Ma Pietro disse: «O uomo, non so quello che dici». E in quell'istante, mentre ancora parlava, un

gallo cantò. 61 Allora il Signore, voltatosi, guardò Pietro, e Pie-
tro si ricordò delle parole che il Signore gli aveva detto: «Prima
che il gallo canti, oggi mi rinnegherai tre volte». 62 E, uscito,
pianse amaramente.

Gesù schernito e percosso. *(Mt 26,67-68; Mc 14,65).*

63 Frattanto gli uomini che avevano in custodia Gesù lo scherni-
vano e lo percuotevano, 64 lo bendavano e gli dicevano: «Indo-
vina: chi ti ha colpito?». 65 E molti altri insulti dicevano contro
di lui.

Gesù davanti al gran consiglio. *Nella Bibbia sedere alla destra di qualcuno significa aver parte al suo potere. Il sinedrio è il tribunale religioso supremo degli ebrei ed è composto di 70 membri; come il consiglio di Mosè (Nm 11,16; Sal 110,1; Mt 26,59-66; Mc 14,53-64; Gv 10,24-25).*

66 Appena fu giorno, si riunì il consiglio degli anziani del popo-
lo, con i sommi sacerdoti e gli scribi; lo condussero davanti al
sinedrio e gli dissero: 67 «Se tu sei il Cristo, diccelo». Gesù ri-
spose: «Anche se ve lo dico, non mi crederete; 68 se vi interro-
go, non mi risponderete. 69 Ma da questo momento starà *il Fi-
glio dell'uomo seduto alla destra della potenza di Dio*». 70 Allora
tutti esclamarono: «Tu dunque sei il Figlio di Dio?». Ed egli
disse loro: «Lo dite voi stessi: io lo sono». 71 Risposero: «Che
bisogno abbiamo ancora di testimonianza? L'abbiamo udito
noi stessi dalla sua bocca».

Gesù davanti a Pilato. *(Mt 27,11-14; Mc 15,2-5; Gv 18,29-38).*

23 1 Tutta l'assemblea si alzò, lo condussero da Pilato 2 e co-
minciarono ad accusarlo: «Abbiamo trovato costui che sobilla-
va il nostro popolo, impediva di dare tributi a Cesare e affer-
mava di essere il Cristo re». 3 Pilato lo interrogò: «Sei tu il re
dei Giudei?». Ed egli rispose: «Tu lo dici». 4 Pilato disse ai
sommi sacerdoti e alla folla: «Non trovo nessuna colpa in que-
st'uomo». 5 Ma essi insistevano: «Costui solleva il popolo, inse-
gnando per tutta la Giudea, dopo aver cominciato dalla Gali-
lea fino a qui».

[6]Udito ciò, Pilato domandò se era Galileo [7]e, saputo che apparteneva alla giurisdizione di Erode, lo mandò da Erode che in quei giorni si trovava anch'egli a Gerusalemme.

Gesù davanti a Erode. *(9,9)*.

[8]Vedendo Gesù, Erode si rallegrò molto, perché da molto tempo desiderava vederlo per averne sentito parlare e sperava di vedere qualche miracolo fatto da lui. [9]Lo interrogò con molte domande, ma Gesù non gli rispose nulla. [10]C'erano là anche i sommi sacerdoti e gli scribi, e lo accusavano con insistenza. [11]Allora Erode, con i suoi soldati, lo insultò e lo schernì, poi lo rivestì di una splendida veste e lo rimandò a Pilato. [12]In quel giorno Erode e Pilato diventarono amici; prima infatti c'era stata inimicizia tra loro.

Gesù di nuovo davanti a Pilato. *(Mt 27,15-26; Mc 15,6-15; Gv 18,33; 19,16)*.

[13]Pilato, riuniti i sommi sacerdoti, le autorità e il popolo, [14]disse: «Mi avete portato quest'uomo come sobillatore del popolo; ecco, l'ho esaminato davanti a voi, ma non ho trovato in lui nessuna colpa di quelle di cui lo accusate; [15]e neanche Erode, infatti ce l'ha rimandato. Ecco, egli non ha fatto nulla che meriti la morte. [16]Perciò, dopo averlo severamente castigato, lo rilascerò». [[17]]. [18]Ma essi si misero a gridare tutti insieme: «A morte costui! Dacci libero Barabba!». [19]Questi era stato messo in carcere per una sommossa scoppiata in città e per omicidio. [20]Pilato parlò loro di nuovo, volendo rilasciare Gesù. [21]Ma essi urlavano: «Crocifiggilo, crocifiggilo!». [22]Ed egli, per la terza volta, disse loro: «Ma che male ha fatto costui? Non ho trovato nulla in lui che meriti la morte. Lo castigherò severamente e poi lo rilascerò». [23]Essi però insistevano a gran voce, chiedendo che venisse crocifisso; e le loro grida crescevano. [24]Pilato allora decise che la loro richiesta fosse eseguita. [25]Rilasciò colui che era stato messo in carcere per sommossa e omicidio e che essi richiedevano, e abbandonò Gesù alla loro volontà.

Sulla via del Calvario. *(Is 53,12; Os 9,9 e 10,8; Pro 11,31; Mt 27,32; Mc 15,21; Gv 19,17)*.

[26]Mentre lo conducevano via, presero un certo Simone di Cirè-

ne che veniva dalla campagna e gli misero addosso la croce da
portare dietro a Gesù.
27 Lo seguiva una gran folla di popolo e di donne che si batteva-
no il petto e facevano lamenti su di lui. 28 Ma Gesù, voltandosi
verso le donne, disse: «Figlie di Gerusalemme, non piangete su
di me, ma piangete su voi stesse e sui vostri figli. 29 Ecco, ver-
ranno giorni nei quali si dirà: Beate le sterili e i grembi che non
hanno generato e le mammelle che non hanno allattato.
30 Allora cominceranno a *dire ai monti*:

Cadete su di noi!
e ai colli:
Copriteci!

31 Perché se trattano così il legno verde, che avverrà del legno
secco?».
32 Venivano condotti insieme con lui anche due malfattori per
essere giustiziati.

La crocifissione. *(Sal 22,19; Mt 27,35-38; Mc 15,24-28; Gv 19,17-24).*

33 Quando giunsero al luogo detto Cranio, là crocifissero lui e i
due malfattori, uno a destra e l'altro a sinistra. 34 Gesù diceva:
«Padre, perdonali, perché non sanno quello che fanno».
Dopo essersi poi divise le sue vesti, le tirarono a sorte. 35 Il popo-
lo stava *a vedere*, i capi invece lo *schernivano* dicendo: «Ha sal-
vato gli altri, salvi se stesso, se è il Cristo di Dio, il suo eletto».

Gesù in croce. *(Sal 22,8; Lam 2,15; Sal 69,22 e 22,16; Mc 15,29-32).*

36 Anche i soldati lo schernivano, e gli si accostavano per por-
gergli *dell'aceto*, e dicevano: 37 «Se tu sei il re dei Giudei, salva
te stesso». 38 C'era anche una scritta, sopra il suo capo: Questi è
il re dei Giudei.

Il buon ladrone. *(Mt 27,44; Mc 15,32).*

39 Uno dei malfattori appesi alla croce lo insultava: «Non sei tu
il Cristo? Salva te stesso e anche noi!». 40 Ma l'altro lo rimpro-

verava: «Neanche tu hai timore di Dio e sei dannato alla stessa
pena? [41]Noi giustamente, perché riceviamo il giusto per le no-
stre azioni, egli invece non ha fatto nulla di male». [42]E aggiun-
se: «Gesù, ricordati di me quando entrerai nel tuo regno».
[43]Gli rispose: «In verità ti dico, oggi sarai con me nel paradiso».

La morte di Gesù. *(Es 10,22; 13,10; Am 8,9; Sal 31,6; Mt 27,45-50; Mc 15,33-37; Gv 19,25-30).*

[44]Era verso mezzogiorno, quando il sole si eclissò e si fece
buio su tutta la terra fino alle tre del pomeriggio. [45]Il velo del
tempio si squarciò nel mezzo. [46]Gesù, gridando a gran voce,
disse: «Padre, *nelle tue mani consegno il mio spirito*». Detto
questo spirò.

Questo crocifisso è un giusto.

[47]Visto ciò che era accaduto, il centurione glorificava Dio: «Ve-
ramente quest'uomo era giusto». [48]Anche tutte le folle che era-
no accorse a questo spettacolo, ripensando a quanto era acca-
duto, se ne tornavano percuotendosi il petto. [49]Tutti i suoi co-
noscenti assistevano da lontano e così le donne che lo avevano
seguito fin dalla Galilea, osservando questi avvenimenti.

La sepoltura *in una tomba normale; il corpo di Gesù non è gettato nella fossa comune (Is 20,8 e 11; Mt 27,57-61; Mc 15,42-47; Gv 19,38-42).*

[50]C'era un uomo di nome Giuseppe, membro del sinedrio, per-
sona buona e giusta. [51]Non aveva aderito alla decisione e all'o-
perato degli altri. Egli era di Arimatèa, una città dei Giudei, e
aspettava il regno di Dio. [52]Si presentò a Pilato e chiese il corpo
di Gesù. [53]Lo calò dalla croce, lo avvolse in un lenzuolo e lo de-
pose in una tomba scavata nella roccia, nella quale nessuno era
stato ancora deposto. [54]Era il giorno della parascève e già
splendevano le luci del sabato. [55]Le donne che erano venute
con Gesù dalla Galilea seguivano Giuseppe; esse osservarono
la tomba e come era stato deposto il corpo di Gesù, [56]poi torna-
rono indietro e prepararono aromi e oli profumati. Il giorno di
sabato osservarono il riposo secondo il comandamento.

VII. LE APPARIZIONI DEL CRISTO RISORTO

La tomba vuota. *(Mt 28,1-9 e nota; Mc 16,1-8; Gv 10,1-10).*

24 1 Il primo giorno dopo il sabato, di buon mattino, si reca-
rono alla tomba, portando con sé gli aromi che avevano prepa-
rato. 2 Trovarono la pietra rotolata via dal sepolcro; 3 ma, entra-
te, non trovarono il corpo del Signore Gesù. 4 Mentre erano an-
cora incerte, ecco due uomini apparire vicino a loro in vesti
sfolgoranti. 5 Essendosi le donne impaurite e avendo chinato il
volto a terra, essi dissero loro: «Perché cercate tra i morti colui
che è vivo? 6 Non è qui, è risuscitato. Ricordatevi come vi parlò
quando era ancora in Galilea, 7 dicendo che bisognava che il Fi-
glio dell'uomo fosse consegnato in mano ai peccatori, che fosse
crocifisso e risuscitasse il terzo giorno». 8 Ed esse si ricordarono
delle sue parole.

Gli apostoli rifiutano di credere alle chiacchiere delle donne. *(Mt 28,10 e 17; Mc 16,10; 11,14; Gv 20,18.25.29).*

9 E, tornate dal sepolcro, annunziarono tutto questo agli Undici
e a tutti gli altri. 10 Erano Maria di Màgdala, Giovanna e Maria
di Giacomo. Anche le altre che erano insieme lo raccontarono
agli apostoli. 11 Quelle parole parvero loro come un vaneggia-
mento e non credettero ad esse.

Pietro alla tomba. *(Gv 20,2-10).*

12 Pietro tuttavia corse al sepolcro e chinatosi vide solo le ben-
de. E tornò a casa pieno di stupore per l'accaduto.

I discepoli di Emmaus. *Cristo doveva soffrire per entrare nella gloria (Mc 16,12-13).*

13 Ed ecco in quello stesso giorno due di loro erano in cammino
per un villaggio distante circa sette miglia da Gerusalemme, di
nome Èmmaus, 14 e conversavano di tutto quello che era acca-
duto. 15 Mentre discorrevano e discutevano insieme, Gesù in
persona si accostò e camminava con loro. 16 Ma i loro occhi era-
no incapaci di riconoscerlo. 17 Ed egli disse loro: «Che sono
questi discorsi che state facendo fra voi durante il cammino?».

Si fermarono, col volto triste; [18]uno di loro, di nome Clèopa, gli disse: «Tu solo sei così forestiero in Gerusalemme da non sapere ciò che vi è accaduto in questi giorni?». [19]Domandò: «Che cosa?». Gli risposero: «Tutto ciò che riguarda Gesù Nazareno, che fu profeta potente in opere e in parole, davanti a Dio e a tutto il popolo; [20]come i sommi sacerdoti e i nostri capi lo hanno consegnato per farlo condannare a morte e poi l'hanno crocifisso. [21]Noi speravamo che fosse lui a liberare Israele; con tutto ciò son passati tre giorni da quando queste cose sono accadute. [22]Ma alcune donne, delle nostre, ci hanno sconvolti; recatesi al mattino al sepolcro [23]e non avendo trovato il suo corpo, son venute a dirci di aver avuto anche una visione di angeli, i quali affermano che egli è vivo. [24]Alcuni dei nostri sono andati al sepolcro e hanno trovato come avevan detto le donne, ma lui non l'hanno visto».

[25]Ed egli disse loro: «Sciocchi e tardi di cuore nel credere alla parola dei profeti! [26]Non bisognava che il Cristo sopportasse queste sofferenze per entrare nella sua gloria?». [27]E cominciando da Mosè e da tutti i profeti spiegò loro in tutte le Scritture ciò che si riferiva a lui. [28]Quando furon vicini al villaggio dove erano diretti, egli fece come se dovesse andare più lontano. [29]Ma essi insistettero: «Resta con noi perché si fa sera e il giorno già volge al declino». Egli entrò per rimanere con loro. [30]Quando fu a tavola con loro, prese il pane, disse la benedizione, lo spezzò e lo diede loro. [31]Allora si aprirono loro gli occhi e lo riconobbero. Ma lui sparì dalla loro vista. [32]Ed essi si dissero l'un l'altro: «Non ci ardeva forse il cuore nel petto mentre conversava con noi lungo il cammino, quando ci spiegava le Scritture?». [33]E partirono senz'indugio e fecero ritorno a Gerusalemme, dove trovarono riuniti gli Undici e gli altri che erano con loro, [34]i quali dicevano: «Davvero il Signore è risorto ed è apparso a Simone». [35]Essi poi riferirono ciò che era accaduto lungo la via e come l'avevano riconosciuto nello spezzare il pane.

Gesù appare agli apostoli. *(Gv 20,19-23).*

[36]Mentre essi parlavano di queste cose, Gesù in persona apparve in mezzo a loro e disse: «Pace a voi!». [37]Stupiti e spaventati credevano di vedere un fantasma. [38]Ma egli disse: «Perché siete turbati, e perché sorgono dubbi nel vostro cuore? [39]Guardate

le mie mani e i miei piedi: sono proprio io! Toccatemi e guarda-
te; un fantasma non ha carne e ossa come vedete che io ho».
[40]Dicendo questo, mostrò loro le mani e i piedi. [41]Ma poiché
per la grande gioia ancora non credevano ed erano stupefatti,
disse: «Avete qui qualche cosa da mangiare?». [42]Gli offrirono
una porzione di pesce arrostito; [43]egli lo prese e lo mangiò da-
vanti a loro.

Ultime istruzioni agli apostoli. *(At 1,4-8).*

[44]Poi disse: «Sono queste le parole che vi dicevo quando ero
ancora con voi: bisogna che si compiano tutte le cose scritte su
di me nella Legge di Mosè, nei Profeti e nei Salmi». [45]Allora
aprì loro la mente all'intelligenza delle Scritture e disse: [46]«Così
sta scritto: il Cristo dovrà patire e risuscitare dai morti il terzo
giorno [47]e nel suo nome saranno predicati a tutte le genti la
conversione e il perdono dei peccati, cominciando da Gerusa-
lemme. [48]Di questo voi siete testimoni. [49]E io manderò su di voi
quello che il Padre mio ha promesso; ma voi restate in città,
finché non siate rivestiti di potenza dall'alto».

Gesù portato in cielo come Elia. *(2Re 2,11). Gli apostoli tornano al tempio; il Vangelo finisce, così com'era iniziato, nella gioia (Mc 16,19; At 1,9-12).*

[50]Poi li condusse fuori verso Betània e, alzate le mani, li bene-
disse. [51]Mentre li benediceva, si staccò da loro e fu portato ver-
so il cielo. [52]Ed essi, dopo averlo adorato, tornarono a Gerusa-
lemme con grande gioia; [53]e stavano sempre nel tempio lodan-
do Dio.

VANGELO
SECONDO GIOVANNI

AVVERTENZA

Cerchiamo di penetrare nel pensiero di Giovanni attraverso il prologo al suo Vangelo. È senza dubbio il brano più difficile, ma è anche il primo che incontriamo e su di esso si articola l'intero Vangelo. Sin dalle prime parole, ci accorgiamo come e in che cosa differisca il contenuto narrativo di Giovanni da quello dei sinottici. Matteo, Marco e Luca sono dei testimoni che si rivolgono a una comunità cristiana per fondarne e illuminarne la fede. Il loro insegnamento si svolge secondo un piano semplicissimo, a partire dalla convinzione della risurrezione del Cristo, che domina e ordina tutto il resto.

Nel quarto Vangelo si impone la personalità del testimone. È attraverso essa che viene filtrata, per così dire, la personalità stessa di Gesù. Egli viene a far parte non solo di una storia obiettiva, in genere, ma anche della storia personale di Giovanni. Gesù si rivela attraverso lo sguardo e la meditazione del discepolo. Il prologo può essere diviso in tre parti: il logos, il Verbo fatto carne e la conoscenza di Dio donataci da Gesù. Il logos *– tradotto qui con Verbo, altrove con Parola – non ha un termine equivalente nella nostra lingua, capace di esprimerne tutta la ricchezza. Significa, insieme, la saggezza, il pensiero e la parola eterna di Dio. Usando questo termine Giovanni non fa che evocare per i suoi lettori la nozione ebraica di parola di Dio; quella che ha creato i cieli e che comunica agli uomini la volontà di Dio, la sua legge.*

L'evangelista prosegue la sua meditazione sulla natura di Dio, lasciando intendere che Dio, più esattamente il suo Verbo, «si fece carne» (v. 14). Si precisa allora la domanda su Gesù, che è già apparso come in filigrana. Coi sinottici avevamo certo intravisto che egli non era un uomo come gli altri, anche se si presentava come nostro fratello, come uno che condivide le nostre debolezze, ma ci ponevamo delle domande sul senso degli scontri brutali, apparentemente scandalosi, di cui egli stesso si serviva per definire la sua posizione. Tutto ciò rimaneva ancora come avvolto nell'ombra, almeno fino alle dichiarazioni fatte durante la passione. Con Giovanni tutto diventa più preciso, viene proclamata la natura del Cristo: egli è la luce vera, che illumina ogni uomo, chiunque sia. Tra Dio e l'uomo-Gesù c'è identità completa.

Questa duplice natura comporta il fatto che nessuno va al Padre se non per mezzo di lui (14,6). È lui che dà il potere di diventare figli di Dio (v. 12). È lui designato col nome di «unigenito» che ci fa conoscere Dio, vale a dire, stando al senso ebraico del termine, ce lo fa incontrare. Egli ci permette persino di contemplare la sua gloria, lo splendore della sua presenza, che nessun ebreo poteva intravedere senza morirne. In sostanza, egli ci porta la vita stessa di Dio, la legge interiore scolpita nel cuore (Ger 31,31), legge che egli chiama «grazia e verità» (v. 17), non più soltanto «ombra» (Eb 10,1), qual era la legge esteriore di Mosè, scolpita sulla pietra. Così, passando dal concetto ebraico della divinizzazione dell'uomo, a quell'«uno di noi» che è Gesù figlio di Dio, Giovanni ci conduce a un Dio più personale, più interiore, fino a contemplarlo in un volto di carne. Ci sollecita a inquietarci con delle domande, per lasciarci quindi evangelizzare, lasciarci interpellare dal Vangelo. Se non rifiutiamo la nostra appartenenza divina, se accettiamo di nascere dall'alto (3,3) sperimentiamo una nascita molto più reale della nascita biologica.

Disposti tra il prologo e l'epilogo, vengono presentati sette gesti di Gesù. Questi gesti, o segni, rivelano il suo essere e i doni ch'egli reca agli uomini. I discorsi che seguono i singoli gesti ne precisano il senso. I testimoni, in un primo momento, non ne afferrano quasi mai la portata. Vedono il gesto, ma non lo intendono come segno. Solo più tardi, alla luce della risurrezione e dello Spirito, ne intenderanno tutta la portata.

I due primi segni, quello di Cana e quello del tempio, consistono entrambi in una sostituzione: del vino all'acqua e del tempio nuovo all'antico. Annunciano la sostituzione dell'antico patto, quello dell'«ombra» con uno nuovo, nel quale viene data la realtà totale. Manifestano la gloria di Gesù presentandolo come colui che compie questa rivoluzione.

I due grandi discorsi che seguono si sviluppano nello stesso senso. Gesù parla a Nicodemo di una nuova nascita. Il colloquio con la samaritana annunzia il dono dell'acqua viva al posto dell'acqua del pozzo di Giacobbe, l'«adorazione in spirito e verità» al posto del culto dei templi di Gerusalemme e del monte Garizim in Samaria.

I due segni che seguono sono la guarigione del figlio del funzionario reale, che stava per morire, e quella del paralitico a Geru-

salemme. Essi manifestano Gesù come colui che fa vivere. Il segno della moltiplicazione dei pani lo presenta come colui che, al posto della manna data da Mosè nel deserto – simbolo per gli ebrei del dono della Legge – dà il pane vero, è anzi lui in persona il pane vero, che dà la vita eterna. Il segno della guarigione del cieco nato, come quello della risurrezione di Lazzaro, lo presenta come la luce del mondo, la vita e la risurrezione degli uomini.

La passione e la risurrezione sono anch'esse un segno, il grande segno del Vangelo di Giovanni; in esso Gesù darà alla chiesa tutta la realtà annunziata dagli altri segni. Dopo aver ricevuto l'aceto, e chinato il capo, egli «consegna lo spirito», stando alla lettera del testo greco originale (19,30). Il suo ritorno, atteso in un futuro prossimo, viene realizzato da quel momento e in modo ben più profondo. Risuscitato e ritornato al Padre, assente dalla sua chiesa in modo visibile, in realtà le ha comunicato il suo Spirito. Egli abita nel cuore di coloro che lo amano e si manifesta ad essi come aveva annunziato ai discepoli prima di lasciarli. Lo Spirito che ha inviato li introdurrà nella «verità totale».

PROLOGO

Queste idee sono un adattamento di quelle esposte nell'Antico Testamento riguardo alla parola di Dio e della sapienza, che gli ebrei identificavano con la Legge (Sap 9,9-12; Pro 8,22-32; Sir 24,1-34). Da notare che la filosofia greca era già arrivata a designare col nome di logos un'intelligenza divina ordinatrice del mondo, anteriore quindi alla creazione (Gn 1,1; Gv 8,58; 17,24; Col 1,17).

1 [1]In principio era il Verbo,
il Verbo era presso Dio
e il Verbo era Dio.
[2]Egli era in principio presso Dio:
[3]tutto è stato fatto per mezzo di lui,

e senza di lui niente è stato fatto
di tutto ciò che esiste.
4 In lui era la vita
e la vita era la luce degli uomini;
5 la luce splende nelle tenebre,
ma le tenebre non l'hanno accolta.
6 Venne un uomo mandato da Dio
e il suo nome era Giovanni.
7 Egli venne come testimone
per rendere testimonianza alla luce,
perché tutti credessero per mezzo di lui.
8 Egli non era la luce,
ma doveva render testimonianza alla luce.
9 Veniva nel mondo
la luce vera,
quella che illumina ogni uomo.
10 Egli era nel mondo,
e il mondo fu fatto per mezzo di lui,
eppure il mondo non lo riconobbe.
11 Venne fra la sua gente,
ma i suoi non l'hanno accolto.
12 A quanti però l'hanno accolto,
ha dato potere di diventare figli di Dio:
a quelli che credono nel suo nome,
13 i quali non da sangue,
né da volere di carne,
né da volere di uomo,
ma da Dio sono stati generati.
14 E il Verbo si fece carne
e venne ad abitare in mezzo a noi;
e noi vedemmo la sua gloria,
gloria come di unigenito dal Padre,
pieno di grazia e di verità.
15 Giovanni gli rende testimonianza
e grida: «Ecco l'uomo di cui io dissi:
Colui che viene dopo di me
mi è passato avanti,
perché era prima di me».

[16]Dalla sua pienezza
noi tutti abbiamo ricevuto
e grazia su grazia.
[17]Perché la legge fu data per mezzo di Mosè,
la grazia e la verità vennero per mezzo di Gesù Cristo.
[18]Dio nessuno l'ha mai visto:
proprio il Figlio unigenito,
che è nel seno del Padre,
lui lo ha rivelato.

I. LE PRIME TESTIMONIANZE

La testimonianza di Giovanni Battista in favore di Cristo. *Giovanni battezza con un battesimo d'acqua, che non è che «ombra» di quello vero, quello per cui Gesù, battezzando nello Spirito, conferirà tutta la realtà che non poteva dare quello di Giovanni. Analogamente, la legge esteriore portata da Mosè non era che l'«ombra» di quella legge interiore portata da Cristo che «è verità» (1,17; Ml 3,21-23; Dt 8,15; Is 40,3; 11,2 e 42,1).*

[19]E questa è la testimonianza di Giovanni, quando i Giudei gli
inviarono da Gerusalemme sacerdoti e leviti a interrogarlo:
«Chi sei tu?». [20]Egli confessò e non negò, e confessò: «Io non
sono il Cristo». [21]Allora gli chiesero: «Che cosa dunque? Sei
Elia?». Rispose: «Non lo sono». «Sei tu il profeta?». Rispose:
«No». [22]Gli dissero dunque: «Chi sei? Perché possiamo dare
una risposta a coloro che ci hanno mandato. Che cosa dici di te
stesso?». [23]Rispose:

«Io sono *voce di uno che grida nel deserto:*
Preparate la via del Signore,

come disse il profeta Isaia». [24]Essi erano stati mandati da parte
dei farisei. [25]Lo interrogarono e gli dissero: «Perché dunque
battezzi se tu non sei il Cristo, né Elia, né il profeta?». [26]Gio-
vanni rispose loro: «Io battezzo con acqua, ma in mezzo a voi
sta uno che voi non conoscete, [27]uno che viene dopo di me, al
quale io non son degno di sciogliere il legaccio del sandalo».

28Questo avvenne in Betània, al di là del Giordano, dove Gio-
vanni stava battezzando.
29Il giorno dopo, Giovanni vedendo Gesù venire verso di lui
disse: «Ecco l'agnello di Dio, ecco colui che toglie il peccato
del mondo! 30Ecco colui del quale io dissi: Dopo di me viene un
uomo che mi è passato avanti, perché era prima di me. 31Io non
lo conoscevo, ma sono venuto a battezzare con acqua perché
egli fosse fatto conoscere a Israele». 32Giovanni rese testimo-
nianza dicendo: «Ho visto lo Spirito scendere come una colom-
ba dal cielo e posarsi su di lui. 33Io non lo conoscevo, ma chi mi
ha inviato a battezzare con acqua mi aveva detto: L'uomo sul
quale vedrai scendere e rimanere lo Spirito è colui che battezza
in Spirito Santo. 34E io ho visto e ho reso testimonianza che
questi è il Figlio di Dio».

La testimonianza dei primi discepoli. *(Dt 18,15-19).*

35Il giorno dopo Giovanni stava ancora là con due dei suoi di-
scepoli 36e, fissando lo sguardo su Gesù che passava, disse:
«Ecco l'agnello di Dio!». 37E i due discepoli, sentendolo parla-
re così, seguirono Gesù. 38Gesù allora si voltò e, vedendo che
lo seguivano, disse: «Che cercate?». Gli risposero: «Rabbì (che
significa maestro), dove abiti?». 39Disse loro: «Venite e vedre-
te». Andarono dunque e videro dove abitava e quel giorno si
fermarono presso di lui; erano circa le quattro del pomeriggio.
40Uno dei due che avevano udito le parole di Giovanni e lo ave-
vano seguito, era Andrea, fratello di Simon Pietro. 41Egli in-
contrò per primo suo fratello Simone, e gli disse: «Abbiamo
trovato il Messia (che significa il Cristo)» 42e lo condusse da
Gesù. Gesù, fissando lo sguardo su di lui, disse: «Tu sei Simo-
ne, il figlio di Giovanni; ti chiamerai Cefa (che vuol dire Pie-
tro)».
43Il giorno dopo Gesù aveva stabilito di partire per la Galilea;
incontrò Filippo e gli disse: «Seguimi». 44Filippo era di Bet-
sàida, la città di Andrea e di Pietro. 45Filippo incontrò Nata-
naèle e gli disse: «Abbiamo trovato colui del quale hanno scrit-
to Mosè nella Legge e i Profeti, Gesù, figlio di Giuseppe di Nà-
zaret». 46Natanaèle esclamò: «Da Nàzaret può mai venire qual-
cosa di buono?». Filippo gli rispose: «Vieni e vedi». 47Gesù in-
tanto, visto Natanaèle che gli veniva incontro, disse di lui: «Ec-

co davvero un Israelita in cui non c'è falsità». 48Natanaèle gli
domandò: «Come mi conosci?». Gli rispose Gesù: «Prima che
Filippo ti chiamasse, io ti ho visto quando eri sotto il fico».
49Gli replicò Natanaèle: «Rabbì, tu sei il Figlio di Dio, tu sei il
re d'Israele!».

La testimonianza di Gesù in Galilea. *Applicando a se stesso il racconto del sogno di Giacobbe nel libro della Genesi (28,10-17), in cui la tradizione ebraica scorgeva la glorificazione di Israele, Gesù annunzia la rivelazione prossima della sua gloria (cf. Prologo 1,14).*

50Gli rispose Gesù: «Perché ti ho detto che ti avevo visto sotto
il fico, credi? Vedrai cose maggiori di queste!». 51Poi gli disse:
«In verità, in verità vi dico: vedrete il cielo aperto e gli angeli di
Dio salire e scendere sul Figlio dell'uomo».

II. LA PRIMA PASQUA

Il primo segno di Gesù a Cana. *Nel corso di un banchetto nuziale Gesù cambia in vino l'acqua contenuta nelle giare di pietra per la purificazione degli ebrei. Il segno di Cana rivela ai discepoli che Gesù è colui che sostituirà all'antica alleanza della legge esteriore, dei riti e delle figure rappresentate dall'acqua, quella nuova della realtà totale rappresentata dal vino (cf. prologo 1,17). È in questo senso ch'egli manifesta la sua gloria, si fa conoscere dai discepoli. Questo segno è compiuto «tre giorni dopo» («nel terzo giorno» stando alla lettera del testo greco originale), vale a dire nel giorno della risurrezione (Gn 41,55).*

2 1Tre giorni dopo, ci fu uno sposalizio a Cana di Galilea e
c'era la madre di Gesù. 2Fu invitato alle nozze anche Gesù con
i suoi discepoli. 3Nel frattempo, venuto a mancare il vino, la
madre di Gesù gli disse: «Non hanno più vino». 4E Gesù rispo-
se: «Che ho da fare con te, o donna? Non è ancora giunta la
mia ora». 5La madre dice ai servi: «Fate quello che vi dirà».
6Vi erano là sei giare di pietra per la purificazione dei Giudei,
contenenti ciascuna due o tre barili. 7E Gesù disse loro: «Riem-

pite d'acqua le giare»; e le riempirono fino all'orlo. 8Disse loro
di nuovo: «Ora attingete e portatene al maestro di tavola». Ed
essi gliene portarono. 9E come ebbe assaggiato l'acqua diventa-
ta vino, il maestro di tavola, che non sapeva di dove venisse
(ma lo sapevano i servi che avevano attinto l'acqua), chiamò lo
sposo 10e gli disse: «Tutti servono da principio il vino buono e,
quando sono un po' brilli, quello meno buono; tu invece hai
conservato fino ad ora il vino buono». 11Così Gesù diede inizio
ai suoi miracoli in Cana di Galilea, manifestò la sua gloria e i
suoi discepoli credettero in lui.
12Dopo questo fatto, discese a Cafàrnao insieme con sua ma-
dre, i fratelli e i suoi discepoli e si fermarono colà solo pochi
giorni.

Il secondo segno di Gesù: la purificazione del tempio. *Il Vangelo di Giovanni presenta sin dalle prime pagine l'incidente dell'espulsione dei mercanti che vendevano nel tempio le vittime destinate ai sacrifici dell'antica alleanza. Questo gesto annunzia la fine di tutto l'ordine religioso rappresentato dalla legge, dal tempio, dai sacrifici, e l'avvento di un ordine nuovo di cui l'antico era solo ombra e figura (cf. prologo 1,17; Mt 21,12-13; Mc 11,15-17; Lc 19,45-46; Zc 14,21; Sal 69,10).*

13Si avvicinava intanto la pasqua dei Giudei e Gesù salì a Geru-
salemme. 14Trovò nel tempio gente che vendeva buoi, pecore e
colombe, e i cambiavalute seduti al banco. 15Fatta allora una
sferza di cordicelle, scacciò tutti fuori del tempio con le pecore
e i buoi; gettò a terra il denaro dei cambiavalute e ne rovesciò i
banchi, 16e ai venditori di colombe disse: «Portate via queste
cose e non fate della casa del Padre mio un luogo di mercato».
17I discepoli si ricordarono che sta scritto: *Lo zelo per la tua ca-
sa mi divora*. 18Allora i Giudei presero la parola e gli dissero:
«Quale segno ci mostri per fare queste cose?». 19Rispose loro
Gesù: «Distruggete questo tempio e in tre giorni lo farò risor-
gere». 20Gli dissero allora i Giudei: «Questo tempio è stato co-
struito in quarantasei anni e tu in tre giorni lo farai risorge-
re?». 21Ma egli parlava del tempio del suo corpo. 22Quando poi
fu risuscitato dai morti, i suoi discepoli si ricordarono che ave-
va detto questo, e credettero alla Scrittura e alla parola detta
da Gesù.

23Mentre era a Gerusalemme per la pasqua, durante la festa
molti, vedendo i segni che faceva, credettero nel suo nome.
24Gesù però non si confidava con loro, perché conosceva tutti
25e non aveva bisogno che qualcuno gli desse testimonianza su
un altro, egli infatti sapeva quello che c'è in ogni uomo.

Colloquio di Gesù con Nicodemo: la nuova nascita. *Per entrare in relazione con Dio non basta compiere un qualche rito o una qualche pratica, quale sarebbe ad esempio il battesimo di Giovanni. Bisogna nascere di nuovo, di una nascita che faccia passare dal piano della carne a quello dello Spirito. Gesù è venuto nel mondo per permettere agli uomini questa nuova nascita e dare loro la vita eterna (prologo 1,12-13). Ma molti si ostinano a non aprire gli occhi dinanzi alla luce che egli reca – la realtà della presenza di Dio – benché essa offra una scelta esaltante e dischiuda l'accesso ad una vita più alta (Sap 9,16; Pro 30,4; Nm 21,8-9; Dt 8,15).*

3 1C'era tra i farisei un uomo chiamato Nicodèmo, un capo
dei Giudei. 2Egli andò da Gesù, di notte, e gli disse: «Rabbì,
sappiamo che sei un maestro venuto da Dio; nessuno infatti
può fare i segni che tu fai, se Dio non è con lui». 3Gli rispose
Gesù: «In verità, in verità ti dico, se uno non rinasce dall'alto,
non può vedere il regno di Dio». 4Gli disse Nicodèmo: «Come
può un uomo nascere quando è vecchio? Può forse entrare una
seconda volta nel grembo di sua madre e rinascere?». 5Gli ri-
spose Gesù: «In verità, in verità ti dico, se uno non nasce da ac-
qua e da Spirito, non può entrare nel regno di Dio. 6Quel che è
nato dalla carne è carne e quel che è nato dallo Spirito è Spiri-
to. 7Non ti meravigliare se t'ho detto: dovete rinascere dall'al-
to. 8Il vento soffia dove vuole e ne senti la voce, ma non sai di
dove viene e dove va: così è di chiunque è nato dallo Spirito».
9Replicò Nicodèmo: «Come può accadere questo?». 10Gli ri-
spose Gesù: «Tu sei maestro in Israele e non sai queste cose?
11In verità, in verità ti dico, noi parliamo di quel che sappiamo
e testimoniamo quel che abbiamo veduto; ma voi non accoglie-
te la nostra testimonianza. 12Se vi ho parlato di cose della terra
e non credete, come crederete se vi parlerò di cose del cielo?
13Eppure nessuno è mai salito al cielo, fuorché il Figlio dell'uo-

mo che è disceso dal cielo. 14E come Mosè innalzò il serpente
nel deserto, così bisogna che sia innalzato il Figlio dell'uomo,
15perché chiunque crede in lui abbia la vita eterna».
16Dio infatti ha tanto amato il mondo da dare il suo Figlio uni-
genito, perché chiunque crede in lui non muoia, ma abbia la vi-
ta eterna. 17Dio non ha mandato il Figlio nel mondo per giudi-
care il mondo, ma perché il mondo si salvi per mezzo di lui.
18Chi crede in lui non è condannato; ma chi non crede è già sta-
to condannato, perché non ha creduto nel nome dell'unigenito
Figlio di Dio. 19E il giudizio è questo: la luce è venuta nel mon-
do, ma gli uomini hanno preferito le tenebre alla luce, perché
le loro opere erano malvagie. 20Chiunque infatti fa il male, odia
la luce e non viene alla luce perché non siano svelate le sue
opere. 21Ma chi opera la verità viene alla luce, perché appaia
chiaramente che le sue opere sono state fatte in Dio.

Ultima testimonianza di Giovanni Battista. *Giovanni stabilisce un parallelo tra la sua opera e quella di Cristo. Egli viene dalla terra, mentre Cristo viene dall'alto per testimoniare un'altra realtà che egli ha visto e udito (Os 1,2ss).*

22Dopo queste cose, Gesù andò con i suoi discepoli nella regio-
ne della Giudea; e là si trattenne con loro, e battezzava. 23An-
che Giovanni battezzava a Ennòn, vicino a Salìm, perché c'era
là molta acqua; e la gente andava a farsi battezzare. 24Giovan-
ni, infatti, non era stato ancora imprigionato.
25Nacque allora una discussione tra i discepoli di Giovanni e un
Giudeo riguardo la purificazione. 26Andarono perciò da Gio-
vanni e gli dissero: «Rabbì, colui che era con te dall'altra parte
del Giordano, e al quale hai reso testimonianza, ecco sta bat-
tezzando e tutti accorrono a lui». 27Giovanni rispose: «Nessuno
può prendersi qualcosa se non gli è stato dato dal cielo. 28Voi
stessi mi siete testimoni che ho detto: Non sono io il Cristo, ma
io sono stato mandato innanzi a lui. 29Chi possiede la sposa è lo
sposo; ma l'amico dello sposo, che è presente e l'ascolta, esulta
di gioia alla voce dello sposo. Ora questa mia gioia è compiuta.
30Egli deve crescere e io invece diminuire.
31Chi viene dall'alto è al di sopra di tutti; ma chi viene dalla ter-
ra, appartiene alla terra e parla della terra. Chi viene dal cielo è
al di sopra di tutti. 32Egli attesta ciò che ha visto e udito, eppure

nessuno accetta la sua testimonianza; [33]chi però ne accetta la
testimonianza, certifica che Dio è veritiero. [34]Infatti colui che
Dio ha mandato proferisce le parole di Dio e dà lo Spirito sen-
za misura. [35]Il Padre ama il Figlio e gli ha dato in mano ogni co-
sa. [36]Chi crede nel Figlio ha la vita eterna; chi non obbedisce al
Figlio non vedrà la vita, ma l'ira di Dio incombe su di lui».

Gesù e la samaritana: la promessa dell'acqua viva. *Alla donna samaritana venuta ad attingere acqua dal pozzo di Giacobbe (simbolo della legge per i giudei), Gesù annunzia il dono di un'acqua viva assolutamente diversa da quella che lei era venuta a cercare, un'acqua che dà la vita eterna. L'acqua del pozzo di Giacobbe, come la prima alleanza che essa rappresenta (Is 12,3; 55,1; Ez 47,1ss, ecc.), non era che ombra e figura; quella che dona Gesù (che si dichiara il Cristo) è l'acqua vera. È giunto il momento in cui gli uomini non adoreranno più nel tempio di Gerusalemme o sul monte Garizim, ma in spirito e verità. Ciò significa che si instaureranno nuove relazioni fra Dio e gli uomini (Gn 48,22; Gs 24,32; Is 58,10).*

4 [1]Quando il Signore venne a sapere che i farisei avevan sen-
tito dire: Gesù fa più discepoli e battezza più di Giovanni
[2]– sebbene non fosse Gesù in persona che battezzava, ma i suoi
discepoli –, [3]lasciò la Giudea e si diresse di nuovo verso la Gali-
lea. [4]Doveva perciò attraversare la Samarìa. [5]Giunse pertanto
ad una città della Samarìa chiamata Sicàr, vicina al terreno che
Giacobbe aveva dato a Giuseppe suo figlio: [6]qui c'era il pozzo
di Giacobbe. Gesù dunque, stanco del viaggio, sedeva presso il
pozzo. Era verso mezzogiorno. [7]Arrivò intanto una donna di
Samarìa ad attingere acqua. Le disse Gesù: «Dammi da bere».
[8]I suoi discepoli infatti erano andati in città a far provvista di ci-
bi. [9]Ma la Samaritana gli disse: «Come mai tu, che sei Giudeo,
chiedi da bere a me, che sono una donna samaritana?». I Giu-
dei infatti non mantengono buone relazioni con i Samaritani.
[10]Gesù le rispose: «Se tu conoscessi il dono di Dio e chi è colui
che ti dice: "Dammi da bere!", tu stessa gliene avresti chiesto
ed egli ti avrebbe dato acqua viva». [11]Gli disse la donna: «Si-

gnore, tu non hai un mezzo per attingere e il pozzo è profondo;
da dove hai dunque quest'acqua viva? 12Sei tu forse più grande
del nostro padre Giacobbe, che ci diede questo pozzo e ne bev-
ve lui con i suoi figli e il suo gregge?». 13Rispose Gesù: «Chiun-
que beve di quest'acqua avrà di nuovo sete; 14ma chi beve del-
l'acqua che io gli darò, non avrà mai più sete, anzi, l'acqua che
io gli darò diventerà in lui sorgente di acqua che zampilla per la
vita eterna». 15«Signore, gli disse la donna, dammi di quest'ac-
qua, perché non abbia più sete e non continui a venire qui ad
attingere acqua». 16Le disse: «Va' a chiamare tuo marito e poi
ritorna qui». 17Rispose la donna: «Non ho marito». Le disse
Gesù: «Hai detto bene "non ho marito"; 18infatti hai avuto cin-
que mariti e quello che hai ora non è tuo marito; in questo hai
detto il vero». 19Gli replicò la donna: «Signore, vedo che tu sei
un profeta. 20I nostri padri hanno adorato Dio sopra questo
monte e voi dite che è Gerusalemme il luogo in cui bisogna
adorare». 21Gesù le dice: «Credimi, donna, è giunto il momen-
to in cui né su questo monte, né in Gerusalemme adorerete il
Padre. 22Voi adorate quel che non conoscete, noi adoriamo
quello che conosciamo, perché la salvezza viene dai Giudei.
23Ma è giunto il momento, ed è questo, in cui i veri adoratori
adoreranno il Padre in spirito e verità; perché il Padre cerca tali
adoratori. 24Dio è spirito, e quelli che lo adorano devono ado-
rarlo in spirito e verità». 25Gli rispose la donna: «So che deve
venire il Messia (cioè il Cristo): quando egli verrà, ci annunzie-
rà ogni cosa». 26Le disse Gesù: «Sono io, che ti parlo».
27In quel momento giunsero i suoi discepoli e si meravigliarono
che stesse a discorrere con una donna. Nessuno tuttavia gli dis-
se: «Che desideri?», o: «Perché parli con lei?». 28La donna in-
tanto lasciò la brocca, andò in città e disse alla gente: 29«Venite
a vedere un uomo che mi ha detto tutto quello che ho fatto.
Che sia forse il Messia?». 30Uscirono allora dalla città e anda-
vano da lui.
31Intanto i discepoli lo pregavano: «Rabbì, mangia». 32Ma egli
rispose: «Ho da mangiare un cibo che voi non conoscete». 33E i
discepoli si domandavano l'un l'altro: «Qualcuno forse gli ha
portato da mangiare?». 34Gesù disse loro: «Mio cibo è fare la
volontà di colui che mi ha mandato e compiere la sua opera.
35Non dite voi: Ci sono ancora quattro mesi e poi viene la mie-

titura? Ecco, io vi dico: Levate i vostri occhi e guardate i campi
che già biondeggiano per la mietitura. 36E chi miete riceve sala-
rio e raccoglie frutto per la vita eterna, perché ne goda insieme
chi semina e chi miete. 37Qui infatti si realizza il detto: uno se-
mina e uno miete. 38Io vi ho mandati a mietere ciò che voi non
avete lavorato; altri hanno lavorato e voi siete subentrati nel
loro lavoro».
39Molti Samaritani di quella città credettero in lui per le parole
della donna che dichiarava: «Mi ha detto tutto quello che ho
fatto». 40E quando i Samaritani giunsero da lui, lo pregarono di
fermarsi con loro ed egli vi rimase due giorni. 41Molti di più
credettero per la sua parola 42e dicevano alla donna: «Non è
più per la tua parola che noi crediamo; ma perché noi stessi ab-
biamo udito e sappiamo che questi è veramente il salvatore del
mondo».

Guarigione del figlio di un funzionario reale *che stava per morire. È il secondo segno di Gesù a Cana. In questo villaggio dove ha compiuto il suo primo segno, Gesù ridà la vita a un giovane che era sul punto di morire. Questo segno lo presenta come colui che dà la vita a quelli che credono (Mt 8,5-13; Lc 7,1-10).*

43Trascorsi due giorni, partì di là per andare in Galilea. 44Ma
Gesù stesso aveva dichiarato che un profeta non riceve onore
nella sua patria. 45Quando però giunse in Galilea, i Galilei lo
accolsero con gioia, poiché avevano visto tutto quello che ave-
va fatto a Gerusalemme durante la festa; anch'essi infatti erano
andati alla festa.
46Andò dunque di nuovo a Cana di Galilea, dove aveva cam-
biato l'acqua in vino. Vi era un funzionario del re, che aveva un
figlio malato a Cafàrnao. 47Costui, udito che Gesù era venuto
dalla Giudea in Galilea, si recò da lui e lo pregò di scendere a
guarire suo figlio poiché stava per morire. 48Gesù gli disse: «Se
non vedete segni e prodigi, voi non credete». 49Ma il funziona-
rio del re insistette: «Signore, scendi prima che il mio bambino
muoia». 50Gesù gli risponde: «Va', tuo figlio vive». Quell'uo-
mo credette alla parola che gli aveva detto Gesù e si mise in
cammino. 51Proprio mentre scendeva, gli vennero incontro i
servi a dirgli: «Tuo figlio vive!». 52S'informò poi a che ora aves-
se cominciato a star meglio. Gli dissero: «Ieri, un'ora dopo

mezzogiorno la febbre lo ha lasciato». 53Il padre riconobbe che
proprio in quell'ora Gesù gli aveva detto: «Tuo figlio vive» e
credette lui con tutta la sua famiglia. 54Questo fu il secondo mi-
racolo che Gesù fece tornando dalla Giudea in Galilea.

III. UNA FESTA EBRAICA A GERUSALEMME

Il segno della guarigione di un paralitico. *A Gerusalemme, durante una festa (forse la pentecoste), in un giorno di sabato, presso una piscina a cinque portici (ritrovata nel corso di recenti scavi), Gesù guarisce un paralitico che non aveva la forza di scendere in acqua. Questo segno presenta Gesù come colui che conferisce una forza nuova, e insieme colui che compie l'opera costante del Padre in quanto figlio di Dio uguale a Dio (Es 20,8).*

5 1Vi fu poi una festa dei Giudei e Gesù salì a Gerusalemme.
2V'è a Gerusalemme, presso la porta delle Pecore, una piscina,
chiamata in ebraico Betzaetà, con cinque portici, 3sotto i quali
giaceva un gran numero di infermi, ciechi, zoppi e paralitici.
[4Un angelo infatti in certi momenti discendeva nella piscina e
agitava l'acqua; il primo ad entrarvi dopo l'agitazione dell'ac-
qua guariva da qualsiasi malattia fosse affetto]. 5Si trovava là
un uomo che da trentotto anni era malato. 6Gesù vedendolo di-
steso e, sapendo che da molto tempo stava così, gli disse:
«Vuoi guarire?». 7Gli rispose il malato: «Signore, io non ho
nessuno che mi immerga nella piscina quando l'acqua si agita.
Mentre infatti sto per andarvi, qualche altro scende prima di
me». 8Gesù gli disse: «Alzati, prendi il tuo lettuccio e cammi-
na». 9E sull'istante quell'uomo guarì e, preso il suo lettuccio,
cominciò a camminare.
Quel giorno però era un sabato. 10Dissero dunque i Giudei al-
l'uomo guarito: «È sabato e non ti è lecito prender su il tuo let-
tuccio». 11Ma egli rispose loro: «Colui che mi ha guarito mi ha
detto: Prendi il tuo lettuccio e cammina». 12Gli chiesero allora:
«Chi è stato a dirti: Prendi il tuo lettuccio e cammina?». 13Ma
colui che era stato guarito non sapeva chi fosse; Gesù infatti si
era allontanato, essendoci folla in quel luogo. 14Poco dopo Ge-

sù lo trovò nel tempio e gli disse: «Ecco che sei guarito; non
peccare più, perché non ti abbia ad accadere qualcosa di peg-
gio». [15]Quell'uomo se ne andò e disse ai Giudei che era stato
Gesù a guarirlo. [16]Per questo i Giudei cominciarono a perse-
guitare Gesù, perché faceva tali cose di sabato. [17]Ma Gesù ri-
spose loro: «Il Padre mio opera sempre e anch'io opero».
[18]Proprio per questo i Giudei cercavano ancor più di ucciderlo:
perché non soltanto violava il sabato, ma chiamava Dio suo Pa-
dre, facendosi uguale a Dio.

Discorso sull'opera del Figlio. *Dio ha trasmesso al Figlio il duplice potere di giudicare il mondo e di dare la vita. Sono le due grandi opere divine che Gesù deve compiere. D'altra parte la testimonianza che il Figlio rende a se stesso non potrebbe essere respinta, per il fatto che egli non è il solo a darne testimonianza: c'è la testimonianza di Giovanni Battista, quella della Scrittura e, superiore a tutti, la testimonianza del Padre. Quanto al giudizio gli uomini si giudicano in realtà da se stessi, quando non ricevono la sua testimonianza, escludendosi in tal modo dalla Vita (Dt 32,39; 1Sam 2,6; Dn 7,13; 12,2; Dt 2,26; 18,15).*

[19]Gesù riprese a parlare e disse: «In verità, in verità vi dico, il
Figlio da sé non può fare nulla se non ciò che vede fare dal Pa-
dre; quello che egli fa, anche il Figlio lo fa. [20]Il Padre infatti
ama il Figlio, gli manifesta tutto quello che fa e gli manifesterà
opere ancora più grandi di queste, e voi ne resterete meravi-
gliati. [21]Come il Padre risuscita i morti e dà la vita, così anche il
Figlio dà la vita a chi vuole; [22]il Padre infatti non giudica nessu-
no ma ha rimesso ogni giudizio al Figlio, [23]perché tutti onorino
il Figlio come onorano il Padre. Chi non onora il Figlio, non
onora il Padre che lo ha mandato. [24]In verità, in verità vi dico:
chi ascolta la mia parola e crede a colui che mi ha mandato, ha
la vita eterna e non va incontro al giudizio, ma è passato dalla
morte alla vita. [25]In verità, in verità vi dico: è venuto il momen-
to, ed è questo, in cui i morti udranno la voce del Figlio di Dio,
e quelli che l'avranno ascoltata, vivranno. [26]Come infatti il Pa-
dre ha la vita in se stesso, così ha concesso al Figlio di avere la
vita in se stesso; [27]e gli ha dato il potere di giudicare, perché è
Figlio dell'uomo. [28]Non vi meravigliate di questo, poiché verrà
l'ora in cui tutti coloro che sono nei sepolcri udranno la sua vo-

ce e ne usciranno: [29]quanti fecero il bene per una risurrezione
di vita e quanti fecero il male per una risurrezione di condanna.
[30]Io non posso far nulla da me stesso; giudico secondo quello
che ascolto e il mio giudizio è giusto, perché non cerco la mia
volontà, ma la volontà di colui che mi ha mandato.
[31]Se fossi io a render testimonianza a me stesso, la mia testimo-
nianza non sarebbe vera; [32]ma c'è un altro che mi rende testi-
monianza, e so che la testimonianza che egli mi rende è verace.
[33]Voi avete inviato messaggeri da Giovanni ed egli ha reso te-
stimonianza alla verità. [34]Io non ricevo testimonianza da un uo-
mo; ma vi dico queste cose perché possiate salvarvi. [35]Egli era
una lampada che arde e risplende, e voi avete voluto solo per
un momento rallegrarvi alla sua luce.
[36]Io però ho una testimonianza superiore a quella di Giovanni:
le opere che il Padre mi ha dato da compiere, quelle stesse ope-
re che io sto facendo, testimoniano di me che il Padre mi ha
mandato. [37]E anche il Padre, che mi ha mandato, ha reso testi-
monianza di me. Ma voi non avete mai udito la sua voce, né
avete visto il suo volto, [38]e non avete la sua parola che dimora
in voi, perché non credete a colui che egli ha mandato. [39]Voi
scrutate le Scritture credendo di avere in esse la vita eterna; eb-
bene, sono proprio esse che mi rendono testimonianza. [40]Ma
voi non volete venire a me per avere la vita.
[41]Io non ricevo gloria dagli uomini. [42]Ma io vi conosco e so che
non avete in voi l'amore di Dio. [43]Io sono venuto nel nome del
Padre mio e voi non mi ricevete; se un altro venisse nel proprio
nome, lo ricevereste. [44]E come potete credere, voi che prende-
te gloria gli uni dagli altri, e non cercate la gloria che viene da
Dio solo? [45]Non crediate che sia io ad accusarvi davanti al Pa-
dre; c'è già chi vi accusa, Mosè, nel quale avete riposto la vo-
stra speranza. [46]Se credeste infatti a Mosè, credereste anche a
me; perché di me egli ha scritto. [47]Ma se non credete ai suoi
scritti, come potrete credere alle mie parole?».

IV. SECONDA SOLENNITÀ DELLA PASQUA

Il segno della moltiplicazione dei pani *(cf. introduzione, Es 16,4 e 2Re 4,42-44). Questo segno presenta Gesù come colui che* *dà il pane vero, anzi che è lui stesso questo pane vero. Mosè aveva invece dato la manna, simbolo di una legge che era solo ombra e figura, come spiega il discorso che segue (Mt 14,13-21 e nota; Mc 6,32-44; Lc 9,10-17).*

6 [1]Dopo questi fatti, Gesù andò all'altra riva del mare di Ga-
lilea, cioè di Tiberìade, [2]e una grande folla lo seguiva, vedendo
i segni che faceva sugli infermi. [3]Gesù salì sulla montagna e là si
pose a sedere con i suoi discepoli. [4]Era vicina la Pasqua, la fe-
sta dei Giudei. [5]Alzati quindi gli occhi, Gesù vide che una gran-
de folla veniva da lui e disse a Filippo: «Dove possiamo com-
prare il pane perché costoro abbiano da mangiare?». [6]Diceva
così per metterlo alla prova; egli infatti sapeva bene quello che
stava per fare. [7]Gli rispose Filippo: «Duecento denari di pane
non sono sufficienti neppure perché ognuno possa riceverne un
pezzo». [8]Gli disse allora uno dei discepoli, Andrea, fratello di
Simon Pietro: [9]«C'è qui un ragazzo che ha cinque pani d'orzo e
due pesci; ma che cos'è questo per tanta gente?». [10]Rispose
Gesù: «Fateli sedere». C'era molta erba in quel luogo. Si sedet-
tero dunque ed erano circa cinquemila uomini. [11]Allora Gesù
prese i pani e, dopo aver reso grazie, li distribuì a quelli che si
erano seduti, e lo stesso fece dei pesci, finché ne vollero. [12]E
quando furono saziati, disse ai discepoli: «Raccogliete i pezzi
avanzati, perché nulla vada perduto». [13]Li raccolsero e riempi-
rono dodici canestri con i pezzi dei cinque pani d'orzo, avanzati
a coloro che avevano mangiato.
[14]Allora la gente, visto il segno che egli aveva compiuto, co-
minciò a dire: «Questi è davvero il profeta che deve venire nel
mondo!». [15]Ma Gesù, sapendo che stavano per venire a pren-
derlo per farlo re, si ritirò di nuovo sulla montagna, tutto solo.

Gesù cammina sulle acque. *Alla vista del prodigio, di cui non riesce ad afferrare il significato, la folla vuole prenderlo per farlo re; ma Gesù si ritira in solitudine. Quando è ormai buio, Gesù cammina sulle acque agitate del mare, come il Signore «sull'immensità delle acque» (salmo 29), o come il popolo che, uscito dall'Egitto, attraversa il mare a piedi asciutti, e in seguito anche il Giordano. Arrivato all'altezza della barca sulla quale si trovavano i discepoli, dice loro: «Sono io», riprendendo così l'e-*

spressione con cui il Signore si rivelava a Mosè sul Sinai (Es 3,13-15; 8,24; Mt 14,22-23 e nota; Mc 6,45-52).

[16]Venuta intanto la sera, i suoi discepoli scesero al mare [17]e, sa-
liti in una barca, si avviarono verso l'altra riva in direzione di
Cafàrnao. Era ormai buio, e Gesù non era ancora venuto da lo-
ro. [18]Il mare era agitato, perché soffiava un forte vento. [19]Dopo
aver remato circa tre o quattro miglia, videro Gesù che cammi-
nava sul mare e si avvicinava alla barca, ed ebbero paura. [20]Ma
egli disse loro: «Sono io, non temete». [21]Allora vollero pren-
derlo sulla barca e rapidamente la barca toccò la riva alla quale
erano diretti.

Discorso sul pane della vita. *Gesù pronuncia nella sinagoga di Cafàrnao un discorso che svela il significato della moltiplicazione dei pani (Sal 78,24; Es 54,13; Ger 31,33).*

[22]Il giorno dopo, la folla, rimasta dall'altra parte del mare, notò
che c'era una barca sola e che Gesù non era salito con i suoi di-
scepoli sulla barca, ma soltanto i suoi discepoli erano partiti.
[23]Altre barche erano giunte nel frattempo da Tiberìade, presso
il luogo dove avevano mangiato il pane dopo che il Signore
aveva reso grazie. [24]Quando dunque la folla vide che Gesù non
era più là e nemmeno i suoi discepoli, salì sulle barche e si di-
resse alla volta di Cafàrnao alla ricerca di Gesù. [25]Trovatolo di
là dal mare, gli dissero: «Rabbì, quando sei venuto qua?».
[26]Gesù rispose: «In verità, in verità vi dico, voi mi cercate non
perché avete visto dei segni, ma perché avete mangiato di quei
pani e vi siete saziati. [27]Procuratevi non il cibo che perisce, ma
quello che dura per la vita eterna, e che il Figlio dell'uomo vi
darà. Perché su di lui il Padre, Dio, ha messo il suo sigillo».
[28]Gli dissero allora: «Che cosa dobbiamo fare per compiere le
opere di Dio?». [29]Gesù rispose: «Questa è l'opera di Dio: cre-
dere in colui che egli ha mandato».
[30]Allora gli dissero: «Quale segno dunque tu fai perché vedia-
mo e possiamo crederti? Quale opera compi? [31]I nostri padri
hanno mangiato la manna nel deserto, come sta scritto: *Diede
loro da mangiare un pane dal cielo*». [32]Rispose loro Gesù: «In
verità, in verità vi dico: non Mosè vi ha dato il pane dal cielo,
ma il Padre mio vi dà il pane dal cielo, quello vero; [33]il pane di
Dio è colui che discende dal cielo e dà la vita al mondo». [34]Al-

lora gli dissero: «Signore, dacci sempre questo pane». [35]Gesù
rispose: «Io sono il pane della vita; chi viene a me non avrà più
fame e chi crede in me non avrà più sete. [36]Vi ho detto però che
voi mi avete visto e non credete. [37]Tutto ciò che il Padre mi dà,
verrà a me; colui che viene a me, non lo respingerò, [38]perché
sono disceso dal cielo non per fare la mia volontà, ma la volon-
tà di colui che mi ha mandato. [39]E questa è la volontà di colui
che mi ha mandato, che io non perda nulla di quanto egli mi ha
dato, ma lo risusciti nell'ultimo giorno. [40]Questa infatti è la vo-
lontà del Padre mio, che chiunque vede il Figlio e crede in lui
abbia la vita eterna; io lo risusciterò nell'ultimo giorno».
[41]Intanto i Giudei mormoravano di lui perché aveva detto: «Io
sono il pane disceso dal cielo». [42]E dicevano: «Costui non è for-
se Gesù, il figlio di Giuseppe? Di lui conosciamo il padre e la
madre. Come può dunque dire: Sono disceso dal cielo?».
[43]Gesù rispose: «Non mormorate tra di voi. [44]Nessuno può ve-
nire a me, se non lo attira il Padre che mi ha mandato; e io lo ri-
susciterò nell'ultimo giorno. [45]Sta scritto nei profeti: *E tutti sa-
ranno ammaestrati da Dio*. Chiunque ha udito il Padre e ha im-
parato da lui, viene a me. [46]Non che alcuno abbia visto il Pa-
dre, ma solo colui che viene da Dio ha visto il Padre. [47]In veri-
tà, in verità vi dico: chi crede ha la vita eterna.

Chi mangia di questo pane vivrà in eterno.

[48]Io sono il pane della vita. [49]I vostri padri hanno mangiato la
manna nel deserto e sono morti; [50]questo è il pane che discende
dal cielo, perché chi ne mangia non muoia. [51]Io sono il pane vi-
vo, disceso dal cielo. Se uno mangia di questo pane vivrà in eter-
no e il pane che io darò è la mia carne per la vita del mondo».
[52]Allora i Giudei si misero a discutere tra di loro: «Come può
costui darci la sua carne da mangiare?». [53]Gesù disse: «In veri-
tà, in verità vi dico: se non mangiate la carne del Figlio dell'uo-
mo e non bevete il suo sangue, non avrete in voi la vita. [54]Chi
mangia la mia carne e beve il mio sangue ha la vita eterna e io
lo risusciterò nell'ultimo giorno. [55]Perché la mia carne è vero
cibo e il mio sangue vera bevanda. [56]Chi mangia la mia carne e
beve il mio sangue dimora in me e io in lui. [57]Come il Padre,
che ha la vita, ha mandato me e io vivo per il Padre, così anche
colui che mangia di me vivrà per me. [58]Questo è il pane disceso

dal cielo, non come quello che mangiarono i padri vostri e mo-
rirono. Chi mangia questo pane vivrà in eterno».
59Queste cose disse Gesù, insegnando nella sinagoga a Cafàr-
nao.

È lo Spirito che dà la vita. *Queste parole sono state pronunciate dopo che s'era riunita una folla di cinquemila persone, durante la moltiplicazione dei pani. Ma, caduto l'entusiasmo, i discepoli disertano.*

60Molti dei suoi discepoli, dopo aver ascoltato, dissero: «Que-
sto linguaggio è duro; chi può intenderlo?». 61Gesù, conoscen-
do dentro di sé che i suoi discepoli proprio di questo mormora-
vano, disse loro: «Questo vi scandalizza? 62E se vedeste il Fi-
glio dell'uomo salire là dov'era prima? 63È lo Spirito che dà la
vita, la carne non giova a nulla; le parole che vi ho dette sono
spirito e vita. 64Ma vi sono alcuni tra voi che non credono». Ge-
sù infatti sapeva fin da principio chi erano quelli che non crede-
vano e chi era colui che lo avrebbe tradito. 65E continuò: «Per
questo vi ho detto che nessuno può venire a me, se non gli è
concesso dal Padre mio».
66Da allora molti dei suoi discepoli si tirarono indietro e non
andavano più con lui.

La confessione di Pietro: *Gesù è l'eletto e l'inviato da Dio (Mt 16,16).*

67Disse allora Gesù ai Dodici: «Forse anche voi volete andarve-
ne?». 68Gli rispose Simon Pietro: «Signore, da chi andremo?
Tu hai parole di vita eterna; 69noi abbiamo creduto e conosciu-
to che tu sei il Santo di Dio». 70Rispose Gesù: «Non ho forse
scelto io voi, i Dodici? Eppure uno di voi è un diavolo!». 71Egli
parlava di Giuda, figlio di Simone Iscariota: questi infatti stava
per tradirlo, uno dei Dodici.

V. LA FESTA DELLE CAPANNE

Manifestazione di Gesù come luce del mondo e sorgente d'acqua viva. *All'avvicinarsi della festa delle capanne, i discepoli bramo-*

si di un trionfo popolare, chiedono a Gesù di passare dalla provincia della Galilea a Gerusalemme. Dal momento che egli fa «tali cose», deve manifestarsi al mondo. Gesù in un primo momento rifiuta; ma in seguito, nel momento da lui scelto, sale alla festa. Rimane, comunque, per un po' di tempo in mezzo alla folla senza farsi conoscere, quasi «di nascosto» (cf. Zc 14,6; Lv 23,29-43).

7 [1]Dopo questi fatti Gesù se ne andava per la Galilea; infatti
non voleva più andare per la Giudea, perché i Giudei cercava-
no di ucciderlo.
[2]Si avvicinava intanto la festa dei Giudei, detta delle Capanne;
[3]i suoi fratelli gli dissero: «Parti di qui e va' nella Giudea perché
anche i tuoi discepoli vedano le opere che tu fai. [4]Nessuno in-
fatti agisce di nascosto, se vuole venire riconosciuto pubblica-
mente. Se fai tali cose, manifèstati al mondo!». [5]Neppure i suoi
fratelli infatti credevano in lui. [6]Gesù allora disse loro: «Il mio
tempo non è ancora venuto, il vostro invece è sempre pronto.
[7]Il mondo non può odiare voi, ma odia me, perché di lui io at-
testo che le sue opere sono cattive. [8]Andate voi a questa festa;
io non ci vado, perché il mio tempo non è ancora compiuto».
[9]Dette loro queste cose, restò nella Galilea.
[10]Ma andati i suoi fratelli alla festa, allora vi andò anche lui;
non apertamente però: di nascosto. [11]I Giudei intanto lo cerca-
vano durante la festa e dicevano: «Dov'è quel tale?». [12]E si fa-
ceva sommessamente un gran parlare di lui tra la folla; gli uni
infatti dicevano: «È buono!». Altri invece: «No, inganna la
gente!». [13]Nessuno però ne parlava in pubblico, per paura dei
Giudei.

«A metà della festa Gesù salì al tempio» *per insegnare e rivelarsi apertamente (Ml 3,1: «Ecco, io manderò un mio messaggero a preparare la via davanti a me, e subito entrerà nel suo tempio il Signore, che voi cercate»).*

[14]Quando ormai si era a metà della festa, Gesù salì al tempio e
vi insegnava. [15]I Giudei ne erano stupiti e dicevano: «Come
mai costui conosce le Scritture, senza avere studiato?». [16]Gesù

rispose: «La mia dottrina non è mia, ma di colui che mi ha
mandato. 17Chi vuol fare la sua volontà, conoscerà se questa
dottrina viene da Dio, o se io parlo da me stesso. 18Chi parla da
se stesso, cerca la propria gloria; ma chi cerca la gloria di colui
che l'ha mandato è veritiero, e in lui non c'è ingiustizia.

Gesù e Mosè. *(Gn 17,10; Is 11,3; Zc 7,9).*

19Non è stato forse Mosè a darvi la Legge? Eppure nessuno di
voi osserva la Legge! Perché cercate di uccidermi?». 20Rispose
la folla: «Tu hai un demonio! Chi cerca di ucciderti?». 21Rispo-
se Gesù: «Un'opera sola ho compiuto, e tutti ne siete stupiti.
22Mosè vi ha dato la circoncisione – non che essa venga da Mo-
sè, ma dai patriarchi – e voi circoncidete un uomo anche di sa-
bato. 23Ora se un uomo riceve la circoncisione di sabato perché
non sia trasgredita la Legge di Mosè, voi vi sdegnate contro di
me perché ho guarito interamente un uomo di sabato? 24Non
giudicate secondo le apparenze, ma giudicate con giusto giudi-
zio!».

Da dove viene il Cristo? *In quanto uomo, la sua origine è nota a tutti; in quanto Dio essa sfugge a tutti: nessuno conosce chi lo ha mandato.*

25Intanto alcuni di Gerusalemme dicevano: «Non è costui
quello che cercano di uccidere? 26Ecco, egli parla liberamente,
e non gli dicono niente. Che forse i capi abbiano riconosciuto
davvero che egli è il Cristo? 27Ma costui sappiamo di dov'è; il
Cristo invece, quando verrà, nessuno saprà di dove sia». 28Ge-
sù allora, mentre insegnava nel tempio, esclamò: «Certo, voi
mi conoscete e sapete di dove sono. Eppure io non sono venu-
to da me e chi mi ha mandato è veritiero, e voi non lo cono-
scete. 29Io però lo conosco, perché vengo da lui ed egli mi ha
mandato».

I farisei vogliono arrestare Gesù.

30Allora cercarono di arrestarlo, ma nessuno riuscì a mettergli
le mani addosso, perché non era ancora giunta la sua ora.
31Molti della folla invece credettero in lui, e dicevano: «Il Cri-
sto, quando verrà, potrà fare segni più grandi di quelli che ha
fatto costui?».

32 I farisei intanto udirono che la gente sussurrava queste cose di
lui e perciò i sommi sacerdoti e i farisei mandarono delle guar-
die per arrestarlo.

Gesù è sorgente di acqua viva. *L'ultimo giorno della festa Gesù si manifesta come sorgente di acqua viva, quindi come luce del mondo (cf. ancora il prologo). Il suo discorso culmina allora nella dichiarazione (8,58): «Prima che Abramo fosse, io sono», da accostare al prologo 1,1, a Zc 14,14 e all'«Io sono» del roveto ardente. I giudei cercano allora di lapidarlo. Gesù si nasconde di nuovo e lascia il tempio: «Venne fra la sua gente – dice il prologo – ma i suoi non l'hanno accolto» 1,11. (Per il v. 34, cf. Dt 4,29; Os 5,6; Is 55,61; Pro 1,28; per il v. 37 cf. Lv 23,36; Nm 29,35; e per il tema dell'acqua; v. 38 cf. Is 44,3; 55,1-3; 58,11; Ez 47,1-10; Zc 14,8).*

33 Gesù disse: «Per poco tempo ancora rimango con voi, poi va-
do da colui che mi ha mandato. 34 Voi mi cercherete, e non mi
troverete; e dove sono io, voi non potrete venire». 35 Dissero
dunque tra loro i Giudei: «Dove mai sta per andare costui, che
noi non potremo trovarlo? Andrà forse da quelli che sono di-
spersi fra i Greci e ammaestrerà i Greci? 36 Che discorso è que-
sto che ha fatto: Mi cercherete e non mi troverete e dove sono
io voi non potrete venire?».
37 Nell'ultimo giorno, il grande giorno della festa, Gesù levatosi
in piedi esclamò ad alta voce: «Chi ha sete venga a me e beva
38 chi crede in me; come dice la Scrittura: fiumi di acqua viva
sgorgheranno dal suo seno». 39 Questo egli disse riferendosi allo
Spirito che avrebbero ricevuto i credenti in lui: infatti non c'era
ancora lo Spirito, perché Gesù non era stato ancora glorificato.

Discussione sull'origine di Gesù. *(2Sam 7,12; Mi 5,1-2).*

40 All'udire queste parole, alcuni fra la gente dicevano: «Questi
è davvero il profeta!». 41 Altri dicevano: «Questi è il Cristo!».
Altri invece dicevano: «Il Cristo viene forse dalla Galilea?
42 Non dice forse la Scrittura che il Cristo *verrà dalla stirpe di
Davide* e *da Betlemme*, il villaggio di Davide?». 43 E nacque dis-
senso tra la gente riguardo a lui.
44 Alcuni di loro volevano arrestarlo, ma nessuno gli mise le ma-
ni addosso. 45 Le guardie tornarono quindi dai sommi sacerdoti

e dai farisei e questi dissero loro: «Perché non lo avete condot-
to?». 46Risposero le guardie: «Mai un uomo ha parlato come
parla quest'uomo!». 47Ma i farisei replicarono loro: «Forse vi
siete lasciati ingannare anche voi? 48Forse gli ha creduto qual-
cuno fra i capi, o fra i farisei? 49Ma questa gente, che non cono-
sce la Legge, è maledetta!». 50Disse allora Nicodèmo, uno di
loro, che era venuto precedentemente da Gesù: 51«La nostra
Legge giudica forse un uomo prima di averlo ascoltato e di sa-
pere ciò che fa?». 52Gli risposero: «Sei forse anche tu della Ga-
lilea? Studia e vedrai che non sorge profeta dalla Galilea».

Gesù perdona la donna adultera. *È un brano inserito in seguito nella trama del Vangelo di Giovanni. Rivela infatti uno stile differente, più vicino a quello di Luca (Dt 22,2; Lv 20,10; Gn 21,9-14).*

53E tornarono ciascuno a casa sua.

8 1Gesù si avviò allora verso il monte degli Ulivi. 2Ma all'al-
ba si recò di nuovo nel tempio e tutto il popolo andava da lui ed
egli, sedutosi, li ammaestrava. 3Allora gli scribi e i farisei gli
conducono una donna sorpresa in adulterio e, postala nel mez-
zo, 4gli dicono: «Maestro, questa donna è stata sorpresa in fla-
grante adulterio. 5Ora Mosè, nella Legge, ci ha comandato di
lapidare donne come questa. Tu che ne dici?». 6Questo diceva-
no per metterlo alla prova e per avere di che accusarlo. Ma Ge-
sù, chinatosi, si mise a scrivere col dito per terra. 7E siccome in-
sistevano nell'interrogarlo, alzò il capo e disse loro: «Chi di voi
è senza peccato, scagli per primo la pietra contro di lei». 8E chi-
natosi di nuovo, scriveva per terra. 9Ma quelli, udito ciò, se ne
andarono uno per uno, cominciando dai più anziani fino agli
ultimi.
Rimase solo Gesù con la donna là in mezzo. 10Alzatosi allora
Gesù le disse: «Donna, dove sono? Nessuno ti ha condanna-
ta?». 11Ed essa rispose: «Nessuno, Signore». E Gesù le disse:
«Neanch'io ti condanno; va' e d'ora in poi non peccare più».

Gesù luce del mondo. *(Dt 17,6; 19,15; Es 3,14).*

12Di nuovo Gesù parlò loro: «Io sono la luce del mondo; chi se-
gue me, non camminerà nelle tenebre, ma avrà la luce della vi-

ta». [13]Gli dissero allora i farisei: «Tu dài testimonianza di te
stesso; la tua testimonianza non è vera». [14]Gesù rispose: «An-
che se io rendo testimonianza di me stesso, la mia testimonian-
za è vera, perché so da dove vengo e dove vado. Voi invece
non sapete da dove vengo o dove vado. [15]Voi giudicate secon-
do la carne; io non giudico nessuno. [16]E anche se giudico, il
mio giudizio è vero, perché non sono solo, ma io e il Padre che
mi ha mandato. [17]Nella vostra Legge sta scritto che la testimo-
nianza di due persone è vera: [18]orbene, sono io che do testimo-
nianza di me stesso, ma anche il Padre, che mi ha mandato, mi
dà testimonianza». [19]Gli dissero allora: «Dov'è tuo padre?».
Rispose Gesù: «Voi non conoscete né me né il Padre; se cono-
sceste me, conoscereste anche il Padre mio». [20]Queste parole
Gesù le pronunziò nel luogo del tesoro mentre insegnava nel
tempio. E nessuno lo arrestò, perché non era ancora giunta la
sua ora.
[21]Di nuovo Gesù disse loro: «Io vado e voi mi cercherete, ma
morirete nel vostro peccato. Dove vado io, voi non potete ve-
nire». [22]Dicevano allora i Giudei: «Forse si ucciderà, dal mo-
mento che dice: Dove vado io, voi non potete venire?». [23]E di-
ceva loro: «Voi siete di quaggiù, io sono di lassù; voi siete di
questo mondo, io non sono di questo mondo. [24]Vi ho detto che
morirete nei vostri peccati; se infatti non credete che io sono,
morirete nei vostri peccati». [25]Gli dissero allora: «Tu chi sei?».
Gesù disse loro: «Proprio ciò che vi dico. [26]Avrei molte cose da
dire e da giudicare sul vostro conto; ma colui che mi ha manda-
to è veritiero, ed io dico al mondo le cose che ho udito da lui».
[27]Non capirono che egli parlava loro del Padre. [28]Disse allora
Gesù: «Quando avrete innalzato il Figlio dell'uomo, allora sa-
prete che Io Sono e non faccio nulla da me stesso, ma come mi
ha insegnato il Padre, così io parlo. [29]Colui che mi ha mandato
è con me e non mi ha lasciato solo, perché io faccio sempre le
cose che gli sono gradite».

La verità ci libera dalla menzogna, dalla morte e dalla vita senza senso. *(Gn 21,9-14).*

[30]A queste sue parole, molti credettero in lui.
[31]Gesù allora disse a quei Giudei che avevano creduto in lui:
«Se rimanete fedeli alla mia parola, sarete davvero miei disce-

poli; [32]conoscerete la verità e la verità vi farà liberi». [33]Gli ri-
sposero: «Noi siamo discendenza di Abramo e non siamo mai
stati schiavi di nessuno. Come puoi tu dire: Diventerete libe-
ri?». [34]Gesù rispose: «In verità, in verità vi dico: chiunque com-
mette il peccato è schiavo del peccato. [35]Ora lo schiavo non re-
sta per sempre nella casa, ma il figlio vi resta sempre; [36]se dun-
que il Figlio vi farà liberi, sarete liberi davvero.

Abramo come pretesto. *(Dt 32,6; Sap 1,13-16).*

[37]So che siete discendenza di Abramo. Ma intanto cercate di
uccidermi perché la mia parola non trova posto in voi. [38]Io dico
quello che ho visto presso il Padre; anche voi dunque fate quel-
lo che avete ascoltato dal padre vostro!». [39]Gli risposero: «Il
nostro padre è Abramo». Rispose Gesù: «Se siete figli di Abra-
mo, fate le opere di Abramo! [40]Ora invece cercate di uccidere
me, che vi ho detto la verità udita da Dio; questo, Abramo non
l'ha fatto. [41]Voi fate le opere del padre vostro». Gli risposero:
«Noi non siamo nati da prostituzione, noi abbiamo un solo Pa-
dre, Dio!». [42]Disse loro Gesù: «Se Dio fosse vostro Padre, cer-
to mi amereste, perché da Dio sono uscito e vengo; non sono
venuto da me stesso, ma lui mi ha mandato. [43]Perché non com-
prendete il mio linguaggio? Perché non potete dare ascolto alle
mie parole, [44]voi che avete per padre il diavolo, e volete com-
piere i desideri del padre vostro. Egli è stato omicida fin da
principio e non ha perseverato nella verità, perché non vi è ve-
rità in lui. Quando dice il falso, parla del suo, perché è menzo-
gnero e padre della menzogna. [45]A me, invece, voi non crede-
te, perché dico la verità. [46]Chi di voi può convincermi di pecca-
to? Se dico la verità, perché non mi credete? [47]Chi è da Dio
ascolta le parole di Dio: per questo voi non le ascoltate, perché
non siete da Dio».

Gesù e Abramo. *(cf. nota a 7,33; Am 5,18; Nm 24,17; Gn 17,17; Lv 24,16).*

[48]Gli risposero i Giudei: «Non diciamo con ragione noi che sei
un Samaritano e hai un demonio?». [49]Rispose Gesù: «Io non
ho un demonio, ma onoro il Padre mio e voi mi disonorate. [50]Io
non cerco la mia gloria; vi è chi la cerca e giudica. [51]In verità, in

verità vi dico: se uno osserva la mia parola, non vedrà mai la
morte». 52Gli dissero i Giudei: «Ora sappiamo che hai un de-
monio. Abramo è morto, come anche i profeti, e tu dici: "Chi
osserva la mia parola non conoscerà mai la morte". 53Sei tu più
grande del nostro padre Abramo, che è morto? Anche i profeti
sono morti; chi pretendi di essere?». 54Rispose Gesù: «Se io
glorificassi me stesso, la mia gloria non sarebbe nulla; chi mi
glorifica è il Padre mio, del quale voi dite: "È nostro Dio!", 55e
non lo conoscete. Io invece lo conosco. E se dicessi che non lo
conosco, sarei come voi, un mentitore; ma lo conosco e osservo
la sua parola. 56Abramo, vostro padre, esultò nella speranza di
vedere il mio giorno; lo vide e se ne rallegrò». 57Gli dissero al-
lora i Giudei: «Non hai ancora cinquant'anni e hai visto Abra-
mo?». 58Rispose loro Gesù: «In verità, in verità vi dico: prima
che Abramo fosse, Io Sono». 59Allora raccolsero pietre per sca-
gliarle contro di lui; ma Gesù si nascose e uscì dal tempio.

Il segno della guarigione del cieco dalla nascita. *Gesù lo manda a lavarsi gli occhi alla piscina di Siloe. La guarigione che egli opera lo presenta come colui che è la luce del mondo, che apre gli occhi di coloro che sono ciechi, ma mette pure in evidenza la cecità di coloro che pretendono di vedere.*

9 1Passando vide un uomo cieco dalla nascita 2e i suoi disce-
poli lo interrogarono: «Rabbì, chi ha peccato, lui o i suoi geni-
tori, perché egli nascesse cieco?». 3Rispose Gesù: «Né lui ha
peccato né i suoi genitori, ma è così perché si manifestassero in
lui le opere di Dio. 4Dobbiamo compiere le opere di colui che
mi ha mandato finché è giorno; poi viene la notte, quando nes-
suno può più operare. 5Finché sono nel mondo, sono la luce del
mondo». 6Detto questo sputò per terra, fece del fango con la
saliva, spalmò il fango sugli occhi del cieco 7e gli disse: «Va' a
lavarti nella piscina di Sìloe (che significa Inviato)». Quegli an-
dò, si lavò e tornò che ci vedeva. 8Allora i vicini e quelli che lo
avevano visto prima, poiché era un mendicante, dicevano:
«Non è egli quello che stava seduto a chiedere l'elemosina?».
9Alcuni dicevano: «È lui»; altri dicevano: «No, ma gli assomi-
glia». Ed egli diceva: «Sono io!». 10Allora gli chiesero: «Come
dunque ti furono aperti gli occhi?». 11Egli rispose: «Quell'uo-

mo che si chiama Gesù ha fatto del fango, mi ha spalmato gli
occhi e mi ha detto: Va' a Sìloe e lavati! Io sono andato e, dopo
essermi lavato, ho acquistato la vista». [12]Gli dissero: «Dov'è
questo tale?». Rispose: «Non lo so».

Il cieco davanti ai farisei.

[13]Intanto condussero dai farisei quello che era stato cieco: [14]era
infatti sabato il giorno in cui Gesù aveva fatto del fango e gli ave-
va aperto gli occhi. [15]Anche i farisei dunque gli chiesero di nuo-
vo come avesse acquistato la vista. Ed egli disse loro: «Mi ha po-
sto del fango sopra gli occhi, mi sono lavato e ci vedo». [16]Allora
alcuni dei farisei dicevano: «Quest'uomo non viene da Dio, per-
ché non osserva il sabato». Altri dicevano: «Come può un pecca-
tore compiere tali prodigi?». E c'era dissenso tra di loro. [17]Allo-
ra dissero di nuovo al cieco: «Tu che dici di lui, dal momento che
ti ha aperto gli occhi?». Egli rispose: «È un profeta!».

I farisei e i parenti del cieco.

[18]Ma i Giudei non vollero credere di lui che era stato cieco e
aveva acquistato la vista, finché non chiamarono i genitori di
colui che aveva ricuperato la vista. [19]E li interrogarono: «È
questo il vostro figlio, che voi dite esser nato cieco? Come mai
ora ci vede?». [20]I genitori risposero: «Sappiamo che questo è il
nostro figlio e che è nato cieco; [21]come poi ora ci veda, non lo
sappiamo, né sappiamo chi gli ha aperto gli occhi; chiedetelo a
lui, ha l'età, parlerà lui di se stesso». [22]Questo dissero i suoi ge-
nitori, perché avevano paura dei Giudei; infatti i Giudei aveva-
no già stabilito che, se uno lo avesse riconosciuto come il Cri-
sto, venisse espulso dalla sinagoga. [23]Per questo i suoi genitori
dissero: «Ha l'età, chiedetelo a lui!».

I farisei richiamano l'uomo che era stato cieco. *(Is 1,15; Pro 15,29)*.

[24]Allora chiamarono di nuovo l'uomo che era stato cieco e gli
dissero: «Da' gloria a Dio! Noi sappiamo che quest'uomo è un
peccatore». [25]Quegli rispose: «Se sia un peccatore, non lo so;
una cosa so: prima ero cieco e ora ci vedo». [26]Allora gli dissero
di nuovo: «Che cosa ti ha fatto? Come ti ha aperto gli occhi?».
[27]Rispose loro: «Ve l'ho già detto e non mi avete ascoltato; per-

ché volete udirlo di nuovo? Volete forse diventare anche voi
suoi discepoli?». [28]Allora lo insultarono e gli dissero: «Tu sei
suo discepolo, noi siamo discepoli di Mosè! [29]Noi sappiamo in-
fatti che a Mosè ha parlato Dio; ma costui non sappiamo di do-
ve sia». [30]Rispose loro quell'uomo: «Proprio questo è strano,
che voi non sapete di dove sia, eppure mi ha aperto gli occhi.
[31]Ora, noi sappiamo che Dio non ascolta i peccatori, ma se uno
è timorato di Dio e fa la sua volontà, egli lo ascolta. [32]Da che
mondo è mondo, non s'è mai sentito dire che uno abbia aperto
gli occhi a un cieco nato. [33]Se costui non fosse da Dio, non
avrebbe potuto far nulla». [34]Gli replicarono: «Sei nato tutto nei
peccati e vuoi insegnare a noi?». E lo cacciarono fuori.

Il cieco guarito e la fede in Gesù. *(Sul tema della cecità cf. Is 6,9; Ger 5,21; Ez 12,2).*

[35]Gesù seppe che l'avevano cacciato fuori, e incontratolo gli
disse: «Tu credi nel Figlio dell'uomo?». [36]Egli rispose: «E chi è,
Signore, perché io creda in lui?». [37]Gli disse Gesù: «Tu l'hai vi-
sto: colui che parla con te è proprio lui». [38]Ed egli disse: «Io
credo, Signore!». E gli si prostrò innanzi. [39]Gesù allora disse:
«Io sono venuto in questo mondo per giudicare, perché coloro
che non vedono vedano e quelli che vedono diventino ciechi».
[40]Alcuni dei farisei che erano con lui udirono queste parole e
gli dissero: «Siamo forse ciechi anche noi?». [41]Gesù rispose lo-
ro: «Se foste ciechi, non avreste alcun peccato; ma siccome di-
te: Noi vediamo, il vostro peccato rimane».

Il discorso sul buon pastore. *Ezechiele (34,1-31) aveva già presentato JHWH (il Signore Dio) come pastore d'Israele, che va alla ricerca del gregge disperso, per adunarlo. Gesù si presenta come il buon pastore che riunisce il gregge e dà la vita per tutte le sue pecore.*

10 [1]«In verità, in verità vi dico: chi non entra nel recinto
delle pecore per la porta, ma vi sale da un'altra parte, è un la-
dro e un brigante. [2]Chi invece entra per la porta, è il pastore
delle pecore. [3]Il guardiano gli apre e le pecore ascoltano la sua
voce: egli chiama le sue pecore una per una e le conduce fuori.

[4]E quando ha condotto fuori tutte le sue pecore, cammina innanzi a loro, e le pecore lo seguono, perché conoscono la sua voce. [5]Un estraneo invece non lo seguiranno, ma fuggiranno via da lui, perché non conoscono la voce degli estranei». [6]Questa similitudine disse loro Gesù; ma essi non capirono che cosa significava ciò che diceva loro.

[7]Allora Gesù disse loro di nuovo: «In verità, in verità vi dico: io sono la porta delle pecore. [8]Tutti coloro che sono venuti prima di me, sono ladri e briganti; ma le pecore non li hanno ascoltati. [9]Io sono la porta: se uno entra attraverso di me, sarà salvo; entrerà e uscirà e troverà pascolo. [10]Il ladro non viene se non per rubare, uccidere e distruggere; io sono venuto perché abbiano la vita e l'abbiano in abbondanza. [11]Io sono il buon pastore. Il buon pastore offre la vita per le pecore. [12]Il mercenario invece, che non è pastore e al quale le pecore non appartengono, vede venire il lupo, abbandona le pecore e fugge e il lupo le rapisce e le disperde; [13]egli è un mercenario e non gli importa delle pecore. [14]Io sono il buon pastore, conosco le mie pecore e le mie pecore conoscono me, [15]come il Padre conosce me e io conosco il Padre; e offro la vita per le pecore. [16]E ho altre pecore che non sono di quest'ovile; anche queste io devo condurre; ascolteranno la mia voce e diventeranno un solo gregge e un solo pastore. [17]Per questo il Padre mi ama: perché io offro la mia vita, per poi riprenderla di nuovo. [18]Nessuno me la toglie, ma la offro da me stesso, poiché ho il potere di offrirla e il potere di riprenderla di nuovo. Questo comando ho ricevuto dal Padre mio».

[19]Sorse di nuovo dissenso tra i Giudei per queste parole. [20]Molti di essi dicevano: «Ha un demonio ed è fuori di sé; perché lo state ad ascoltare?». [21]Altri invece dicevano: «Queste parole non sono di un indemoniato; può forse un demonio aprire gli occhi dei ciechi?».

VI. FESTA DELLA DEDICAZIONE DEL TEMPIO

Manifestazione di Gesù *durante la festa della dedicazione, celebrata per commemorare la dedicazione del tempio che era stato* *purificato al tempo di Giuda Maccabeo. Era quindi una grande celebrazione di liberazione nazionale (cf. 1Mac 4,36-59; 2Mac 10,1-8). Gesù, nel tempio, si dichiara apertamente figlio di Dio, una cosa sola col Padre (Lv 24,16; Sal 82,6; Ger 1,5).*

[22]Ricorreva in quei giorni a Gerusalemme la festa della Dedica-
zione. Era d'inverno. [23]Gesù passeggiava nel tempio, sotto il
portico di Salomone. [24]Allora i Giudei gli si fecero attorno e gli
dicevano: «Fino a quando terrai l'animo nostro sospeso? Se tu
sei il Cristo, dillo a noi apertamente». [25]Gesù rispose loro: «Ve
l'ho detto e non credete; le opere che io compio nel nome del
Padre mio, queste mi danno testimonianza; [26]ma voi non cre-
dete, perché non siete mie pecore. [27]Le mie pecore ascoltano la
mia voce e io le conosco ed esse mi seguono. [28]Io do loro la vita
eterna e non andranno mai perdute e nessuno le rapirà dalla
mia mano. [29]Il Padre mio che me le ha date è più grande di tutti
e nessuno può rapirle dalla mano del Padre mio. [30]Io e il Padre
siamo una cosa sola».
[31]I Giudei portarono di nuovo delle pietre per lapidarlo. [32]Gesù
rispose loro: «Vi ho fatto vedere molte opere buone da parte
del Padre mio; per quale di esse mi volete lapidare?». [33]Gli ri-
sposero i Giudei: «Non ti lapidiamo per un'opera buona, ma
per la bestemmia e perché tu, che sei uomo, ti fai Dio». [34]Ri-
spose loro Gesù: «Non è forse scritto nella vostra Legge: *Io ho
detto: voi siete dèi*? [35]Ora, se essa ha chiamato dèi coloro ai
quali fu rivolta la parola di Dio (e la Scrittura non può essere
annullata), [36]a colui che il Padre ha consacrato e mandato nel
mondo, voi dite: Tu bestemmi, perché ho detto: Sono Figlio di
Dio? [37]Se non compio le opere del Padre mio, non credetemi;
[38]ma se le compio, anche se non volete credere a me, credete
almeno alle opere, perché sappiate e conosciate che il Padre è
in me e io nel Padre». [39]Cercavano allora di prenderlo di nuo-
vo, ma egli sfuggì dalle loro mani.
[40]Ritornò quindi al di là del Giordano, nel luogo dove prima
Giovanni battezzava, e qui si fermò. [41]Molti andarono da lui e
dicevano: «Giovanni non ha fatto nessun segno, ma tutto quel-
lo che Giovanni ha detto di costui era vero». [42]E in quel luogo
molti credettero in lui.

Il segno della risurrezione di Lazzaro. *La risurrezione di Lazzaro, morto e sepolto, presenta Gesù come colui che è la risurre-*

zione e la vita. Egli stesso, però, dovrà passare attraverso la morte e una risurrezione di cui quella di Lazzaro è solo figura. Il nome di Lazzaro è una abbreviazione di Eleazar, «Dio aiuta».

11 1Era allora malato un certo Lazzaro di Betània, il villag-
gio di Maria e di Marta sua sorella. 2Maria era quella che aveva
cosparso di olio profumato il Signore e gli aveva asciugato i pie-
di con i suoi capelli; suo fratello Lazzaro era malato. 3Le sorel-
le mandarono dunque a dirgli: «Signore, ecco, il tuo amico è
malato».
4All'udire questo, Gesù disse: «Questa malattia non è per la
morte, ma per la gloria di Dio, perché per essa il Figlio di Dio
venga glorificato». 5Gesù voleva molto bene a Marta, a sua so-
rella e a Lazzaro. 6Quand'ebbe dunque sentito che era malato,
si trattenne due giorni nel luogo dove si trovava. 7Poi, disse ai
discepoli: «Andiamo di nuovo in Giudea!». 8I discepoli gli dis-
sero: «Rabbì, poco fa i Giudei cercavano di lapidarti e tu ci vai
di nuovo?». 9Gesù rispose: «Non sono forse dodici le ore del
giorno? Se uno cammina di giorno, non inciampa, perché vede
la luce di questo mondo; 10ma se invece uno cammina di notte,
inciampa, perché gli manca la luce». 11Così parlò e poi soggiun-
se loro: «Il nostro amico Lazzaro s'è addormentato; ma io vado
a svegliarlo». 12Gli dissero allora i discepoli: «Signore, se s'è
addormentato, guarirà». 13Gesù parlava della morte di lui, essi
invece pensarono che si riferisse al riposo del sonno. 14Allora
Gesù disse loro apertamente: «Lazzaro è morto 15e io sono
contento per voi di non essere stato là, perché voi crediate. Or-
sù, andiamo da lui!». 16Allora Tommaso, chiamato Dìdimo,
disse ai condiscepoli: «Andiamo anche noi a morire con lui!».

Gesù è la risurrezione e la vita. *(Dn 12,1-3; 2Mac 7,22-24; 12,44).*

17Venne dunque Gesù e trovò Lazzaro che era già da quattro
giorni nel sepolcro. 18Betània distava da Gerusalemme meno di
due miglia 19e molti Giudei erano venuti da Marta e Maria per
consolarle per il loro fratello. 20Marta dunque, come seppe che
veniva Gesù, gli andò incontro; Maria invece stava seduta in

casa. [21]Marta disse a Gesù: «Signore, se tu fossi stato qui, mio
fratello non sarebbe morto! [22]Ma anche ora so che qualunque
cosa chiederai a Dio, egli te la concederà». [23]Gesù le disse:
«Tuo fratello risusciterà». [24]Gli rispose Marta: «So che risusci-
terà nell'ultimo giorno». [25]Gesù le disse: «Io sono la risurrezio-
ne e la vita; chi crede in me, anche se muore, vivrà; [26]chiunque
vive e crede in me, non morrà in eterno. Credi tu questo?».
[27]Gli rispose: «Sì, o Signore, io credo che tu sei il Cristo, il Fi-
glio di Dio che deve venire nel mondo».

[28]Dopo queste parole se ne andò a chiamare di nascosto Maria,
sua sorella, dicendo: «Il Maestro è qui e ti chiama». [29]Quella,
udito ciò, si alzò in fretta e andò da lui. [30]Gesù non era entrato
nel villaggio, ma si trovava ancora là dove Marta gli era andata
incontro. [31]Allora i Giudei che erano in casa con lei a consolar-
la, quando videro Maria alzarsi in fretta e uscire, la seguirono
pensando: «Va al sepolcro per piangere là». [32]Maria, dunque,
quando giunse dov'era Gesù, vistolo si gettò ai suoi piedi di-
cendo: «Signore, se tu fossi stato qui, mio fratello non sarebbe
morto!». [33]Gesù allora quando la vide piangere e piangere an-
che i Giudei che erano venuti con lei, si commosse profonda-
mente, si turbò e disse: [34]«Dove l'avete posto?». Gli dissero:
«Signore, vieni a vedere!». [35]Gesù scoppiò in pianto. [36]Dissero
allora i Giudei: «Vedi come lo amava!». [37]Ma alcuni di loro dis-
sero: «Costui che ha aperto gli occhi al cieco non poteva anche
far sì che questi non morisse?».

[38]Intanto Gesù, ancora profondamente commosso, si recò al
sepolcro; era una grotta e contro vi era posta una pietra. [39]Dis-
se Gesù: «Togliete la pietra!». Gli rispose Marta, la sorella del
morto: «Signore, già manda cattivo odore, poiché è di quattro
giorni». [40]Le disse Gesù: «Non ti ho detto che, se credi, vedrai
la gloria di Dio?». [41]Tolsero dunque la pietra. Gesù allora alzò
gli occhi e disse: «Padre, ti ringrazio che mi hai ascoltato. [42]Io
sapevo che sempre mi dài ascolto, ma l'ho detto per la gente
che mi sta attorno, perché credano che tu mi hai mandato».
[43]E, detto questo, gridò a gran voce: «Lazzaro, vieni fuori!».
[44]Il morto uscì, con i piedi e le mani avvolti in bende, e il volto
coperto da un sudario. Gesù disse loro: «Scioglietelo e lasciate-
lo andare».

I capi giudei decidono la morte di Gesù. *Essi temono che l'attività entusiastica dei discepoli provochi un intervento romano che abolirebbe fatalmente le ultime vestigia di indipendenza del paese (Mt 26,3-5; 12,14).*

45 Molti dei Giudei che erano venuti da Maria, alla vista di quel
che egli aveva compiuto, credettero in lui. 46 Ma alcuni andaro-
no dai farisei e riferirono loro quel che Gesù aveva fatto. 47 Al-
lora i sommi sacerdoti e i farisei riunirono il sinedrio e diceva-
no: «Che facciamo? Quest'uomo compie molti segni. 48 Se lo la-
sciamo fare così, tutti crederanno in lui e verranno i Romani e
distruggeranno il nostro luogo santo e la nostra nazione». 49 Ma
uno di loro, di nome Caifa, che era sommo sacerdote in quel-
l'anno, disse loro: «Voi non capite nulla 50 e non considerate co-
me sia meglio che muoia un solo uomo per il popolo e non peri-
sca la nazione intera». 51 Questo però non lo disse da se stesso,
ma essendo sommo sacerdote profetizzò che Gesù doveva mo-
rire per la nazione 52 e non per la nazione soltanto, ma anche
per riunire insieme i figli di Dio che erano dispersi. 53 Da quel
giorno dunque decisero di ucciderlo.
54 Gesù pertanto non si faceva più vedere in pubblico tra i Giu-
dei; egli si ritirò di là nella regione vicina al deserto, in una città
chiamata Èfraim, dove si trattenne con i suoi discepoli.

VII. L'ULTIMA PASQUA

L'avvicinarsi della pasqua.

55 Era vicina la Pasqua dei Giudei e molti dalla regione andaro-
no a Gerusalemme prima della Pasqua per purificarsi. 56 Essi
cercavano Gesù e stando nel tempio dicevano tra di loro: «Che
ve ne pare? Non verrà egli alla festa?». 57 Intanto i sommi sacer-
doti e i farisei avevano dato ordine che chiunque sapesse dove
si trovava lo denunziasse, perché essi potessero prenderlo.

L'unzione di Betania. *Sei giorni prima della pasqua a Betania, dove si trova Lazzaro risuscitato dai morti, Maria cosparge di profumo i piedi di Gesù. L'unzione di Betania viene fatta alla presenza di colui che è stato da poco riportato in vita, e di Gesù destinato alla morte e alla sepoltura (Mt 26,6-13; Mc 14,3-9).*

12 [1]Sei giorni prima della Pasqua, Gesù andò a Betània,
dove si trovava Lazzaro, che egli aveva risuscitato dai morti. [2]E
qui gli fecero una cena: Marta serviva e Lazzaro era uno dei
commensali. [3]Maria allora, presa una libbra di olio profumato
di vero nardo, assai prezioso, cosparse i piedi di Gesù e li asciu-
gò con i suoi capelli, e tutta la casa si riempì del profumo del-
l'unguento. [4]Allora Giuda Iscariota, uno dei suoi discepoli, che
doveva poi tradirlo, disse: [5]«Perché quest'olio profumato non
si è venduto per trecento denari per poi darli ai poveri?». [6]Que-
sto egli disse non perché gl'importasse dei poveri, ma perché
era ladro e, siccome teneva la cassa, prendeva quello che vi
mettevano dentro. [7]Gesù allora disse: «Lasciala fare, perché lo
conservi per il giorno della mia sepoltura. [8]I poveri infatti li
avete sempre con voi, ma non sempre avete me».
[9]Intanto la gran folla di Giudei venne a sapere che Gesù si tro-
vava là, e accorse non solo per Gesù, ma anche per vedere Laz-
zaro che egli aveva risuscitato dai morti. [10]I sommi sacerdoti al-
lora deliberarono di uccidere anche Lazzaro, [11]perché molti
Giudei se ne andavano a causa di lui e credevano in Gesù.

Ingresso di Gesù a Gerusalemme. *L'entusiasmo popolare prefigura la venuta delle folle a Gesù (Sal 118,25; Zc 9,9; 1Mac 13,51; 2Mac 10,7; Mt 21,1-10; Mc 11,1-10; Lc 19,28-38).*

[12]Il giorno seguente, la gran folla che era venuta per la festa,
udito che Gesù veniva a Gerusalemme, [13]prese dei rami di pal-
me e uscì incontro a lui gridando:

Osanna!
Benedetto colui che viene nel nome del Signore,
il re d'Israele!

[14]Gesù, trovato un asinello, vi montò sopra, come sta scritto:

[15]*Non temere, figlia di Sion!*
Ecco, il tuo re viene,
seduto sopra un puledro d'asina.

[16]Sul momento i suoi discepoli non compresero queste cose; ma
quando Gesù fu glorificato, si ricordarono che questo era stato
scritto di lui e questo gli avevano fatto. [17]Intanto la gente che
era stata con lui quando chiamò Lazzaro fuori dal sepolcro e lo

risuscitò dai morti, gli rendeva testimonianza. [18]Anche per
questo la folla gli andò incontro, perché aveva udito che aveva
compiuto quel segno. [19]I farisei allora dissero tra di loro: «Ve-
dete che non concludete nulla? Ecco che il mondo gli è andato
dietro!».

Alcuni greci chiedono di vedere Gesù. *È già la realizzazione di quanto avevano constatato i farisei: tutti andavano da lui.*

[20]Tra quelli che erano saliti per il culto durante la festa, c'erano
anche alcuni Greci. [21]Questi si avvicinarono a Filippo, che era
di Betsàida di Galilea, e gli chiesero: «Signore, vogliamo vede-
re Gesù». [22]Filippo andò a dirlo ad Andrea, e poi Andrea e Fi-
lippo andarono a dirlo a Gesù.

Discorso di Gesù sulla sua glorificazione. *La sua morte è quella del chicco di grano che, caduto in terra, produce molto frutto. Innalzato sulla croce, egli attirerà tutti a sé, come hanno predetto i farisei e come ha manifestato la richiesta dei greci. Si compie ora il «giudizio» del mondo, ognuno deve prendere la sua decisione (Is 53,10-12; 9,6).*

[23]Gesù rispose: «È giunta l'ora che sia glorificato il Figlio del-
l'uomo. [24]In verità, in verità vi dico: se il chicco di grano caduto
in terra non muore, rimane solo; se invece muore, produce
molto frutto. [25]Chi ama la sua vita la perde e chi odia la sua vita
in questo mondo la conserverà per la vita eterna. [26]Se uno mi
vuol servire mi segua, e dove sono io, là sarà anche il mio ser-
vo. Se uno mi serve, il Padre lo onorerà. [27]Ora l'anima mia è
turbata; e che devo dire? Padre, salvami da quest'ora? Ma per
questo sono giunto a quest'ora! [28]Padre, glorifica il tuo nome».
Venne allora una voce dal cielo: «L'ho glorificato e di nuovo lo
glorificherò!».
[29]La folla che era presente e aveva udito diceva che era stato un
tuono. Altri dicevano: «Un angelo gli ha parlato». [30]Rispose
Gesù: «Questa voce non è venuta per me, ma per voi. [31]Ora è il
giudizio di questo mondo; ora il principe di questo mondo sarà
gettato fuori. [32]Io, quando sarò elevato da terra, attirerò tutti a
me». [33]Questo diceva per indicare di qual morte doveva mori-
re. [34]Allora la folla gli rispose: «Noi abbiamo appreso dalla

Legge che il Cristo rimane in eterno; come dunque tu dici che il
Figlio dell'uomo deve essere elevato? Chi è questo Figlio del-
l'uomo?». 35Gesù allora disse loro: «Ancora per poco tempo la
luce è con voi. Camminate mentre avete la luce, perché non vi
sorprendano le tenebre; chi cammina nelle tenebre non sa dove
va. 36Mentre avete la luce credete nella luce, per diventare figli
della luce».
Gesù disse queste cose, poi se ne andò e si nascose da loro.

L'incredulità dei capi del popolo. *Essi non hanno capito i segni di Gesù e se ne vanno increduli, come aveva preannunziato Isaia. Ma chi crede avrà la vita eterna. Il figlio dell'uomo è venuto per dare la vita, e non per condannare. (Dt 29,3; Is 53,1 e 6,1-10; Dt 31,26 e 18,18-19).*

37Sebbene avesse compiuto tanti segni davanti a loro, non cre-
devano in lui; 38perché si adempisse la parola detta dal profeta
Isaia:

Signore, chi ha creduto alla nostra parola?
E il braccio del Signore a chi è stato rivelato?

39E non potevano credere, per il fatto che Isaia aveva detto an-
cora:

40Ha reso ciechi i loro occhi
e ha indurito il loro cuore,
perché non vedano con gli occhi
e non comprendano con il cuore, e si convertano
e io li guarisca!

41Questo disse Isaia quando vide la sua gloria e parlò di lui.
42Tuttavia, anche tra i capi, molti credettero in lui, ma non lo
riconoscevano apertamente a causa dei farisei, per non essere
espulsi dalla sinagoga; 43amavano infatti la gloria degli uomini
più della gloria di Dio.
44Gesù allora gridò a gran voce: «Chi crede in me, non crede in
me, ma in colui che mi ha mandato; 45chi vede me, vede colui
che mi ha mandato. 46Io come luce sono venuto nel mondo,
perché chiunque crede in me non rimanga nelle tenebre. 47Se
qualcuno ascolta le mie parole e non le osserva, io non lo con-
danno; perché non sono venuto per condannare il mondo, ma

per salvare il mondo. 48Chi mi respinge e non accoglie le mie
parole, ha chi lo condanna: la parola che ho annunziato lo con-
dannerà nell'ultimo giorno. 49Perché io non ho parlato da me,
ma il Padre che mi ha mandato, egli stesso mi ha ordinato che
cosa devo dire e annunziare. 50E io so che il suo comandamento
è vita eterna. Le cose dunque che io dico, le dico come il Padre
le ha dette a me».

L'ultima cena. *Pienamente libero e consapevole, Gesù ritorna al Padre, anticipando la morte con la sua spontanea accettazione. Insegna con l'esempio il comandamento dell'amore che sta per promulgare (Fil 2,5-9). Notiamo che in numerosi casi il lavare i piedi a un ospite era riservato agli schiavi.*

13 1Prima della festa di Pasqua Gesù, sapendo che era
giunta la sua ora di passare da questo mondo al Padre, dopo
aver amato i suoi che erano nel mondo, li amò sino alla fine.
2Mentre cenavano, quando già il diavolo aveva messo in cuore
a Giuda Iscariota, figlio di Simone, di tradirlo, 3Gesù sapendo
che il Padre gli aveva dato tutto nelle mani e che era venuto da
Dio e a Dio ritornava, 4si alzò da tavola, depose le vesti e, pre-
so un asciugatoio, se lo cinse attorno alla vita. 5Poi versò del-
l'acqua nel catino e cominciò a lavare i piedi dei discepoli e ad
asciugarli con l'asciugatoio di cui si era cinto. 6Venne dunque
da Simon Pietro e questi gli disse: «Signore, tu lavi i piedi a
me?». 7Rispose Gesù: «Quello che io faccio, tu ora non lo capi-
sci, ma lo capirai dopo». 8Gli disse Simon Pietro: «Non mi lave-
rai mai i piedi!». Gli rispose Gesù: «Se non ti laverò, non avrai
parte con me». 9Gli disse Simon Pietro: «Signore, non solo i
piedi, ma anche le mani e il capo!». 10Soggiunse Gesù: «Chi ha
fatto il bagno, non ha bisogno di lavarsi se non i piedi ed è tutto
mondo; e voi siete mondi, ma non tutti». 11Sapeva infatti chi lo
tradiva; per questo disse: «Non tutti siete mondi».
12Quando dunque ebbe lavato loro i piedi e riprese le vesti, se-
dette di nuovo e disse loro: «Sapete ciò che vi ho fatto? 13Voi
mi chiamate Maestro e Signore e dite bene, perché lo sono.
14Se dunque io, il Signore e il Maestro, ho lavato i vostri piedi,
anche voi dovete lavarvi i piedi gli uni gli altri. 15Vi ho dato in-

fatti l'esempio, perché come ho fatto io, facciate anche voi. [16]In
verità, in verità vi dico: un servo non è più grande del suo pa-
drone, né un apostolo è più grande di chi lo ha mandato. [17]Sa-
pendo queste cose, sarete beati se le metterete in pratica.

Gesù si identifica con gli uomini. *(Mt 10,40; Mc 9,37; Lc 9,48) e annunzia il tradimento di Giuda (Sal 41,10; Mt 26,20-25; Mc 14,17-21; Lc 22,21-23).*

[18]Non parlo di tutti voi; io conosco quelli che ho scelto; ma si
deve adempiere la Scrittura: *Colui che mangia il pane con me,*
ha levato contro di me il suo calcagno. [19]Ve lo dico fin d'ora,
prima che accada, perché, quando sarà avvenuto, crediate che
Io Sono. [20]In verità, in verità vi dico: Chi accoglie colui che io
manderò, accoglie me; chi accoglie me, accoglie colui che mi
ha mandato».
[21]Dette queste cose, Gesù si commosse profondamente e di-
chiarò: «In verità, in verità vi dico: uno di voi mi tradirà». [22]I
discepoli si guardarono gli uni gli altri, non sapendo di chi par-
lasse. [23]Ora uno dei discepoli, quello che Gesù amava, si trova-
va a tavola al fianco di Gesù. [24]Simon Pietro gli fece un cenno e
gli disse: «Di', chi è colui a cui si riferisce?». [25]Ed egli reclinan-
dosi così sul petto di Gesù, gli disse: «Signore, chi è?». [26]Rispo-
se allora Gesù: «È colui per il quale intingerò un boccone e
glielo darò». E intinto il boccone, lo prese e lo diede a Giuda
Iscariota, figlio di Simone. [27]E allora, dopo quel boccone, sata-
na entrò in lui. Gesù quindi gli disse: «Quello che devi fare fal-
lo al più presto». [28]Nessuno dei commensali capì perché gli ave-
va detto questo; [29]alcuni infatti pensavano che, tenendo Giuda
la cassa, Gesù gli avesse detto: «Compra quello che ci occorre
per la festa», oppure che dovesse dare qualche cosa ai poveri.
[30]Preso il boccone, egli subito uscì. Ed era notte.

Colloqui di Gesù con i suoi, dopo l'ultima cena.

[31]Quand'egli fu uscito, Gesù disse: «Ora il Figlio dell'uomo è
stato glorificato, e anche Dio è stato glorificato in lui. [32]Se Dio
è stato glorificato in lui, anche Dio lo glorificherà da parte sua
e lo glorificherà subito.

Il comandamento nuovo. *È il comandamento della nuova alleanza, scolpito nei cuori di carne, non più soltanto sulle tavole di pietra (Ger 31,31).*

[33]Figlioli, ancora per poco sono con voi; voi mi cercherete, ma
come ho già detto ai Giudei, lo dico ora anche a voi: dove vado
io voi non potete venire. [34]Vi do un comandamento nuovo: che
vi amiate gli uni gli altri; come io vi ho amato, così amatevi an-
che voi gli uni gli altri. [35]Da questo tutti sapranno che siete miei
discepoli, se avrete amore gli uni per gli altri».

L'amore non è solo il sacrificio finale. *(Mt 26,31-35; Mc 14,27-31; Lc 22,31-34).*

[36]Simon Pietro gli dice: «Signore, dove vai?». Gli rispose Gesù:
«Dove io vado per ora tu non puoi seguirmi; mi seguirai più
tardi». [37]Pietro disse: «Signore, perché non posso seguirti ora?
Darò la mia vita per te!». [38]Rispose Gesù: «Darai la tua vita
per me? In verità, in verità ti dico: non canterà il gallo, prima
che tu non m'abbia rinnegato tre volte».

Gesù incoraggia gli apostoli *turbati dall'annunzio del tradimento di Giuda e del rinnegamento di Pietro.*

14 [1]«Non sia turbato il vostro cuore. Abbiate fede in Dio e
abbiate fede anche in me. [2]Nella casa del Padre mio vi sono
molti posti. Se no, ve l'avrei detto. Io vado a prepararvi un po-
sto; [3]quando sarò andato e vi avrò preparato un posto, ritorne-
rò e vi prenderò con me, perché siate anche voi dove sono io.
[4]E del luogo dove io vado, voi conoscete la via».
[5]Gli disse Tommaso: «Signore, non sappiamo dove vai e come
possiamo conoscere la via?». [6]Gli disse Gesù: «Io sono la via,
la verità e la vita. Nessuno viene al Padre se non per mezzo di
me. [7]Se conoscete me, conoscerete anche il Padre: fin da ora lo
conoscete e lo avete veduto».

La presenza del Padre e dello Spirito Santo. *Il ritorno del Signore si realizza già da ora, mediante la trasmissione dello Spirito e il comandamento interiore dell'amore.*

[8]Gli disse Filippo: «Signore, mostraci il Padre e ci basta». [9]Gli
rispose Gesù: «Da tanto tempo sono con voi e tu non mi hai co-
nosciuto, Filippo? Chi ha visto me ha visto il Padre. Come puoi
dire: Mostraci il Padre? [10]Non credi che io sono nel Padre e il
Padre è in me? Le parole che io vi dico, non le dico da me; ma
il Padre che è in me compie le sue opere. [11]Credetemi: io sono
nel Padre e il Padre è in me; se non altro, credetelo per le ope-
re stesse.
[12]In verità, in verità vi dico: anche chi crede in me, compirà le
opere che io compio e ne farà di più grandi, perché io vado al
Padre. [13]Qualunque cosa chiederete nel nome mio, la farò,
perché il Padre sia glorificato nel Figlio. [14]Se mi chiederete
qualche cosa nel mio nome, io la farò.

Il ritorno del Signore e il dono dello Spirito. *(Dt 6,4-9; 7,11; 11,1).*

[15]Se mi amate, osserverete i miei comandamenti. [16]Io pregherò
il Padre ed egli vi darà un altro Consolatore perché rimanga
con voi per sempre, [17]lo Spirito di verità che il mondo non può
ricevere, perché non lo vede e non lo conosce. Voi lo conosce-
te, perché egli dimora presso di voi e sarà in voi. [18]Non vi lasce-
rò orfani, ritornerò da voi. [19]Ancora un poco e il mondo non mi
vedrà più; voi invece mi vedrete, perché io vivo e voi vivrete.
[20]In quel giorno voi saprete che io sono nel Padre e voi in me e
io in voi. [21]Chi accoglie i miei comandamenti e li osserva, que-
sti mi ama. Chi mi ama sarà amato dal Padre mio e anch'io lo
amerò e mi manifesterò a lui».
[22]Gli disse Giuda, non l'Iscariota: «Signore, come è accaduto
che devi manifestarti a noi e non al mondo?». [23]Gli rispose Ge-
sù: «Se uno mi ama, osserverà la mia parola e il Padre mio lo
amerà e noi verremo a lui e prenderemo dimora presso di lui.
[24]Chi non mi ama non osserva le mie parole; la parola che voi
ascoltate non è mia, ma del Padre che mi ha mandato.
[25]Queste cose vi ho detto quando ero ancora tra voi. [26]Ma il
Consolatore, lo Spirito Santo che il Padre manderà nel mio no-
me, egli v'insegnerà ogni cosa e vi ricorderà tutto ciò che io vi
ho detto. [27]Vi lascio la pace, vi do la mia pace. Non come la dà
il mondo, io la do a voi. Non sia turbato il vostro cuore e non
abbia timore. [28]Avete udito che vi ho detto: Vado e tornerò a

voi; se mi amaste, vi rallegrereste che io vado dal Padre, per-
ché il Padre è più grande di me. [29]Ve l'ho detto adesso, prima
che avvenga, perché quando avverrà, voi crediate. [30]Non parle-
rò più a lungo con voi, perché viene il principe del mondo; egli
non ha nessun potere su di me, [31]ma bisogna che il mondo sap-
pia che io amo il Padre e faccio quello che il Padre mi ha co-
mandato. Alzatevi, andiamo via di qui».

La vera vite. *La vite era Israele. Gesù è la vite nuova. I discepoli, come i tralci, sono uniti a lui mediante l'amore. Da notare che i colloqui dopo la cena rivelano forse l'unione di due racconti diversi, ciò che spiegherebbe la presenza di alcune ripetizioni (Ger 2,21; Is 5,1-7; 27,2-4; Ez 15,1-8; Mt 20,1-8; 21,28-31; 26,29).*

15 [1]«Io sono la vera vite e il Padre mio è il vignaiolo. [2]Ogni
tralcio che in me non porta frutto, lo toglie e ogni tralcio che
porta frutto, lo pota perché porti più frutto. [3]Voi siete già mon-
di, per la parola che vi ho annunziato. [4]Rimanete in me e io in
voi. Come il tralcio non può far frutto da se stesso se non rima-
ne nella vite, così anche voi se non rimanete in me. [5]Io sono la
vite, voi i tralci. Chi rimane in me e io in lui, fa molto frutto,
perché senza di me non potete far nulla. [6]Chi non rimane in me
viene gettato via come il tralcio e si secca, e poi lo raccolgono e
lo gettano nel fuoco e lo bruciano. [7]Se rimanete in me e le mie
parole rimangono in voi, chiedete quel che volete e vi sarà da-
to. [8]In questo è glorificato il Padre mio: che portiate molto
frutto e diventiate miei discepoli.

Vivere nell'amore. *Amare gli altri dello stesso amore con cui Cristo ci ama e che egli ci comunica (Es 33,11; Dt 7,6).*

[9]Come il Padre ha amato me, così anch'io ho amato voi. Rima-
nete nel mio amore. [10]Se osserverete i miei comandamenti, ri-
marrete nel mio amore, come io ho osservato i comandamenti
del Padre mio e rimango nel suo amore. [11]Questo vi ho detto
perché la mia gioia sia in voi e la vostra gioia sia piena.
[12]Questo è il mio comandamento: che vi amiate gli uni gli altri,
come io vi ho amati. [13]Nessuno ha un amore più grande di que-
sto: dare la vita per i propri amici. [14]Voi siete miei amici, se fa-

rete ciò che io vi comando. [15]Non vi chiamo più servi, perché il
servo non sa quello che fa il suo padrone; ma vi ho chiamati ami-
ci, perché tutto ciò che ho udito dal Padre l'ho fatto conoscere a
voi. [16]Non voi avete scelto me, ma io ho scelto voi e vi ho costi-
tuiti perché andiate e portiate frutto e il vostro frutto rimanga;
perché tutto quello che chiederete al Padre nel mio nome, ve lo
conceda. [17]Questo vi comando: amatevi gli uni gli altri.

L'odio del mondo nei confronti di Gesù e dei suoi discepoli. *Strettamente uniti al Signore, essi condivideranno la sua sorte (Sal 35,19 e 69,5).*

[18]Se il mondo vi odia, sappiate che prima di voi ha odiato me.
[19]Se foste del mondo, il mondo amerebbe ciò che è suo; poiché
invece non siete del mondo, ma io vi ho scelti dal mondo, per
questo il mondo vi odia. [20]Ricordatevi della parola che vi ho det-
to: Un servo non è più grande del suo padrone. Se hanno perse-
guitato me, perseguiteranno anche voi; se hanno osservato la
mia parola, osserveranno anche la vostra. [21]Ma tutto questo vi
faranno a causa del mio nome, perché non conoscono colui che
mi ha mandato. [22]Se non fossi venuto e non avessi parlato loro,
non avrebbero alcun peccato; ma ora non hanno scusa per il lo-
ro peccato. [23]Chi odia me, odia anche il Padre mio. [24]Se non
avessi fatto in mezzo a loro opere che nessun altro mai ha fatto,
non avrebbero alcun peccato; ora invece hanno visto e hanno
odiato me e il Padre mio. [25]Questo perché si adempisse la parola
scritta nella loro Legge: *Mi hanno odiato senza ragione*.

Gesù e lo Spirito. *Gesù annunzia di nuovo l'invio dello Spirito che guiderà gli uomini alla verità totale, insegnando loro ciò che fino allora non avevano potuto comprendere di Cristo e della sua opera.*

[26]Quando verrà il Consolatore che io vi manderò dal Padre, lo
Spirito di verità che procede dal Padre, egli mi renderà testi-
monianza; [27]e anche voi mi renderete testimonianza, perché
siete stati con me fin dal principio.

16 [1]Vi ho detto queste cose perché non abbiate a scandaliz-
zarvi. [2]Vi scacceranno dalle sinagoghe; anzi, verrà l'ora in cui

chiunque vi ucciderà crederà di rendere culto a Dio. [3]E faranno
ciò, perché non hanno conosciuto né il Padre né me. [4]Ma io vi
ho detto queste cose perché, quando giungerà la loro ora, ri-
cordiate che ve ne ho parlato. Non ve le ho dette dal principio,
perché ero con voi.
[5]Ora però vado da colui che mi ha mandato e nessuno di voi mi
domanda: Dove vai? [6]Anzi, perché vi ho detto queste cose, la
tristezza ha riempito il vostro cuore. [7]Ora io vi dico la verità: è
bene per voi che io me ne vada, perché, se non me ne vado,
non verrà a voi il Consolatore; ma quando me ne sarò andato,
ve lo manderò. [8]E quando sarà venuto, egli convincerà il mon-
do quanto al peccato, alla giustizia e al giudizio. [9]Quanto al
peccato, perché non credono in me; [10]quanto alla giustizia, per-
ché vado dal Padre e non mi vedrete più; [11]quanto al giudizio,
perché il principe di questo mondo è stato giudicato.
[12]Molte cose ho ancora da dirvi, ma per il momento non siete
capaci di portarne il peso. [13]Quando però verrà lo Spirito di ve-
rità, egli vi guiderà alla verità tutta intera, perché non parlerà
da sé, ma dirà tutto ciò che avrà udito e vi annunzierà le cose
future. [14]Egli mi glorificherà, perché prenderà del mio e ve
l'annunzierà. [15]Tutto quello che il Padre possiede è mio; per
questo ho detto che prenderà del mio e ve l'annunzierà.

La vita nuova attraverso la morte; la vittoria attraverso la sconfitta.

[16]Ancora un poco e non mi vedrete; un po' ancora e mi vedre-
te». [17]Dissero allora alcuni dei suoi discepoli tra loro: «Che co-
s'è questo che ci dice: Ancora un poco e non mi vedrete, e un
po' ancora e mi vedrete, e questo: Perché vado al Padre?».
[18]Dicevano perciò: «Che cos'è mai questo "un poco" di cui par-
la? Non comprendiamo quello che vuol dire». [19]Gesù capì che
volevano interrogarlo e disse loro: «Andate indagando tra voi
perché ho detto: Ancora un poco e non mi vedrete e un po' an-
cora e mi vedrete? [20]In verità, in verità vi dico: voi piangerete e
vi rattristerete, ma il mondo si rallegrerà. Voi sarete afflitti, ma
la vostra afflizione si cambierà in gioia.
[21]La donna, quando partorisce, è afflitta, perché è giunta la sua
ora; ma quando ha dato alla luce il bambino, non si ricorda più
dell'afflizione per la gioia che è venuto al mondo un uomo.

[22]Così anche voi, ora, siete nella tristezza; ma vi vedrò di nuovo
e il vostro cuore si rallegrerà e [23]nessuno vi potrà togliere la vo-
stra gioia. In quel giorno non mi domanderete più nulla.
In verità, in verità vi dico: Se chiederete qualche cosa al Padre
nel mio nome, egli ve la darà. [24]Finora non avete chiesto nulla
nel mio nome. Chiedete e otterrete, perché la vostra gioia sia
piena.

Gesù vincitore del mondo.

[25]Queste cose vi ho dette in similitudini; ma verrà l'ora in cui
non vi parlerò più in similitudini, ma apertamente vi parlerò
del Padre. [26]In quel giorno chiederete nel mio nome e io non vi
dico che pregherò il Padre per voi: [27]il Padre stesso vi ama, poi-
ché voi mi avete amato, e avete creduto che io sono venuto da
Dio. [28]Sono uscito dal Padre e sono venuto nel mondo; ora la-
scio di nuovo il mondo, e vado al Padre». [29]Gli dicono i suoi di-
scepoli: «Ecco, adesso parli chiaramente e non fai più uso di si-
militudini. [30]Ora conosciamo che sai tutto e non hai bisogno
che alcuno t'interroghi. Per questo crediamo che sei uscito da
Dio». [31]Rispose loro Gesù: «Adesso credete? [32]Ecco, verrà l'o-
ra, anzi è già venuta, in cui vi disperderete ciascuno per conto
proprio e mi lascerete solo; ma io non sono solo, perché il Pa-
dre è con me.
[33]Vi ho detto queste cose perché abbiate pace in me. Voi
avrete tribolazione nel mondo, ma abbiate fiducia; io ho vinto
il mondo!».

La grande preghiera di Gesù. *Il suo testamento prima di morire (Ger 24,7-31; 31,34; Os 6,6; Sap 15,3; Es 3,13; Sal 41,10).*

17 [1]Così parlò Gesù. Quindi, alzati gli occhi al cielo, disse:
«Padre, è giunta l'ora, glorifica il Figlio tuo, perché il Figlio
glorifichi te. [2]Poiché tu gli hai dato potere sopra ogni essere
umano, perché egli dia la vita eterna a tutti coloro che gli hai
dato. [3]Questa è la vita eterna: che conoscano te, l'unico vero
Dio, e colui che hai mandato, Gesù Cristo. [4]Io ti ho glorificato
sopra la terra, compiendo l'opera che mi hai dato da fare. [5]E
ora, Padre, glorificami davanti a te, con quella gloria che avevo
presso di te prima che il mondo fosse.

[6]Ho fatto conoscere il tuo nome agli uomini che mi hai dato dal
mondo. Erano tuoi e li hai dati a me ed essi hanno osservato la
tua parola. [7]Ora essi sanno che tutte le cose che mi hai dato
vengono da te, [8]perché le parole che hai dato a me io le ho date
a loro; essi le hanno accolte e sanno veramente che sono uscito
da te e hanno creduto che tu mi hai mandato. [9]Io prego per lo-
ro; non prego per il mondo, ma per coloro che mi hai dato, per-
ché sono tuoi. [10]Tutte le cose mie sono tue e tutte le cose tue
sono mie, e io sono glorificato in loro. [11]Io non sono più nel
mondo; essi invece sono nel mondo, e io vengo a te. Padre san-
to, custodisci nel tuo nome coloro che mi hai dato, perché sia-
no una cosa sola, come noi.
[12]Quand'ero con loro, io conservavo nel tuo nome coloro che
mi hai dato e li ho custoditi; nessuno di loro è andato perduto,
tranne il figlio della perdizione, perché si adempisse la Scrittu-
ra. [13]Ma ora io vengo a te e dico queste cose mentre sono anco-
ra nel mondo, perché abbiano in se stessi la pienezza della mia
gioia. [14]Io ho dato a loro la tua parola e il mondo li ha odiati
perché essi non sono del mondo, come io non sono del mondo.
[15]Non chiedo che tu li tolga dal mondo, ma che li custodisca dal
maligno. [16]Essi non sono del mondo, come io non sono del
mondo. [17]Consacrali nella verità. La tua parola è verità. [18]Co-
me tu mi hai mandato nel mondo, anch'io li ho mandati nel
mondo; [19]per loro io consacro me stesso, perché siano anch'essi
consacrati nella verità.
[20]Non prego solo per questi, ma anche per quelli che per la loro
parola crederanno in me; [21]perché tutti siano una sola cosa.
Come tu, Padre, sei in me e io in te, siano anch'essi in noi una
cosa sola, perché il mondo creda che tu mi hai mandato.
[22]E la gloria che tu hai dato a me, io l'ho data a loro, perché sia-
no come noi una cosa sola. [23]Io in loro e tu in me, perché siano
perfetti nell'unità e il mondo sappia che tu mi hai mandato e li
hai amati come hai amato me.
[24]Padre, voglio che anche quelli che mi hai dato siano con me
dove sono io, perché contemplino la mia gloria, quella che mi
hai dato; poiché tu mi hai amato prima della creazione del
mondo.
[25]Padre giusto, il mondo non ti ha conosciuto, ma io ti ho cono-
sciuto; questi sanno che tu mi hai mandato. [26]E io ho fatto co-

noscere loro il tuo nome e lo farò conoscere, perché l'amore con il quale mi hai amato sia in essi e io in loro».

Gesù va liberamente incontro alla morte. *(Mt 26,47-56; Mc 14,43-50; Lc 22,47-53).*

18 1Detto questo, Gesù uscì con i suoi discepoli e andò di là
dal torrente Cèdron, dove c'era un giardino nel quale entrò con
i suoi discepoli. 2Anche Giuda, il traditore, conosceva quel po-
sto, perché Gesù vi si ritirava spesso con i suoi discepoli. 3Giu-
da dunque, preso un distaccamento di soldati e delle guardie
fornite dai sommi sacerdoti e dai farisei, si recò là con lanterne,
torce e armi. 4Gesù allora, conoscendo tutto quello che gli do-
veva accadere, si fece innanzi e disse loro: «Chi cercate?». 5Gli
risposero: «Gesù, il Nazareno». Disse loro Gesù: «Sono io!».
Vi era là con loro anche Giuda, il traditore. 6Appena disse «So-
no io», indietreggiarono e caddero a terra. 7Domandò loro di
nuovo: «Chi cercate?». Risposero: «Gesù, il Nazareno». 8Gesù
replicò: «Vi ho detto che sono io. Se dunque cercate me, lascia-
te che questi se ne vadano». 9Perché s'adempisse la parola che
egli aveva detto: «*Non ho perduto nessuno di quelli che mi hai*
dato». 10Allora Simon Pietro, che aveva una spada, la trasse
fuori e colpì il servo del sommo sacerdote e gli tagliò l'orecchio
destro. Quel servo si chiamava Malco. 11Gesù allora disse a
Pietro: «Rimetti la tua spada nel fodero; non devo forse bere il
calice che il Padre mi ha dato?».

Gesù davanti ad Anna e a Caifa. *Le autorità giudaiche pretendono di giudicarlo. In realtà è lui che le giudica (Is 45,19; 48,16; Mt 26,58.69-75; Mc 14,54.66-72; Lc 22,54-62).*

12Allora il distaccamento con il comandante e le guardie dei
Giudei afferrarono Gesù, lo legarono 13e lo condussero prima
da Anna: egli era infatti suocero di Caifa, che era sommo sa-
cerdote in quell'anno. 14Caifa poi era quello che aveva consi-
gliato ai Giudei: «È meglio che un uomo solo muoia per il po-
polo».
15Intanto Simon Pietro seguiva Gesù insieme con un altro di-
scepolo. Questo discepolo era conosciuto dal sommo sacerdote

e perciò entrò con Gesù nel cortile del sommo sacerdote;
16Pietro invece si fermò fuori, vicino alla porta. Allora quell'altro discepolo, noto al sommo sacerdote, tornò fuori, parlò alla portinaia e fece entrare anche Pietro.
17E la giovane portinaia disse a Pietro: «Forse anche tu sei dei discepoli di quest'uomo?». Egli rispose: «Non lo sono».
18Intanto i servi e le guardie avevano acceso un fuoco, perché faceva freddo, e si scaldavano; anche Pietro stava con loro e si scaldava.
19Allora il sommo sacerdote interrogò Gesù riguardo ai suoi discepoli e alla sua dottrina.
20Gesù gli rispose: «Io ho parlato al mondo apertamente; ho sempre insegnato nella sinagoga e nel tempio, dove tutti i Giudei si riuniscono, e non ho mai detto nulla di nascosto.
21Perché interroghi me? Interroga quelli che hanno udito ciò che ho detto loro; ecco, essi sanno che cosa ho detto».
22Aveva appena detto questo, che una delle guardie presenti diede uno schiaffo a Gesù, dicendo: «Così rispondi al sommo sacerdote?».
23Gli rispose Gesù: «Se ho parlato male, dimostrami dov'è il male; ma se ho parlato bene, perché mi percuoti?».
24Allora Anna lo mandò legato a Caifa, sommo sacerdote.
25Intanto Simon Pietro stava là a scaldarsi. Gli dissero: «Non sei anche tu dei suoi discepoli?». Egli lo negò e disse: «Non lo sono».
26Ma uno dei servi del sommo sacerdote, parente di quello a cui Pietro aveva tagliato l'orecchio, disse: «Non ti ho forse visto con lui nel giardino?».
27Pietro negò di nuovo, e subito un gallo cantò.

Gesù davanti a Pilato. *I giudei praticavano la lapidazione, ma per diffamare Gesù e i suoi discepoli essi reclamano il supplizio romano della crocifissione (Mt 27,1-2.11-14.15-31; Mc 15,1-20; Lc 23,1-5.13-25).*

28Allora condussero Gesù dalla casa di Caifa nel pretorio. Era l'alba ed essi non vollero entrare nel pretorio per non contaminarsi e poter mangiare la Pasqua.
29Uscì dunque Pilato verso di loro e domandò: «Che accusa portate contro quest'uomo?».
30Gli risposero: «Se non fosse un malfattore, non te l'avremmo consegnato».
31Allora Pilato disse loro: «Prendetelo voi e giudicatelo secondo la vostra legge!». Gli risposero i Giudei: «A

noi non è consentito mettere a morte nessuno». 32Così si adem-
pivano le parole che Gesù aveva detto indicando di quale mor-
te doveva morire.
33Pilato allora rientrò nel pretorio, fece chiamare Gesù e gli
disse: «Tu sei il re dei Giudei?». 34Gesù rispose: «Dici questo
da te oppure altri te l'hanno detto sul mio conto?». 35Pilato ri-
spose: «Sono io forse Giudeo? La tua gente e i sommi sacerdoti
ti hanno consegnato a me; che cosa hai fatto?». 36Rispose Ge-
sù: «Il mio regno non è di questo mondo; se il mio regno fosse
di questo mondo, i miei servitori avrebbero combattuto perché
non fossi consegnato ai Giudei; ma il mio regno non è di quag-
giù». 37Allora Pilato gli disse: «Dunque tu sei re?». Rispose
Gesù: «Tu lo dici; io sono re. Per questo io sono nato e per
questo sono venuto nel mondo: per rendere testimonianza alla
verità. Chiunque è dalla verità, ascolta la mia voce». 38Gli dice
Pilato: «Che cos'è la verità?». E detto questo uscì di nuovo ver-
so i Giudei e disse loro: «Io non trovo in lui nessuna colpa. 39Vi
è tra voi l'usanza che io vi liberi uno per la Pasqua: volete dun-
que che io vi liberi il re dei Giudei?». 40Allora essi gridarono di
nuovo: «Non costui, ma Barabba!». Barabba era un brigante.

19 1Allora Pilato fece prendere Gesù e lo fece flagellare. 2E
i soldati, intrecciata una corona di spine, gliela posero sul capo
e gli misero addosso un mantello di porpora; quindi gli veniva-
no davanti e gli dicevano: 3«Salve, re dei Giudei!». E gli dava-
no schiaffi. 4Pilato intanto uscì di nuovo e disse loro: «Ecco, io
ve lo conduco fuori, perché sappiate che non trovo in lui nessu-
na colpa». 5Allora Gesù uscì, portando la corona di spine e il
mantello di porpora. E Pilato disse loro: «Ecco l'uomo!». 6Al
vederlo i sommi sacerdoti e le guardie gridarono: «Crocifiggilo,
crocifiggilo!». Disse loro Pilato: «Prendetelo voi e crocifiggete-
lo; io non trovo in lui nessuna colpa». 7Gli risposero i Giudei:
«Noi abbiamo una legge e secondo questa legge deve morire,
perché si è fatto Figlio di Dio».
8All'udire queste parole, Pilato ebbe ancor più paura 9ed entra-
to di nuovo nel pretorio disse a Gesù: «Di dove sei?». Ma Gesù
non gli diede risposta. 10Gli disse allora Pilato: «Non mi parli?
Non sai che ho il potere di metterti in libertà e il potere di met-
terti in croce?».

Gesù condannato a morte *nel giorno della preparazione della pasqua, il venerdì verso mezzogiorno.*

[11]Rispose Gesù: «Tu non avresti nessun potere su di me, se non
ti fosse stato dato dall'alto. Per questo chi mi ha consegnato
nelle tue mani ha una colpa più grande».
[12]Da quel momento Pilato cercava di liberarlo; ma i Giudei gri-
darono: «Se liberi costui, non sei amico di Cesare! Chiunque
infatti si fa re si mette contro Cesare». [13]Udite queste parole,
Pilato fece condurre fuori Gesù e sedette nel tribunale, nel luo-
go chiamato Litòstroto, in ebraico Gabbatà. [14]Era la Prepara-
zione della Pasqua, verso mezzogiorno. Pilato disse ai Giudei:
«Ecco il vostro re!». [15]Ma quelli gridarono: «Via, via, crocifig-
gilo!». Disse loro Pilato: «Metterò in croce il vostro re?». Ri-
sposero i sommi sacerdoti: «Non abbiamo altro re all'infuori di
Cesare». [16]Allora lo consegnò loro perché fosse crocifisso.

La crocifissione. *(Mt 27,31.33.37-38; Mc 15,20-27; Lc 23, 33-38).*

[17]Essi allora presero Gesù ed egli, portando la croce, si avviò
verso il luogo del Cranio, detto in ebraico Gòlgota, [18]dove lo
crocifissero e con lui altri due, uno da una parte e uno dall'al-
tra, e Gesù nel mezzo. [19]Pilato compose anche l'iscrizione e la
fece porre sulla croce; vi era scritto: «Gesù il Nazareno, il re
dei Giudei». [20]Molti Giudei lessero questa iscrizione, perché il
luogo dove fu crocifisso Gesù era vicino alla città; era scritta in
ebraico, in latino e in greco. [21]I sommi sacerdoti dei Giudei dis-
sero allora a Pilato: «Non scrivere: il re dei Giudei, ma che egli
ha detto: Io sono il re dei Giudei». [22]Rispose Pilato: «Ciò che
ho scritto, ho scritto».

La divisione dei vestiti. *(Sal 22,19; Mt 27,35; Mc 15,24; Lc 23,34).*

[23]I soldati poi, quando ebbero crocifisso Gesù, presero le sue
vesti e ne fecero quattro parti, una per ciascun soldato, e la
tunica. Ora quella tunica era senza cuciture, tessuta tutta d'un
pezzo da cima a fondo. [24]Perciò dissero tra loro: Non straccia-
mola, ma tiriamo a sorte a chi tocca. Così si adempiva la
Scrittura:

Si son divise tra loro le mie vesti
e sulla mia tunica han gettato la sorte.

E i soldati fecero proprio così.

Gesù e sua madre. *Maria si ritrova col figlio alla fine del Vangelo di Giovanni, come lo era stata all'inizio. Gesù si rivolge a lei chiamandola col nome di donna, cioè di Eva, la madre dei viventi (Gn 2,23; Mt 27,55-56; Mc 15,40-41; Lc 23,49).*

25 Stavano presso la croce di Gesù sua madre, la sorella di sua
madre, Maria di Clèofa e Maria di Màgdala. 26 Gesù allora, ve-
dendo la madre e lì accanto a lei il discepolo che egli amava,
disse alla madre: «Donna, ecco il tuo figlio!». 27 Poi disse al di-
scepolo: «Ecco la tua madre!». E da quel momento il discepolo
la prese nella sua casa.

La morte di Gesù *«compie» la sua opera e «consegna» (testo greco originale) lo Spirito che recherà la verità totale, la vita e l'amore, quello che Giovanni Battista aveva annunziato (1,29-33; Mt 27,48-50; Mc 15,36-37; Lc 23,46).*

28 Dopo questo, Gesù, sapendo che ogni cosa era stata ormai
compiuta, disse per adempiere la Scrittura: «*Ho sete*». 29 Vi era
lì un vaso pieno d'aceto; posero perciò una spugna imbevuta di
aceto in cima a una canna e gliela accostarono alla bocca. 30 E
dopo aver ricevuto l'aceto, Gesù disse: «Tutto è compiuto!».
E, chinato il capo, spirò.

Il colpo di lancia *servì per constatare che Gesù era veramente morto, ma diede anche un senso preciso alla morte del Cristo. Gesù accetta di assumere la figura del suppliziato che contaminava la terra di Israele col suo corpo sospeso al patibolo (Dt 21,23). Giovanni scorge nel sangue che esce dal costato del Cristo quello dell'agnello pasquale che nella prima pasqua servì a segnare le case dei figli di Israele (Es 12,23). Egli vede pure nell'acqua (simbolo dello Spirito: Zc 13,1) che esce dalla ferita, la sorgente che doveva scaturire da Gerusalemme per purificare la città dopo la morte di colui che hanno trafitto (Es 12,46; Zc 12,10).*

[31]Era il giorno della Preparazione e i Giudei, perché i corpi non
rimanessero in croce durante il sabato (era infatti un giorno so-
lenne quel sabato), chiesero a Pilato che fossero loro spezzate
le gambe e fossero portati via. [32]Vennero dunque i soldati e
spezzarono le gambe al primo e poi all'altro che era stato croci-
fisso insieme con lui. [33]Venuti però da Gesù e vedendo che era
già morto, non gli spezzarono le gambe, [34]ma uno dei soldati gli
colpì il fianco con la lancia e subito ne uscì sangue e acqua.
[35]Chi ha visto ne dà testimonianza e la sua testimonianza è vera
e egli sa che dice il vero, perché anche voi crediate. [36]Questo
infatti avvenne perché si adempisse la Scrittura: *Non gli sarà
spezzato alcun osso*. [37]E un altro passo della Scrittura dice an-
cora: *Volgeranno lo sguardo a colui che hanno trafitto*.

La sepoltura. *Era già stata prefigurata dall'unzione di Betania (Mt 27,57-60; Mc 15,42-46; Lc 23,50-54).*

[38]Dopo questi fatti, Giuseppe d'Arimatèa, che era discepolo di
Gesù, ma di nascosto per timore dei Giudei, chiese a Pilato di
prendere il corpo di Gesù. Pilato lo concesse. Allora egli andò
e prese il corpo di Gesù. [39]Vi andò anche Nicodèmo, quello che
in precedenza era andato da lui di notte, e portò una mistura di
mirra e di aloe di circa cento libbre. [40]Essi presero allora il cor-
po di Gesù, e lo avvolsero in bende insieme con oli aromatici,
com'è usanza seppellire per i Giudei. [41]Ora, nel luogo dove era
stato crocifisso, vi era un giardino e nel giardino un sepolcro
nuovo, nel quale nessuno era stato ancora deposto. [42]Là dun-
que deposero Gesù, a motivo della Preparazione dei Giudei,
poiché quel sepolcro era vicino.

VIII. LA GLORIA DI GESÙ RISORTO

La tomba vuota. *(Mt 28,1-8; Mc 16,1-8; Lc 24,1-21).*

20 [1]Nel giorno dopo il sabato, Maria di Màgdala si recò al
sepolcro di buon mattino, quand'era ancora buio, e vide che la
pietra era stata ribaltata dal sepolcro. [2]Corse allora e andò da
Simon Pietro e dall'altro discepolo, quello che Gesù amava, e

disse loro: «Hanno portato via il Signore dal sepolcro e non
sappiamo dove l'hanno posto!». [3]Uscì allora Simon Pietro in-
sieme all'altro discepolo, e si recarono al sepolcro. [4]Correvano
insieme tutti e due, ma l'altro discepolo corse più veloce di Pie-
tro e giunse per primo al sepolcro. [5]Chinatosi, vide le bende
per terra, ma non entrò. [6]Giunse intanto anche Simon Pietro
che lo seguiva ed entrò nel sepolcro e vide le bende per terra,
[7]e il sudario, che gli era stato posto sul capo, non per terra con
le bende, ma piegato in un luogo a parte. [8]Allora entrò anche
l'altro discepolo, che era giunto per primo al sepolcro, e vide e
credette. [9]Non avevano infatti ancora compreso la Scrittura,
che egli cioè doveva risuscitare dai morti. [10]I discepoli intanto
se ne tornarono di nuovo a casa.

Gesù si manifesta a Maria Maddalena. *Essa non deve toccarlo perché non è ancora ritornato al Padre. Ciò significa senza dubbio che Gesù non può essere raggiunto veramente se non dopo il suo ritorno al Padre e con la venuta dello Spirito (15,5-7; 16,5-8.12-15; Mt 28,9-10; Mc 16,9-10).*

[11]Maria invece stava all'esterno vicino al sepolcro e piangeva.
Mentre piangeva, si chinò verso il sepolcro [12]e vide due angeli
in bianche vesti, seduti l'uno dalla parte del capo e l'altro dei
piedi, dove era stato posto il corpo di Gesù. [13]Ed essi le disse-
ro: «Donna, perché piangi?». Rispose loro: «Hanno portato
via il mio Signore e non so dove lo hanno posto». [14]Detto que-
sto, si voltò indietro e vide Gesù che stava lì in piedi; ma non
sapeva che era Gesù. [15]Le disse Gesù: «Donna, perché piangi?
Chi cerchi?». Essa, pensando che fosse il custode del giardino,
gli disse: «Signore, se l'hai portato via tu, dimmi dove lo hai
posto e io andrò a prenderlo». [16]Gesù le disse: «Maria!». Essa
allora, voltatasi verso di lui, gli disse in ebraico: «Rabbunì!»,
che significa: Maestro! [17]Gesù le disse: «Non mi trattenere,
perché non sono ancora salito al Padre; ma va' dai miei fratelli
e di' loro: Io salgo al Padre mio e Padre vostro, Dio mio e Dio
vostro». [18]Maria di Màgdala andò subito ad annunziare ai di-
scepoli: «Ho visto il Signore» e anche ciò che le aveva detto.

Apparizione ai discepoli. *Dopo il dono dello Spirito, Gesù dice a Tommaso di toccarlo (v. 27), quindi aggiunge: «Perché mi hai*

veduto, hai creduto: beati quelli che pur non avendo visto crede-
ranno!» (Mc 16,14-18; Lc 24,36-49; Mt 28,16-20).

19La sera di quello stesso giorno, il primo dopo il sabato, men-
tre erano chiuse le porte del luogo dove si trovavano i discepoli
per timore dei Giudei, venne Gesù, si fermò in mezzo a loro e
disse: «Pace a voi!». 20Detto questo, mostrò loro le mani e il co-
stato. E i discepoli gioirono al vedere il Signore. 21Gesù disse
loro di nuovo: «Pace a voi! Come il Padre ha mandato me, an-
ch'io mando voi». 22Dopo aver detto questo, alitò su di loro e
disse: «Ricevete lo Spirito Santo; 23a chi rimetterete i peccati
saranno rimessi e a chi non li rimetterete, resteranno non ri-
messi».
24Tommaso, uno dei Dodici, chiamato Dìdimo, non era con lo-
ro quando venne Gesù. 25Gli dissero allora gli altri discepoli:
«Abbiamo visto il Signore!». Ma egli disse loro: «Se non vedo
nelle sue mani il segno dei chiodi e non metto il dito nel posto
dei chiodi e non metto la mia mano nel suo costato, non crede-
rò».
26Otto giorni dopo i discepoli erano di nuovo in casa e c'era con
loro anche Tommaso. Venne Gesù, a porte chiuse, si fermò in
mezzo a loro e disse: «Pace a voi!». 27Poi disse a Tommaso:
«Metti qua il tuo dito e guarda le mie mani; stendi la tua mano,
e mettila nel mio costato; e non essere più incredulo ma cre-
dente!». 28Rispose Tommaso: «Mio Signore e mio Dio!». 29Ge-
sù gli disse: «Perché mi hai veduto, hai creduto: beati quelli che
pur non avendo visto crederanno!».

Il motivo dei segni riportati nel Vangelo.

30Molti altri segni fece Gesù in presenza dei suoi discepoli, ma
non sono stati scritti in questo libro. 31Questi sono stati scritti,
perché crediate che Gesù è il Cristo, il Figlio di Dio e perché,
credendo, abbiate la vita nel suo nome.

EPILOGO

Apparizione sulla sponda del lago di Tiberiade. *Si tratta proba-bilmente di un testo aggiunto da un discepolo dell'evangelista (Mt 26,32; 28,7; ecc.).*

21 [1]Dopo questi fatti, Gesù si manifestò di nuovo ai disce-
poli sul mare di Tiberìade. E si manifestò così: [2]si trovavano in-
sieme Simon Pietro, Tommaso detto Dìdimo, Natanaèle di Ca-
na di Galilea, i figli di Zebedèo e altri due discepoli. [3]Disse loro
Simon Pietro: «Io vado a pescare». Gli dissero: «Veniamo an-
che noi con te». Allora uscirono e salirono sulla barca; ma in
quella notte non presero nulla.
[4]Quando già era l'alba Gesù si presentò sulla riva, ma i disce-
poli non si erano accorti che era Gesù. [5]Gesù disse loro: «Fi-
glioli, non avete nulla da mangiare?». Gli risposero: «No». [6]Al-
lora disse loro: «Gettate la rete dalla parte destra della barca e
troverete». La gettarono e non potevano più tirarla su per la
gran quantità di pesci. [7]Allora quel discepolo che Gesù amava
disse a Pietro: «È il Signore!». Simon Pietro appena udì che era
il Signore, si cinse ai fianchi il camiciotto, poiché era spogliato,
e si gettò in mare. [8]Gli altri discepoli invece vennero con la bar-
ca, trascinando la rete piena di pesci: infatti non erano lontani
da terra se non un centinaio di metri.
[9]Appena scesi a terra, videro un fuoco di brace con del pesce
sopra, e del pane. [10]Disse loro Gesù: «Portate un po' del pesce
che avete preso or ora». [11]Allora Simon Pietro salì nella barca e
trasse a terra la rete piena di centocinquantatré grossi pesci. E
benché fossero tanti, la rete non si spezzò. [12]Gesù disse loro:
«Venite a mangiare». E nessuno dei discepoli osava domandar-
gli: «Chi sei?», poiché sapevano bene che era il Signore.
[13]Allora Gesù si avvicinò, prese il pane e lo diede a loro, e così
pure il pesce. [14]Questa era la terza volta che Gesù si manifesta-
va ai discepoli, dopo essere risuscitato dai morti.
[15]Quand'ebbero mangiato, Gesù disse a Simon Pietro: «Simo-
ne di Giovanni, mi vuoi bene tu più di costoro?». Gli rispose:
«Certo, Signore, tu lo sai che ti voglio bene». Gli disse: «Pasci i
miei agnelli». [16]Gli disse di nuovo: «Simone di Giovanni, mi
vuoi bene?». Gli rispose: «Certo, Signore, tu lo sai che ti voglio
bene». Gli disse: «Pasci le mie pecorelle». [17]Gli disse per la ter-
za volta: «Simone di Giovanni, mi vuoi bene?». Pietro rimase
addolorato che per la terza volta gli dicesse: Mi vuoi bene?, e
gli disse: «Signore, tu sai tutto; tu sai che ti voglio bene». Gli ri-
spose Gesù: «Pasci le mie pecorelle. [18]In verità, in verità ti di-
co: quando eri più giovane ti cingevi la veste da solo, e andavi

dove volevi; ma quando sarai vecchio tenderai le tue mani, e
un altro ti cingerà la veste e ti porterà dove tu non vuoi».
[19]Questo gli disse per indicare con quale morte egli avrebbe
glorificato Dio. E detto questo aggiunse: «Seguimi».
[20]Pietro allora, voltatosi, vide che li seguiva quel discepolo che
Gesù amava, quello che nella cena si era trovato al suo fianco e
gli aveva domandato: «Signore, chi è che ti tradisce?». [21]Pietro
dunque, vedutolo, disse a Gesù: «Signore, e lui?». [22]Gesù gli
rispose: «Se voglio che egli rimanga finché io venga, che impor-
ta a te? Tu seguimi». [23]Si diffuse perciò tra i fratelli la voce che
quel discepolo non sarebbe morto. Gesù però non gli aveva
detto che non sarebbe morto, ma: «Se voglio che rimanga fin-
ché io venga, che importa a te?».
[24]Questo è il discepolo che rende testimonianza su questi fatti e
li ha scritti; e noi sappiamo che la sua testimonianza è vera.
[25]Vi sono ancora molte altre cose compiute da Gesù, che, se
fossero scritte una per una, penso che il mondo stesso non ba-
sterebbe a contenere i libri che si dovrebbero scrivere.

ATTI
DEGLI APOSTOLI

INTRODUZIONE

Gli Atti degli apostoli sono la seconda parte di un'opera di Luca, di cui il terzo Vangelo costituiva la prima parte. L'inizio di questi Atti, dunque, è il seguito immediato dei capitoli sulla passione e la risurrezione: non possono essere compresi che alla luce di questi avvenimenti.
Per Luca, Dio è intervenuto nel mondo attraverso Gesù e, grazie alla morte e alla risurrezione di Gesù, la vita di tutti gli uomini è radicalmente trasformata. Servendosi di immagini e di uno stile ancora molto vicini a quelli dell'Antico Testamento e degli altri Vangeli – stile che, bisogna ammetterlo, in un primo momento sconcerta – Luca segue passo passo le tracce di questa trasformazione. Con entusiasmo ci mostra la nascita e i primi passi della comunità cristiana, della chiesa, che viene fondata. I suoi membri restano in contatto con Gesù, e quindi con Dio, mediante la preghiera. In lui essi cercano di realizzare una unione completa. Condividono i loro beni e vivono nella gioia. Gli apostoli, e in particolare Pietro che Gesù ha designato come suo rappresentante, si preoccupano di mantenere l'unità e risolvono i problemi che si presentano.
Questa prima comunità testimonia agli uomini di oggi che non ci si può dire cristiani senza vivere della vita di Cristo, senza condividere il suo amore e senza cercare di comunicarlo, poiché la fede, fondandosi sulla certezza che Gesù è vivo nel cuore degli uomini, spinge ognuno a renderne coscienti gli altri e a farli vivere, a loro volta, del Cristo.
Mettendo in pratica questo imperativo, i primi cristiani creano nuove comunità. Compare a questo punto un uomo di eccezionale statura, Saulo di Tarso, che prenderà il nome di Paolo. Dapprima avversario dei discepoli di Cristo, nel quale vede un bestemmiatore che ha osato eguagliarsi a Dio, si incontra con Cristo stesso sulla via di Damasco e capisce allora che l'uomo è reso giusto agli occhi di Dio non più dall'obbedienza alla Legge

di Mosè, ma dalla morte di Gesù e dalla comunicazione del suo Spirito. Da difensore della Legge, eccolo apostolo di Cristo. Pian piano, di fronte alla reticenza del popolo israelita, Paolo diventa «il servo» degli altri popoli, chiamati «greci» o «pagani». Non avrà tregua finché la venuta di Dio sulla terra non sarà annunciata a tutte le nazioni. La sua passione ha attraversato i secoli e ciò che ne dice Luca ci tocca profondamente.

Se il racconto della sua conversione e di alcune guarigioni conserva ancora qualcosa di meraviglioso, si capisce rapidamente che l'essenziale è al di là dello stile. È un fatto che quest'uomo, che non ha conosciuto Gesù e che è stato dapprima un suo avversario, è rimasto sconvolto. È un fatto, inoltre, che molti di noi sono ancor oggi interpellati dal Cristo come lo è stato Paolo. Quest'uomo «pazzo di Dio», con la sua forza e il suo dinamismo, ci incita ancora a interrogarci, quasi duemila anni dopo il suo martirio. C'è chi è sempre pronto a dire con lui: «È Cristo che vive in me».

PROLOGO

1 [1]Nel mio primo libro ho già trattato, o Teòfilo, di tutto
quello che Gesù fece e insegnò dal principio [2]fino al giorno in
cui, dopo aver dato istruzioni agli apostoli che si era scelti nello
Spirito Santo, egli fu assunto in cielo.
[3]Egli si mostrò ad essi vivo, dopo la sua passione, con molte
prove, apparendo loro per quaranta giorni e parlando del re-
gno di Dio.

L'ascensione. *Gesù sparisce come Elia (2Re 2,11) e la sua partenza, che non è un'assenza, è evocata con le immagini dell'Antico Testamento e delle apocalissi (Dn 2,21; Is 45,14; Dn 7,13; Zc 14,4).*

[4]Mentre si trovava a tavola con essi, ordinò loro di non allonta-
narsi da Gerusalemme, ma di attendere che si adempisse la
promessa del Padre «quella, disse, che voi avete udito da me:
[5]Giovanni ha battezzato con acqua, voi invece sarete battezzati
in Spirito Santo, fra non molti giorni».
[6]Così venutisi a trovare insieme gli domandarono: «Signore, è
questo il tempo in cui ricostituirai il regno di Israele?». [7]Ma egli
rispose: «Non spetta a voi conoscere i tempi e i momenti che il
Padre ha riservato alla sua scelta, [8]ma avrete forza dallo Spirito
Santo che scenderà su di voi e mi sarete testimoni a Gerusalem-
me, in tutta la Giudea e la Samarìa e fino agli estremi confini
della terra».

9Detto questo, fu elevato in alto sotto i loro occhi e una nube lo
sottrasse al loro sguardo. 10E poiché essi stavano fissando il cie-
lo mentre egli se n'andava, ecco due uomini in bianche vesti si
presentarono a loro e dissero: 11«Uomini di Galilea, perché sta-
te a guardare il cielo? Questo Gesù, che è stato di tra voi assun-
to fino al cielo, tornerà un giorno allo stesso modo in cui l'avete
visto andare in cielo».

PRIMA ESPANSIONE DEL CRISTIANESIMO

I. LA CHIESA DI GERUSALEMME

Il gruppo degli apostoli a Gerusalemme. *Essi si confermano vicendevolmente nella fede.*

12Allora ritornarono a Gerusalemme dal monte detto degli Uli-
vi, che è vicino a Gerusalemme quanto il cammino permesso in
un sabato. 13Entrati in città salirono al piano superiore dove
abitavano. C'erano Pietro e Giovanni, Giacomo e Andrea, Fi-
lippo e Tommaso, Bartolomeo e Matteo, Giacomo di Alfeo e
Simone lo Zelòta e Giuda di Giacomo. 14Tutti questi erano as-
sidui e concordi nella preghiera, insieme con alcune donne e
con Maria, la madre di Gesù e con i fratelli di lui.

L'elezione di Mattia. *Il primo atto di Pietro in quanto capo della nuova comunità è la proposta che sia completato il collegio dei dodici e designato al posto di Giuda un testimone della vita e della risurrezione di Gesù (Sap 4,19; Sal 69,26; 109,8).*

15In quei giorni Pietro si alzò in mezzo ai fratelli (il numero del-
le persone radunate era circa centoventi) e disse: 16«Fratelli,
era necessario che si adempisse ciò che nella Scrittura fu pre-
detto dallo Spirito Santo per bocca di Davide riguardo a Giu-
da, che fece da guida a quelli che arrestarono Gesù. 17Egli era
stato del nostro numero e aveva avuto in sorte lo stesso nostro
ministero. 18Giuda comprò un pezzo di terra con i proventi del
suo delitto e poi precipitando in avanti si squarciò in mezzo e si
sparsero fuori tutte le sue viscere. 19La cosa è divenuta così no-

ta a tutti gli abitanti di Gerusalemme, che quel terreno è stato
chiamato nella loro lingua Akeldamà, cioè Campo di sangue.
[20]Infatti sta scritto nel libro dei Salmi:

La sua dimora diventi deserta,
e nessuno vi abiti,

e

il suo incarico lo prenda un altro.

[21]Bisogna dunque che tra coloro che ci furono compagni per
tutto il tempo in cui il Signore Gesù ha vissuto in mezzo a noi,
[22]incominciando dal battesimo di Giovanni fino al giorno in cui
è stato di tra noi assunto in cielo, uno divenga, insieme a noi,
testimone della sua risurrezione».
[23]Ne furono proposti due, Giuseppe detto Barsabba, che era
soprannominato Giusto, e Mattia. [24]Allora essi pregarono di-
cendo: «Tu, Signore, che conosci il cuore di tutti, mostraci qua-
le di questi due hai designato [25]a prendere il posto in questo mi-
nistero e apostolato che Giuda ha abbandonato per andarsene
al posto da lui scelto». [26]Gettarono quindi le sorti su di loro e la
sorte cadde su Mattia, che fu associato agli undici apostoli.

La pentecoste, *anniversario del dono della legge al Sinai (Es 19,1ss). Lo Spirito promesso agli apostoli, e che è una vita d'amore, viene ad animarli per permettere loro di annunciare le meraviglie del Signore. Davanti a questo avvenimento inaudito, l'autore ricorre alle immagini dell'Antico Testamento. Le lingue di fuoco ricordano i carboni ardenti che tengono in mano gli angeli della visione di Isaia (Is 6,6-7). Dopo la morte di Gesù, gli uomini non saranno più divisi (Gn 11,1-9), ma uniti in un linguaggio nuovo, qualunque sia la loro lingua.*

2 [1]Mentre il giorno di Pentecoste stava per finire, si trovava-
no tutti insieme nello stesso luogo. [2]Venne all'improvviso dal
cielo un rombo, come di vento che si abbatte gagliardo, e riem-
pì tutta la casa dove si trovavano. [3]Apparvero loro lingue come
di fuoco che si dividevano e si posarono su ciascuno di loro; [4]ed
essi furono tutti pieni di Spirito Santo e cominciarono a parlare
in altre lingue come lo Spirito dava loro il potere d'esprimersi.

5Si trovavano allora in Gerusalemme giudei osservanti di ogni
nazione che è sotto il cielo. 6Venuto quel fragore, la folla si ra-
dunò e rimase sbigottita perché ciascuno li sentiva parlare la
propria lingua. 7Erano stupefatti e fuori di sé per lo stupore di-
cevano: «Costoro che parlano non sono forse tutti Galilei? 8E
com'è che li sentiamo ciascuno parlare la nostra lingua nativa?
9Siamo Parti, Medi, Elamìti e abitanti della Mesopotàmia, del-
la Giudea, della Cappadòcia, del Ponto e dell'Asia, 10della Fri-
gia e della Panfilia, dell'Egitto e delle parti della Libia vicino a
Cirène, stranieri di Roma, 11Ebrei e prosèliti, Cretesi e Arabi e
li udiamo annunziare nelle nostre lingue le grandi opere di
Dio». 12Tutti erano stupiti e perplessi, chiedendosi l'un l'altro:
«Che significa questo?». 13Altri invece li deridevano e diceva-
no: «Si sono ubriacati di mosto».

Discorso di Pietro alla folla. *Pietro, giudeo di nascita, rivolgendosi a dei giudei, vuol dimostrare che Gesù compie le Scritture (Am 5,18; Mt 24,1; Gl 3,1-5; Sal 16,8-11; 132,11; 2Sam 7,12; Ez 36,27; Sal 110,1).*

14Allora Pietro, levatosi in piedi con gli altri Undici, parlò a vo-
ce alta così: «Uomini di Giudea, e voi tutti che vi trovate a Ge-
rusalemme, vi sia ben noto questo e fate attenzione alle mie pa-
role: 15Questi uomini non sono ubriachi come voi sospettate,
essendo appena le nove del mattino. 16Accade invece quello
che predisse il profeta Gioèle:
17Negli ultimi giorni, dice il Signore,

Io effonderò il mio Spirito sopra ogni persona;
i vostri figli e le vostre figlie profeteranno,
i vostri giovani avranno visioni
e i vostri anziani faranno dei sogni.
18*E anche sui miei servi e sulle mie serve*
in quei giorni effonderò il mio Spirito
ed essi profeteranno.
19*Farò prodigi* in alto *nel cielo*
e segni in basso *sulla terra,*
sangue, fuoco e nuvole di fumo.
20*Il sole si muterà in tenebra e la luna in sangue,*
prima che giunga il giorno del Signore,
giorno grande e splendido.

21 *Allora chiunque invocherà il nome del Signore*
sarà salvato.

22 Uomini d'Israele, ascoltate queste parole: Gesù di Nàzaret –
uomo accreditato da Dio presso di voi per mezzo di miracoli,
prodigi e segni, che Dio stesso operò fra di voi per opera sua,
come voi ben sapete –, 23 dopo che, secondo il prestabilito dise-
gno e la prescienza di Dio, fu consegnato a voi, voi l'avete in-
chiodato sulla croce per mano di empi e l'avete ucciso. 24 Ma
Dio lo ha risuscitato, sciogliendolo dalle angosce della morte,
perché non era possibile che questa lo tenesse in suo potere.
25 Dice infatti Davide a suo riguardo:

Contemplavo sempre il Signore innanzi a me;
poiché egli sta alla mia destra, perché io non vacilli.
26 *Per questo si rallegrò il mio cuore*
ed esultò la mia lingua;
ed anche la mia carne riposerà nella speranza,
27 *perché tu non abbandonerai l'anima mia negli infe-*
ri,
né permetterai che il tuo Santo veda la corruzione.
28 *Mi hai fatto conoscere le vie della vita,*
mi colmerai di gioia con la tua presenza.

29 Fratelli, mi sia lecito dirvi francamente, riguardo al patriarca
Davide, che egli morì e fu sepolto e la sua tomba è ancora oggi
fra noi. 30 Poiché però era profeta e sapeva che Dio *gli aveva*
giurato solennemente di far sedere sul suo trono un suo discen-
dente, 31 previde la risurrezione di Cristo e ne parlò:

questi non fu abbandonato negli inferi,
né la sua carne *vide corruzione.*

32 Questo Gesù Dio l'ha risuscitato e noi tutti ne siamo testimo-
ni. 33 Innalzato pertanto alla destra di Dio e dopo aver ricevuto
dal Padre lo Spirito Santo che egli aveva promesso, lo ha effu-
so, come voi stessi potete vedere e udire. 34 Davide infatti non
salì al cielo; tuttavia egli dice:

Disse il Signore al mio Signore:
siedi alla mia destra,
35 *finché io ponga i tuoi nemici*
come sgabello ai tuoi piedi.

36Sappia dunque con certezza tutta la casa di Israele che Dio ha
costituito Signore e Cristo quel Gesù che voi avete crocifisso!».

Le prime conversioni. *Ormai per essere animati dallo Spirito di amore bisogna trasformarsi, poiché il figlio prodigo non è più solo il singolo preoccupato di sottrarsi alla propria infelicità, ma l'intera umanità immersa nella follia del peccato (cf. Is 57,19; Gl 3,5).*

37All'udir tutto questo si sentirono trafiggere il cuore e dissero
a Pietro e agli altri apostoli: «Che cosa dobbiamo fare, fratel-
li?». 38E Pietro disse: «Pentitevi e ciascuno di voi si faccia bat-
tezzare nel nome di Gesù Cristo, per la remissione dei vostri
peccati; dopo riceverete il dono dello Spirito Santo. 39Per voi
infatti è la promessa e per i vostri figli e per tutti *quelli che sono*
lontani, quanti ne chiamerà il Signore Dio nostro». 40Con molte
altre parole li scongiurava e li esortava: «Salvatevi da questa
generazione perversa». 41Allora coloro che accolsero la sua pa-
rola furono battezzati e quel giorno si unirono a loro circa tre-
mila persone.

La vita della prima comunità cristiana. *Ancor oggi, degli uomini e delle donne danno vita a simili comunità (cf. anche 4, 32-35; 1Cor 11,20-34). Il timore, qui come negli altri testi della Bibbia, è un sentimento di riverenza nei riguardi di Dio.*

42Erano assidui nell'ascoltare l'insegnamento degli apostoli e
nell'unione fraterna, nella frazione del pane e nelle preghiere.
43Un senso di timore era in tutti e prodigi e segni avvenivano
per opera degli apostoli. 44Tutti coloro che erano diventati cre-
denti stavano insieme e tenevano ogni cosa in comune; 45chi
aveva proprietà e sostanze le vendeva e ne faceva parte a tutti,
secondo il bisogno di ciascuno. 46Ogni giorno tutti insieme fre-
quentavano il tempio e spezzavano il pane a casa prendendo i
pasti con letizia e semplicità di cuore, 47lodando Dio e godendo
la simpatia di tutto il popolo. 48Intanto il Signore ogni giorno
aggiungeva alla comunità quelli che erano salvati.

La guarigione dello storpio della «porta bella». *Pietro, poiché è animato dallo Spirito di Cristo, deve poter rimettere in piedi questo paralitico.*

3 1Un giorno Pietro e Giovanni salivano al tempio per la
preghiera verso le tre del pomeriggio. 2Qui di solito veniva por-
tato un uomo, storpio fin dalla nascita e lo ponevano ogni gior-
no presso la porta del tempio detta «Bella» a chiedere l'elemo-
sina a coloro che entravano nel tempio. 3Questi, vedendo Pie-
tro e Giovanni che stavano per entrare nel tempio, domandò
loro l'elemosina. 4Allora Pietro fissò lo sguardo su di lui insie-
me a Giovanni e disse: «Guarda verso di noi». 5Ed egli si volse
verso di loro, aspettandosi di ricevere qualche cosa. 6Ma Pietro
gli disse: «Non possiedo né argento né oro, ma quello che ho te
lo do: nel nome di Gesù Cristo, il Nazareno, cammina!». 7E,
presolo per la mano destra, lo sollevò. Di colpo i suoi piedi e le
caviglie si rinvigorirono 8e balzato in piedi camminava; ed en-
trò con loro nel tempio camminando, saltando e lodando Dio.
9Tutto il popolo lo vide camminare e lodare Dio 10e riconosce-
vano che era quello che sedeva a chiedere l'elemosina alla por-
ta Bella del tempio ed erano meravigliati e stupiti per quello
che gli era accaduto.

Discorso di Pietro ai giudei. *Accogliendo la fede in Gesù Cristo morto e risorto, chi lo vuole può «rialzarsi» ed entrare in relazione con Dio (Is 52,13; Dt 18,15.19; Ml 3,23-24; Gn 22,18).*

11Mentr'egli si teneva accanto a Pietro e Giovanni, tutto il po-
polo fuor di sé per lo stupore accorse verso di loro al portico
detto di Salomone. 12Vedendo ciò, Pietro disse al popolo: «Uo-
mini d'Israele, perché vi meravigliate di questo e continuate a
fissarci come se per nostro potere e nostra pietà avessimo fatto
camminare quest'uomo? 13*Il Dio di Abramo, di Isacco e di Gia-*
cobbe, il Dio dei nostri padri ha glorificato il suo servo Gesù,
che voi avete consegnato e rinnegato di fronte a Pilato, mentre
egli aveva deciso di liberarlo; 14voi invece avete rinnegato il
Santo e il Giusto, avete chiesto che vi fosse graziato un assassi-
no 15e avete ucciso l'autore della vita. Ma Dio l'ha risuscitato
dai morti e di questo noi siamo testimoni. 16Proprio per la fede
riposta in lui il nome di Gesù ha dato vigore a quest'uomo che
voi vedete e conoscete; la fede in lui ha dato a quest'uomo la
perfetta guarigione alla presenza di tutti voi.
17Ora, fratelli, io so che voi avete agito per ignoranza, così co-
me i vostri capi; 18Dio però ha adempiuto così ciò che aveva an-

nunziato per bocca di tutti i profeti, che cioè il suo Cristo sareb-
be morto. [19]Pentitevi dunque e cambiate vita, perché siano
cancellati i vostri peccati [20]e così possano giungere i tempi della
consolazione da parte del Signore ed egli mandi quello che vi
aveva destinato come Messia, cioè Gesù. [21]Egli dev'esser ac-
colto in cielo fino ai tempi della restaurazione di tutte le cose,
come ha detto Dio fin dall'antichità, per bocca dei suoi santi
profeti. [22]Mosè infatti disse: *Il Signore vostro Dio vi farà sorge-
re un profeta come me in mezzo ai vostri fratelli; voi lo ascolte-
rete in tutto quello che egli vi dirà.* [23]*E chiunque non ascolterà
quel profeta, sarà estirpato di mezzo al popolo.* [24]Tutti i profeti,
a cominciare da Samuele e da quanti parlarono in seguito, an-
nunziarono questi giorni.
[25]Voi siete i figli dei profeti e dell'alleanza che Dio stabilì con i
vostri padri, quando disse ad Abramo: *Nella tua discendenza
saranno benedette tutte le famiglie della terra.* [26]Dio, dopo aver
risuscitato il suo servo, l'ha mandato prima di tutto a voi per
portarvi la benedizione e perché ciascuno si converta dalle sue
iniquità».

La persecuzione da parte dei giudei: Pietro e Giovanni davanti al sinedrio. *Proclamare il Cristo è una necessità per chi lo ha riconosciuto (21,42; Sal 118,22; Mt 21,42).*

4 [1]Stavano ancora parlando al popolo, quando sopraggiun-
sero i sacerdoti, il capitano del tempio e i sadducei, [2]irritati per
il fatto che essi insegnavano al popolo e annunziavano in Gesù
la risurrezione dai morti. [3]Li arrestarono e li portarono in pri-
gione fino al giorno dopo, dato che era ormai sera. [4]Molti però
di quelli che avevano ascoltato il discorso credettero e il nume-
ro degli uomini raggiunse circa i cinquemila.
[5]Il giorno dopo si radunarono in Gerusalemme i capi, gli anzia-
ni e gli scribi, [6]il sommo sacerdote Anna, Caifa, Giovanni,
Alessandro e quanti appartenevano a famiglie di sommi sacer-
doti. [7]Fattili comparire davanti a loro, li interrogavano: «Con
quale potere o in nome di chi avete fatto questo?». [8]Allora Pie-
tro, pieno di Spirito Santo, disse loro: «Capi del popolo e an-
ziani, [9]visto che oggi veniamo interrogati sul beneficio recato
ad un uomo infermo e in qual modo egli abbia ottenuto la salu-
te,

[10]la cosa sia nota a tutti voi e a tutto il popolo d'Israele: nel no-
me di Gesù Cristo il Nazareno, che voi avete crocifisso e che
Dio ha risuscitato dai morti, costui vi sta innanzi sano e salvo.
[11]Questo Gesù è

la pietra che, scartata da voi, *costruttori,*
è diventata testata d'angolo.

[12]In nessun altro c'è salvezza; non vi è infatti altro nome dato
agli uomini sotto il cielo nel quale è stabilito che possiamo esse-
re salvati».
[13]Vedendo la franchezza di Pietro e di Giovanni e consideran-
do che erano senza istruzione e popolani, rimanevano stupefat-
ti riconoscendoli per coloro che erano stati con Gesù; [14]quando
poi videro in piedi vicino a loro l'uomo che era stato guarito,
non sapevano che cosa rispondere. [15]Li fecero uscire dal sine-
drio e si misero a consultarsi fra loro dicendo: [16]«Che dobbia-
mo fare a questi uomini? Un miracolo evidente è avvenuto per
opera loro; esso è diventato talmente noto a tutti gli abitanti di
Gerusalemme che non possiamo negarlo. [17]Ma perché la cosa
non si divulghi di più tra il popolo, diffidiamoli dal parlare più
ad alcuno in nome di lui». [18]E, richiamatili, ordinarono loro di
non parlare assolutamente né di insegnare nel nome di Gesù.
[19]Ma Pietro e Giovanni replicarono: «Se sia giusto innanzi a
Dio obbedire a voi più che a lui, giudicatelo voi stessi; [20]noi
non possiamo tacere quello che abbiamo visto e ascoltato».
[21]Quelli allora, dopo averli ulteriormente minacciati, non tro-
vando motivi per punirli, li rilasciarono a causa del popolo,
perché tutti glorificavano Dio per l'accaduto. [22]L'uomo infatti
sul quale era avvenuto il miracolo della guarigione aveva più di
quarant'anni.

Nella persecuzione, preghiera degli apostoli *che si confermano vicendevolmente nella fede (Sal 2,1-2).*

[23]Appena rimessi in libertà, andarono dai loro fratelli e riferi-
rono quanto avevano detto i sommi sacerdoti e gli anziani.
[24]All'udire ciò, tutti insieme levarono la loro voce a Dio dicen-
do: «Signore, tu che *hai creato il cielo, la terra, il mare e tutto*

ciò che è in essi, 25 tu che per mezzo dello Spirito Santo dicesti
per bocca del nostro padre, il tuo servo Davide:

> *Perché si agitarono le genti*
> *e i popoli tramarono cose vane?*
> 26 *Si sollevarono i re della terra*
> *e i principi si radunarono insieme,*
> *contro il Signore e contro il suo Cristo;*

27 davvero in questa città *si radunarono* insieme contro il tuo
santo servo Gesù, che hai unto come Cristo, Erode e Ponzio
Pilato con le genti e i popoli d'Israele, 28 per compiere ciò che la
tua mano e la tua volontà avevano preordinato che avvenisse.
29 Ed ora, Signore, volgi lo sguardo alle loro minacce e concedi
ai tuoi servi di annunziare con tutta franchezza la tua parola.
30 Stendi la mano perché si compiano guarigioni, miracoli e pro-
digi nel nome del tuo santo servo Gesù».
31 Quand'ebbero terminato la preghiera, il luogo in cui erano
radunati tremò e tutti furono pieni di Spirito Santo e annunzia-
vano la parola di Dio con franchezza.

L'unione dei discepoli e la condivisione dei beni. *(2,42-47; Dt 15,4).*

32 La moltitudine di coloro che eran venuti alla fede aveva un
cuore solo e un'anima sola e nessuno diceva sua proprietà quel-
lo che gli apparteneva, ma ogni cosa era fra loro comune.
33 Con grande forza gli apostoli rendevano testimonianza della
risurrezione del Signore Gesù e tutti essi godevano di grande
simpatia. 34 Nessuno infatti tra loro era bisognoso, perché quan-
ti possedevano campi o case li vendevano, portavano l'importo
di ciò che era stato venduto 35 e lo deponevano ai piedi degli
apostoli; e poi veniva distribuito a ciascuno secondo il bisogno.

Il levita Bàrnaba. *Introdurrà Paolo nelle comunità di Gerusalemme e di Antiochia; poi sarà suo compagno durante la prima missione.*

36 Così Giuseppe, soprannominato dagli apostoli Bàrnaba, che
significa «figlio dell'esortazione», un levita originario di Cipro,

[37]che era padrone di un campo, lo vendette e ne consegnò l'im-
porto deponendolo ai piedi degli apostoli.

Anania e Saffira. *La partecipazione comune ai beni è essenziale per la vita della comunità. Benché, in linea di principio, non sia obbligatoria, mancarvi in un modo o nell'altro rischia di arrecare un grave danno a tutti i suoi membri e costituisce un tradimento dell'impegno morale assunto. L'autore, per far capire la gravità della colpa, utilizza immagini ispirate a Gs 7 e a Nm 21,5-6.*

5 [1]Un uomo di nome Ananìa con la moglie Saffira vendette
un suo podere [2]e, tenuta per sé una parte dell'importo d'accor-
do con la moglie, consegnò l'altra parte deponendola ai piedi
degli apostoli. [3]Ma Pietro gli disse: «Ananìa, perché mai satana
si è così impossessato del tuo cuore che tu hai mentito allo Spi-
rito Santo e ti sei trattenuto parte del prezzo del terreno? [4]Pri-
ma di venderlo, non era forse tua proprietà e, anche venduto, il
ricavato non era sempre a tua disposizione? Perché hai pensato
in cuor tuo a quest'azione? Tu non hai mentito agli uomini, ma
a Dio». [5]All'udire queste parole, Ananìa cadde a terra e spirò.
E un timore grande prese tutti quelli che ascoltavano. [6]Si al-
zarono allora i più giovani e, avvoltolo in un lenzuolo, lo porta-
rono fuori e lo seppellirono.
[7]Avvenne poi che, circa tre ore più tardi, entrò anche sua mo-
glie, ignara dell'accaduto. [8]Pietro le chiese: «Dimmi: avete
venduto il campo a tal prezzo?». Ed essa: «Sì, a tanto». [9]Allora
Pietro le disse: «Perché vi siete accordati per tentare lo Spirito
del Signore? Ecco qui alla porta i passi di coloro che hanno sep-
pellito tuo marito e porteranno via anche te». [10]D'improvviso
cadde ai piedi di Pietro e spirò. Quando i giovani entrarono, la
trovarono morta e, portatala fuori, la seppellirono accanto a
suo marito. [11]E un grande timore si diffuse in tutta la Chiesa e
in quanti venivano a sapere queste cose.

Pietro e gli apostoli attenti alle sventure degli uomini. *Per mostrare che Pietro e gli apostoli continuano in un certo modo l'azione di Gesù, l'autore sembra ritrovare un linguaggio identico a quello utilizzato nel suo Vangelo (cf. 2,43; 4,33).*

[12]Molti miracoli e prodigi avvenivano fra il popolo per opera
degli apostoli. Tutti erano soliti stare insieme nel portico di Sa-
lomone; [13]degli altri, nessuno osava associarsi a loro, ma il po-
polo li esaltava. [14]Intanto andava aumentando il numero degli
uomini e delle donne che credevano nel Signore [15]fino al punto
che portavano gli ammalati nelle piazze, ponendoli su lettucci e
giacigli, perché, quando Pietro passava, anche solo la sua om-
bra coprisse qualcuno di loro. [16]Anche la folla delle città vicine
a Gerusalemme accorreva, portando malati e persone tormen-
tate da spiriti immondi e tutti venivano guariti.

Secondo arresto degli apostoli e loro liberazione miracolosa.

[17]Si alzò allora il sommo sacerdote e quelli della sua parte, cioè
la setta dei sadducei, pieni di livore, [18]e fatti arrestare gli apo-
stoli li fecero gettare nella prigione pubblica. [19]Ma durante la
notte un angelo del Signore aprì le porte della prigione, li con-
dusse fuori e disse: [20]«Andate, e mettetevi a predicare al popo-
lo nel tempio tutte queste parole di vita». [21]Udito questo, en-
trarono nel tempio sul far del giorno e si misero a insegnare.

Gli apostoli davanti al sinedrio e intervento di Gamalièle. *L'uomo non può nulla contro un'iniziativa che viene da Dio.*

Quando arrivò il sommo sacerdote con quelli della sua parte,
convocarono il sinedrio e tutti gli anziani dei figli d'Israele;
mandarono quindi a prelevare gli apostoli nella prigione. [22]Ma
gli incaricati, giunti sul posto, non li trovarono nella prigione e
tornarono a riferire: [23]«Abbiamo trovato il carcere scrupolosa-
mente sbarrato e le guardie ai loro posti davanti alla porta, ma,
dopo aver aperto, non abbiamo trovato dentro nessuno».
[24]Udite queste parole, il capitano del tempio e i sommi sacer-
doti si domandavano perplessi che cosa mai significasse tutto
questo, [25]quando arrivò un tale ad annunziare: «Ecco, gli uo-
mini che avete messo in prigione si trovano nel tempio a inse-
gnare al popolo».
[26]Allora il capitano uscì con le sue guardie e li condusse via, ma
senza violenza, per timore di esser presi a sassate dal popolo.
[27]Li condussero e li presentarono nel sinedrio; il sommo sacer-
dote cominciò a interrogarli dicendo: [28]«Vi avevamo espressa-
mente ordinato di non insegnare più nel nome di costui, ed ec-

co voi avete riempito Gerusalemme della vostra dottrina e vo-
lete far ricadere su di noi il sangue di quell'uomo». 29Rispose
allora Pietro insieme agli apostoli: «Bisogna obbedire a Dio
piuttosto che agli uomini. 30Il Dio dei nostri padri ha risuscitato
Gesù, che voi avevate ucciso appendendolo alla croce. 31Dio lo
ha innalzato con la sua destra facendolo capo e salvatore, per
dare a Israele la grazia della conversione e il perdono dei pec-
cati. 32E di questi fatti siamo testimoni noi e lo Spirito Santo,
che Dio ha dato a coloro che si sottomettono a lui». 33All'udire
queste cose essi si irritarono e volevano metterli a morte.
34Si alzò allora nel sinedrio un fariseo, di nome Gamalièle, dot-
tore della legge, stimato presso tutto il popolo. Dato ordine di
far uscire per un momento gli accusati, 35disse: «Uomini di
Israele, badate bene a ciò che state per fare contro questi uomi-
ni. 36Qualche tempo fa venne Tèuda, dicendo di essere qualcu-
no, e a lui si aggregarono circa quattrocento uomini. Ma fu uc-
ciso, e quanti s'erano lasciati persuadere da lui si dispersero e
finirono nel nulla. 37Dopo di lui sorse Giuda il Galileo, al tem-
po del censimento, e indusse molta gente a seguirlo, ma an-
ch'egli perì e quanti s'erano lasciati persuadere da lui furono
dispersi. 38Per quanto riguarda il caso presente, ecco ciò che vi
dico: Non occupatevi di questi uomini e lasciateli andare. Se in-
fatti questa teoria o questa attività è di origine umana, verrà di-
strutta; 39ma se essa viene da Dio, non riuscirete a sconfiggerli;
non vi accada di trovarvi a combattere contro Dio!».
40Seguirono il suo parere e, richiamati gli apostoli, li fecero fu-
stigare e ordinarono loro di non continuare a parlare nel nome
di Gesù; quindi li rimisero in libertà. 41Ma essi se ne andarono
dal sinedrio lieti di essere stati oltraggiati per amore del nome
di Gesù. 42E ogni giorno, nel tempio e a casa, non cessavano di
insegnare e di portare il lieto annunzio che Gesù è il Cristo.

II. LE PRIME MISSIONI

I primi collaboratori degli apostoli.

6 1In quei giorni, mentre aumentava il numero dei discepoli,
sorse un malcontento fra gli ellenisti verso gli Ebrei, perché ve-
nivano trascurate le loro vedove nella distribuzione quotidiana.

[2]Allora i Dodici convocarono il gruppo dei discepoli e dissero:
«Non è giusto che noi trascuriamo la parola di Dio per il servi-
zio delle mense. [3]Cercate dunque, fratelli, tra di voi sette uomi-
ni di buona reputazione, pieni di Spirito e di saggezza, ai quali
affideremo quest'incarico. [4]Noi, invece, ci dedicheremo alla
preghiera e al ministero della parola». [5]Piacque questa propo-
sta a tutto il gruppo ed elessero Stefano, uomo pieno di fede e
di Spirito Santo, Filippo, Pròcoro, Nicànore, Timòne, Parme-
nàs e Nicola, un proselito di Antiòchia. [6]Li presentarono quin-
di agli apostoli, i quali, dopo aver pregato, imposero loro le
mani.
[7]Intanto la parola di Dio si diffondeva e si moltiplicava grande-
mente il numero dei discepoli a Gerusalemme; anche un gran
numero di sacerdoti aderiva alla fede.

Arresto di Stefano, *accusato – come Gesù e come, più tardi, Paolo – di aver bestemmiato contro Dio e contro il tempio.*

[8]Stefano intanto, pieno di grazia e di fortezza, faceva grandi
prodigi e miracoli tra il popolo. [9]Sorsero allora alcuni della si-
nagoga detta dei «liberti» comprendente anche i Cirenei, gli
Alessandrini e altri della Cilicia e dell'Asia, a disputare con
Stefano, [10]ma non riuscivano a resistere alla sapienza ispirata
con cui egli parlava. [11]Perciò sobillarono alcuni che dissero:
«Lo abbiamo udito pronunziare espressioni blasfeme contro
Mosè e contro Dio». [12]E così sollevarono il popolo, gli anziani
e gli scribi, gli piombarono addosso, lo catturarono e lo trasci-
narono davanti al sinedrio. [13]Presentarono quindi dei falsi testi-
moni, che dissero: «Costui non cessa di proferire parole contro
questo luogo sacro e contro la legge. [14]Lo abbiamo udito di-
chiarare che Gesù il Nazareno distruggerà questo luogo e sov-
vertirà i costumi tramandatici da Mosè».
[15]E tutti quelli che sedevano nel sinedrio, fissando gli occhi su
di lui, videro il suo volto come quello di un angelo.

Il discorso di Stefano: *difendendosi dall'accusa di bestemmiare contro Dio, Mosè e il tempio, egli percorre la storia santa e le ribellioni di un popolo che non ha cessato di perseguitare i profeti (Gn 12,1.7; 15,2; 13,14; 17,10; 21,4; 37,11.28; 39,2; 41,40-41.54-55; 42,5; 45,11; 46,27; 50,13; Es 1,7.10.22; 2,2; Eb 11,23;*

Es 2,5.10-15; 3,1-10.14; 7,3; Nm 14,33; Am 5,25; Dt 18,15; 4,10; Is 66,1-2).

7 1Gli disse allora il sommo sacerdote: «Queste cose stanno
proprio così?». 2Ed egli rispose: «Fratelli e padri, ascoltate: il
Dio della gloria apparve al nostro padre Abramo quando era
ancora in Mesopotamia, prima che egli si stabilisse in Carran,
3*e gli disse: Esci dalla tua terra e dalla tua gente e va' nella terra
che io ti indicherò.* 4Allora, uscito dalla terra dei Caldei, si sta-
bilì in Carran; di là, dopo la morte del padre, Dio lo fece emi-
grare in questo paese dove voi ora abitate, 5ma non gli diede al-
cuna proprietà in esso, *neppure quanto l'orma di un piede*, ma
gli promise *di darlo in possesso a lui e alla sua discendenza do-
po di lui*, sebbene non avesse ancora figli. 6Poi Dio parlò così:
*La discendenza di Abramo sarà pellegrina in terra straniera, te-
nuta in schiavitù e oppressione per quattrocento anni.* 7*Ma del
popolo di cui saranno schiavi io farò giustizia*, disse Dio: *dopo
potranno uscire e mi adoreranno* in questo luogo. 8E gli diede
l'alleanza della circoncisione. E così Abramo generò Isacco e
lo circoncise l'ottavo giorno e Isacco generò Giacobbe e Gia-
cobbe i dodici patriarchi. 9Ma i patriarchi, *gelosi di Giuseppe,
lo vendettero* schiavo *in Egitto. Dio però era con lui* 10e lo liberò
da tutte le sue afflizioni e *gli diede grazia* e saggezza *davanti al
faraone re d'Egitto, il quale lo nominò amministratore dell'Egit-
to e di tutta la sua casa.* 11*Venne una carestia su tutto l'Egitto* e *in
Canaan* e una grande miseria, e i nostri padri non trovavano da
mangiare. 12*Avendo udito Giacobbe che in Egitto c'era del gra-
no*, vi inviò i nostri padri una prima volta; 13la seconda volta
Giuseppe *si fece riconoscere dai suoi fratelli* e fu nota al faraone
la sua origine. 14Giuseppe allora mandò a chiamare Giacobbe
suo padre e tutta la sua parentela, *settantacinque persone in tut-
to.* 15E Giacobbe *si recò in Egitto, e qui egli morì* come anche i
nostri padri; 16*essi furono poi trasportati in Sichem* e posti *nel
sepolcro che Abramo aveva acquistato* e pagato in denaro *dai fi-
gli di Emor, a Sichem.*

17Mentre si avvicinava il tempo della promessa fatta da Dio ad
Abramo, il popolo *crebbe e si moltiplicò* in Egitto, 18finché *salì
al trono d'Egitto un altro re, che non conosceva Giuseppe.*
19Questi, *adoperando l'astuzia contro la nostra gente, persegui-*

tò i nostri padri fino a costringerli a esporre i loro figli, perché non *sopravvivessero*. [20]In quel tempo nacque Mosè e piacque a Dio; *egli fu allevato per tre mesi* nella casa paterna, poi, [21]essendo stato esposto, *lo raccolse la figlia del faraone* e lo allevò *come figlio*. [22]Così Mosè venne istruito in tutta la sapienza degli Egiziani ed era potente nelle parole e nelle opere. [23]Quando stava per compiere i quarant'anni, gli venne l'idea di far visita ai *suoi fratelli, i figli di Israele*, [24]e vedendone uno trattato ingiustamente, ne prese le difese e vendicò l'oppresso, *uccidendo l'Egiziano*. [25]Egli pensava che i suoi connazionali avrebbero capito che Dio dava loro salvezza per mezzo suo, ma essi non compresero. [26]Il giorno dopo si presentò in mezzo a loro mentre stavano litigando e si adoperò per metterli d'accordo, dicendo: Siete fratelli; perché vi insultate l'un l'altro? [27]Ma *quello che maltrattava il vicino* lo respinse, dicendo: *Chi ti ha nominato capo e giudice sopra di noi*? [28]*Vuoi forse uccidermi, come hai ucciso ieri l'Egiziano*? [29]*Fuggì via Mosè a queste parole, e andò ad abitare nella terra di Madian*, dove ebbe due figli. [30]Passati quarant'anni, *gli apparve nel deserto del monte* Sinai *un angelo, in mezzo alla fiamma di un roveto ardente*. [31]Mosè rimase stupito di questa visione; e mentre si avvicinava per veder meglio, si udì la voce del Signore: [32]*Io sono il Dio dei tuoi padri, il Dio di Abramo, di Isacco e di Giacobbe*. Esterrefatto, Mosè non osava guardare. [33]*Allora il Signore gli disse: Togliti dai piedi i calzari, perché il luogo in cui stai è terra santa*. [34]*Ho visto l'afflizione del mio popolo in Egitto, ho udito il loro gemito e sono sceso a liberarli; ed ora vieni, che ti mando in Egitto*. [35]Questo Mosè che avevano rinnegato dicendo: *Chi ti ha nominato capo e giudice*?, proprio lui Dio aveva mandato per esser capo e liberatore, parlando per mezzo dell'angelo che gli era apparso nel roveto. [36]Egli li fece uscire, compiendo *miracoli e prodigi nella terra d'Egitto*, nel Mare Rosso, e *nel deserto per quarant'anni*. [37]Egli è quel Mosè che disse ai figli d'Israele: *Dio vi farà sorgere un profeta tra i vostri fratelli, al pari di me*. [38]Egli è colui che, mentre erano radunati nel deserto, fu mediatore tra l'angelo che gli parlava sul monte Sinai e i nostri padri; egli ricevette parole di vita da trasmettere a noi. [39]Ma i nostri padri non vollero dargli ascolto, lo respinsero e *si volsero* in cuor loro *verso l'Egitto*, [40]dicendo ad Aronne: *Fa' per noi una divinità*

che ci vada innanzi, perché a questo Mosè che ci condusse fuori dall'Egitto non sappiamo che cosa sia accaduto.
41E in quei
giorni *fabbricarono un vitello* e *offrirono sacrifici* all'idolo e si
rallegrarono per l'opera delle loro mani.
42Ma Dio si ritrasse da
loro e li abbandonò al culto dell'*esercito del cielo*, come è scritto nel libro dei Profeti:

43*Mi avete forse offerto vittime e sacrifici*
per quarant'anni nel deserto, o casa d'Israele?
Avete preso con voi la tenda di Mòloch,
e la stella del dio Refàn,
simulacri che vi siete fabbricati per adorarli!
Perciò vi deporterò al di là di Babilonia.

44I nostri padri avevano nel deserto *la tenda della testimonianza*, come aveva ordinato colui che *disse a Mosè di costruirla secondo il modello che aveva visto*.
45E dopo averla ricevuta, i nostri padri con Giosuè se la portarono con sé nella *conquista dei popoli* che Dio scacciò davanti a loro, fino ai tempi di Davide.
46Questi trovò grazia innanzi a Dio e domandò *di poter* trovare
una dimora per il Dio di Giacobbe;
47*Salomone* poi *gli edificò una casa*.
48Ma l'Altissimo non abita in costruzioni fatte da mano d'uomo, come dice il Profeta:

49*Il cielo è il mio trono*
e la terra sgabello per i miei piedi.
Quale casa potrete edificarmi, dice il Signore,
o quale sarà il luogo del mio riposo?
50*Non forse la mia mano ha creato tutte queste cose?*

51*O gente testarda e pagana nel cuore e nelle orecchie*, voi sempre *opponete resistenza allo Spirito Santo*; come i vostri padri,
così anche voi.
52Quale dei profeti i vostri padri non hanno perseguitato? Essi uccisero quelli che preannunciavano la venuta
del Giusto, del quale voi ora siete divenuti traditori e uccisori;
53voi che avete ricevuto la legge per mano degli angeli e non l'avete osservata».

Stefano viene lapidato *per aver identificato Gesù con Dio.*

54All'udire queste cose, fremevano in cuor loro e digrignavano
i denti contro di lui.
55Ma Stefano, pieno di Spirito Santo, fis-

sando gli occhi al cielo, vide la gloria di Dio e Gesù che stava
alla sua destra [56]e disse: «Ecco, io contemplo i cieli aperti e il
Figlio dell'uomo che sta alla destra di Dio». [57]Proruppero allo-
ra in grida altissime turandosi gli orecchi; poi si scagliarono tut-
ti insieme contro di lui, [58]lo trascinarono fuori della città e si
misero a lapidarlo. E i testimoni deposero il loro mantello ai
piedi di un giovane, chiamato Saulo. [59]E così lapidavano Stefa-
no mentre pregava e diceva: «Signore Gesù, accogli il mio spi-
rito». [60]Poi piegò le ginocchia e gridò forte: «Signore, non im-
putar loro questo peccato». Detto questo, morì.

8 [1]Saulo era fra coloro che approvarono la sua uccisione.

La persecuzione dopo la morte di Stefano. Presentazione di Saulo, il persecutore. *(Cf. 22,4; 26,10-11; 1Cor 15,9; Gal 1,13).*

In quel giorno scoppiò una violenta persecuzione contro la
Chiesa di Gerusalemme e tutti, ad eccezione degli apostoli, fu-
rono dispersi nelle regioni della Giudea e della Samarìa. [2]Per-
sone pie seppellirono Stefano e fecero un grande lutto per lui.
[3]Saulo intanto infuriava contro la Chiesa ed entrando nelle case
prendeva uomini e donne e li faceva mettere in prigione.

Predicazione di Filippo *ai samaritani, fratelli separati dalla comunità d'Israele, e sua azione, descritta nel consueto stile biblico.*

[4]Quelli però che erano stati dispersi andavano per il paese e
diffondevano la parola di Dio.
[5]Filippo, sceso in una città della Samarìa, cominciò a predicare
loro il Cristo. [6]E le folle prestavano ascolto unanimi alle parole
di Filippo sentendolo parlare e vedendo i miracoli che egli
compiva. [7]Da molti indemoniati uscivano spiriti immondi,
emettendo alte grida e molti paralitici e storpi furono risanati.
[8]E vi fu grande gioia in quella città.

Pietro e Giovanni in Samaria. Simone il mago e gli apostoli. *La fede non ha nulla a che vedere con il prodigioso che varia con i* *tempi. Essa è un dono di Dio da conquistarsi, dono che comporta la conversione dei cuori.*

[9]V'era da tempo in città un tale di nome Simone, dedito alla
magia, il quale mandava in visibilio la popolazione di Samarìa,
spacciandosi per un gran personaggio. [10]A lui aderivano tutti,
piccoli e grandi, esclamando: «Questi è la potenza di Dio, quel-
la che è chiamata Grande». [11]Gli davano ascolto, perché per
molto tempo li aveva fatti strabiliare con le sue magie. [12]Ma
quando cominciarono a credere a Filippo, che recava la buona
novella del regno di Dio e del nome di Gesù Cristo, uomini e
donne si facevano battezzare. [13]Anche Simone credette, fu bat-
tezzato e non si staccava più da Filippo. Era fuori di sé nel ve-
dere i segni e i grandi prodigi che avvenivano.
[14]Frattanto gli apostoli, a Gerusalemme, seppero che la Sama-
rìa aveva accolto la parola di Dio e vi inviarono Pietro e Gio-
vanni.
[15]Essi discesero e pregarono per loro perché ricevessero lo Spi-
rito Santo; [16]non era infatti ancora sceso sopra nessuno di loro,
ma erano stati soltanto battezzati nel nome del Signore Gesù.
[17]Allora imponevano loro le mani e quelli ricevevano lo Spirito
Santo.
[18]Simone, vedendo che lo Spirito veniva conferito con l'imposi-
zione delle mani degli apostoli, offrì loro del denaro [19]dicendo:
«Date anche a me questo potere perché a chiunque io imponga
le mani, egli riceva lo Spirito Santo». [20]Ma Pietro gli rispose:
«Il tuo denaro vada con te in perdizione, perché hai osato pen-
sare di acquistare con denaro il dono di Dio. [21]Non v'è parte né
sorte alcuna per te in questa cosa, perché *il tuo cuore non è ret-
to davanti a Dio*. [22]Pèntiti dunque di questa tua iniquità e prega
il Signore che ti sia perdonato questo pensiero. [23]Ti vedo infatti
chiuso *in fiele amaro e in lacci d'iniquità*». [24]Rispose Simone:
«Pregate voi per me il Signore, perché non mi accada nulla di
ciò che avete detto». [25]Essi poi, dopo aver testimoniato e an-
nunziato la parola di Dio, ritornavano a Gerusalemme ed
evangelizzavano molti villaggi della Samarìa.

Battesimo di un ministro etiope. *(Is 53, 7-8).*

[26]Un angelo del Signore parlò intanto a Filippo: «Alzati, e va'
verso il mezzogiorno, sulla strada che discende da Gerusalem-

me a Gaza; essa è deserta». [27]Egli si alzò e si mise in cammino,
quand'ecco un Etìope, un eunuco, funzionario di Candàce, re-
gina di Etiopia, sovrintendente a tutti i suoi tesori, venuto per
il culto a Gerusalemme, [28]se ne ritornava, seduto sul suo carro
da viaggio, leggendo il profeta Isaia. [29]Disse allora lo Spirito a
Filippo: «Va' avanti, e raggiungi quel carro». [30]Filippo corse in-
nanzi e, udito che leggeva il profeta Isaia, gli disse: «Capisci
quello che stai leggendo?». [31]Quegli rispose: «E come lo po-
trei, se nessuno mi istruisce?». E invitò Filippo a salire e a se-
dere accanto a lui. [32]Il passo della Scrittura che stava leggendo
era questo:

> *Come una pecora fu condotto al macello*
> *e come un agnello senza voce innanzi a chi lo tosa,*
> *così egli non apre la sua bocca.*
> [33]*Nella sua umiliazione il giudizio gli è stato negato,*
> *ma la sua posterità chi potrà mai descriverla?*
> *Poiché è stata recisa dalla terra la sua vita.*

[34]E rivoltosi a Filippo l'eunuco disse: «Ti prego, di quale perso-
na il profeta dice questo? Di se stesso o di qualcun altro?». [35]Fi-
lippo, prendendo a parlare e partendo da quel passo della
Scrittura, gli annunziò la buona novella di Gesù. [36]Proseguen-
do lungo la strada, giunsero a un luogo dove c'era acqua e l'eu-
nuco disse: «Ecco qui c'è acqua; che cosa mi impedisce di esse-
re battezzato?». [37]. [38]Fece fermare il carro e discesero tutti e
due nell'acqua, Filippo e l'eunuco, ed egli lo battezzò. [39]Quan-
do furono usciti dall'acqua, lo Spirito del Signore rapì Filippo e
l'eunuco non lo vide più e proseguì pieno di gioia il suo cammi-
no. [40]Quanto a Filippo, si trovò ad Azoto e, proseguendo, pre-
dicava il vangelo a tutte le città, finché giunse a Cesarèa.

III. PRIMI ATTI DI PAOLO

La vocazione di Saulo. *L'incontro con Cristo è talvolta sconvolgente e può indurre a un cambiamento radicale di vita. Nel caso di Saulo, che prenderà nella comunità il posto che sappiamo, il genere letterario è adeguato alla grandezza dell'avvenimento (cf. Dn 10,9; Gal 1,12-17).*

9 1Saulo frattanto, sempre fremente minaccia e strage con-
tro i discepoli del Signore, si presentò al sommo sacerdote 2e gli
chiese lettere per le sinagoghe di Damasco al fine di essere au-
torizzato a condurre in catene a Gerusalemme uomini e donne,
seguaci della dottrina di Cristo, che avesse trovati. 3E avvenne
che, mentre era in viaggio e stava per avvicinarsi a Damasco,
all'improvviso lo avvolse una luce dal cielo 4e cadendo a terra
udì una voce che gli diceva: «Saulo, Saulo, perché mi persegui-
ti?». 5Rispose: «Chi sei, o Signore?». E la voce: «Io sono Gesù,
che tu perseguiti! 6Orsù, alzati ed entra nella città e ti sarà det-
to ciò che devi fare». 7Gli uomini che facevano il cammino con
lui si erano fermati ammutoliti, sentendo la voce ma non ve-
dendo nessuno. 8Saulo si alzò da terra ma, aperti gli occhi, non
vedeva nulla. Così, guidandolo per mano, lo condussero a Da-
masco, 9dove rimase tre giorni senza vedere e senza prendere
né cibo né bevanda.
10Ora c'era a Damasco un discepolo di nome Ananìa e il Signo-
re in una visione gli disse: «Ananìa!». Rispose: «Eccomi, Si-
gnore!». 11E il Signore a lui: «Su, va' sulla strada chiamata Di-
ritta, e cerca nella casa di Giuda un tale che ha nome Saulo, di
Tarso; ecco sta pregando, 12e ha visto in visione un uomo, di
nome Ananìa, venire e imporgli le mani perché ricuperi la vi-
sta». 13Rispose Ananìa: «Signore, riguardo a quest'uomo ho
udito da molti tutto il male che ha fatto ai tuoi fedeli in Gerusa-
lemme. 14Inoltre ha l'autorizzazione dai sommi sacerdoti di ar-
restare tutti quelli che invocano il tuo nome». 15Ma il Signore
disse: «Va', perché egli è per me uno strumento eletto per por-
tare il mio nome dinanzi ai popoli, ai re e ai figli di Israele; 16e
io gli mostrerò quanto dovrà soffrire per il mio nome». 17Allora
Ananìa andò, entrò nella casa, gli impose le mani e disse: «Sau-
lo, fratello mio, mi ha mandato a te il Signore Gesù, che ti è ap-
parso sulla via per la quale venivi, perché tu riacquisti la vista e
sia colmo di Spirito Santo». 18E improvvisamente gli caddero
dagli occhi come delle squame e ricuperò la vista; fu subito bat-
tezzato, 19poi prese cibo e le forze gli ritornarono.

Predicazione di Saulo a Damasco, *da dove però un complotto dei giudei lo costringe a fuggire. In questo momento probabilmente, bisogna collocare il soggiorno in Arabia, cui fa allusione* *la lettera ai Galati (Gal 1,16). Saulo torna poi a Damasco, ma è costretto di nuovo a fuggire (per questa fuga, cf. 2Cor 11,32-33 e, per la missione universale di Paolo, At 22,16; Rm 15,16-18).*

Rimase alcuni giorni insieme ai discepoli che erano a Damasco,
[20]e subito nelle sinagoghe proclamava Gesù Figlio di Dio. [21]E
tutti quelli che lo ascoltavano si meravigliavano e dicevano:
«Ma costui non è quel tale che a Gerusalemme infieriva contro
quelli che invocano questo nome ed era venuto qua precisa-
mente per condurli in catene dai sommi sacerdoti?». [22]Saulo
frattanto si rinfrancava sempre più e confondeva i Giudei resi-
denti a Damasco, dimostrando che Gesù è il Cristo. [23]Trascor-
sero così parecchi giorni e i Giudei fecero un complotto per uc-
ciderlo; [24]ma i loro piani vennero a conoscenza di Saulo. Essi
facevano la guardia anche alle porte della città di giorno e di
notte per sopprimerlo; [25]ma i suoi discepoli di notte lo presero
e lo fecero discendere dalle mura, calandolo in una cesta.

Prima visita di Saulo a Gerusalemme dopo la sua conversione. *(Gal 1,18-19).*

[26]Venuto a Gerusalemme, cercava di unirsi con i discepoli, ma
tutti avevano paura di lui, non credendo ancora che fosse un di-
scepolo. [27]Allora Bàrnaba lo prese con sé, lo presentò agli apo-
stoli e raccontò loro come durante il viaggio aveva visto il Si-
gnore che gli aveva parlato, e come in Damasco aveva predica-
to con coraggio nel nome di Gesù. [28]Così egli poté stare con lo-
ro e andava e veniva a Gerusalemme, parlando apertamente
nel nome del Signore [29]e parlava e discuteva con gli Ebrei di
lingua greca; ma questi tentarono di ucciderlo. [30]Venutolo però
a sapere i fratelli, lo condussero a Cesarèa e lo fecero partire
per Tarso.

IV. NUOVI ATTI DI PIETRO

Pietro visita le comunità di Giudea, Galilea e Samaria. *Continua a suscitare la vera vita in coloro che incontra. L'autore descrive l'azione del primo apostolo utilizzando le immagini con cui si è familiarizzato nella lettura della Bibbia.*

31La Chiesa era dunque in pace per tutta la Giudea, la Galilea e
la Samarìa; essa cresceva e camminava nel timore del Signore,
colma del conforto dello Spirito Santo.
32E avvenne che mentre Pietro andava a far visita a tutti, si recò
anche dai fedeli che dimoravano a Lidda. 33Qui trovò un uomo
di nome Enea, che da otto anni giaceva su un lettuccio ed era
paralitico. 34Pietro gli disse: «Enea, Gesù Cristo ti guarisce; al-
zati e rifatti il letto». E subito si alzò. 35Lo videro tutti gli abi-
tanti di Lidda e del Saròn e si convertirono al Signore.
36A Giaffa c'era una discepola chiamata Tabità, nome che si-
gnifica «Gazzella», la quale abbondava in opere buone e faceva
molte elemosine. 37Proprio in quei giorni si ammalò e morì. La
lavarono e la deposero in una stanza al piano superiore. 38E
poiché Lidda era vicina a Giaffa i discepoli, udito che Pietro si
trovava là, mandarono due uomini ad invitarlo: «Vieni subito
da noi!». 39E Pietro subito andò con loro. Appena arrivato lo
condussero al piano superiore e gli si fecero incontro tutte le
vedove in pianto che gli mostravano le tuniche e i mantelli che
Gazzella confezionava quando era fra loro. 40Pietro fece uscire
tutti e si inginocchiò a pregare; poi rivolto alla salma disse:
«Tabità, alzati!». Ed essa aprì gli occhi, vide Pietro e si mise a
sedere. 41Egli le diede la mano e la fece alzare, poi chiamò i
credenti e le vedove, e la presentò loro viva.
42La cosa si riseppe in tutta Giaffa, e molti credettero nel Si-
gnore. 43Pietro rimase a Giaffa parecchi giorni, presso un certo
Simone conciatore.

LA CONVERSIONE DI CORNELIO

Il primo pagano convertito o l'universalismo. *Il popolo eletto non è più solo Israele, ma tutto il genere umano. Una visione prepara Pietro a comprendere questa profonda trasformazione (Ez 4,14; Lv 11).*

10 1C'era in Cesarèa un uomo di nome Cornelio, centurio-
ne della coorte Italica, 2uomo pio e timorato di Dio con tutta la
sua famiglia; faceva molte elemosine al popolo e pregava sem-
pre Dio. 3Un giorno verso le tre del pomeriggio vide chiara-

mente in visione un angelo di Dio venirgli incontro e chiamarlo: «Cornelio!». [4]Egli lo guardò e preso da timore disse: «Che c'è, Signore?». Gli rispose: «Le tue preghiere e le tue elemosine sono salite, in tua memoria, innanzi a Dio. [5]E ora manda degli uomini a Giaffa e fa' venire un certo Simone detto anche Pietro. [6]Egli è ospite presso un tal Simone conciatore, la cui casa è sulla riva del mare». [7]Quando l'angelo che gli parlava se ne fu andato, Cornelio chiamò due dei suoi servitori e un pio soldato fra i suoi attendenti e, [8]spiegata loro ogni cosa, li mandò a Giaffa.

[9]Il giorno dopo, mentre essi erano per via e si avvicinavano alla città, Pietro salì verso mezzogiorno sulla terrazza a pregare. [10]Gli venne fame e voleva prendere cibo. Ma mentre glielo preparavano, fu rapito in estasi. [11]Vide il cielo aperto e un oggetto che discendeva come una tovaglia grande, calata a terra per i quattro capi. [12]In essa c'era ogni sorta di quadrupedi e rettili della terra e uccelli del cielo. [13]Allora risuonò una voce che gli diceva: «Alzati, Pietro, uccidi e mangia!». [14]Ma Pietro rispose: «No davvero, Signore, poiché io non ho mai mangiato nulla di profano e di immondo». [15]E la voce di nuovo a lui: «Ciò che Dio ha purificato, tu non chiamarlo più profano». [16]Questo accadde per tre volte; poi d'un tratto quell'oggetto fu risollevato al cielo.

Arrivo degli inviati di Cornelio e partenza di Pietro per Cesarea. *Comprendendo il senso della visione avuta, Pietro osa accettare l'invito di un romano.*

[17]Mentre Pietro si domandava perplesso tra sé e sé che cosa significasse ciò che aveva visto, gli uomini inviati da Cornelio, dopo aver domandato della casa di Simone, si fermarono all'ingresso. [18]Chiamarono e chiesero se Simone, detto anche Pietro, alloggiava colà. [19]Pietro stava ancora ripensando alla visione, quando lo Spirito gli disse: «Ecco, tre uomini ti cercano; [20]alzati, scendi e va' con loro senza esitazione, perché io li ho mandati». [21]Pietro scese incontro agli uomini e disse: «Eccomi, sono io quello che cercate. Qual è il motivo per cui siete venuti?». [22]Risposero: «Il centurione Cornelio, uomo giusto e timorato di Dio, stimato da tutto il popolo dei Giudei, è stato avvertito da un angelo santo di invitarti nella sua casa, per ascol-

tare ciò che hai da dirgli». 23 Pietro allora li fece entrare e li
ospitò.
Il giorno seguente si mise in viaggio con loro e alcuni fratelli di
Giaffa lo accompagnarono. 24 Il giorno dopo arrivò a Cesarèa.
Cornelio stava ad aspettarli ed aveva invitato i congiunti e gli
amici intimi. 25 Mentre Pietro stava per entrare, Cornelio an-
dandogli incontro si gettò ai suoi piedi per adorarlo. 26 Ma Pie-
tro lo rialzò, dicendo: «Alzati: anch'io sono un uomo!». 27 Poi,
continuando a conversare con lui, entrò e trovate riunite mol-
te persone disse loro: 28 «Voi sapete che non è lecito per un
Giudeo unirsi o incontrarsi con persone di altra razza; ma Dio
mi ha mostrato che non si deve dire profano o immondo nes-
sun uomo. 29 Per questo sono venuto senza esitare quando mi
avete mandato a chiamare. Vorrei dunque chiedere: per quale
ragione mi avete fatto venire?». 30 Cornelio allora rispose:
«Quattro giorni or sono, verso quest'ora, stavo recitando la
preghiera delle tre del pomeriggio nella mia casa, quando mi
si presentò un uomo in splendida veste 31 e mi disse: Cornelio,
sono state esaudite le tue preghiere e ricordate le tue elemosi-
ne davanti a Dio. 32 Manda dunque a Giaffa e fa' venire Simo-
ne chiamato anche Pietro; egli è ospite nella casa di Simone il
conciatore, vicino al mare. 33 Subito ho mandato a cercarti e tu
hai fatto bene a venire. Ora dunque tutti noi, al cospetto di
Dio, siamo qui riuniti per ascoltare tutto ciò che dal Signore ti
è stato ordinato».

Discorso di Pietro presso Cornelio. *Pietro capisce in questa occasione che deve rivolgersi a tutte le nazioni (Mt 28,16-20). Fino a quel momento aveva creduto, come tutti i giudei, alla parzialità di Dio verso Israele, eletto, scelto, a preferenza di tutti gli altri popoli (Es 19,5-6; Is 52,7).*

34 Pietro prese la parola e disse: «In verità sto rendendomi con-
to che *Dio non fa preferenze di persone*, 35 ma chi lo teme e pra-
tica la giustizia, a qualunque popolo appartenga, è a lui accet-
to. 36 Questa è *la parola che egli ha inviato* ai figli d'Israele, *re-
cando la buona novella* della pace, per mezzo di Gesù Cristo,
che è il Signore di tutti. 37 Voi conoscete ciò che è accaduto in
tutta la Giudea, incominciando dalla Galilea, dopo il battesimo

predicato da Giovanni; [38]cioè come *Dio consacrò in Spirito
Santo* e potenza Gesù di Nàzaret, il quale passò beneficando e
risanando tutti coloro che stavano sotto il potere del diavolo,
perché Dio era con lui. [39]E noi siamo testimoni di tutte le cose
da lui compiute nella regione dei Giudei e in Gerusalemme.
Essi lo uccisero appendendolo a una croce, [40]ma Dio lo ha risu-
scitato al terzo giorno e volle che apparisse, [41]non a tutto il po-
polo, ma a testimoni prescelti da Dio, a noi, che abbiamo man-
giato e bevuto con lui dopo la sua risurrezione dai morti. [42]E ci
ha ordinato di annunziare al popolo e di attestare che egli è il
giudice dei vivi e dei morti costituito da Dio. [43]Tutti i profeti gli
rendono questa testimonianza: chiunque crede in lui ottiene la
remissione dei peccati per mezzo del suo nome».

Risposta di Cristo all'audace passo di Pietro. *I pagani entrano in comunione con Dio come i discepoli dopo la pentecoste (15,8).*

[44]Pietro stava ancora dicendo queste cose, quando lo Spirito
Santo scese sopra tutti coloro che ascoltavano il discorso. [45]E i
fedeli circoncisi, che erano venuti con Pietro, si meravigliavano
che anche sopra i pagani si effondesse il dono dello Spirito San-
to; [46]li sentivano infatti parlare lingue e glorificare Dio. [47]Allo-
ra Pietro disse: «Forse che si può proibire che siano battezzati
con l'acqua questi che hanno ricevuto lo Spirito Santo al pari di
noi?». [48]E ordinò che fossero battezzati nel nome di Gesù Cri-
sto. Dopo tutto questo lo pregarono di fermarsi alcuni giorni.

Scandalo dei discepoli di origine giudaica. *Pietro deve giustificare, a Gerusalemme, la sua condotta. Luca sottolinea l'importanza dell'avvenimento e il pieno accordo tra Pietro e Paolo su questo punto (15; Gal 2,1-9.15-16; At 1,5).*

11 [1]Gli apostoli e i fratelli che stavano nella Giudea venne-
ro a sapere che anche i pagani avevano accolto la parola di Dio.
[2]E quando Pietro salì a Gerusalemme, i circoncisi lo rimprove-
ravano dicendo: [3]«Sei entrato in casa di uomini non circoncisi e
hai mangiato insieme con loro!».
[4]Allora Pietro raccontò per ordine come erano andate le cose,
dicendo: [5]«Io mi trovavo in preghiera nella città di Giaffa e vidi

in estasi una visione: un oggetto, simile a una grande tovaglia,
scendeva come calato dal cielo per i quattro capi e giunse fino a
me. [6]Fissandolo con attenzione, vidi in esso quadrupedi, fiere e
rettili della terra e uccelli del cielo. [7]E sentii una voce che mi di-
ceva: Pietro, àlzati, uccidi e mangia! [8]Risposi: Non sia mai, Si-
gnore, poiché nulla di profano e di immondo è entrato mai nel-
la mia bocca. [9]Ribatté nuovamente la voce dal cielo: Quello
che Dio ha purificato, tu non considerarlo profano. [10]Questo
avvenne per tre volte e poi tutto fu risollevato di nuovo nel cie-
lo. [11]Ed ecco, in quell'istante, tre uomini giunsero alla casa do-
ve eravamo, mandati da Cesarèa a cercarmi. [12]Lo Spirito mi
disse di andare con loro senza esitare. Vennero con me anche
questi sei fratelli ed entrammo in casa di quell'uomo. [13]Egli ci
raccontò che aveva visto un angelo presentarsi in casa sua e dir-
gli: Manda a Giaffa e fa' venire Simone detto anche Pietro;
[14]egli ti dirà parole per mezzo delle quali sarai salvato tu e tutta
la tua famiglia. [15]Avevo appena cominciato a parlare quando lo
Spirito Santo scese su di loro, come in principio era sceso su di
noi. [16]Mi ricordai allora di quella parola del Signore che diceva:
*Giovanni battezzò con acqua, voi invece sarete battezzati in Spi-
rito Santo*. [17]Se dunque Dio ha dato a loro lo stesso dono che a
noi per aver creduto nel Signore Gesù Cristo, chi ero io per
porre impedimento a Dio?».
[18]All'udir questo si calmarono e cominciarono a glorificare Dio
dicendo: «Dunque anche ai pagani Dio ha concesso che si con-
vertano perché abbiano la vita!».

La comunità di Antiochia e Bàrnaba.

[19]Intanto quelli che erano stati dispersi dopo la persecuzione
scoppiata al tempo di Stefano, erano arrivati fin nella Fenicia,
a Cipro e ad Antiòchia e non predicavano la parola a nessuno
fuorché ai Giudei. [20]Ma alcuni fra loro, cittadini di Cipro e di
Cirène, giunti ad Antiòchia, cominciarono a parlare anche ai
Greci, predicando la buona novella del Signore Gesù. [21]E la
mano del Signore era con loro e così un gran numero credette e
si convertì al Signore. [22]La notizia giunse agli orecchi della
Chiesa di Gerusalemme, la quale mandò Bàrnaba ad Antiò-
chia.

[23]Quando questi giunse e vide la grazia del Signore, si rallegrò
e, [24]da uomo virtuoso qual era e pieno di Spirito Santo e di fe-
de, esortava tutti a perseverare con cuore risoluto nel Signore.
E una folla considerevole fu condotta al Signore. [25]Bàrnaba poi
partì alla volta di Tarso per cercare Saulo e trovatolo lo con-
dusse ad Antiòchia. [26]Rimasero insieme un anno intero in quel-
la comunità e istruirono molta gente; ad Antiòchia per la prima
volta i discepoli furono chiamati Cristiani.

V. CONTINUAZIONE DEGLI ATTI DI PAOLO

La colletta organizzata in favore dei poveri di Gerusalemme in occasione di una carestia sotto l'impero di Claudio (41-54 d.C.) è vista da Paolo come una testimonianza dell'unità di tutti i cristiani, di origine sia giudaica sia pagana (Gal 2,10; 1Cor 16,1; 2Cor 8; 9; Rm 15,25-27).

[27]In questo tempo alcuni profeti scesero ad Antiòchia da Geru-
salemme. [28]E uno di loro, di nome Àgabo, alzatosi in piedi, an-
nunziò per impulso dello Spirito che sarebbe scoppiata una gra-
ve carestia su tutta la terra. Ciò che di fatto avvenne sotto l'im-
pero di Claudio. [29]Allora i discepoli si accordarono, ciascuno
secondo quello che possedeva, di mandare un soccorso ai fra-
telli abitanti nella Giudea; [30]questo fecero, indirizzandolo agli
anziani, per mezzo di Bàrnaba e Saulo.

RITORNO AGLI ATTI DI PIETRO

Arresto di Pietro e sua liberazione miracolosa. *Inserimento negli atti di Paolo di un nuovo episodio degli atti di Pietro che sembra anteriore alla visita di Paolo e Bàrnaba a Gerusalemme (11,27-30). L'importanza di Pietro nella chiesa primitiva suggerisce a Luca di descrivere la sua liberazione servendosi delle immagini prodigiose della liberazione del popolo dall'Egitto (Es 12).*

12 [1]In quel tempo il re Erode cominciò a perseguitare alcu-
ni membri della Chiesa [2]e fece uccidere di spada Giacomo, fra-

tello di Giovanni. [3]Vedendo che questo era gradito ai Giudei,
decise di arrestare anche Pietro. Erano quelli i giorni degli Az-
zimi. [4]Fattolo catturare, lo gettò in prigione, consegnandolo in
custodia a quattro picchetti di quattro soldati ciascuno, col pro-
posito di farlo comparire davanti al popolo dopo la Pasqua.
[5]Pietro dunque era tenuto in prigione, mentre una preghiera
saliva incessantemente a Dio dalla Chiesa per lui. [6]E in quella
notte, quando poi Erode stava per farlo comparire davanti al
popolo, Pietro piantonato da due soldati e legato con due cate-
ne stava dormendo, mentre davanti alla porta le sentinelle cu-
stodivano il carcere. [7]Ed ecco gli si presentò un angelo del Si-
gnore e una luce sfolgorò nella cella. Egli toccò il fianco di Pie-
tro, lo destò e disse: «Alzati, in fretta!». E le catene gli caddero
dalle mani. [8]E l'angelo a lui: «Mettiti la cintura e legati i sanda-
li». E così fece. L'angelo disse: «Avvolgiti il mantello, e segui-
mi!». [9]Pietro uscì e prese a seguirlo, ma non si era ancora ac-
corto che era realtà ciò che stava succedendo per opera dell'an-
gelo: credeva infatti di avere una visione.

[10]Essi oltrepassarono la prima guardia e la seconda e arrivaro-
no alla porta di ferro che conduce in città: la porta si aprì da sé
davanti a loro. Uscirono, percorsero una strada e a un tratto
l'angelo si dileguò da lui. [11]Pietro allora, rientrato in sé, disse:
«Ora sono veramente certo che il Signore ha mandato il suo an-
gelo e mi ha strappato dalla mano di Erode e da tutto ciò che si
attendeva il popolo dei Giudei». [12]Dopo aver riflettuto, si recò
alla casa di Maria, madre di Giovanni detto anche Marco, dove
si trovava un buon numero di persone raccolte in preghiera.
[13]Appena ebbe bussato alla porta esterna, una fanciulla di no-
me Rode si avvicinò per sentire chi era. [14]Riconosciuta la voce
di Pietro, per la gioia non aprì la porta, ma corse ad annunziare
che fuori c'era Pietro. [15]«Tu vaneggi!» le dissero. Ma essa insi-
steva che la cosa stava così. E quelli dicevano: «È l'angelo di
Pietro». [16]Questi intanto continuava a bussare e quando apriro-
no la porta e lo videro, rimasero stupefatti. [17]Egli allora, fatto
segno con la mano di tacere, narrò come il Signore lo aveva
tratto fuori del carcere, e aggiunse: «Riferite questo a Giacomo
e ai fratelli». Poi uscì e s'incamminò verso un altro luogo.
[18]Fattosi giorno, c'era non poco scompiglio tra i soldati: che co-
sa mai era accaduto di Pietro? [19]Erode lo fece cercare accurata-

mente, ma non essendo riuscito a trovarlo, fece processare i
soldati e ordinò che fossero messi a morte; poi scese dalla Giu-
dea e soggiornò a Cesarèa.

La morte del persecutore Erode. *L'uomo che si lascia adulare come una divinità è indegno di vivere e merita la morte (vedere i precedenti biblici: 1Mac 2,1-28; 2Mac 9,5-28). Erode, in realtà è rimasto fulminato nell'aprile del 44 d.C. da una malattia intestinale.*

[20]Egli era infuriato contro i cittadini di Tiro e Sidone. Questi
però si presentarono a lui di comune accordo e, dopo aver trat-
to alla loro causa Blasto, ciambellano del re, chiedevano pace,
perché il loro paese riceveva i viveri dal paese del re. [21]Nel
giorno fissato Erode, vestito del manto regale e seduto sul po-
dio, tenne loro un discorso. [22]Il popolo acclamava: «Parola di
un dio e non di un uomo!». [23]Ma improvvisamente un angelo
del Signore lo colpì, perché non aveva dato gloria a Dio; e ro-
so, dai vermi, spirò.

RITORNO A PAOLO (*seguito di* 11,30).

[24]Intanto la parola di Dio cresceva e si diffondeva. [25]Bàrnaba e
Saulo poi, compiuta la loro missione, tornarono da Gerusalem-
me prendendo con loro Giovanni, detto anche Marco.

VI. I TRE GRANDI VIAGGI

IL PRIMO VIAGGIO MISSIONARIO

A Cipro e nel sud dell'Asia minore.

L'invio in missione.

13 [1]C'erano nella comunità di Antiòchia profeti e dottori:
Bàrnaba, Simeone soprannominato Niger, Lucio di Cirène,
Manaèn, compagno d'infanzia di Erode tetrarca, e Saulo.

[2]Mentre essi stavano celebrando il culto del Signore e digiunan-
do, lo Spirito Santo disse: «Riservate per me Bàrnaba e Saulo
per l'opera alla quale li ho chiamati». [3]Allora, dopo aver digiu-
nato e pregato, imposero loro le mani e li accomiatarono.

La missione a Cipro. *Bàrnaba nativo di quest'isola, sembra dirigere all'inizio la missione. Saulo ne prende la direzione dopo il battesimo del proconsole Sergio Paolo. A partire da questo momento, Saulo è chiamato Paolo.*

[4]Essi dunque, inviati dallo Spirito Santo, discesero a Selèucia e
di qui salparono verso Cipro. [5]Giunti a Salamina cominciarono
ad annunziare la parola di Dio nelle sinagoghe dei Giudei,
avendo con loro anche Giovanni come aiutante. [6]Attraversata
tutta l'isola fino a Pafo, vi trovarono un tale, mago e falso pro-
feta giudeo, di nome Bar-Iesus, [7]al seguito del proconsole Ser-
gio Paolo, persona di senno, che aveva fatto chiamare a sé Bàr-
naba e Saulo e desiderava ascoltare la parola di Dio. [8]Ma Eli-
mas, il mago, – ciò infatti significa il suo nome – faceva loro op-
posizione cercando di distogliere il proconsole dalla fede. [9]Al-
lora Saulo, detto anche Paolo, pieno di Spirito Santo, fissò gli
occhi su di lui e disse: [10]«O uomo pieno di ogni frode e di ogni
malizia, figlio del diavolo, nemico di ogni giustizia, quando ces-
serai di sconvolgere le vie diritte del Signore? [11]Ecco la mano
del Signore è sopra di te: sarai cieco e per un certo tempo non
vedrai il sole». Di colpo piombò su di lui oscurità e tenebra, e
brancolando cercava chi lo guidasse per mano. [12]Quando vide
l'accaduto, il proconsole credette, colpito dalla dottrina del Si-
gnore.

Paolo parla ad Antiochia di Pisidia. *Tipo di predicazione di Paolo ai giudei da confrontare col discorso di Stefano al c. 7 (Dt 1,31; 7,1; Sal 89,2; 1Sam 13,14; Is 44,28; Sal 2,7; Is 53,3; Sal 16,10; Ab 1,5).*

[13]Salpati da Pafo, Paolo e i suoi compagni giunsero a Perge di
Panfilia. Giovanni si separò da loro e ritornò a Gerusalemme.
[14]Essi invece proseguendo da Perge, arrivarono ad Antiòchia
di Pisidia ed entrati nella sinagoga nel giorno di sabato, si se-

dettero. 15Dopo la lettura della Legge e dei Profeti, i capi della
sinagoga mandarono a dire loro: «Fratelli, se avete qualche pa-
rola di esortazione per il popolo, parlate!».
16Si alzò Paolo e fatto cenno con la mano disse: «Uomini di
Israele e voi timorati di Dio, ascoltate. 17Il Dio di questo popo-
lo d'Israele scelse i nostri padri ed esaltò il popolo durante il
suo esilio in terra d'Egitto, *e con braccio potente li condusse via*
di là. 18Quindi, *dopo essersi preso cura di loro per circa quaran-*
t'anni nel deserto, 19*distrusse sette popoli nel paese di Canaan e*
concesse loro in eredità quelle terre, 20per circa quattrocento-
cinquanta anni. Dopo questo diede loro dei Giudici, fino al
profeta Samuele. 21Allora essi chiesero un re e Dio diede loro
Saul, figlio di Cis, della tribù di Beniamino, per quaranta anni.
22E, dopo averlo rimosso dal regno, suscitò per loro come re
Davide, al quale rese questa testimonianza: *Ho trovato Davi-*
de, figlio di Iesse, *uomo secondo il mio cuore*; egli adempirà
tutti i miei voleri.
23Dalla discendenza di lui, secondo la promessa, Dio trasse per
Israele un salvatore, Gesù. 24Giovanni aveva preparato la sua
venuta predicando un battesimo di penitenza a tutto il popolo
d'Israele. 25Diceva Giovanni sul finire della sua missione: Io
non sono ciò che voi pensate che io sia! Ecco, viene dopo di me
uno, al quale io non sono degno di sciogliere i sandali.
26Fratelli, figli della stirpe di Abramo, e quanti fra voi siete ti-
morati di Dio, a noi è stata mandata questa parola di salvezza.
27Gli abitanti di Gerusalemme infatti e i loro capi non l'hanno
riconosciuto e condannandolo hanno adempiuto le parole dei
profeti che si leggono ogni sabato; 28e, pur non avendo trovato
in lui nessun motivo di condanna a morte, chiesero a Pilato che
fosse ucciso. 29Dopo aver compiuto tutto quanto era stato scrit-
to di lui, lo deposero dalla croce e lo misero nel sepolcro. 30Ma
Dio lo ha risuscitato dai morti 31ed egli è apparso per molti
giorni a quelli che erano saliti con lui dalla Galilea a Gerusa-
lemme, e questi ora sono i suoi testimoni davanti al popolo.
32E noi vi annunziamo la buona novella che la promessa fatta ai
padri si è compiuta, 33poiché Dio l'ha attuata per noi, loro figli,
risuscitando Gesù, come anche sta scritto nel salmo secondo:

Mio figlio sei tu, oggi ti ho generato.

[34]E che Dio lo ha risuscitato dai morti, in modo che non abbia
mai più a tornare alla corruzione, è quanto ha dichiarato:

Darò a voi le cose sante promesse a Davide,
quelle sicure.

[35]Per questo anche in un altro luogo dice:

Non permetterai che il tuo santo subisca la corruzione.

[36]Ora Davide, dopo aver eseguito il volere di Dio nella sua ge-
nerazione, morì e fu unito ai suoi padri e subì la corruzione.
[37]Ma colui che Dio ha risuscitato, non ha subìto la corruzione.
[38]Vi sia dunque noto, fratelli, che per opera di lui vi viene an-
nunziata la remissione dei peccati [39]e che per lui chiunque cre-
de riceve giustificazione da tutto ciò da cui non vi fu possibile
essere giustificati mediante la legge di Mosè. [40]Guardate dun-
que che non avvenga su di voi ciò che è detto nei Profeti:

[41]*Mirate, beffardi,*
stupite e nascondetevi,
poiché un'opera io compio ai vostri giorni,
un'opera *che non credereste, se vi fosse raccontata!*».

[42]E, mentre uscivano, li pregavano di esporre ancora queste co-
se nel prossimo sabato. [43]Sciolta poi l'assemblea, molti Giudei
e proseliti credenti in Dio seguirono Paolo e Bàrnaba ed essi,
intrattenendosi con loro, li esortavano a perseverare nella gra-
zia di Dio.

Gelosia dei giudei nel vedere la parola della salvezza rivolta ai pagani. *Paolo fa notare ai cristiani convertiti dal paganesimo che sono stati in qualche modo causa dell'incredulità dei giudei (Rm 11,31; Is 49,6).*

[44]Il sabato seguente quasi tutta la città si radunò per ascoltare
la parola di Dio. [45]Quando videro quella moltitudine, i Giudei
furono pieni di gelosia e contraddicevano le affermazioni di
Paolo, bestemmiando. [46]Allora Paolo e Bàrnaba con franchez-
za dichiararono: «Era necessario che fosse annunziata a voi per
primi la parola di Dio, ma poiché la respingete e non vi giudica-
te degni della vita eterna, ecco noi ci rivolgiamo ai pagani.
[47]Così infatti ci ha ordinato il Signore:

Io ti ho posto come luce per le genti,
perché tu porti la salvezza
sino all'estremità della terra».

[48]Nell'udir ciò, i pagani si rallegravano e glorificavano la parola
di Dio e abbracciarono la fede tutti quelli che erano destinati
alla vita eterna. [49]La parola di Dio si diffondeva per tutta la re-
gione. [50]Ma i Giudei sobillarono le donne pie di alto rango e i
notabili della città e suscitarono una persecuzione contro Paolo
e Bàrnaba e li scacciarono dal loro territorio. [51]Allora essi,
scossa contro di loro la polvere dei piedi, andarono a Icònio,
[52]mentre i discepoli erano pieni di gioia e di Spirito Santo.

Missione a Icònio, *dove, come altrove, Paolo si rivolge dappri-ma ai giudei.*

14 [1]Anche ad Icònio essi entrarono nella sinagoga dei Giu-
dei e vi parlarono in modo tale che un gran numero di Giudei e
di Greci divennero credenti. [2]Ma i Giudei rimasti increduli ec-
citarono e inasprirono gli animi dei pagani contro i fratelli. [3]Ri-
masero tuttavia colà per un certo tempo e parlavano fiduciosi
nel Signore, che rendeva testimonianza alla predicazione della
sua grazia e concedeva che per mano loro si operassero segni e
prodigi. [4]E la popolazione della città si divise, schierandosi gli
uni dalla parte dei Giudei, gli altri dalla parte degli apostoli.
[5]Ma quando ci fu un tentativo dei pagani e dei Giudei con i loro
capi per maltrattarli e lapidarli, [6]essi se ne accorsero e fuggiro-
no nelle città della Licaònia, Listra e Derbe e nei dintorni, [7]e là
continuavano a predicare il vangelo.

Discorso a Listra, *tipo di predicazione di Paolo a pagani non colti, da confrontare col discorso di Atene rivolto ai colti greci.*

[8]C'era a Listra un uomo paralizzato alle gambe, storpio sin dal-
la nascita, che non aveva mai camminato. [9]Egli ascoltava il di-
scorso di Paolo e questi, fissandolo con lo sguardo e notando
che aveva fede di esser risanato, [10]disse a gran voce: «Alzati di-
ritto in piedi!». Egli fece un balzo e si mise a camminare. [11]La
gente allora, al vedere ciò che Paolo aveva fatto, esclamò in

dialetto licaonio e disse: «Gli dèi sono scesi tra di noi in figura
umana!». [12]E chiamavano Bàrnaba Zeus e Paolo Hermes, per-
ché era lui il più eloquente.
[13]Intanto il sacerdote di Zeus, il cui tempio era all'ingresso del-
la città, recando alle porte tori e corone, voleva offrire un sacri-
ficio insieme alla folla. [14]Sentendo ciò, gli apostoli Bàrnaba e
Paolo si strapparono le vesti e si precipitarono tra la folla, gri-
dando: [15]«Cittadini, perché fate questo? Anche noi siamo esse-
ri umani, mortali come voi, e vi predichiamo di convertirvi da
queste vanità al Dio vivente *che ha fatto il cielo, la terra, il mare
e tutte le cose che in essi si trovano*. [16]Egli, nelle generazioni
passate, ha lasciato che ogni popolo seguisse la sua strada; [17]ma
non ha cessato di dar prova di sé beneficando, concedendovi
dal cielo piogge e stagioni ricche di frutti, fornendovi il cibo e
riempiendo di letizia i vostri cuori». [18]E così dicendo, riusciro-
no a fatica a far desistere la folla dall'offrire loro un sacrificio.

Missione a Derbe e fine del primo viaggio.

[19]Ma giunsero da Antiòchia e da Icònio alcuni Giudei, i quali
trassero dalla loro parte la folla; essi presero Paolo a sassate e
quindi lo trascinarono fuori della città, credendolo morto. [20]Al-
lora gli si fecero attorno i discepoli ed egli, alzatosi, entrò in cit-
tà. Il giorno dopo partì con Bàrnaba alla volta di Derbe.

Paolo e Bàrnaba tornano in Siria.

[21]Dopo aver predicato il vangelo in quella città e fatto un nu-
mero considerevole di discepoli, ritornarono a Listra, Icònio e
Antiòchia, [22]rianimando i discepoli ed esortandoli a restare sal-
di nella fede poiché, dicevano, è necessario attraversare molte
tribolazioni per entrare nel regno di Dio. [23]Costituirono quindi
per loro in ogni comunità alcuni anziani e dopo avere pregato e
digiunato li affidarono al Signore, nel quale avevano creduto.
[24]Attraversata poi la Pisidia, raggiunsero la Panfilia [25]e dopo
avere predicato la parola di Dio a Perge, scesero ad Attalìa;
[26]di qui fecero vela per Antiòchia là dove erano stati affidati al-
la grazia del Signore per l'impresa che avevano compiuto.
[27]Non appena furono arrivati, riunirono la comunità e riferiro-
no tutto quello che Dio aveva compiuto per mezzo loro e come
aveva aperto ai pagani la porta della fede. [28]E si fermarono per
non poco tempo insieme ai discepoli.

CONTROVERSIE AD ANTIOCHIA
E ASSEMBLEA DI GERUSALEMME

Controversie ad Antiòchia. *Gli avvenimenti qui riferiti hanno avuto luogo, forse, tempo prima. Può darsi che Luca abbia fuso in una due diverse controversie.*

15 [1]Ora alcuni, venuti dalla Giudea, insegnavano ai fratelli
questa dottrina: «Se non vi fate circoncidere secondo l'uso di
Mosè, non potete esser salvi».
[2]Poiché Paolo e Bàrnaba si opponevano risolutamente e discu-
tevano animatamente contro costoro, fu stabilito che Paolo e
Bàrnaba e alcuni altri di loro andassero a Gerusalemme dagli
apostoli e dagli anziani per tale questione. [3]Essi dunque, scor-
tati per un tratto dalla comunità, attraversarono la Fenicia e la
Samarìa raccontando la conversione dei pagani e suscitando
grande gioia in tutti i fratelli. [4]Giunti poi a Gerusalemme, furo-
no ricevuti dalla Chiesa, dagli apostoli e dagli anziani e riferiro-
no tutto ciò che Dio aveva compiuto per mezzo loro.

Controversia a Gerusalemme. *È Cristo che conduce alla salvezza, non più la Legge, anche se i cristiani di origine giudaica continuano a praticarla.*

[5]Ma si alzarono alcuni della setta dei farisei, che erano diventa-
ti credenti, affermando: è necessario circonciderli e ordinar lo-
ro di osservare la legge di Mosè.
[6]Allora si riunirono gli apostoli e gli anziani per esaminare que-
sto problema. [7]Dopo lunga discussione, Pietro si alzò e disse:
«Fratelli, voi sapete che già da molto tempo Dio ha fatto una
scelta fra voi, perché i pagani ascoltassero per bocca mia la pa-
rola del vangelo e venissero alla fede. [8]E Dio, che conosce i
cuori, ha reso testimonianza in loro favore concedendo anche a
loro lo Spirito Santo, come a noi; [9]e non ha fatto nessuna di-
scriminazione tra noi e loro, purificandone i cuori con la fede.
[10]Or dunque, perché continuate a tentare Dio, imponendo sul
collo dei discepoli un giogo che né i nostri padri, né noi siamo
stati in grado di portare? [11]Noi crediamo che per la grazia del
Signore Gesù siamo salvati e nello stesso modo anche loro».

Bàrnaba e Paolo riferiscono sulla loro missione. *Presa di posizione di Giacomo. I pagani non sono più sottoposti alla Legge. Si impongono loro, tuttavia, alcune norme per facilitare i loro rapporti con i cristiani di origine giudaica, i quali invece rimangono sottomessi alla Legge (Gal 2,1-10; Es 19,51; Am 9,11-12).*

[12]Tutta l'assemblea tacque e stettero ad ascoltare Bàrnaba e Paolo che riferivano quanti miracoli e prodigi Dio aveva compiuto tra i pagani per mezzo loro. [13]Quand'essi ebbero finito di parlare, Giacomo aggiunse: [14]«Fratelli, ascoltatemi. Simone ha riferito come fin da principio Dio ha voluto scegliere tra i pagani un popolo per consacrarlo al suo nome. [15]Con questo si accordano le parole dei profeti, come sta scritto:

> [16]*Dopo queste cose ritornerò*
> *e riedificherò la tenda di Davide che era caduta;*
> *ne riparerò le rovine e la rialzerò,*
> [17]*perché anche gli altri uomini cerchino il Signore*
> *e tutte le genti sulle quali è stato invocato il mio nome,*
> [18]*dice il Signore che fa queste cose*
> *da lui conosciute dall'eternità.*

[19]Per questo io ritengo che non si debba importunare quelli che si convertono a Dio tra i pagani, [20]ma solo si ordini loro di astenersi dalle sozzure degli idoli, dalla impudicizia, dagli animali soffocati e dal sangue. [21]Mosè infatti, fin dai tempi antichi, ha chi lo predica in ogni città, poiché viene letto ogni sabato nelle sinagoghe».

Lettera degli apostoli ai discepoli di Antiochia, *destinata solo alle comunità della Siria e della Cilicia.*

[22]Allora gli apostoli, gli anziani e tutta la Chiesa decisero di eleggere alcuni di loro e di inviarli ad Antiòchia insieme a Paolo e Bàrnaba: Giuda chiamato Barsabba e Sila, uomini tenuti in grande considerazione tra i fratelli. [23]E consegnarono loro la seguente lettera: «Gli apostoli e gli anziani ai fratelli di Antiòchia, di Siria e di Cilicia che provengono dai pagani, salute! [24]Abbiamo saputo che alcuni da parte nostra, ai quali non avevamo dato nessun incarico, sono venuti a turbarvi con i loro di-

scorsi sconvolgendo i vostri animi. [25]Abbiamo perciò deciso tutti d'accordo di eleggere alcune persone e inviarle a voi insieme ai nostri carissimi Bàrnaba e Paolo, [26]uomini che hanno votato la loro vita al nome del nostro Signore Gesù Cristo. [27]Abbiamo mandato dunque Giuda e Sila, che vi riferiranno anch'essi queste stesse cose a voce. [28]Abbiamo deciso, lo Spirito Santo e noi, di non imporvi nessun altro obbligo al di fuori di queste cose necessarie: [29]astenervi dalle carni offerte agli idoli, dal sangue, dagli animali soffocati e dalla impudicizia. Farete cosa buona perciò a guardarvi da queste cose. State bene».

I delegati ad Antiochia. *Si potrebbe collocare a questo punto il diverbio con Pietro, riferito dalla lettera ai Galati (Gal 2,11-21).*

[30]Essi allora, congedatisi, discesero ad Antiòchia e riunita la comunità consegnarono la lettera. [31]Quando l'ebbero letta, si rallegrarono per l'incoraggiamento che infondeva. [32]Giuda e Sila, essendo anch'essi profeti, parlarono molto per incoraggiare i fratelli e li fortificarono. [33]Dopo un certo tempo furono congedati con auguri di pace dai fratelli, per tornare da quelli che li avevano inviati. [[34]]. [35]Paolo invece e Bàrnaba rimasero ad Antiòchia, insegnando e annunziando, insieme a molti altri, la parola del Signore.

SECONDO VIAGGIO

In Asia Minore, tranne Efeso, e in Grecia.

Paolo si separa da Bàrnaba e si aggrega Sila (o Silvano).

[36]Dopo alcuni giorni Paolo disse a Bàrnaba: «Ritorniamo a far visita ai fratelli in tutte le città nelle quali abbiamo annunziato la parola del Signore, per vedere come stanno». [37]Bàrnaba voleva prendere insieme anche Giovanni, detto Marco, [38]ma Paolo riteneva che non si dovesse prendere uno che si era allontanato da loro nella Panfilia e non aveva voluto partecipare alla loro opera. [39]Il dissenso fu tale che si separarono l'uno dall'altro; Bàrnaba, prendendo con sé Marco, s'imbarcò per Cipro. [40]Paolo invece scelse Sila e partì, raccomandato dai fratelli alla grazia del Signore.

Missione in Licaonia, incontro con Timoteo.

41 E attraversando la Siria e la Cilicia, dava nuova forza alle co-
munità.

16 1 Paolo si recò a Derbe e a Listra. C'era qui un discepolo
chiamato Timòteo, figlio di una donna giudea credente e di pa-
dre greco; 2 egli era assai stimato dai fratelli di Listra e di Icò-
nio. 3 Paolo volle che partisse con lui, lo prese e lo fece circonci-
dere per riguardo ai Giudei che si trovavano in quelle regioni;
tutti infatti sapevano che suo padre era greco. 4 Percorrendo le
città, trasmettevano loro le decisioni prese dagli apostoli e da-
gli anziani di Gerusalemme, perché le osservassero. 5 Le comu-
nità intanto si andavano fortificando nella fede e crescevano di
numero ogni giorno.

Paolo si aggrega Luca a Tròade. *Diario di viaggio di Luca. Paolo lo lascerà a Filippi (16,40) e lo ritroverà colà durante il terzo viaggio (20,5; Gal 4,12-15).*

6 Attraversarono quindi la Frigia e la regione della Galazia,
avendo lo Spirito Santo vietato loro di predicare la parola nella
provincia di Asia. 7 Raggiunta la Misia, si dirigevano verso la
Bitinia, ma lo Spirito di Gesù non lo permise loro; 8 così, attra-
versata la Misia, discesero a Tròade. 9 Durante la notte apparve
a Paolo una visione: gli stava davanti un Macedone e lo suppli-
cava: «Passa in Macedonia e aiutaci!». 10 Dopo che ebbe avuto
questa visione, subito cercammo di partire per la Macedonia,
ritenendo che Dio ci aveva chiamati ad annunziarvi la parola
del Signore.

Filippi, città della Macedonia. *(Cf. Fil, in particolare 1,51; 4,1.15-16).*

11 Salpati da Tròade, facemmo vela verso Samotràcia e il giorno
dopo verso Neàpoli e 12 di qui a Filippi, colonia romana e città
del primo distretto della Macedonia. Restammo in questa città
alcuni giorni; 13 il sabato uscimmo fuori della porta lungo il fiu-
me, dove ritenevamo che si facesse la preghiera, e sedutici ri-
volgevamo la parola alle donne colà riunite. 14 C'era ad ascolta-
re anche una donna di nome Lidia, commerciante di porpora,

della città di Tiàtira, una credente in Dio, e il Signore le aprì il cuore per aderire alle parole di Paolo. [15]Dopo esser stata battezzata insieme alla sua famiglia, ci invitò: «Se avete giudicato ch'io sia fedele al Signore, venite ad abitare nella mia casa». E ci costrinse ad accettare.

[16]Mentre andavamo alla preghiera, venne verso di noi una giovane schiava, che aveva uno spirito di divinazione e procurava molto guadagno ai suoi padroni facendo l'indovina. [17]Essa seguiva Paolo e noi gridando: «Questi uomini sono servi del Dio Altissimo e vi annunziano la via della salvezza». [18]Questo fece per molti giorni finché Paolo, mal sopportando la cosa, si volse e disse allo spirito: «In nome di Gesù Cristo ti ordino di partire da lei». E lo spirito partì all'istante. [19]Ma vedendo i padroni che era partita anche la speranza del loro guadagno, presero Paolo e Sila e li trascinarono nella piazza principale davanti ai capi della città; [20]presentandoli ai magistrati dissero: «Questi uomini gettano il disordine nella nostra città; sono Giudei [21]e predicano usanze che a noi Romani non è lecito accogliere né praticare». [22]La folla allora insorse contro di loro, mentre i magistrati, fatti strappare loro i vestiti, ordinarono di bastonarli [23]e dopo averli caricati di colpi, li gettarono in prigione e ordinarono al carceriere di far buona guardia. [24]Egli, ricevuto quest'ordine, li gettò nella cella più interna della prigione e strinse i loro piedi nei ceppi.

Liberazione dei missionari. *Nell'ottica dei primi cristiani nutriti delle Scritture, uno sconvolgimento materiale deve necessariamente accompagnare uno sconvolgimento spirituale.*

[25]Verso mezzanotte Paolo e Sila, in preghiera, cantavano inni a Dio, mentre i carcerati stavano ad ascoltarli. [26]D'improvviso venne un terremoto così forte che furono scosse le fondamenta della prigione; subito tutte le porte si aprirono e si sciolsero le catene di tutti. [27]Il carceriere si svegliò e vedendo aperte le porte della prigione, tirò fuori la spada per uccidersi, pensando che i prigionieri fossero fuggiti. [28]Ma Paolo gli gridò forte: «Non farti del male, siamo tutti qui». [29]Quegli allora chiese un lume, si precipitò dentro e tremando si gettò ai piedi di Paolo e Sila; [30]poi li condusse fuori e disse: «Signori, cosa devo fare per esser salvato?». [31]Risposero: «Credi nel Signore Gesù e sarai

salvato tu e la tua famiglia». [32]E annunziarono la parola del Si-
gnore a lui e a tutti quelli della sua casa. [33]Egli li prese allora in
disparte a quella medesima ora della notte, ne lavò le piaghe e
subito si fece battezzare con tutti i suoi; [34]poi li fece salire in ca-
sa, apparecchiò la tavola e fu pieno di gioia insieme a tutti i
suoi per avere creduto in Dio.
[35]Fattosi giorno, i magistrati inviarono le guardie a dire: «Libe-
ra quegli uomini!». [36]Il carceriere annunziò a Paolo questo
messaggio: «I magistrati hanno ordinato di lasciarvi andare!
Potete dunque uscire e andarvene in pace». [37]Ma Paolo disse
alle guardie: «Ci hanno percosso in pubblico e senza processo,
sebbene siamo cittadini romani, e ci hanno gettati in prigione;
e ora ci fanno uscire di nascosto? No davvero! Vengano di per-
sona a condurci fuori!». [38]E le guardie riferirono ai magistrati
queste parole. All'udire che erano cittadini romani, si spaven-
tarono; [39]vennero e si scusarono con loro; poi li fecero uscire e
li pregarono di partire dalla città. [40]Usciti dalla prigione, si re-
carono a casa di Lidia dove, incontrati i fratelli, li esortarono e
poi partirono.

Paolo e Sila a Tessalonica. *(1Ts 1,5-7; 2,14-16).*

17 [1]Seguendo la via di Anfìpoli e Apollonia, giunsero a
Tessalonica, dove c'era una sinagoga dei Giudei. [2]Come era
sua consuetudine Paolo vi andò e per tre sabati discusse con lo-
ro sulla base delle Scritture, [3]spiegandole e dimostrando che il
Cristo doveva morire e risuscitare dai morti; il Cristo, diceva, è
quel Gesù che io vi annunzio. [4]Alcuni di loro furono convinti e
aderirono a Paolo e a Sila, come anche un buon numero di
Greci credenti in Dio e non poche donne della nobiltà. [5]Ma i
Giudei, ingelositi, trassero dalla loro parte alcuni pessimi indi-
vidui di piazza e, radunata gente, mettevano in subbuglio la cit-
tà. Presentatisi alla casa di Giàsone, cercavano Paolo e Sila per
condurli davanti al popolo. [6]Ma non avendoli trovati, trascina-
rono Giàsone e alcuni fratelli dai capi della città gridando:
«Quei tali che mettono il mondo in agitazione sono anche qui e
Giàsone li ha ospitati. [7]Tutti costoro vanno contro i decreti del-
l'imperatore, affermando che c'è un altro re, Gesù». [8]Così mi-
sero in agitazione la popolazione e i capi della città che udivano

queste cose; [9]tuttavia, dopo avere ottenuto una cauzione da
Giàsone e dagli altri, li rilasciarono.

Breve soggiorno a Berèa. *I giudei di Tessalonica, dopo aver obbligato Paolo a lasciare Berèa per Atene, creano con tutta probabilità delle difficoltà per i cristiani della città.*

[10]Ma i fratelli subito, durante la notte, fecero partire Paolo e
Sila verso Berèa. Giunti colà entrarono nella sinagoga dei Giu-
dei. [11]Questi erano di sentimenti più nobili di quelli di Tessalo-
nica ed accolsero la parola con grande entusiasmo, esaminando
ogni giorno le Scritture per vedere se le cose stavano davvero
così. [12]Molti di loro credettero e anche alcune donne greche
della nobiltà e non pochi uomini. [13]Ma quando i Giudei di Tes-
salonica vennero a sapere che anche a Berèa era stata annun-
ziata da Paolo la parola di Dio, andarono anche colà ad agitare
e sobillare il popolo. [14]Allora i fratelli fecero partire subito
Paolo per la strada verso il mare, mentre Sila e Timòteo rima-
sero in città. [15]Quelli che scortavano Paolo lo accompagnarono
fino ad Atene e se ne ripartirono con l'ordine per Sila e Timò-
teo di raggiungerlo al più presto.

Paolo ad Atene. Il discorso davanti all'areòpago, *termine che designava sia il supremo tribunale di Atene, sia la collina accanto al Partenone. I greci scambiano per una dea la risurrezione di cui parla loro Paolo.*

[16]Mentre Paolo li attendeva ad Atene, fremeva nel suo spirito
al vedere la città piena di idoli. [17]Discuteva frattanto nella sina-
goga con i Giudei e i pagani credenti in Dio e ogni giorno sulla
piazza principale con quelli che incontrava. [18]Anche certi filo-
sofi epicurei e stoici discutevano con lui e alcuni dicevano:
«Che cosa vorrà mai insegnare questo ciarlatano?». E altri:
«Sembra essere un annunziatore di divinità straniere»; poiché
annunziava Gesù e la risurrezione. [19]Presolo con sé, lo condus-
sero sull'Areòpago e dissero: «Possiamo dunque sapere qual è
questa nuova dottrina predicata da te? [20]Cose strane per vero ci
metti negli orecchi; desideriamo dunque conoscere di che cosa
si tratta». [21]Tutti gli Ateniesi infatti e gli stranieri colà residenti
non avevano passatempo più gradito che parlare e sentir parla-
re.

Discorso di Paolo, *tipo della sua predicazione ai pagani colti.*

22Allora Paolo, alzatosi in mezzo all'Areòpago, disse:
«Cittadini ateniesi, vedo che in tutto siete molto timorati degli
dèi. 23Passando infatti e osservando i monumenti del vostro
culto, ho trovato anche un'ara con l'iscrizione: Al Dio ignoto.
Quello che voi adorate senza conoscere, io ve lo annunzio. 24*Il
Dio che ha fatto il mondo e tutto ciò che contiene*, che è signore
del cielo e della terra, non dimora in templi costruiti dalle mani
dell'uomo 25né dalle mani dell'uomo si lascia servire come se
avesse bisogno di qualche cosa, essendo lui che dà a tutti la vita
e il respiro e ogni cosa. 26Egli creò da uno solo tutte le nazioni
degli uomini, perché abitassero su tutta la faccia della terra.
Per essi ha stabilito l'ordine dei tempi e i confini del loro spa-
zio, 27perché cercassero Dio, se mai arrivino a trovarlo andan-
do come a tentoni, benché non sia lontano da ciascuno di noi.
28In lui infatti viviamo, ci muoviamo ed esistiamo, come anche
alcuni dei vostri poeti hanno detto:

Poiché di lui stirpe noi siamo.

29Essendo noi dunque stirpe di Dio, non dobbiamo pensare che
la divinità sia simile all'oro, all'argento e alla pietra, che porti
l'impronta dell'arte e dell'immaginazione umana. 30Dopo esser
passato sopra ai tempi dell'ignoranza, ora Dio ordina a tutti gli
uomini di tutti i luoghi di ravvedersi, 31poiché egli ha stabilito
un giorno nel quale dovrà giudicare la terra con giustizia per
mezzo di un uomo che egli ha designato, dandone a tutti prova
sicura col risuscitarlo dai morti».

Insuccesso di Paolo, *nonostante qualche conversione tra cui quella di Dionìgi l'areopagita che una tradizione identifica col primo vescovo di Parigi. Questa volta senza esservi costretto, Paolo lascia Atene per Corinto attraverso la via sacra che passava da Eleusi.*

32Quando sentirono parlare di risurrezione di morti, alcuni lo
deridevano, altri dissero: «Ti sentiremo su questo un'altra vol-
ta». 33Così Paolo uscì da quella riunione. 34Ma alcuni aderirono
a lui e divennero credenti, fra questi anche Dionìgi membro
dell'Areòpago, una donna di nome Dàmaris e altri con loro.

Soggiorno di un anno e mezzo a Corinto.

18 [1]Dopo questi fatti Paolo lasciò Atene e si recò a Corinto. [2]Qui trovò un Giudeo chiamato Aquila, oriundo del Ponto, arrivato poco prima dall'Italia con la moglie Priscilla, in seguito all'ordine di Claudio che allontanava da Roma tutti i Giudei. Paolo si recò da loro [3]e poiché erano del medesimo mestiere, si stabilì nella loro casa e lavorava. Erano infatti di mestiere fabbricatori di tende.

I giudei rifiutano di credere in Gesù, *ad eccezione di Crispo che Paolo battezza (1Cor 1,14). L'apostolo si rivolge quindi ai pagani, in questa città che passava per una delle più corrotte dell'impero. Il Signore rassicura Paolo ricordandogli che se l'uomo «pianta e irriga», Dio solo fa crescere (1Cor 3,6).*

[4]Ogni sabato poi discuteva nella sinagoga e cercava di persuadere Giudei e Greci.
[5]Quando giunsero dalla Macedonia Sila e Timòteo, Paolo si dedicò tutto alla predicazione, affermando davanti ai Giudei che Gesù era il Cristo. [6]Ma poiché essi gli si opponevano e bestemmiavano, scuotendosi le vesti, disse: «Il vostro sangue ricada sul vostro capo: io sono innocente; da ora in poi io andrò dai pagani». [7]E andatosene di là, entrò nella casa di un tale chiamato Tizio Giusto, che onorava Dio, la cui abitazione era accanto alla sinagoga. [8]Crispo, capo della sinagoga, credette nel Signore insieme a tutta la sua famiglia; e anche molti dei Corinzi, udendo Paolo, credevano e si facevano battezzare.
[9]E una notte in visione il Signore disse a Paolo: «Non aver paura, ma continua a parlare e non tacere, [10]*perché io sono con te* e nessuno cercherà di farti del male, perché io ho un popolo numeroso in questa città». [11]Così Paolo si fermò un anno e mezzo, insegnando fra loro la parola di Dio.

Davanti al tribunale di Gallione. *Secondo un'iscrizione scoperta a Delfi, questo funzionario romano fu proconsole nel 52; ciò permette di datare con una certa sicurezza il soggiorno di Paolo a Corinto (1Cor 2,1-5 e 1,14-17), e quindi la maggior parte dei suoi spostamenti precedenti e seguenti.*

12 Mentre era proconsole dell'Acaia Gallione, i Giudei insorse-
ro in massa contro Paolo e lo condussero al tribunale dicendo:
13 «Costui persuade la gente a rendere un culto a Dio in modo
contrario alla legge». 14 Paolo stava per rispondere, ma Gallio-
ne disse ai Giudei: «Se si trattasse di un delitto o di un'azione
malvagia, o Giudei, io vi ascolterei, come di ragione. 15 Ma se
sono questioni di parole o di nomi o della vostra legge, vedete-
vela voi; io non voglio essere giudice di queste faccende». 16 E li
fece cacciare dal tribunale. 17 Allora tutti afferrarono Sòstene,
capo della sinagoga, e lo percossero davanti al tribunale ma
Gallione non si curava affatto di tutto ciò.

Ritorno ad Antiochia di Siria.

18 Paolo si trattenne ancora parecchi giorni, poi prese congedo
dai fratelli e s'imbarcò diretto in Siria, in compagnia di Priscilla
e Aquila. A Cencre si era fatto tagliare i capelli a causa di un
voto che aveva fatto. 19 Giunsero a Èfeso, dove lasciò i due co-
niugi, ed entrato nella sinagoga si mise a discutere con i Giu-
dei. 20 Questi lo pregavano di fermarsi più a lungo, ma non ac-
consentì. 21 Tuttavia prese congedo dicendo: «Ritornerò di nuo-
vo da voi, se Dio lo vorrà», quindi partì da Èfeso. 22 Giunto a
Cesarèa, si recò a salutare la Chiesa di Gerusalemme e poi sce-
se ad Antiòchia.

TERZO VIAGGIO MISSIONARIO

Di nuovo in Asia minore, compresa Èfeso, poi in Grecia e a Gerusalemme.

Missione in Galazia e Frigia. *(1Cor 16,1).*

23 Trascorso colà un po' di tempo, partì di nuovo percorrendo di
seguito le regioni della Galazia e della Frigia, confermando
nella fede tutti i discepoli.

Soggiorno ad Efeso, *allora una delle più belle città dell'impero, capitale della provincia romana d'Asia; Paolo voleva recarvisi fin dal suo primo viaggio (16,6) e non fa che passarvi durante il secondo (18,20).*

Arrivo e attività di Apollo, *giudeo di Alessandria che da Efeso si recherà a Corinto. Paolo parla di lui in 1Cor 1,12 e 3,5-6, ma anche in 16,21. Lo ricorda tra i suoi collaboratori al termine della sua vita (Tt 3,12).*

[24]Arrivò a Èfeso un Giudeo, chiamato Apollo, nativo di Alessandria, uomo colto, versato nelle Scritture. [25]Questi era stato ammaestrato nella via del Signore e pieno di fervore parlava e insegnava esattamente ciò che si riferiva a Gesù, sebbene conoscesse soltanto il battesimo di Giovanni. [26]Egli intanto cominciò a parlare francamente nella sinagoga. Priscilla e Aquila lo ascoltarono, poi lo presero con sé e gli esposero con maggiore accuratezza la via di Dio. [27]Poiché egli desiderava passare nell'Acaia, i fratelli lo incoraggiarono e scrissero ai discepoli di fargli buona accoglienza. Giunto colà, fu molto utile a quelli che per opera della grazia erano divenuti credenti; [28]confutava infatti vigorosamente i Giudei, dimostrando pubblicamente attraverso le Scritture che Gesù è il Cristo.

Paolo e i discepoli di Giovanni.

19 [1]Mentre Apollo era a Corinto, Paolo, attraversate le regioni dell'altopiano, giunse a Èfeso. Qui trovò alcuni discepoli [2]e disse loro: «Avete ricevuto lo Spirito Santo quando siete venuti alla fede?». Gli risposero: «Non abbiamo nemmeno sentito dire che ci sia uno Spirito Santo». [3]Ed egli disse: «Quale battesimo avete ricevuto?». «Il battesimo di Giovanni», risposero. [4]Disse allora Paolo: «Giovanni ha amministrato un battesimo di penitenza, dicendo al popolo di credere in colui che sarebbe venuto dopo di lui, cioè in Gesù». [5]Dopo aver udito questo, si fecero battezzare nel nome del Signore Gesù [6]e, non appena Paolo ebbe imposto loro le mani, scese su di loro lo Spirito Santo e parlavano in lingue e profetavano. [7]Erano in tutto circa dodici uomini.

Fondazione della comunità di Efeso. *Soggiorno di due anni a Efeso, dove Paolo scrive la prima lettera ai Corinzi (1Cor) e, probabilmente, le lettere ai Filippesi e ai Galati.*

[8]Entrato poi nella sinagoga, vi poté parlare liberamente per tre mesi, discutendo e cercando di persuadere gli ascoltatori circa

il regno di Dio. [9]Ma poiché alcuni si ostinavano e si rifiutavano
di credere dicendo male in pubblico di questa nuova dottrina,
si staccò da loro separando i discepoli e continuò a discutere
ogni giorno nella scuola di un certo Tiranno. [10]Questo durò due
anni, col risultato che tutti gli abitanti della provincia d'Asia,
Giudei e Greci, poterono ascoltare la parola del Signore.

Gli esorcisti giudei. *Notiamo con meraviglia che gli stessi segni compiuti da Cristo nel Vangelo di Luca, vengono qui attribuiti a Paolo. Alcuni pensano che si debba vedere in questa analogia l'importanza crescente che Luca attribuisce a questo apostolo.*

[11]Dio intanto operava prodigi non comuni per opera di Paolo,
[12]al punto che si mettevano sopra i malati fazzoletti o grembiuli
che erano stati a contatto con lui e le malattie cessavano e gli
spiriti cattivi fuggivano.
[13]Alcuni esorcisti ambulanti giudei si provarono a invocare an-
ch'essi il nome del Signore Gesù sopra quanti avevano spiriti
cattivi, dicendo: «Vi scongiuro per quel Gesù che Paolo predi-
ca». [14]Facevano questo sette figli di un certo Sceva, un sommo
sacerdote giudeo. [15]Ma lo spirito cattivo rispose loro: «Cono-
sco Gesù e so chi è Paolo, ma voi chi siete?». [16]E l'uomo che
aveva lo spirito cattivo, slanciatosi su di loro, li afferrò e li trat-
tò con tale violenza che essi fuggirono da quella casa nudi e co-
perti di ferite. [17]Il fatto fu risaputo da tutti i Giudei e dai Greci
che abitavano a Èfeso e tutti furono presi da timore e si magni-
ficava il nome del Signore Gesù. [18]Molti di quelli che avevano
abbracciato la fede venivano a confessare in pubblico le loro
pratiche magiche [19]e un numero considerevole di persone che
avevano esercitato le arti magiche portavano i propri libri e li
bruciavano alla vista di tutti. Ne fu calcolato il valore comples-
sivo e trovarono che era di cinquantamila dramme d'argento.
[20]Così la parola del Signore cresceva e si rafforzava.

Decisione di andare a Roma. *A Efeso Paolo annuncia per la prima volta l'intenzione di andare a Roma (1Cor 16,1-9). Intanto il suo soggiorno si prolunga: durerà tre anni.*

[21]Dopo questi fatti, Paolo si mise in animo di attraversare la
Macedonia e l'Acaia e di recarsi a Gerusalemme dicendo: «Do-

po essere stato là devo vedere anche Roma». [22]Inviati allora in
Macedonia due dei suoi aiutanti, Timòteo ed Erasto, si tratten-
ne ancora un po' di tempo nella provincia di Asia.

La sommossa degli orefici, *cui Paolo allude forse in 2Cor 1,8.*

[23]Verso quel tempo scoppiò un gran tumulto riguardo alla nuo-
va dottrina. [24]Un tale, chiamato Demetrio, argentiere, che fab-
bricava tempietti di Artèmide in argento e procurava in tal mo-
do non poco guadagno agli artigiani, [25]li radunò insieme agli al-
tri che si occupavano di cose del genere e disse: «Cittadini, voi
sapete che da questa industria proviene il nostro benessere;
[26]ora potete osservare e sentire come questo Paolo ha convinto
e sviato una massa di gente, non solo di Èfeso, ma si può dire di
tutta l'Asia, affermando che non sono dèi quelli fabbricati da
mani d'uomo. [27]Non soltanto c'è il pericolo che la nostra cate-
goria cada in discredito, ma anche che il santuario della grande
dea Artèmide non venga stimato più nulla e venga distrutta la
grandezza di colei che l'Asia e il mondo intero adorano».
[28]All'udire ciò s'infiammarono d'ira e si misero a gridare:
«Grande è l'Artèmide degli Efesini!». [29]Tutta la città fu in sub-
buglio e tutti si precipitarono in massa nel teatro, trascinando
con sé Gaio e Aristarco macèdoni, compagni di viaggio di Pao-
lo. [30]Paolo voleva presentarsi alla folla, ma i discepoli non glielo
permisero. [31]Anche alcuni dei capi della provincia, che gli erano
amici, mandarono a pregarlo di non avventurarsi nel teatro.
[32]Intanto, chi gridava una cosa, chi un'altra; l'assemblea era
confusa e i più non sapevano il motivo per cui erano accorsi.
[33]Alcuni della folla fecero intervenire un certo Alessandro, che
i Giudei avevano spinto avanti, ed egli, fatto cenno con la ma-
no, voleva tenere un discorso di difesa davanti al popolo. [34]Ap-
pena s'accorsero che era Giudeo, si misero tutti a gridare in co-
ro per quasi due ore: «Grande è l'Artèmide degli Efesini!».
[35]Alla fine il cancelliere riuscì a calmare la folla e disse: «Citta-
dini di Èfeso, chi fra gli uomini non sa che la città di Èfeso è cu-
stode del tempio della grande Artèmide e della sua statua ca-
duta dal cielo? [36]Poiché questi fatti sono incontestabili, è neces-

sario che stiate calmi e non compiate gesti inconsulti. [37]Voi avete condotto qui questi uomini che non hanno profanato il tempio, né hanno bestemmiato la nostra dea. [38]Perciò se Demetrio e gli artigiani che sono con lui hanno delle ragioni da far valere contro qualcuno, ci sono per questo i tribunali e vi sono i proconsoli: si citino in giudizio l'un l'altro. [39]Se poi desiderate qualche altra cosa, si deciderà nell'assemblea ordinaria. [40]C'è il rischio di essere accusati di sedizione per l'accaduto di oggi, non essendoci alcun motivo per cui possiamo giustificare questo assembramento». [41]E con queste parole sciolse l'assemblea.

SOGGIORNO IN MACEDONIA E IN GRECIA

Paolo lascia Efeso, attraversa la Macedonia dove scrive probabilmente la seconda lettera ai Corinti, poi raggiunge la Grecia dove passerà tre mesi dell'inverno a Corinto (cf. 2Cor 2,12-17 e 7,5-7).

20 [1]Appena cessato il tumulto, Paolo mandò a chiamare i discepoli e, dopo averli incoraggiati, li salutò e si mise in viaggio per la Macedonia. [2]Dopo aver attraversato quelle regioni, esortando con molti discorsi i fedeli, arrivò in Grecia.

Partenza da Corinto. *Paolo rinuncia a raggiungere direttamente per mare Gerusalemme per evitare un complotto (23,12). Fa ritorno attraverso la Macedonia. A Filippi ritrova Luca (cf. il «noi») che ormai sarà suo compagno fino a Roma (Rm 15,30-32).*

[3]Trascorsi tre mesi, poiché ci fu un complotto dei Giudei contro di lui, mentre si apprestava a salpare per la Siria, decise di far ritorno attraverso la Macedonia. [4]Lo accompagnarono Sòpatro di Berèa, figlio di Pirro, Aristarco e Secondo di Tessalonica, Gaio di Derbe e Timòteo, e gli asiatici Tìchico e Tròfimo. [5]Questi però, partiti prima di noi ci attendevano a Tròade; [6]noi invece salpammo da Filippi dopo i giorni degli Azzimi e li raggiungemmo in capo a cinque giorni a Tròade dove ci trattenemmo una settimana.

A Troade, Paolo e il ragazzo caduto dalla finestra. *La domenica, Paolo spezza il pane, poi risuscita un adolescente come avevano fatto Elia ed Eliseo col figlio della vedova di Sarepta (1Re 17,17-24) e col figlio della sunamita (2Re 4,30-37).*

[7]Il primo giorno della settimana ci eravamo riuniti a spezzare
il pane e Paolo conversava con loro; e poiché doveva partire il
giorno dopo, prolungò la conversazione fino a mezzanotte.
[8]C'era un buon numero di lampade nella stanza al piano supe-
riore, dove eravamo riuniti; [9]un ragazzo chiamato Èutico, che
stava seduto sulla finestra, fu preso da un sonno profondo
mentre Paolo continuava a conversare e, sopraffatto dal son-
no, cadde dal terzo piano e venne raccolto morto. [10]Paolo allo-
ra scese giù, si gettò su di lui, lo abbracciò e disse: «Non vi
turbate; è ancora in vita!». [11]Poi risalì, spezzò il pane e ne
mangiò e dopo aver parlato ancora molto fino all'alba, partì.
[12]Intanto avevano ricondotto il ragazzo vivo, e si sentirono
molto consolati.

Discorso di Paolo ai capi della comunità di Efeso *venuti a incontrarlo. Egli ricorda il suo ministero e il suo comportamento.*

[13]Noi poi, che eravamo partiti per nave, facemmo vela per As-
so, dove dovevamo prendere a bordo Paolo; così infatti egli
aveva deciso, intendendo di fare il viaggio a piedi. [14]Quando ci
ebbe raggiunti ad Asso, lo prendemmo con noi e arrivammo a
Mitilène. [15]Salpati da qui il giorno dopo, ci trovammo di fronte
a Chio; l'indomani toccammo Samo e il giorno dopo giungem-
mo a Milèto. [16]Paolo aveva deciso di passare al largo di Èfeso
per evitare di subire ritardi nella provincia d'Asia: gli premeva
di essere a Gerusalemme, se possibile, per il giorno della Pen-
tecoste.
[17]Da Milèto mandò a chiamare subito ad Èfeso gli anziani della
Chiesa. [18]Quando essi giunsero disse loro: «Voi sapete come
mi sono comportato con voi fin dal primo giorno in cui arrivai
in Asia e per tutto questo tempo: [19]ho servito il Signore con tut-
ta umiltà, tra le lacrime e tra le prove che mi hanno procurato
le insidie dei Giudei. [20]Sapete come non mi sono mai sottratto
a ciò che poteva essere utile, al fine di predicare a voi e di

istruirvi in pubblico e nelle vostre case, [21]scongiurando Giudei
e Greci di convertirsi a Dio e di credere nel Signore nostro Ge-
sù. [22]Ed ecco ora, avvinto dallo Spirito, io vado a Gerusalem-
me senza sapere ciò che là mi accadrà. [23]So soltanto che lo Spi-
rito Santo in ogni città mi attesta che mi attendono catene e tri-
bolazioni. [24]Non ritengo tuttavia la mia vita meritevole di nul-
la, purché conduca a termine la mia corsa e il servizio che mi fu
affidato dal Signore Gesù, di rendere testimonianza al messag-
gio della grazia di Dio.
[25]Ecco, ora so che non vedrete più il mio volto, voi tutti tra i
quali sono passato annunziando il regno di Dio. [26]Per questo
dichiaro solennemente oggi davanti a voi che io sono senza col-
pa riguardo a coloro che si perdessero, [27]perché non mi sono
sottratto al compito di annunziarvi tutta la volontà di Dio.

Paolo invita alla vigilanza e passa agli addii.

[28]Vegliate su voi stessi e su tutto il gregge, in mezzo al quale lo
Spirito Santo vi ha posti come vescovi a pascere la Chiesa di
Dio, che egli si è acquistata con il suo sangue. [29]Io so che dopo
la mia partenza entreranno fra voi lupi rapaci, che non rispar-
mieranno il gregge; [30]perfino di mezzo a voi sorgeranno alcuni
a insegnare dottrine perverse per attirare discepoli dietro di sé.
[31]Per questo vigilate, ricordando che per tre anni, notte e gior-
no, io non ho cessato di esortare fra le lacrime ciascuno di voi.
[32]Ed ora vi affido al Signore e alla parola della sua grazia che ha
il potere di edificare e di concedere l'eredità con tutti i santifi-
cati. [33]Non ho desiderato né argento, né oro, né la veste di nes-
suno. [34]Voi sapete che alle necessità mie e di quelli che erano
con me hanno provveduto queste mie mani. [35]In tutte le manie-
re vi ho dimostrato che lavorando così si devono soccorrere i
deboli, ricordandoci delle parole del Signore Gesù, che disse:
Vi è più gioia nel dare che nel ricevere!».
[36]Detto questo, si inginocchiò con tutti loro e pregò. [37]Tutti
scoppiarono in un gran pianto e gettandosi al collo di Paolo lo
baciavano, [38]addolorati soprattutto perché aveva detto che non
avrebbero più rivisto il suo volto. E lo accompagnarono fino al-
la nave.

Da Mileto a Gerusalemme *in compagnia di Luca, nonostante le pressioni dei discepoli.*

21 [1]Appena ci fummo separati da loro, salpammo e per la
via diretta giungemmo a Cos, il giorno seguente a Rodi e di qui
a Pàtara. [2]Trovata qui una nave che faceva la traversata per la
Fenicia, vi salimmo e prendemmo il largo. [3]Giunti in vista di
Cipro, ce la lasciammo a sinistra e, continuando a navigare ver-
so la Siria, giungemmo a Tiro, dove la nave doveva scaricare.
[4]Avendo ritrovati i discepoli, rimanemmo colà una settimana,
ed essi, mossi dallo Spirito, dicevano a Paolo di non andare a
Gerusalemme. [5]Ma quando furon passati quei giorni, uscimmo
e ci mettemmo in viaggio, accompagnati da tutti loro con le
mogli e i figli sin fuori della città. Inginocchiati sulla spiaggia
pregammo, poi ci salutammo a vicenda; [6]noi salimmo sulla na-
ve ed essi tornarono alle loro case. [7]Terminata la navigazione,
da Tiro approdammo a Tolemàide, dove andammo a salutare i
fratelli e restammo un giorno con loro.
[8]Ripartiti il giorno seguente, giungemmo a Cesarèa; ed entrati
nella casa dell'evangelista Filippo, che era uno dei Sette, so-
stammo presso di lui. [9]Egli aveva quattro figlie nubili, che ave-
vano il dono della profezia. [10]Eravamo qui da alcuni giorni,
quando giunse dalla Giudea un profeta di nome Àgabo. [11]Egli
venne da noi e, presa la cintura di Paolo, si legò i piedi e le ma-
ni e disse: «Questo dice lo Spirito Santo: l'uomo a cui appartie-
ne questa cintura sarà legato così dai Giudei a Gerusalemme e
verrà quindi consegnato nelle mani dei pagani». [12]All'udir que-
ste cose, noi e quelli del luogo pregammo Paolo di non andare
più a Gerusalemme. [13]Ma Paolo rispose: «Perché fate così,
continuando a piangere e a spezzarmi il cuore? Io sono pronto
non soltanto a esser legato, ma a morire a Gerusalemme per il
nome del Signore Gesù». [14]E poiché non si lasciava persuade-
re, smettemmo di insistere dicendo: «Sia fatta la volontà del Si-
gnore!».

Paolo giunge a Gerusalemme. *Si reca al tempio con quattro cristiani di origine giudea che avevano fatto un voto e dovevano lasciarsi crescere i capelli fino al compimento del voto. Secondo la consuetudine giudaica, dovevano purificarsi e offrire sacrifici* *molto costosi. Su consiglio di Giacomo, Paolo si unisce a loro e si addebita tutte le spese.*

[15]Dopo questi giorni, fatti i preparativi, salimmo verso Gerusa-
lemme. [16]Vennero con noi anche alcuni discepoli da Cesarèa, i
quali ci condussero da un certo Mnasòne di Cipro, discepolo
della prima ora, dal quale ricevemmo ospitalità.
[17]Arrivati a Gerusalemme, i fratelli ci accolsero festosamente.
[18]L'indomani Paolo fece visita a Giacomo insieme con noi: c'e-
rano anche tutti gli anziani. [19]Dopo aver rivolto loro il saluto,
egli cominciò a esporre nei particolari quello che Dio aveva fat-
to tra i pagani per mezzo suo. [20]Quand'ebbero ascoltato, essi
davano gloria a Dio; quindi dissero a Paolo: «Tu vedi, o fratel-
lo, quante migliaia di Giudei sono venuti alla fede e tutti sono
gelosamente attaccati alla legge. [21]Ora hanno sentito dire di te
che vai insegnando a tutti i Giudei sparsi tra i pagani che ab-
bandonino Mosè, dicendo di non circoncidere più i loro figli e
di non seguire più le nostre consuetudini. [22]Che facciamo? Sen-
za dubbio verranno a sapere che sei arrivato. [23]Fa' dunque
quanto ti diciamo: vi sono fra noi quattro uomini che hanno un
voto da sciogliere. [24]Prendili con te, compi la purificazione in-
sieme con loro e paga tu la spesa per loro perché possano ra-
dersi il capo. Così tutti verranno a sapere che non c'è nulla di
vero in ciò di cui sono stati informati, ma che invece anche tu ti
comporti bene osservando la legge. [25]Quanto ai pagani che so-
no venuti alla fede, noi abbiamo deciso ed abbiamo loro scritto
che si astengano dalle carni offerte agli idoli, dal sangue, da
ogni animale soffocato e dalla impudicizia».
[26]Allora Paolo prese con sé quegli uomini e il giorno seguente,
fatta insieme con loro la purificazione, entrò nel tempio per co-
municare il compimento dei giorni della purificazione, quando
sarebbe stata presentata l'offerta per ciascuno di loro.

L'ARRESTO DI PAOLO E IL VIAGGIO DELLA PRIGIONIA

Arresto di Paolo, *accusato di aver introdotto un pagano (divenuto cristiano) nel vestibolo del tempio riservato ai soli giudei e il cui accesso era proibito ai pagani sotto pena di morte. I giudei* *si impadroniscono di Paolo e stanno per ucciderlo quando, scambiandolo per un noto ribelle, il tribuno, capo della guardia romana (formata da una coorte), lo conduce nella fortezza Antonia.*

27Stavano ormai per finire i sette giorni, quando i Giudei della provincia d'Asia, vistolo nel tempio, aizzarono tutta la folla e misero le mani su di lui gridando: 28«Uomini d'Israele, aiuto! Questo è l'uomo che va insegnando a tutti e dovunque contro il popolo, contro la legge e contro questo luogo; ora ha introdotto perfino dei Greci nel tempio e ha profanato il luogo santo!». 29Avevano infatti veduto poco prima Tròfimo di Èfeso in sua compagnia per la città, e pensavano che Paolo lo avesse fatto entrare nel tempio. 30Allora tutta la città fu in subbuglio e il popolo accorse da ogni parte. Impadronitisi di Paolo, lo trascinarono fuori del tempio e subito furono chiuse le porte. 31Stavano già cercando di ucciderlo, quando fu riferito al tribuno della coorte che tutta Gerusalemme era in rivolta. 32Immediatamente egli prese con sé dei soldati e dei centurioni e si precipitò verso i rivoltosi. Alla vista del tribuno e dei soldati, cessarono di percuotere Paolo. 33Allora il tribuno si avvicinò, lo arrestò e ordinò che fosse legato con due catene; intanto s'informava chi fosse e che cosa avesse fatto. 34Tra la folla però chi diceva una cosa, chi un'altra. Nell'impossibilità di accertare la realtà dei fatti a causa della confusione, ordinò di condurlo nella fortezza. 35Quando fu alla gradinata, dovette essere portato a spalla dai soldati a causa della violenza della folla. 36La massa della gente infatti veniva dietro, urlando: «A morte!».

Paolo si fa riconoscere.

37Sul punto di esser condotto nella fortezza, Paolo disse al tribuno: «Posso dirti una parola?». «Conosci il greco?, disse quello. 38Allora non sei quell'Egiziano che in questi ultimi tempi ha sobillato e condotto nel deserto i quattromila ribelli?». 39Rispose Paolo: «Io sono un Giudeo di Tarso di Cilicia, cittadino di una città non certo senza importanza. Ma ti prego, lascia che rivolga la parola a questa gente». 40Avendo egli acconsentito, Paolo, stando in piedi sui gradini, fece cenno con la mano al popolo e, fattosi un grande silenzio, rivolse loro la parola in ebraico dicendo:

Discorso ai giudei. *(Gal 1,13-14).*

22 1«Fratelli e padri, ascoltate la mia difesa davanti a voi».
2Quando sentirono che parlava loro in lingua ebraica, fecero si-
lenzio ancora di più. 3Ed egli continuò: «Io sono un Giudeo,
nato a Tarso di Cilicia, ma cresciuto in questa città, formato al-
la scuola di Gamalièle nelle più rigide norme della legge pater-
na, pieno di zelo per Dio, come oggi siete tutti voi. 4Io perse-
guitai a morte questa nuova dottrina, arrestando e gettando in
prigione uomini e donne, 5come può darmi testimonianza il
sommo sacerdote e tutto il collegio degli anziani. Da loro rice-
vetti lettere per i nostri fratelli di Damasco e partii per condur-
re anche quelli di là come prigionieri a Gerusalemme, per esse-
re puniti.
6Mentre ero in viaggio e mi avvicinavo a Damasco, verso mez-
zogiorno, all'improvviso una gran luce dal cielo rifulse attorno
a me; 7caddi a terra e sentii una voce che mi diceva: Saulo, Sau-
lo, perché mi perseguiti? 8Risposi: Chi sei, o Signore? Mi disse:
Io sono Gesù il Nazareno, che tu perseguiti. 9Quelli che erano
con me videro la luce, ma non udirono colui che mi parlava.
10Io dissi allora: Che devo fare, Signore? E il Signore mi disse:
Alzati e prosegui verso Damasco; là sarai informato di tutto ciò
che è stabilito che tu faccia. 11E poiché non ci vedevo più, a
causa del fulgore di quella luce, guidato per mano dai miei
compagni, giunsi a Damasco.
12Un certo Ananìa, un devoto osservante della legge e in buona
reputazione presso tutti i Giudei colà residenti, 13venne da me,
mi si accostò e disse: Saulo, fratello, torna a vedere! E in quel-
l'istante io guardai verso di lui e riebbi la vista. 14Egli soggiun-
se: Il Dio dei nostri padri ti ha predestinato a conoscere la sua
volontà, a vedere il Giusto e ad ascoltare una parola dalla sua
stessa bocca, 15perché gli sarai testimone davanti a tutti gli uo-
mini delle cose che hai visto e udito. 16E ora perché aspetti? Al-
zati, ricevi il battesimo e lavati dai tuoi peccati, invocando il
suo nome.
17Dopo il mio ritorno a Gerusalemme, mentre pregavo nel
tempio, fui rapito in estasi 18e vidi Lui che mi diceva: Affrettati
ed esci presto da Gerusalemme, perché non accetteranno la tua
testimonianza su di me. 19E io dissi: Signore, essi sanno che fa-

cevo imprigionare e percuotere nelle sinagoghe quelli che cre-
devano in te; [20]quando si versava il sangue di Stefano, tuo testi-
mone, anch'io ero presente e approvavo e custodivo i vestiti di
quelli che lo uccidevano. [21]Allora mi disse: Va', perché io ti
manderò lontano, tra i pagani».

Paolo cittadino romano. *L'allusione a una predicazione ai pagani scatena una vera sommossa da parte della folla. Volendo conoscerne la ragione, il tribuno pensa di far torturare Paolo perché confessi il crimine che può aver commesso.*

[22]Fino a queste parole erano stati ad ascoltarlo, ma allora al-
zarono la voce gridando: «Toglilo di mezzo; non deve più vive-
re!». [23]E poiché continuavano a urlare, a gettar via i mantelli e
a lanciar polvere in aria, [24]il tribuno ordinò di portarlo nella
fortezza, prescrivendo di interrogarlo a colpi di flagello al fine
di sapere per quale motivo gli gridavano contro in tal modo.
[25]Ma quando l'ebbero legato con le cinghie, Paolo disse al cen-
turione che gli stava accanto: «Potete voi flagellare un cittadino
romano, non ancora giudicato?». [26]Udito ciò, il centurione cor-
se a riferire al tribuno: «Che cosa stai per fare? Quell'uomo è
un romano!». [27]Allora il tribuno si recò da Paolo e gli doman-
dò: «Dimmi, tu sei cittadino romano?». Rispose: «Sì». [28]Repli-
cò il tribuno: «Io questa cittadinanza l'ho acquistata a caro
prezzo». Paolo disse: «Io, invece, lo sono di nascita!». [29]E subi-
to si allontanarono da lui quelli che dovevano interrogarlo. An-
che il tribuno ebbe paura, rendendosi conto che Paolo era cit-
tadino romano e che lui lo aveva messo in catene.
[30]Il giorno seguente, volendo conoscere la realtà dei fatti, cioè
il motivo per cui veniva accusato dai Giudei, gli fece togliere le
catene e ordinò che si riunissero i sommi sacerdoti e tutto il si-
nedrio; vi fece condurre Paolo e lo presentò davanti a loro.

Comparsa davanti al sinedrio. *In conformità a quanto Gesù aveva annunciato per i suoi discepoli, anche Paolo compare successivamente davanti al sinedrio, a governatori (Felice e Festo) e a re (Agrippa; Es 22,27).*

23 [1]Con lo sguardo fisso al sinedrio Paolo disse: «Fratelli,
io ho agito fino ad oggi davanti a Dio in perfetta rettitudine di

coscienza». 2Ma il sommo sacerdote Ananìa ordinò ai suoi assi-
stenti di percuoterlo sulla bocca. 3Paolo allora gli disse: «Dio
percuoterà te, muro imbiancato! Tu siedi a giudicarmi secondo
la legge e contro la legge comandi di percuotermi?». 4E i pre-
senti dissero: «Osi insultare il sommo sacerdote di Dio?». 5Ri-
spose Paolo: «Non sapevo, fratelli, che è il sommo sacerdote;
sta scritto infatti: *Non insulterai il capo del tuo popolo*».
6Paolo sapeva che nel sinedrio una parte era di sadducei e una
parte di farisei; disse a gran voce: «Fratelli, io sono un fariseo,
figlio di farisei; io sono chiamato in giudizio a motivo della spe-
ranza nella risurrezione dei morti». 7Appena egli ebbe detto
ciò, scoppiò una disputa tra i farisei e i sadducei e l'assemblea si
divise. 8I sadducei infatti affermano che non c'è risurrezione,
né angeli, né spiriti; i farisei invece professano tutte queste co-
se. 9Ne nacque allora un grande clamore e alcuni scribi del par-
tito dei farisei, alzatisi in piedi, protestavano dicendo: «Non
troviamo nulla di male in quest'uomo. E se uno spirito o un an-
gelo gli avesse parlato davvero?». 10La disputa si accese a tal
punto che il tribuno, temendo che Paolo venisse linciato da co-
storo, ordinò che scendesse la truppa a portarlo via di mezzo a
loro e ricondurlo nella fortezza. 11La notte seguente gli venne
accanto il Signore e gli disse: «Coraggio! Come hai testimonia-
to per me a Gerusalemme, così è necessario che tu mi renda te-
stimonianza anche a Roma».

Complotto di giudei contro Paolo.

12Fattosi giorno, i Giudei ordirono una congiura e fecero voto
con giuramento esecratorio di non toccare né cibo né bevanda,
sino a che non avessero ucciso Paolo. 13Erano più di quaranta
quelli che fecero questa congiura. 14Si presentarono ai sommi
sacerdoti e agli anziani e dissero: «Ci siamo obbligati con giura-
mento esecratorio di non assaggiare nulla sino a che non avre-
mo ucciso Paolo. 15Voi dunque ora, insieme al sinedrio, fate di-
re al tribuno che ve lo riporti, col pretesto di esaminare più at-
tentamente il suo caso; noi intanto ci teniamo pronti a ucciderlo
lo prima che arrivi».
16Ma il figlio della sorella di Paolo venne a sapere del complot-
to; si recò alla fortezza, entrò e ne informò Paolo. 17Questi al-
lora chiamò uno dei centurioni e gli disse: «Conduci questo gio-

vane dal tribuno, perché ha qualche cosa da riferirgli». [18]Il cen-
turione lo prese e lo condusse dal tribuno dicendo: «Il prigio-
niero Paolo mi ha fatto chiamare e mi ha detto di condurre da
te questo giovanetto, perché ha da dirti qualche cosa». [19]Il tri-
buno lo prese per mano, lo condusse in disparte e gli chiese:
«Che cosa è quello che hai da riferirmi?». [20]Rispose: «I Giudei
si sono messi d'accordo per chiederti di condurre domani Paolo
nel sinedrio, col pretesto di informarsi più accuratamente nei
suoi riguardi. [21]Tu però non lasciarti convincere da loro, poiché
più di quaranta dei loro uomini hanno ordito un complotto, fa-
cendo voto con giuramento esecratorio di non prendere cibo né
bevanda finché non l'abbiano ucciso; e ora stanno pronti,
aspettando che tu dia il tuo consenso».
[22]Il tribuno congedò il giovanetto con questa raccomandazione:
«Non dire a nessuno che mi hai dato queste informazioni».

Trasferimento di Paolo a Cesarea *perché compaia davanti a Felice, governatore della Giudea dal 52 al 59.*

[23]Fece poi chiamare due dei centurioni e disse: «Preparate due-
cento soldati per andare a Cesarèa insieme con settanta cava-
lieri e duecento lanceri, tre ore dopo il tramonto. [24]Siano pron-
te anche delle cavalcature e fatevi montare Paolo, perché sia
condotto sano e salvo dal governatore Felice». [25]Scrisse anche
una lettera in questi termini: [26]«Claudio Lisia all'eccellentissi-
mo governatore Felice, salute. [27]Quest'uomo è stato assalito
dai Giudei e stava per essere ucciso da loro; ma sono interve-
nuto con i soldati e l'ho liberato, perché ho saputo che è cittadi-
no romano. [28]Desideroso di conoscere il motivo per cui lo accu-
savano, lo condussi nel loro sinedrio. [29]Ho trovato che lo si ac-
cusava per questioni relative alla loro legge, ma che in realtà
non c'erano a suo carico imputazioni meritevoli di morte o di
prigionia. [30]Sono stato però informato di un complotto contro
quest'uomo da parte loro, e così l'ho mandato da te, av-
vertendo gli accusatori di deporre davanti a te quello che han-
no contro di lui. Sta' bene».
[31]Secondo gli ordini ricevuti, i soldati presero Paolo e lo con-
dussero di notte ad Antipàtride. [32]Il mattino dopo, lasciato ai
cavalieri il compito di proseguire con lui, se ne tornarono alla
fortezza. [33]I cavalieri, giunti a Cesarèa, consegnarono la lettera

al governatore e gli presentarono Paolo. [34]Dopo averla letta,
domandò a Paolo di quale provincia fosse e, saputo che era del-
la Cilicia, disse: [35]«Ti ascolterò quando saranno qui anche i tuoi
accusatori». E diede ordine di custodirlo nel pretorio di Erode.

Processo davanti a Felice, governatore romano, e discorso di Paolo.

24 [1]Cinque giorni dopo arrivò il sommo sacerdote Ananìa
insieme con alcuni anziani e a un avvocato di nome Tertullo e si
presentarono al governatore per accusare Paolo. [2]Quando que-
sti fu fatto venire, Tertullo cominciò l'accusa dicendo: [3]«La
lunga pace di cui godiamo grazie a te e le riforme che ci sono
state in favore di questo popolo grazie alla tua provvidenza, le
accogliamo in tutto e per tutto, eccellentissimo Felice, con pro-
fonda gratitudine. [4]Ma per non trattenerti troppo a lungo, ti
prego di darci ascolto brevemente nella tua benevolenza. [5]Ab-
biamo scoperto che quest'uomo è una peste, fomenta continue
rivolte tra tutti i Giudei che sono nel mondo ed è capo della set-
ta dei Nazorei. [6]Ha perfino tentato di profanare il tempio e noi
l'abbiamo arrestato. [[7]]. [8]Interrogandolo personalmente, po-
trai renderti conto da lui di tutte queste cose delle quali lo accu-
siamo». [9]Si associarono nell'accusa anche i Giudei, affermando
che i fatti stavano così.
[10]Quando il governatore fece cenno a Paolo di parlare, egli ri-
spose: «So che da molti anni sei giudice di questo popolo e par-
lo in mia difesa con fiducia. [11]Tu stesso puoi accertare che non
sono più di dodici giorni da quando mi sono recato a Gerusa-
lemme per il culto. [12]Essi non mi hanno mai trovato nel tempio
a discutere con qualcuno o a incitare il popolo alla sommossa,
né nelle sinagoghe, né per la città [13]e non possono provare nes-
suna delle cose delle quali ora mi accusano. [14]Ammetto invece
che adoro il Dio dei miei padri, secondo quella dottrina che es-
si chiamano setta, credendo in tutto ciò che è conforme alla
Legge e sta scritto nei Profeti, [15]nutrendo in Dio la speranza,
condivisa pure da costoro, che ci sarà una risurrezione dei giu-
sti e degli ingiusti. [16]Per questo mi sforzo di conservare in ogni
momento una coscienza irreprensibile davanti a Dio e davanti
agli uomini. [17]Ora, dopo molti anni, sono venuto a portare ele-
mosine al mio popolo e per offrire sacrifici; [18]in occasione di

questi essi mi hanno trovato nel tempio dopo che avevo com-
piuto le purificazioni. Non c'era folla né tumulto. 19Furono dei
Giudei della provincia d'Asia a trovarmi, e loro dovrebbero
comparire qui davanti a te ad accusarmi, se hanno qualche cosa
contro di me; 20oppure dicano i presenti stessi quale colpa han
trovato in me quando sono comparso davanti al sinedrio, 21se
non questa sola frase che gridai stando in mezzo a loro: A moti-
vo della risurrezione dei morti io vengo giudicato oggi davanti
a voi!».
22Allora Felice, che era assai bene informato circa la nuova
dottrina, li rimandò dicendo: «Quando verrà il tribuno Lisia,
esaminerò il vostro caso». 23E ordinò al centurione di tenere
Paolo sotto custodia, concedendogli però una certa libertà e
senza impedire a nessuno dei suoi amici di dargli assistenza.
24Dopo alcuni giorni Felice arrivò in compagnia della moglie
Drusilla, che era giudea; fatto chiamare Paolo, lo ascoltava in-
torno alla fede in Cristo Gesù. 25Ma quando egli si mise a parla-
re di giustizia, di continenza e del giudizio futuro, Felice si spa-
ventò e disse: «Per il momento puoi andare; ti farò chiamare di
nuovo quando ne avrò il tempo». 26Sperava frattanto che Paolo
gli avrebbe dato del denaro; per questo abbastanza spesso lo
faceva chiamare e conversava con lui.
27Trascorsi due anni, Felice ebbe come successore Porcio Fe-
sto; ma Felice, volendo dimostrare benevolenza verso i Giudei,
lasciò Paolo in prigione.

Paolo davanti a Festo, successore di Felice.

25 1Festo dunque, raggiunta la provincia, tre giorni dopo
salì da Cesarèa a Gerusalemme. 2I sommi sacerdoti e i capi dei
Giudei gli si presentarono per accusare Paolo e cercavano di
persuaderlo, 3chiedendo come un favore, in odio a Paolo, che
lo facesse venire a Gerusalemme; e intanto disponevano un
tranello per ucciderlo lungo il percorso. 4Festo rispose che Pao-
lo stava sotto custodia a Cesarèa e che egli stesso sarebbe parti-
to fra breve. 5«Quelli dunque che hanno autorità tra voi, disse,
vengano con me e se vi è qualche colpa in quell'uomo, lo de-
nuncino».
6Dopo essersi trattenuto fra loro non più di otto o dieci giorni,
discese a Cesarèa e il giorno seguente, sedendo in tribunale,

ordinò che gli si conducesse Paolo. [7]Appena giunse, lo attor-
niarono i Giudei discesi da Gerusalemme, imputandogli nume-
rose e gravi colpe, senza però riuscire a provarle. [8]Paolo a sua
difesa disse: «Non ho commesso alcuna colpa, né contro la leg-
ge dei Giudei, né contro il tempio, né contro Cesare». [9]Ma Fe-
sto volendo fare un favore ai Giudei, si volse a Paolo e disse:
«Vuoi andare a Gerusalemme per essere là giudicato di queste
cose, davanti a me?». [10]Paolo rispose: «Mi trovo davanti al tri-
bunale di Cesare, qui mi si deve giudicare. Ai Giudei non ho
fatto alcun torto, come anche tu sai perfettamente. [11]Se dun-
que sono in colpa e ho commesso qualche cosa che meriti la
morte, non rifiuto di morire; ma se nelle accuse di costoro non
c'è nulla di vero, nessuno ha il potere di consegnarmi a loro. Io
mi appello a Cesare». [12]Allora Festo, dopo aver conferito con il
consiglio, rispose: «Ti sei appellato a Cesare, a Cesare andrai».

Paolo davanti ad Agrippa II, *re di Calcide dal 48 al 53, poi tetrarca di Filippi e infine di Galilea dal 55 alla sua morte. Il re e sua sorella Berenice, la futura fidanzata di Tito, esprimono il desiderio di vedere Paolo (Ez 2,1; Is 42,7.16; Ger 1,5-8).*

[13]Erano trascorsi alcuni giorni, quando arrivarono a Cesarèa il
re Agrippa e Berenìce, per salutare Festo. [14]E poiché si tratten-
nero parecchi giorni, Festo espose al re il caso di Paolo: «C'è
un uomo, lasciato qui prigioniero da Felice, contro il quale,
[15]durante la mia visita a Gerusalemme, si presentarono con ac-
cuse i sommi sacerdoti e gli anziani dei Giudei per reclamarne
la condanna. [16]Risposi che i Romani non usano consegnare una
persona, prima che l'accusato sia stato messo a confronto con i
suoi accusatori e possa aver modo di difendersi dall'accusa.
[17]Allora essi convennero qui e io senza indugi il giorno seguen-
te sedetti in tribunale e ordinai che vi fosse condotto quell'uo-
mo. [18]Gli accusatori gli si misero attorno, ma non addussero
nessuna delle imputazioni criminose che io immaginavo; [19]ave-
vano solo con lui alcune questioni relative la loro particolare
religione e riguardanti un certo Gesù, morto, che Paolo soste-
neva essere ancora in vita. [20]Perplesso di fronte a simili contro-
versie, gli chiesi se voleva andare a Gerusalemme ed esser giu-
dicato là di queste cose. [21]Ma Paolo si appellò perché la sua
causa fosse riservata al giudizio dell'imperatore, e così ordinai

che fosse tenuto sotto custodia fino a quando potrò inviarlo a
Cesare». 22E Agrippa a Festo: «Vorrei anch'io ascoltare quel-
l'uomo!». «Domani, rispose, lo potrai ascoltare».
23Il giorno dopo, Agrippa e Berenìce vennero con gran pompa
ed entrarono nella sala dell'udienza, accompagnati dai tribuni
e dai cittadini più in vista; per ordine di Festo fu fatto entrare
anche Paolo. 24Allora Festo disse: «Re Agrippa e cittadini tutti
qui presenti con noi, voi avete davanti agli occhi colui sul conto
del quale tutto il popolo dei Giudei si è appellato a me, in Ge-
rusalemme e qui, per chiedere a gran voce che non resti più in
vita. 25Io però mi sono convinto che egli non ha commesso al-
cuna cosa meritevole di morte ed essendosi appellato all'impe-
ratore ho deciso di farlo partire. 26Ma sul suo conto non ho nul-
la di preciso da scrivere al sovrano; per questo l'ho condotto
davanti a voi e soprattutto davanti a te, o re Agrippa, per ave-
re, dopo questa udienza, qualcosa da scrivere. 27Mi sembra as-
surdo infatti mandare un prigioniero, senza indicare le accuse
che si muovono contro di lui».

26 1Agrippa disse a Paolo: «Ti è concesso di parlare a tua
difesa». Allora Paolo, stesa la mano, si difese così: 2«Mi consi-
dero fortunato, o re Agrippa, di potermi discolpare da tutte le
accuse di cui sono incriminato dai Giudei, oggi qui davanti a te,
3che conosci a perfezione tutte le usanze e questioni riguardanti
i Giudei. Perciò ti prego di ascoltarmi con pazienza. 4La mia vi-
ta fin dalla mia giovinezza, vissuta tra il mio popolo e a Gerusa-
lemme, la conoscono tutti i Giudei; 5essi sanno pure da tempo,
se vogliono renderne testimonianza, che, come fariseo, sono
vissuto nella setta più rigida della nostra religione. 6Ed ora mi
trovo sotto processo a causa della speranza nella promessa fat-
ta da Dio ai nostri padri, 7e che le nostre dodici tribù sperano di
vedere compiuta, servendo Dio notte e giorno con perseveran-
za. Di questa speranza, o re, sono ora incolpato dai Giudei!
8Perché è considerato inconcepibile fra di voi che Dio risusciti i
morti?
9Anch'io credevo un tempo mio dovere di lavorare attivamente
contro il nome di Gesù il Nazareno, 10come in realtà feci a Ge-
rusalemme; molti dei fedeli li rinchiusi in prigione con l'auto-
rizzazione avuta dai sommi sacerdoti e, quando venivano con-

dannati a morte, anch'io ho votato contro di loro. [11]In tutte le
sinagoghe cercavo di costringerli con le torture a bestemmiare
e, infuriando all'eccesso contro di loro, davo loro la caccia fin
nelle città straniere.
[12]In tali circostanze, mentre stavo andando a Damasco con au-
torizzazione e pieni poteri da parte dei sommi sacerdoti, verso
mezzogiorno [13]vidi sulla strada, o re, una luce dal cielo, più
splendente del sole, che avvolse me e i miei compagni di viag-
gio. [14]Tutti cademmo a terra e io udii dal cielo una voce che mi
diceva in ebraico: Saulo, Saulo, perché mi perseguiti? Duro è
per te ricalcitrare contro il pungolo. [15]E io dissi: Chi sei, o Si-
gnore? E il Signore rispose: Io sono Gesù, che tu perseguiti.
[16]Su, alzati e rimettiti in piedi; ti sono apparso infatti per costi-
tuirti ministro e testimone di quelle cose che hai visto e di quel-
le per cui ti apparirò ancora. [17]Per questo ti *libererò* dal popolo
e *dai pagani, ai quali ti mando* [18]*ad aprir* loro *gli occhi*, perché
passino *dalle tenebre alla luce* e dal potere di satana a Dio e ot-
tengano la remissione dei peccati e l'eredità in mezzo a coloro
che sono stati santificati per la fede in me.
[19]Pertanto, o re Agrippa, io non ho disobbedito alla visione ce-
leste; [20]ma prima a quelli di Damasco, poi a quelli di Gerusa-
lemme e in tutta la regione della Giudea e infine ai pagani, pre-
dicavo di convertirsi e di rivolgersi a Dio, comportandosi in
maniera degna della conversione. [21]Per queste cose i Giudei mi
assalirono nel tempio e tentarono di uccidermi. [22]Ma l'aiuto di
Dio mi ha assistito fino a questo giorno, e posso ancora rendere
testimonianza agli umili e ai grandi. Null'altro io affermo se
non quello che i profeti e Mosè dichiararono che doveva acca-
dere, [23]che cioè il Cristo sarebbe morto, e che, primo tra i risor-
ti da morte, avrebbe annunziato la luce al popolo e ai pagani».

Festo e Agrippa si convincono dell'innocenza di Paolo.

[24]Mentr'egli parlava così in sua difesa, Festo a gran voce disse:
«Sei pazzo, Paolo; la troppa scienza ti ha dato al cervello!». [25]E
Paolo: «Non sono pazzo, disse, eccellentissimo Festo, ma sto
dicendo parole vere e sagge. [26]Il re è al corrente di queste cose
e davanti a lui parlo con franchezza. Penso che niente di questo
gli sia sconosciuto, poiché non sono fatti accaduti in segreto.
[27]Credi, o re Agrippa, nei profeti? So che ci credi». [28]E Agrip-
pa a Paolo: «Per poco non mi convinci a farmi cristiano!». [29]E

Paolo: «Per poco o per molto, io vorrei supplicare Dio che non
soltanto tu, ma quanti oggi mi ascoltano diventassero così co-
me sono io, eccetto queste catene!».
[30]Si alzò allora il re e con lui il governatore, Berenìce, e quelli
che avevano preso parte alla seduta [31]e avviandosi conversava-
no insieme e dicevano: «Quest'uomo non ha fatto nulla che
meriti la morte o le catene». [32]E Agrippa disse a Festo: «Costui
poteva essere rimesso in libertà, se non si fosse appellato a Ce-
sare».

La partenza per Roma *su una nave con duecentosettantasei passeggeri (vv. 27-37); scali a Sidone e a Mira di Licia.*

27 [1]Quando fu deciso che ci imbarcassimo per l'Italia, con-
segnarono Paolo, insieme ad alcuni altri prigionieri, a un cen-
turione di nome Giulio della coorte Augusta. [2]Salimmo su una
nave di Adramitto, che stava per partire verso i porti della pro-
vincia d'Asia e salpammo, avendo con noi Aristarco, un Macè-
done di Tessalonica. [3]Il giorno dopo facemmo scalo a Sidone e
Giulio, con gesto cortese verso Paolo, gli permise di recarsi da-
gli amici e di riceverne le cure. [4]Salpati di là, navigammo al ri-
paro di Cipro a motivo dei venti contrari [5]e, attraversato il ma-
re della Cilicia e della Panfilia, giungemmo a Mira di Licia.

Imbarco per l'Italia.

[6]Qui il centurione trovò una nave di Alessandria in partenza
per l'Italia e ci fece salire a bordo. [7]Navigammo lentamente pa-
recchi giorni, giungendo a fatica all'altezza di Cnido. Poi, sic-
come il vento non ci permetteva di approdare, prendemmo a
navigare al riparo di Creta, dalle parti di Salmóne, [8]e costeg-
giandola a fatica giungemmo in una località chiamata Buoni
Porti, vicino alla quale era la città di Lasèa.

La tempesta e il naufragio sull'isola di Malta.

[9]Essendo trascorso molto tempo ed essendo ormai pericolosa
la navigazione poiché era già passata la festa dell'Espiazione,
Paolo li ammoniva dicendo: [10]«Vedo, o uomini, che la naviga-
zione comincia a essere di gran rischio e di molto danno non so-
lo per il carico e per la nave, ma anche per le nostre vite». [11]Il
centurione però dava più ascolto al pilota e al capitano della

nave che alle parole di Paolo. 12E poiché quel porto era poco
adatto a trascorrervi l'inverno, i più furono del parere di salpa-
re di là nella speranza di andare a svernare a Fenice, un porto
di Creta esposto a libeccio e a maestrale.
13Appena cominciò a soffiare un leggero scirocco, convinti di
potere ormai realizzare il progetto, levarono le ancore e co-
steggiavano da vicino Creta. 14Ma dopo non molto tempo si
scatenò contro l'isola un vento d'uragano, detto allora «Euroa-
quilone». 15La nave fu travolta nel turbine e, non potendo più
resistere al vento, abbandonati in sua balìa, andavamo alla de-
riva. 16Mentre passavamo sotto un isolotto chiamato Càudas, a
fatica riuscimmo a padroneggiare la scialuppa; 17la tirarono a
bordo e adoperarono gli attrezzi per fasciare di gòmene la na-
ve. Quindi, per timore di finire incagliati nelle Sirti, calarono il
galleggiante e si andava così alla deriva. 18Sbattuti violente-
mente dalla tempesta, il giorno seguente cominciarono a getta-
re a mare il carico; 19il terzo giorno con le proprie mani butta-
rono via l'attrezzatura della nave. 20Da vari giorni non compa-
rivano più né sole, né stelle e la violenta tempesta continuava a
infuriare, per cui ogni speranza di salvarci sembrava ormai
perduta.
21Da molto tempo non si mangiava, quando Paolo, alzatosi in
mezzo a loro, disse: «Sarebbe stato bene, o uomini, dar retta a
me e non salpare da Creta; avreste evitato questo pericolo e
questo danno. 22Tuttavia ora vi esorto a non perdervi di corag-
gio, perché non ci sarà alcuna perdita di vite in mezzo a voi, ma
solo della nave. 23Mi è apparso infatti questa notte un angelo
del Dio al quale appartengo e che servo, 24dicendomi: Non te-
mere, Paolo; tu devi comparire davanti a Cesare ed ecco, Dio
ti ha fatto grazia di tutti i tuoi compagni di navigazione. 25Per-
ciò non perdetevi di coraggio, uomini; ho fiducia in Dio che av-
verrà come mi è stato annunziato. 26Ma è inevitabile che andia-
mo a finire su qualche isola».
27Come giunse la quattordicesima notte da quando andavamo
alla deriva nell'Adriatico, verso mezzanotte i marinai ebbero
l'impressione che una qualche terra si avvicinava. 28Gettato lo
scandaglio, trovarono venti braccia; dopo un breve intervallo,
scandagliando di nuovo, trovarono quindici braccia. 29Nel ti-
more di finire contro gli scogli, gettarono da poppa quattro an-

core, aspettando con ansia che spuntasse il giorno. [30]Ma poiché
i marinai cercavano di fuggire dalla nave e già stavano calando
la scialuppa in mare, col pretesto di gettare le ancore da prora,
Paolo disse al centurione e ai soldati: [31]«Se costoro non riman-
gono sulla nave, voi non potrete mettervi in salvo». [32]Allora i
soldati recisero le gòmene della scialuppa e la lasciarono cade-
re in mare.
[33]Finché non spuntò il giorno, Paolo esortava tutti a prendere
cibo: «Oggi è il quattordicesimo giorno che passate digiuni nel-
l'attesa, senza prender nulla. [34]Per questo vi esorto a prender
cibo; è necessario per la vostra salvezza. Neanche un capello
del vostro capo andrà perduto». [35]Ciò detto, prese il pane, rese
grazie a Dio davanti a tutti, lo spezzò e cominciò a mangiare.
[36]Tutti si sentirono rianimati, e anch'essi presero cibo. [37]Erava-
mo complessivamente sulla nave duecentosettantasei persone.
[38]Quando si furono rifocillati, alleggerirono la nave, gettando il
frumento in mare.
[39]Fattosi giorno non riuscivano a riconoscere quella terra, ma
notarono un'insenatura con spiaggia e decisero, se possibile, di
spingere la nave verso di essa. [40]Levarono le ancore e le lascia-
rono andare in mare; al tempo stesso allentarono i legami dei
timoni e spiegata al vento la vela maestra, mossero verso la
spiaggia. [41]Ma incapparono in una secca e la nave vi si incagliò;
mentre la prua arenata rimaneva immobile, la poppa minaccia-
va di sfasciarsi sotto la violenza delle onde. [42]I soldati pensaro-
no allora di uccidere i prigionieri, perché nessuno sfuggisse get-
tandosi a nuoto, [43]ma il centurione, volendo salvare Paolo, im-
pedì loro di attuare questo progetto; diede ordine che si gettas-
sero per primi quelli che sapevano nuotare e raggiunsero la ter-
ra; [44]poi gli altri, chi su tavole, chi su altri rottami della nave. E
così tutti poterono mettersi in salvo a terra.

Soggiorno a Malta. *Paolo è morso da una vipera, ma senza conseguenze, come Gesù aveva promesso ai suoi apostoli (Mc 16,18).*

28 [1]Una volta in salvo, venimmo a sapere che l'isola si chia-
mava Malta. [2]Gli indigeni ci trattarono con rara umanità; ci ac-
colsero tutti attorno a un gran fuoco, che avevano acceso per-

ché era sopraggiunta la pioggia ed era freddo. [3]Mentre Paolo
raccoglieva un fascio di sarmenti e lo gettava sul fuoco, una vi-
pera, risvegliata dal calore, lo morse a una mano. [4]Al vedere la
serpe pendergli dalla mano, gli indigeni dicevano tra loro:
«Certamente costui è un assassino, se, anche scampato dal ma-
re, la Giustizia non lo lascia vivere». [5]Ma egli scosse la serpe
nel fuoco e non ne patì alcun male. [6]Quella gente si aspettava
di vederlo gonfiare e cadere morto sul colpo, ma, dopo avere
molto atteso senza vedere succedergli nulla di straodinario,
cambiò parere e diceva che era un dio.
[7]Nelle vicinanze di quel luogo c'era un terreno appartenente al
«primo» dell'isola, chiamato Publio; questi ci accolse e ci ospi-
tò con benevolenza per tre giorni. [8]Avvenne che il padre di Pu-
blio dovette mettersi a letto colpito da febbri e da dissenteria;
Paolo l'andò a visitare e dopo aver pregato gli impose le mani e
lo guarì. [9]Dopo questo fatto, anche gli altri isolani che avevano
malattie accorrevano e venivano sanati; [10]ci colmarono di onori
e al momento della partenza ci rifornirono di tutto il necessa-
rio.

Da Malta a Roma attraverso Siracusa, Reggio, Pozzuoli.

[11]Dopo tre mesi salpammo su una nave di Alessandria che ave-
va svernato nell'isola, recante l'insegna dei Diòscuri. [12]Appro-
dammo a Siracusa, dove rimanemmo tre giorni [13]e di qui, co-
steggiando, giungemmo a Reggio. Il giorno seguente si levò lo
scirocco e così l'indomani arrivammo a Pozzuoli. [14]Qui trovam-
mo alcuni fratelli, i quali ci invitarono a restare con loro una
settimana. Partimmo quindi alla volta di Roma. [15]I fratelli di
là, avendo avuto notizie di noi, ci vennero incontro fino al Foro
di Appio e alle Tre Taverne. Paolo, al vederli, rese grazie a
Dio e prese coraggio.

Paolo a Roma: *benché prigioniero fino alla sua comparizione davanti a Cesare, può ricevere le visite che desidera, come a Cesarea. Ai notabili giudei che convoca, espone il suo caso.*

[16]Arrivati a Roma, fu concesso a Paolo di abitare per suo conto
con un soldato di guardia.
[17]Dopo tre giorni, egli convocò a sé i più in vista tra i Giudei e
venuti che furono, disse loro: «Fratelli, senza aver fatto nulla

contro il mio popolo e contro le usanze dei padri, sono stato ar-
restato a Gerusalemme e consegnato in mano dei Romani.
18Questi, dopo avermi interrogato, volevano rilasciarmi, non
avendo trovato in me alcuna colpa degna di morte. 19Ma conti-
nuando i Giudei ad opporsi, sono stato costretto ad appellarmi
a Cesare, senza intendere con questo muovere accuse contro il
mio popolo. 20Ecco perché vi ho chiamati, per vedervi e parlar-
vi, poiché è a causa della speranza d'Israele che io sono legato
da questa catena». 21Essi gli risposero: «Noi non abbiamo rice-
vuto nessuna lettera sul tuo conto dalla Giudea né alcuno dei
fratelli è venuto a riferire o a parlar male di te. 22Ci sembra be-
ne tuttavia ascoltare da te quello che pensi; di questa setta in-
fatti sappiamo che trova dovunque opposizione».

A Roma come negli altri luoghi, *Paolo annuncia la buona novella dapprima ai giudei; ma anche qui la fede dei pagani si contrappone all'incredulità dei giudei. Questi compiono inconsapevolmente la profezia di Isaia che gli evangelisti pongono già sulle labbra di Gesù (Mt 13,14-15; Mc 4,12; Gv 12,40).*

23E fissatogli un giorno, vennero in molti da lui nel suo allog-
gio; egli dal mattino alla sera espose loro accuratamente, ren-
dendo la sua testimonianza, il regno di Dio, cercando di con-
vincerli riguardo a Gesù, in base alla Legge di Mosè e ai Profe-
ti. 24Alcuni aderirono alle cose da lui dette, ma altri non vollero
credere 25e se ne andavano discordi tra loro, mentre Paolo di-
ceva questa sola frase: «Ha detto bene lo Spirito Santo, per
bocca del profeta Isaia, ai nostri padri:

26*Va' da questo popolo e di' loro:*
Udrete con i vostri orecchi, ma non comprenderete;
guarderete con i vostri occhi, ma non vedrete.
27*Perché il cuore di questo popolo si è indurito:*
e hanno ascoltato di mala voglia con gli orecchi;
hanno chiuso i loro occhi
per non vedere con gli occhi
non ascoltare con gli orecchi,
non comprendere nel loro cuore e non convertirsi,
perché io li risani.

28Sia dunque noto a voi che questa salvezza di Dio viene ora ri-
volta ai pagani ed essi l'ascolteranno!». [29].

Epilogo *(61-63 d.C.). Il limite massimo previsto dalla legge per un processo davanti al tribunale dell'imperatore era di due anni. Attendendo di essere giudicato, Paolo impartisce il suo insegnamento sul Signore Gesù come lo aveva precisato qualche anno prima (inverno 57-58) nella lettera ai Romani. È in questo periodo che scrive pure ai Colossesi, agli Efesini e a Filemone. Il libro degli Atti, che ha inizio a Gerusalemme come il Vangelo di Luca, si conclude a Roma.*

30Paolo trascorse due anni interi nella casa che aveva preso a
pigione e accoglieva tutti quelli che venivano a lui, 31annun-
ziando il regno di Dio e insegnando le cose riguardanti il Signo-
re Gesù Cristo, con tutta franchezza e senza impedimento.